中国创意产业发展报告

Chinese Creative Industries Report

（2018）

主　编　张京成

·北　京·

图书在版编目（CIP）数据

中国创意产业发展报告．2018/张京成主编．
—北京：中国经济出版社，2018.5
ISBN 978－7－5136－5149－3

Ⅰ．①中… Ⅱ．①张… Ⅲ．①文化产业—研究报告—中国—2018
Ⅳ．①G124

中国版本图书馆 CIP 数据核字（2018）第 064027 号

责任编辑　严　莉
责任印制　巢新强
封面设计　任燕飞设计室

出版发行　中国经济出版社
印 刷 者　北京建宏印刷有限公司
经 销 者　各地新华书店
开　　本　710mm×1000mm　1/16
印　　张　26
字　　数　438 千字
版　　次　2018 年 5 月第 1 版
印　　次　2018 年 5 月第 1 次
定　　价　88.00 元
广告经营许可证　京西工商广字第 8179 号

中国经济出版社 **网址** www.economyph.com **社址** 北京市西城区百万庄北街 3 号 **邮编** 100037
本版图书如存在印装质量问题，请与本社发行中心联系调换（联系电话：010－68330607）

编委会

主　编：张京成

副主编：刘光宇　沈晓平

编　委：（以姓氏笔画排序）

马　达　王伟杰　王庆馨　王冠宇　王晓云

甘晓莹　石火培　丛　琳　西桂权　刘轶梅

刘　涛　许玥姮　许颖杰　孙天垚　苏　刚

李　林　李　萌　吴晨生　张薇薇　郁　菁

耿　鹏　黄永林　谢　威　谢思全　颜　鹏

前　言

2017年是我国实施“十三五”规划的重要一年，是供给侧结构性改革的深化之年。党的十九大胜利召开，确立了习近平新时代中国特色社会主义思想的历史地位，吹响了决胜全面建成小康社会、夺取新时代中国特色社会主义伟大胜利的号角，制定了适应时代要求、顺应人民意愿的行动纲领和大政方针。大会提出:“中国特色社会主义进入新时代，社会主要矛盾转化为人民日益增长的美好生活需要和不平衡、不充分的发展之间的矛盾。”这一重大判断具有划时代意义，对于党和国家的各项事业发展具有重大而深远的意义。

具体到文化领域，习近平总书记在十九大报告中指出，没有高度的文化自信，没有文化的繁荣兴盛，就没有中华民族伟大复兴。要坚持中国特色社会主义文化发展道路，激发全民族文化创新创造活力，建设社会主义文化强国。中国特色社会主义文化，源自于中华民族五千年文明史所孕育的中华优秀传统文化，熔铸于党领导人民在革命、建设、改革中创造的革命文化和社会主义先进文化，植根于中国特色社会主义伟大实践。发展中国特色社会主义文化，就是要坚持百花齐放、百家争鸣，坚持创造性转化、创新性发展，不断铸就中华文化新辉煌。

传统文化的创造性转化与创意开发，可以生成创新性产品和服务，支撑创意产业发展。文化创意产业能够提供丰富的精神食粮，满足人民过上美好生活的新期待。它以市场手段繁荣文艺创作，推动文化体制改革，不断创新文化产品和服务的生产经营机制，孕育新型文化业态，提升国家文化软实力。传统文化的弘扬，创意产业的发展，从一个侧面表现为我国在2017年已有12座城市入选联合国教科文组织“创意城市网络”，创意城市数量在全球名列前茅。北京、上海、深圳、苏州、杭州、武汉、长沙、成都、青岛、澳门、景德镇、顺德等城市，包揽了设计之都、美食之都、手工艺与民间艺术之都、电影之都、媒体艺术之都、文学之都、音乐之都等7个领域中的5个方面，成为对外展示中国文化魅力和文创产业成就的桥头堡，显示了中华文化的自信和魅力日益赢得世界范围的认可和推崇。

基于上述情况,《中国创意产业发展报告 2018》以传统文化与创意城市为主题,重点关注各地在传统文化的产业化开发与创意城市建设方面的最新成就。报告在优先吸纳上述创意城市稿件的基础上,兼顾了西双版纳、西宁和贵阳等潜在创意城市的创意产业发展情况,尤其突出其传统文化的产业化开发。各地报告尽力反映并分析了当地创意产业在 2017 年的发展概况,个别城市限于统计资料及入选蓝皮书的频次,以定性分析历史发展情况为主。但大都涉及了传统文化在当地创意产业发展中的具体开发模式,包括年度热点事件、案例介绍及深度分析。部分城市还介绍了当地在创意城市建设方面的经验。读者可以从中看到多数城市的开发经验总结及未来趋势研判。

《中国创意产业发展报告 2018》沿用了一贯的“总一分一总”结构,突出了点面相结合、描述与分析相结合的传统特色。开篇总报告重在从全局高度反映中国创意产业在 2017 年的发展态势和年度特色,及时关注并深入分析了网络直播、短视频等新兴创意业态;重点关注了《中华人民共和国电影产业促进法》和文化旅游融合等影响创意产业发展的重大事件和趋势。报告的主体则涵盖了北京、杭州、青岛、武汉、深圳、成都、西安等十六个城市的创意产业最新发展情况。报告最后以评析的方式做出了传统文化开发为创意产业发展和创意城市建设注入新动力的年度判断。

《中国创意产业发展报告 2018》是连续跟踪中国创意产业发展的第 13 本蓝皮书。十三年间白云苍狗,国内外的创意产业发展形势深刻变化,编者也一路艰辛,一路坚持,秉承学术自由之理念,遵循创意研究之宗旨,追寻求索,踏实前行。同时也衷心感谢国内外读者和各地合作者的长期支持。无论将来中国创意产业去向何方,不管编写团队遇到何种困难,希望我们共同坚守这块阵地、一起拓展创意产业研究领域。作为本书城市分册的《创意城市蓝皮书》系列(社会科学文献出版社出版)也欢迎各城市的相关政府部门、高校、科研机构和专家学者加入,共同推进创意产业在中国的繁荣发展。

Foreword

As an important year of China's implementing its 13th five - year plan, the year of 2017 has witnessed a further reform of supply - side. The 19th Congress of the Communist Party of China (CPC) has successfully established the historical status of the Xi Jinping's Thought on Socialism with Chinese Characteristics for a New era, while blowing the bugle of finishing the process of a moderately prosperous society in all respects and striving for the great victory of the socialism with Chinese characteristics in the new era by developing the frameworks and guidelines conforming to the requirements of the times and wish of Chinese people. As it noted, the principal contradiction facing Chinese society in the new era is that between unbalanced and inadequate development and the people's ever - growing needs for a better life. This is a significant and epoch - making judgement for the various undertakings of the part and country.

Speaking of the cultural territory, Xi Jinping, the General Secretary of CPC, noted that without full confidence in our culture, without a rich and prosperous culture, the Chinese nation will not be able to rejuvenate itself. We must develop a socialist culture with Chinese characteristics, inspire the cultural creativity of our whole nation, and develop a great socialist culture in China. The socialist culture with Chinese characteristics is derived from China's fine traditional culture, which was born of the Chinese civilization and nurtured over more than 5,000 years; it has grown out of the revolutionary and advanced socialist culture that developed over the course of the Chinese people's revolution, construction, and reform under the Party's leadership; and it is rooted in the great practice of socialism with Chinese characteristics. To develop socialist culture, we should follow the principle of letting a hundred flowers bloom and a hundred schools of thought contend, and encourage creative transformation and development, so as to add new luster to Chinese culture.

The traditional culture's creative transformation and idea development will generate innovative products and services, supporting the creative industry's growth. Cultural and Creative Industry can provide rich "soul food" that meets the people's demand for a better life. It flourishes literary and artistic creation in a market - oriented way, promotes the reform of cultural system, keeps innovating the ways of producing the cultural products and services, breeds new format of cultural industry and enhances China's soft power of culture. We can see the traditional culture's promotion and creative industry's development by a fact that China has 12 cities chosen into the UNESCO's "Creative Cities Network" in 2017, ranking high by the number. These cities are Beijing, Shanghai, Shenzhen, Suzhou, Hangzhou, Wuhan, Changsha, Chengdu, Qingdao, Macau, Jingdezhen and Shunde. Best known for City of Design, Gastronomy, Crafts & Folk Art, Media Arts, Film, except City of Literature and Music, they are bridgeheads for showcasing of the Chinese culture and achievements of creative industry, proving that the appeal and confidence of Chinese culture are increasingly gaining world - wide recognition and respect.

Based on the above - mentioned facts, The *Chinese Creative Industries Report* 2018 focuses on the latest achievement on industrializing the traditional culture and building the creative cities. This report first used the coverage of these 12 cities and gave consideration to the stories of creative industry development from other potential cities, such as Sipsong Panna, Xining and Guiyang, especially focusing on industrialization of traditional culture. Reports from these cities tried to describe and analyze the development of local creative industry in 2017, and a few of them mainly on qualitative analysis of their historical development due to their limited statistics and times of be selected in to the blue paper. But most reports have provided the development mode of traditional culture in the local creative industry, involving hot news of the year, case description and in - depth analysis. Some cities have also introduced their experience of building creative city. We will read reviews on development and future trend from these cities.

The Chinese Creative Industries Report 2018 used a typical "deduction and summary" structure, emphasizing on a combination of individual cases and general scenario and that of description and analysis. Its opening part focuses on the trend and characteristics of Chinese creative industry in 2017 from a strategic view point, following and analyzing some emerging business like webcasting and short video, especially discussing some big events and trends that have played a role in creative industry development such as The Film Industry Stimulation Law of P. R. C and the integration of culture and tourism. The main part of report covers the latest development of creative industry in 16 cities, including Beijing, Hangzhou, Qingdao, Wuhan, Shenzhen, Chengdu and Xi'an. By analysis, its last part makes a judgement that the development of traditional culture has offered a push for creative industries and creative cities.

Chinese Creative Industries Report 2018 is the 13rd blue book of tracking Chinese creative industry. Sea changes happened frequently during these 13 years. Sticking to the idea of academic freedom and our goal on the study, we endured many hardships but forged ahead. We want to genuinely thank our readers and cooperators for their long-term support. However the industry will go and whatever difficulty will stay ahead of our team, we hope we will keep our study in this field and work with them. We also hope the relevant department of the government, universities, research institutions and experts will join us to help write *the Blue Book of Creative Cities*, which will be published as a part book about city of this report, so that we can work along for boosting this industries.

目 录

第一章 总报告:中国创意产业在文化自信中前行 …………………………… (1)

2017 年,中国创意产业整体质量和效益进一步提高,传统文化开发取得新突破,更多创意城市融入全球网络,推动中华优秀文化走向世界;基于互联网的新型娱乐影视产业异军突起,政策引导和监管促进市场走向规范;文化与传统产业融合培育经济增长新动能,文化与科技融合形成高新技术主导的创意产业新业态。

第二章 北京:弘扬传统文化,实现文化创意产业创新发展 …………… (25)

北京立足丰富的传统文化资源,通过创意化开发、产业化运作,深度挖掘其独特的经济价值、文化价值及社会价值,促进优秀传统文化和文化创意产业的深度融合与传承发展,进一步巩固了文化创意产业的支柱性产业地位,支撑促进了北京的全国文化中心和科技创新中心建设。

第三章 天津:传统文化协会挑起城市文化建设重担 …………………… (55)

2017 年,天津市引导和扩大文化消费,文化创意产业整体实力显著增强,产业体系更加健全,政策环境不断优化。《天津市智能文化创意产业专项行动计划》全面总结了天津市文化创意产业的发展,提出了从 2018 年至 2025 年天津市智能文化创意产业发展的十大重点任务。家具、素食等文化领域的产业化发展凸显了天津地方特色。

第四章 石家庄:弘扬优秀传统文化,促进创意城市融合发展 ………… (75)

石家庄市紧紧围绕建设现代省会、经济强市的奋斗目标,不断提高经济发展质量和效益,着力提升公共文化服务能力,深度挖掘历史文化资源,传承和弘扬中华优秀传统文化,努力打造古中山国文化、正定古城文化、丝弦文化等品牌,塑造城市独特的历史文化标识,逐步形成了“文化+创意+科技+金融+ X”融合发展的文化创意产业新格局。

第五章　哈尔滨：注重城市文化传承，推动创意城市建设 ……………… (97)

哈尔滨市从2010年获得联合国授予的"音乐之都"称号后，充分发挥文化创意产业对经济和社会的促进作用，注重传统文化传承和城市文化的特色表达，着眼于构筑"冰雪胜地、音乐名城、时尚之都"的城市文化发展定位，从而提升哈尔滨的文化影响力、吸引力和竞争力。

第六章　常州：文化IP点燃城市创意初心 ……………………………… (117)

2017年，常州借助文化IP的内容力、转化力和市场力，加强顶层设计，深化创意转型，加强优秀传统文化创造性转化和创新性发展，丰富创意城市的文化内涵和社会影响，力争构建一体化塑造、立体化呈现的创意城市IP，提升城市知名度和美誉度，综合借鉴我国"创意城市网络"成员城市的经验，加快打造常州创意城市。

第七章　扬州：古代文明与现代文化交相辉映 ……………………………… (135)

扬州拥有丰厚的历史底蕴，雕版印刷、漆器、剪纸、古琴、扬州园林、扬州三把刀、乱针刺绣等文化创意产品都是扬州城亮丽的城市名片。文化产业不仅是扬州经济发展的特色，也是扬州综合实力发展的潜在动力。扬州正努力通过文化产业的发展让古代文明散发出新光芒，建成古代文明和现代文化交相辉映的历史名城。

第八章　杭州：以传承与创新"双轮"驱动建设国际文化创意中心
…………………………………………………………………… (151)

杭州紧扣"拥江发展"战略，以"创新发展、集聚发展、开放发展、融合发展"为主线，培育新业态、打造新增长级，进一步完善现代文化产业体系和市场体系，全面提升文化创意产业的规模总实力、行业引领力、平台集聚力、发展带动力、创新创造力和国际影响力，为加快建设国际文化创意中心和独特韵味、别样精彩的世界名城提供强大的文化保证与产业支撑。

第九章　青岛：文化创意产业推动新旧动能转换，电影之都崛起 …… (171)

青岛市以文化供给侧结构性改革和新旧动能转换为主线，借助优势产业与"文化+"产业融合的"双引擎"，实施文化创新与科技创新的"双驱动"，文化产业发展呈现出提速、升级、融合的良好态势。2017 年获得“电影之都”称号后，青岛不仅勾勒出打造中国影视新高地的新蓝图，还担负起中国电影走上世界舞台中心的国家使命。

第十章　郑州：推动优秀传统文化资源的产业化转化 …………………… (191)

文化资源是文化产业发展的基础和前提，在国家高度重视传统文化传承创新的背景下，郑州市作为中原文化的核心区和中国八大古都之一，探寻传统文化产业转化的现实路径，把文化资源优势转化为现实的文化产业竞争力，加快实现郑州由文化资源大市向文化产业强市的转变。

第十一章　武汉：传统文化助力文创产业与创意城市发展 ……………… (209)

2017 年，武汉市荣获世界“设计之都”称号，文化创意产业规模持续扩大，产业结构不断优化，传统文化在推动文创产业发展和“文化五城”建设中的动力作用日益突显。从传统文化中汲取智慧，促进传统文化与文化创意产业融合发展，正引领武汉文化经济发展的新趋势。

第十二章　深圳：“文化+科技”双轮驱动助推文化创意产业发展 …… (231)

近年来，深圳文化创意产业保持了持续高速发展态势，已经成为深圳四大支柱产业之一。深圳凭借高科技制造业的良好基础，构建了以“文化+科技”的融合发展模式不断促进文化创意产业发展。通过举办文博会、深圳设计周、创意十二月等品牌活动，不断提高深圳的国际影响力。

第十三章　成都：创新中激活传统文化，传承中增强城市动能 ……… (247)

文化是城市的根基和灵魂，成都作为国家首批文化消费试点城市，文化产业飞速发展，居民文化消费需求日益旺盛。作为具有千年历史的文化古都，其传统文化蕴含着整座城市的神韵，挖掘传统文化之精髓进行再创新，激发传统文化的活力，对于城市的文化传承和文化产业发展起着至关重要的作用。

第十四章　贵阳：传统文化与新兴科技的融合创新发展 ……………… (273)

2017 年，贵阳市立足实施阳明文化、生态文化、民族文化三大文化升级版工程，打造民众喜闻乐见的文化精品，推动优秀传统文化的创新发展与利用，实现文化及相关产业营业收入再创新高。未来,贵阳市将整合资源,创建新型文化产业形式,继续致力于大文化助推大扶贫行动,推动贵阳优秀传统文化的创造性转化和创新性发展。

第十五章　西双版纳:传统资源与文化体制改革助力文化旅游升级发展 ……… (297)

近年来,西双版纳坚持社会主义先进文化方向,深入开展社会主义核心价值体系建设,全面推进文化体制改革,文化产业快速发展,文化建设迈上了新台阶。同时,着力探索"文化+旅游+商业"模式的发展路子,将区位优势和富集的自然资源、丰富的民族文化资源转换为产业价值,推进产业集约化、规模化和专业化发展。

第十六章　西安:传统文化开发独具特色,创意城市魅力强力显现 … (315)

创意城市的文化特色和产业定位的实践探索,给西安历史文化遗产保护提供诸多新的启示。处理好城市改造开发和历史文化遗产保护利用的关系,处理好传统文化可持续发展与创意城市建设的关系,在保护中传承、在发展中保护,把文化产业打造成新时期、新时代大西安繁荣发展的支柱性产业,塑造更具活力、更有魅力的城市生态。

第十七章　西宁:发展文化创意产业,提升城市幸福指数 ……………… (333)

西宁市入选2017年中国十大最具幸福感城市,并且排名第二,同年也被评选为全国文明城市。西宁市作为青藏高原最大的城市、兰西城市群建设的重点城市,丝绸之路经济带向西开放的重要节点,多民族多元文化优势明显。挖掘传统文化资源,充分发挥文化产业在构建城市符号、传播城市品牌、塑造城市形象中的作用,成为西宁城市发展的方向。

第十八章　评析:传统文化开发为创意产业发展和创意城市建设注入新动力 ……… (345)

2017年,中国进入"十三五"规划第二年,中国主要城市创意产业继续保持良好的发展势头,作为创意产业发展的重要基础和源泉,传统文化资源开发起到的作用持续增强,为创意产业发展注入了新动力。创意城市建设成为推动创意产业发展的重要抓手，12个“创意城市网络”成员取得长足进展，成为对外展示中国文化魅力和文创产业成就的桥头堡。

附录一　文化及相关产业分类(2018) ……………………………… (364)
附录二　中国创意产业研究中心《创意书系》出版书目 ………………… (385)
参考文献 ……………………………………………………………… (388)

Contents

Chapter I General Report: Chinese creative industries forged ahead with cultural confidence in the year of 2017 ······························ (1)

Chinese creative industries saw a further growth in terms of quality and benefits in 2017. The facts that new breakthrough was made in development of traditional culture and more creative cites were integrated into the global network have helped the Chinese culture go global; the new Internet-based entertainment industry grew rapidly and its market became more standardized by policy guide and supervision; the convergence of culture and traditional industries has provided a new momentum for economic growth; the convergence of culture and technology has created a new form of creative industries dominated by high tech.

Chapter II Beijing: Promoting the traditional culture through innovative development of cultural creative industries. ····················· (25)

Based on its rich resource of traditional culture, Beijing supported its building of the national culture center and scientific and technological innovation center by fully utilizing the city's unique economic, cultural and social value, boosting the deep integration and development of the excellent traditional culture and cultural creative industries, thus further strengthening the pillar status of this industry.

Chapter III Tianjin: The Traditional Culture Association bears the burden of building the city's culture ······································ (55)

In 2017, Tianjin managed to expand its cultural consumption, while strengthening remarkably its cultural creative industries, making its industrial system stronger and keep optimizing its policy environment. Comprehensively summing up the development of Tianjin's cultural creative industries, *The Special Action of Smart Cultural creative industries of Tianjin City* put forward 10 key tasks of Tianjin's cultural creative industries during 2018 – 2025, highlighting Tianjin's local characteristics by industrializing some cultural fields, like furniture and vegetarian diet.

Chapter IV Shijiazhuang: Promoting the excellent traditional culture by improving industrial converge of creative city. ·················· (75)

The city firmly focused on the goal of building modern provincial capital with great economic power; kept improving quality and benefits of economic development; made great effort on bettering its ability ofpublic cultural service; striving to build its cultural brands, such as ancient Zhongshan State, ancient city of Zhengding and stringed instruments, thus shaping a unique historical and cultural logo. It is on the way to develop a new pattern of cultural and creative industries by converging culture, creativity, technology, finance and any other relevant factor.

Chapter V Harbin: Stressing on the cultural inheritance and promoting building of the creative city. ·································· (97)

Since being recognized as "Music City" in 2010 by the United Nations, Harbin fully took advantage of the role that cultural creative industries played in its economy and society, focusing on the traditional cultural inheritance and distinctive presentation of the city's culture, solidifying its development orientation of winter resort, music and fashion to enhance it's cultural power, attractiveness and competitiveness.

Chapter VI Changzhou: Cultural IP sparks the ambition of building a creative city. ·· (117)

Depending on its cultural IP's power on content, transformation and market, Changzhou was trying to build a integrated and multidimensional creative city IP and promoting its popularity and reputation in 2017 by improving its top design, deepening its transformation to build a creative city, seeking innovative development of its traditional culture and enriching the cultural connotation and social influence of a creative city. The city was extensively using the experience from member of China's "Creative Cities Network", which helped develop itself as a creative city.

Chapter VII Yangzhou: A synergy of old civilization and modern culture ······ (135)

This is a city with rich legacy of culture, blocking printing, lacquerware, paper - cut, Guqin, gardening, knives, embroidery, cutting tools and embroidery...all of these cultural creative products are the city's attractive brands. For Yangzhou, the cultural industry is not only its local touch of economic growth, but also a potential for enhancing its comprehensive power. With its cultural industry giving its old civilization a new glory, Yangzhou is building a famous historical city where the ancient and modern culture are shining each other.

Chapter VIII Hangzhou: Taking inheritance and innovation as two "engines" for speeding up building of a international cultural creative center ······ (151)

Focusing on the strategy of "development along the river" with innovation, clustering, opening and convergence as a consistent thread, Hangzhou made an effort to cultivate a new form of industry and growth point by further improving the industry and market of modern culture and dramatically enhancing the size, guiding force, platform clustering capability, driving force, innovation ability and overseas influence of its cultural creative industries in order to provide supports to accelerate building of a international creative center and a unique world - famous city.

Chapter IX Qingdao: The cultural creative industries helped switch to a new growth momentum; A "City of Film " is rising ······ (171)

Focusing on the reform of supply - side and growth momentum switch, taking its competitive industry and the convergence of "culture + X" as two "engines" and depending on two driving force of cultural innovation and tech innovation, Qingdao found its cultural industry showing a trend of accelerating, upgrading and convergence. Since recognized the title, "City of Film", Qingdao has outlines a new blueprint of bringing the Chinese film and TV in industry to a higher lever and assumed the mission of taking Chinese movie to the world center stage.

Chapter X Zhengzhou: Promoting industrialization of the traditional culture resources ······ (191)

Cultural resource is the base and premise of cultural industrialization. Under the circumstance that China has attached a great importance to inheritance and innovation of traditional culture, Zhengzhou, as the core area of central China's culture and one of eight great ancient capital, figured out a path of industrialization of traditional culture, and transformed its cultural superiority into the industrial competitiveness, making itself increasingly changing from a rich cultural resource to a strong cultural industry.

Chapter XI Wuhan: Traditional culture helped develop its cultural and creative industries and creative city ······ (209)

Awarded the title of "City of Design" in 2017, Wuhan saw its cultural and creative industries growing and upgrading. Wuhan is promoting a development of cultural creative industries by infusing the wisdom of traditional culture. Now we can see a new trend of the culture economics in Wuhan.

Chapter XII Shenzhen: Culture and Technology: the double engine driving the local cultural and creative industries ······ (231)

Shenzhen saw a fast growth of its cultural creative industries in recent years, which has become one of its four pillars. On its great basis of high-tech manufacturing, the city developed a convergence of "Culture + Technology" to boost the cultural creative industries. It has organized some branding events, such as International Cultural Industries Fair, Designing Week and The 12th Shenzhen Creative December, and amplified its international influence.

Chapter XIII Chengdu: Innovation gave traditional culture more vigor and inheritance gave the city more vitality ………………… (247)

Culture is a city's root and soul. As one of first pilot cities of culture spending, Chengdu found its cultural industry growing rapidly. This is an ancient city with more than 1,000 - year history, and the culture betokens its essence. For Chengdu's cultural industry, it is essentially important to re - innovate its cultural essence to stimulate its vitality.

Chapter XIV Guiyang: a converge of traditional culture and new tech ……………………………………………………………… (273)

2017 is a year that Guiyang managed to grow its revenue for the cultural industry. The city implemented three upgrading cultural projects, each for Wang Yangming, its ecology and ethnic groups, thus building the cultural products catering to the popular taste. In the future, Guiyang will integrate its resources, create a new form of cultural industry and keep investing in the cultural poverty alleviation to boost a creative transformation and innovated development of its traditional culture.

Chpater XV Sipsong Panna: A system reform help upgrade the culture-oriented travel ……………………………………………… (297)

Adhering to the course of advanced socialist culture, Sipsong Panna continued building the socialist core value system, pursuing the comprehensive reform of cultural system in recent years. Its cultural industry is growing rapidly, bringing its cultural building to a new stage. Meanwhile, The city groped for a development strategy combining culture, tourism and business by transforming its geographic advantages, rich natural resources and cultural resources of ethnic groups into industrial values and enhancing the industry's intensity, scale and specialization.

Chapter XVI Xi'an: The city's unique development of traditional culture manifests its charm of creative city. ………………… (315)

Xi'an's cultural identity and its effort of industrial orientation provide many inspirations about preservation of its cultural relics. It tried to manage well the balance between urban development and preservation and use of relics, and that between sustainability of traditional culture and building of creative city, make culture a pillar industry of Xi'an in the new era, and shape a urban ecology with more vigor and charm.

Chapter XVII Xining: Increasing the urban well-being index by developing its cultural creative industries ………………………… (333)

Xining was elected a Top Ten Happiest City in 2017, ranking as high as 2nd, and recognized as the Civilized City of China. As the biggest city on the Tibetan Plateau, a key city of the Lanzhou - Xining city group and a important node opening to the west on the Silk Road, Xining possesses an obvious advantage of a diverse and multiracial culture. Xining has established its urban development path that taps into its traditional resources, takes the cultural industry in full play to create the city's symbol, promote its brand and build its image.

Chapter XVIII Comments and Analysis: Development of traditional culture has infilled a new power into creative industries and creative cities. ……………………………………………… (345)

2017 is the 2nd year of China's 13th fiver - year plan. In 2017, the creative industries in Chinese major cities kept a good momentum. As an important basis and source of creative industries, traditional cultural resources play a increasingly big role. Creative city building has become a driving force of the industry. 12 members of "Creative City Network" have achieved a great progress and become bridgeheads showcasing the appeal of Chinese culture and achievements of the creative industries.

Appendix I Categories of cultural industry and culture-related industries 2018 ………………………………………………………… (364)
Appendix II List of Creativity Series published by China Creative Industries Research Center ……………………………………………… (385)
References ……………………………………………………………… (388)

第一章

总报告:中国创意产业在文化自信中前行

一、国家政策推动文化自信

二、传统文化开发取得新突破

三、创意城市彰显中国文化魅力

四、法律保障电影产业航向

五、泛娱乐产业推陈出新

六、出版产业重整旗鼓

七、文化旅游融合成大势所趋

习近平总书记在十九大报告中指出，中国特色社会主义文化，源自于中华民族五千多年文明历史所孕育的中华优秀传统文化，熔铸于党领导人民在革命、建设、改革中创造的革命文化和社会主义先进文化，植根于中国特色社会主义伟大实践。发展中国特色社会主义文化，就是以马克思主义为指导，坚守中华文化立场，立足当代中国现实，结合当今时代条件，发展面向现代化、面向世界、面向未来的，民族的科学的大众的社会主义文化，推动社会主义精神文明和物质文明协调发展。要坚持为人民服务、为社会主义服务，坚持百花齐放、百家争鸣，坚持创造性转化、创新性发展，不断铸就中华文化新辉煌。一是要牢牢掌握意识形态工作领导权。二是要培育和践行社会主义核心价值观。三是要加强思想道德建设。四是要繁荣发展社会主义文艺。五是要推动文化事业和文化产业发展。

作为文化产业的高端形态，中国创意产业以习近平新时代中国特色社会主义思想为统领，坚持把社会效益放在首位、社会效益和经济效益相统一的原则，按照新的目标和发展方向，不断满足人民过上美好生活的新期待，提供丰富的精神食粮。中国创意产业的整体质量和效益进一步提高，促进了社会主义先进文化和国民经济的繁荣发展。在现代文化产业体系和市场体系的健全过程中，各地创意企业积极创新生产经营机制，政府努力深化文化体制改革，完善文化管理体制和文化经济政策，基于互联网和移动互联网的新型文化业态快速发展，成为创意产业发展的新动能和新增长点。

截至 2017 年底，内地文化及相关产业企业数量超过了 314 万户，其中骨干文化企业数量从 2012 年的 3.6 万家增长到 2017 年的 5.5 万家，创新、创意、创业活动活跃。另据国家工商总局统计，截至 2018 年 2 月底，全国文化及相关产业企业数量为 341.81 万户。①

① 王思北. 文化产业蓬勃发展 讲好新时代中国故事[N]. 光明日报，2018－04－25.

国家统计局数据显示，2017 年，全国规模以上文化及相关产业企业营业收入 91950 亿元，比 2016 年增长 10.8%。2017 年内地文化产品和服务进出口总额达到了 1265 亿美元，同比增长 11.1%，一批外向型的企业开始通过海外投资参与国际竞争。从发展特点看，创意产业与数字技术、互联网技术等加速融合，动漫、游戏等业态保持高速增长态势，2017 年内地动漫产业总产值突破 1600 亿元人民币，网络游戏市场规模突破 2000 亿元人民币。中国创意产业 2017 年度发展特色突出表现在以下七个方面。

一、国家政策推动文化自信

中华优秀传统文化积淀着中华民族最深沉的精神追求，代表着中华民族独特的精神标识，是中华民族生生不息、发展壮大的丰厚滋养，是中国特色社会主义植根的文化沃土，构成了当代中国创意产业发展的突出优势。2017 年，为坚定文化自信，弘扬中华优秀传统文化，国家出台了《关于实施中华优秀传统文化传承发展工程的意见》《国家“十三五”时期文化发展改革规划纲要》等重大文化政策，催生了一系列彰显文化自信的创意产业热点。

2017 年初，中共中央办公厅、国务院办公厅颁布了《关于实施中华优秀传统文化传承发展工程的意见》(以下简称《意见》)。这是第一次以中央文件形式专题阐述中华优秀传统文化传承发展工作，系统部署了建设社会主义文化强国的重大战略任务，对于延续中华文脉、全面提升人民群众文化素养、维护国家文化安全、增强国家文化软实力、推进国家治理体系和治理能力现代化，具有重要意义。首先，《意见》分四个方面内容共 18 条，从理论和实践层面讲明了为什么传承发展、传承发展什么、怎样传承发展的问题。第一方面阐述了中华优秀传统文化传承发展的重要意义、指导思想、基本原则和总体目标。第二方面概括了传承发展的主要内容，目的是明确精华要义，深入挖掘和弘扬中华优秀传统文化蕴含的核心思想理念、中华传统美德、中华人文精神。第三方面从 7 个重点领域阐述传承发展的基本途径、主要措施、重点工作，部署了一系列重点任务。第四方面从组织领导、政策保障、法治环境、社会参与的角度提出了传承发展工程的实施方式和条件。其次，《意见》指出，坚持创造性转化和创新性发展，使中华民族最基本的文化基因与当代文化相适应、与现代社会相协调。对于中国创意产业的发展而言，坚持“两创”方针，就必须把握处理好继承和创新的关系，处理好传统文化与当今时代的关系，主要看能不能解决新时代中国的问题，能不能回应新时代的需求和挑战，能不能转化为民族复兴、国家富强、人民幸福的有益精神财富。这要求中国创意产业的发展坚持辩证唯物主义和历史唯物主义，秉持客观、科学、礼敬的态度，取其精华、去其糟粕，扬弃继承、转化创新，不复古泥古，不简单否定，不断赋予新的时代内涵和现代表达形式，不断补充、拓展、完善，使之成为有利于解决现实问题的文化，有利于助推社会发展的文化，有利于弘扬民族精神和时代精神的文化。

2017 年中，中共中央办公厅、国务院办公厅又印发了《国家"十三五"时期文化发展改革规划纲要》(以下简称《纲要》)。《纲要》是宣传文化领域贯彻《中共中央关于制定国民经济和社会发展第十三个五年规划的建议》和《中华人民共和国国民经济和社会发展第十三个五年规划纲要》的专项规划，指出"十三五"时期是全面建成小康社会决胜阶段，也是促进文化繁荣发展关键时期，成为指导"十三五"时期中国创意产业发展改革的重要纲领和遵循。《纲要》全文一万余字，除序言外，共分为十三个部分，囊括 22 个专栏，通篇贯穿创新、协调、绿色、开放、共享的新发展理念，立足我国文化发展改革实际，坚持问题导向，找准薄弱环节，加强制度设计和创新，努力推动各项工作适应新形势、形成新机制、实现新进展。第一部分是总体要求，明确了"十三五"时期文化发展改革的指导思想、方针原则和目标任务。第二至第十二部分对 11 个方面的工作进行了部署，依次为加强思想理论建设、提高舆论引导水平、培育和践行社会主义核心价值观、繁荣文化产品创作生产、加快现代公共文化服务体系建设、完善现代文化市场体系和现代文化产业体系、传承弘扬中华优秀传统文化、提高文化开放水平、推进文化体制改革创新、加强文化人才队伍建设、完善和落实文化经济政策，同时开列了一系列专栏和项目，基本涵盖了文化建设的方方面面。第十三部分为组织实施，对各地各有关部门抓好规划落实提出了明确要求。这为中国创意产业的发展明确了方向。

二、传统文化开发取得新突破

2017 年，在国家和地方相关政策的支持下，创意产业不断促进中华优秀传统文化的有效传承和弘扬。中国传统文化的传承保护与开发取得了很好的实践效果。一方面，《朗读者》《中国诗词大会》等优秀节目、纪录片及影视剧的热播表明，中华传统文化正在成为中国文化产品和服务的制作提供丰富的内容资源，包括数不胜数的历史人物、事件，不胜枚举的神话传说、传奇小说、民间故事，浩如烟海的诗词歌赋、戏剧小说、音乐舞蹈、书法绘画、古董文物等。另一方面，依托创意产业的力量，中华传统文化也实现了多媒体、立体式的传播，从博大精深的历史与思想转化为普通民众都能理解和接受的文化产品与服务，迎合了广大消费者的通俗审美需求。

首先，从消费侧看，传统文化赢得年轻受众青睐。2017 年，随着移动互联网的发展，汉服、国学、传统工艺等传统文化开始借助视频、弹幕、音频、电商、微博等新兴渠道入主年轻人的日常生活，成为潮流。在斗鱼、花椒、荔枝 APP 等平台上，古筝、二胡、书法等古风类的直播内容占到了相当比例，主播粉丝动辄数万，越来越多的 90 后和 00 后年轻人关注并参与到传统文化复兴中，他们普遍受过高质量的教育，具有高度的文化归属感、回归感、自信感，不再满足单纯的外来文化的灌输，开始追寻更加适合自己的精神和文化层面的需求，成为传统文化复兴和传播的主力军。

其次，从供给侧看，相关企业在传统文化领域日益活跃。2017 年，越来越多的互联网巨头和创业公司参与中华传统文化的产业化复兴，催生了不计其数的创业与商业机会。典型案例如腾讯，尝试用数字技术来传承文化遗产。12 月，腾讯与敦煌研究院启动“数字丝路”计划。此前，腾讯已经与长城、故宫达成了文化复兴合作，利用互联网和新技术连接起传统文化与年轻人。腾讯与故宫合作，刷新了人们对互联网+传统文化的认知。为了进一步走进人们生活，故宫还成立了文创团队，专门研究如何将藏品内容跟人们生活需求结合起来，比如“正大光明”充电器、故宫箱包、朝珠耳机等。截至 2017 年年底，故宫文创产品突破了一万种，销售额可观。

最后，从资本流向看，传统文化相关创业公司开始受到资本垂青。典型案例如东家，作为亚洲最大的匠人手作电商平台，已经完成上亿元的 B 轮融资，之前已经完成了数千万元 A 轮融资。东家深入全国各地走访，发掘传统手工艺的匠人加入东家，把好的工艺变成和时代结合的作品。以此为代表，与传统文化相结合的旅游、游戏等产业项目也越来越多地受到了资本的追捧。

总体而言，2017 年，在国家政策、供需双方和风险资本的合力推动之下，中国创意产业表现出了更加强烈的文化自觉性、更富创造性的转化形式和更富创新性的发展态势。传统文化更加适应现代创意产业的产品与服务形式，现代创意产业的产品与服务形式更多地借鉴传统文化，创意产品的生产制作水平不断提升，实现了良好的经济和社会效益。

三、创意城市彰显中国文化魅力

2017 年，中国又有青岛、长沙、武汉、澳门四座城市新晋联合国教科文组织（United Nations Educational, Scientific and Cultural Organization，简称 UNESCO）的全球创意城市网络（The Creative Cities Network），凸显了中国创意产业的文化自信和重大国际影响力。作为 UNESCO 推进全球文化多样性发展的一项重要举措，“创意城市网络”项目于 2004 年在联合国教科文组织的倡导下启动，代表了一种具有时代意义的崭新发展观，即通过创意城市间的国际合作，建立共同发展的伙伴关系，实现促进文化多样性和城市可持续发展的共同使命。“创意城市网络”分设的七个子系统，即文学之都（City of Literature）、音乐之都（City of Music）、电影之都（City of Film）、设计之都（City of Design）、媒体艺术之都（City of Media Arts）、美食之都（City of Gastronomy）、手工艺与民间艺术之都（City of Crafts and Folk Art），也充分体现了文化多样性的原则。截至 2017 年底，已有来自 72 个国家和地区的 180 座城市入选全球创意城市网络。

（一）青岛荣膺中国首个“电影之都”

青岛为了在 2017 年夺取中国首个“电影之都”殊荣，付出了巨大努力。十易其稿完成了申报文本编写，动员筹划建设 3 家各具特色的电影博物馆，累计举办各类国际国内电影交流活动 12 次之多。海鸥“亮亮”作为“电影之都”吉祥物，代表了自由、勇于拼搏的青岛电影人精神。电影已经成为青岛城市创新可持续发展的重要战略因素，融入青岛这座城市的每一个角落，浸入城市的文化与市民的日常生活之中，演绎了城市与电影之间无法分割的共生关系。社会方面，这座城市已然形成热爱电影的社会氛围。拥有近 60 家城市影院，每年观影人次达 1300 多万；曾经的中国最早商业电影放映场所——1907 光影俱乐部也焕发新生；开展的电影之都市民大使评选、大学生微电影创作大赛等活动，公众热情参与；有着“小戛纳”之称的赫拉国际电影周明年也有望落地青岛。经济方面，作为国内新崛起的影视产业基地，灵山湾影视文化产业区自成立之初，便以高度文化自信规划建设文化区，在对标好莱坞、硅谷的基础上，运用中国智慧，借势中国市场剑指高端，构建起影视拍摄、影视制作、影视发行、影视节庆和影视旅游于一体的影视工业全产业链体系。青岛成功申创联合国教科文组织“电影之都”，是青岛电影发展史上的重要里程碑，也是青岛迈向“世界电影新高地”进程中的新起点。

(二)长沙折桂中国首个“媒体艺术之都”

长沙在2017年的“媒体艺术之都”角逐中，是唯一亚洲城市。在此之前，全球共有8个城市荣获“媒体艺术之都”称号：法国里昂、日本札幌、法国昂吉安莱班、塞内加尔达喀尔、韩国光州广域市、奥地利林茨、以色列特拉维夫、英国约克。长沙得益于其近年来出品的大量精品电视、演艺、视频节目等，素有“快乐之城”的美誉，成为中国促进文化产业发展的杰出代表，拥有较强的创新能力和国际化水平，作为“一带一路”重要节点城市，长沙拥有生动丰富的文化遗产和创新创意。2017年，能够同多伦多（加拿大）、瓜达拉哈拉（墨西哥）、布拉加（葡萄牙）、科希策（斯洛伐克）等4个城市共享“媒体艺术之都”殊荣，可谓实至名归。“媒体艺术之都”也将推动长沙进一步做大创意产业，加快推进文化产业园、媒体艺术小镇建设，打造全球媒体艺术创意洼地和产业孵化基地，让文化驱动成为长沙可持续发展的新引擎，将“媒体艺术之都”这张金色名片打造得更加绚丽多彩，为人类文明的传承、保护和进步贡献中国智慧和长沙力量。

(三)武汉为中国“设计之都”锦上添花

武汉在2017年成为继深圳、上海、北京之后的中国第4个“设计之都”，诚属来之不易。一是因为科技创新含量最高，“设计之都”的申请在7大类中竞争历来非常激烈。二是中国城市此前已占据三席，再下一城面临着一定的后发劣势。全球共有巴西巴西利亚、南非开普敦、阿联酋迪拜、土耳其伊斯坦布尔、墨西哥墨西哥城、乌干达恩德培、澳大利亚季隆、丹麦科灵、比利时科特赖克、拉脱维亚库尔迪加、西班牙蓬特韦德拉以及中国武汉共12个城市申请加入“设计之都”。武汉仍能杀出重围、脱颖而出，难能可贵。这归功于武汉近年来在传承历史文脉的同时不断创新，带动了城市的整体复兴和人民生活品质的改善，日益成为国际化的现代山水创意城市，释放着老城新生的独特魅力。下一步，武汉市将进一步完善顶层推进机制，以“创意设计实现老城新生”为主题，制定涵盖全媒体的工作计划，让更多的市民参与到创意城市建设中来。

（四）澳门壮大中国“美食之都”

澳门成为2017年新晋的8个“美食之都”之一，融入了成都和顺德（中国）、贝伦和佛罗安那波里（巴西）、波帕扬（哥伦比亚）、拉什特（伊朗）、帕尔马（意大利）、扎赫勒（黎巴嫩）、恩塞纳达（墨西哥）、卑尔根（挪威）、全州（韩国）、鹤冈（日本）、德尼亚和布哥斯（西班牙）、厄斯特松德（瑞典）、布吉（泰国）、加济安泰普（土耳其）和图森（美国）等城市的大家庭，有利于推动澳门扩大国际合作。一是在文化承传方面，美食之都肯定了澳门美食历经四百多年演变而成的文化遗产，必将引发新生代对澳门美食文化的兴趣，促进澳门美食文化传统历久不衰。二是在创意方面，美食之都可吸引全球美食界联手创新美食文化及其产业，融合美食及不同文化元素以促进经济多元化发展。三是在交流方面，创意城市网络将增强澳门在美食范畴的可塑性，借鉴其他创意城市的优良做法和成功经验。

总体而言，2017年，中国力量在联合国教科文组织的全球创意城市网络全面崛起。青岛成为中国首个“电影之都”；长沙成为中国首个“媒体艺术之都”；澳门继成都、顺德之后，成为中国第三个“美食之都”，武汉市成为继深圳、上海、北京之后的中国第四个“设计之都”。加之此前的北京（设计之都）、上海（设计之都）、深圳（设计之都）、顺德（美食之都）、成都（美食之都）、苏州（手工艺与民间艺术之都）、杭州（手工艺与民间艺术之都）、景德镇（手工艺与民间艺术之都）等，中国已在联合国教科文组织的全球创意城市网络中占据12席，包揽了设计之都、美食之都、手工艺与民间艺术之都、电影之都、媒体艺术之都、文学之都、音乐之都等7个领域中的5类，创意城市数量在全球名列前茅。这充分证明了中华文化的自信和魅力日益赢得世界范围的认可和推崇。中华传统文化越来越善于搭乘权威国际组织的巨轮实现高效、高端、高能输出。

四、法律保障电影产业航向

2017年，中国电影产业迎来了影响深远的年度事件。3月1日正式施行的《中华人民共和国电影产业促进法》(以下简称《电影产业促进法》)，对电影创作、电影市场发展、电影技术创新等方面做出了明确规定。从电影产业的2017年运行情况看，《电影产业促进法》对坚定文化自信、加快建设电影强国的效果初显。全年票房559.11亿元，观影人次16.2亿，同比上年分别增长13.5%和18%，增幅重回两位数的“快车道”①。

(一)创作生产环节

2017年的中国电影创作受到了《电影产业促进法》的明确规范，以人民为中心的创作导向、强化现实主义创作、更好地融入社会主义核心价值观，成为电影创作的一体化原则。电影创作方切实提高电影质量水平，努力打造“思想精深、艺术精湛、制作精良”的精品力作；坚守文化立场和艺术理想，大力提倡“树三讲，去三俗”。《电影产业促进法》还提出了五类国家支持创作和摄制的电影，包括：传播中华优秀文化、弘扬社会主义核心价值观的重大题材电影；促进未成年人健康成长的电影；展现艺术创新成果、促进艺术进步的电影；推动科学教育事业发展和科学技术普及的电影；其他符合国家支持政策的电影。

2017年，在企业和政府的双轮驱动下，中国电影产业在持续深化供给侧改革，形成了多品种、多类型、多样化的作品结构，提高国产影片的消费者满意度，推动中国电影产业蓬勃发展、更上层楼，电影创作进一步繁荣。在企业方面，基于《电影产业促进法》的规范和要求，中影集团、上影集团、博纳影业等各大国有、民营电影企业调整创作方向、尊重创作规律、继承优良传统、保持专业态度、发扬工匠精神，共创作生产故事片798部，动画电影32部，科教电影68部，纪录电影44部，特种电影28部，总计970部。国产影片年度票房占比53.84%。在92部票房过亿元的影片中，国产电影达到51部；众多优秀影片获得两个效益双丰收，消费者满意度不断提升。

① 《电影产业促进法》实施一周年 为电影产业发展助力效果初现[N]. 中国电影报，2018-02-28.

在行政管理方面，2017 年作为“创作质量促进年”，电影主管部门以“百部重点主旋律电影选题规划”为引领，依法整合各类资源、简政放权，推出两项标志性措施：一是取消《摄制电影许可证》和《摄制电影许可证(单片)》。国产电影在国家新闻出版广电总局网站备案公示后，由国家新闻出版广电总局电影局或全国各省(直辖市、自治区)新闻出版广电局发放《电影剧本(梗概)备案回执单》，中外合拍影片则由国家新闻出版广电总局电影局发放《电影剧本立项回执单》及相关批复文件。二是《电影片公映许可证》是电影片准予公映的唯一有效证明，不再单独发放《电影技术合格证》。在进行电影完成片审查时，只审一个主要发行版，其他发行版本的质量由出品单位、发行单位或其他版权主体负责。

(二)发行放映环节

第一，偷漏瞒报票房行为受到依法惩治。长期以来，中国电影行业饱受偷漏瞒报票房的危害，市场秩序遭到破坏，产业发展受到妨害。2017 年，这一痼疾得到《电影产业促进法》的化解，中国电影产业获得了公平竞争的市场环境和良好的市场秩序。《电影产业促进法》明确规定，电影发行企业、电影院等应当如实统计电影销售收入，提供真实准确的统计数据，不得采取制造虚假交易、虚报瞒报销售收入等不正当手段，欺骗、误导观众，扰乱电影市场秩序。2017 年成为电影主管部门的“电影市场规范年”，吉林、浙江、江西、北京、山东、河南、宁夏、山西、云南等省市区陆续开展电影市场整治活动，全面查漏补缺，健全完善规章制度、配置配备相关设施。存在偷漏瞒报票房等违法经营行为的 326 家影院受到严厉处罚，包括停业整顿、罚款、内部通报警示等。中国电影发行放映协会以及各地电影行业协会、发行放映协会也发挥自身优势，承担起相应的责任，加强对会员的监督，配合上级主管部门做好相关工作，与政府部门形成合力，共同推动市场的繁荣与规范。“电影市场规范年”专项治理行动成效显著，各重要档期票房均有所提升。2017 年暑期档(6—8 月)产出票房 163.2 亿元，相比上年的 124.2 亿元提高了约 39 亿元；国庆档产出票房 26.2 亿元，比上年增长 15.9%；2018 年春节档票房 57.23 亿元，较上年增长 66.94%。

第二，盗版行为面临法律与科技联合防治。针对比“偷漏瞒报票房”危害性更大的盗版行为，《电影产业促进法》第三十一条规定，未经权利人许可，任何人不得对正在放映的电影进行录音录像。发现进行录音录像的,电影院工作人员有权予以制止,并要求其删除;对拒不听从的,有权要求其离场。除了法律的保障,数字水印检测系统与技术等科技手段在反盗版工作中的作用也日益重要。“电影版权保护暨影院反盗录技术研讨会”于2017年10月在京举行了,提出了如何在全行业加速推广应用相关技术的合理建议,号召建立“一站式”的影院反盗录版权保护服务体系和长效机制。

第三,奖励与限制携手提升票房真实性。2017年年底,国家电影事业发展专项资金管理委员会办公室发布了《关于奖励放映国产影片成绩突出影院的通知》,通知中规定只要满足两个奖励条件,且全年放映国产影片票房收入占票房总收入55%以上,就可以获得奖励。占比在66%以上的影院,获得的奖励等于100%返还上缴的电影专项资金。另外,2018年春节档,为了避免资本层面的恶意竞争,各大制片方联手倡议限制“票补”,每张电影票观众实际支付价格不得低于19.9元,每部电影票补数量不得超过50万张,让电影市场回归到“内容为王”“品质为王”的良性发展轨道上。

第四,农村电影市场进一步释放活力。《电影产业促进法》规定,国家加大对农村电影放映的扶持力度,由政府出资建立完善农村电影公益放映服务网络,积极引导社会资金投资农村电影放映,不断改善农村地区观看电影条件,统筹保障农村地区群众观看电影需求。2017年,农村放映工作在推进片源供给侧结构改革、流动转固定、乡镇影院建设、扩大公共服务化范围、标准化放映、农村电影市场化改革等方面进行了积极探索。截至2017年12月31日,全国农村电影市场已建立数字电影院线319条,数字电影版权方305家,地面卫星接收中心站219个,实际运营的放映设备(2017年参与订购的设备)46428套。2017年全国农村电影市场订购达1124万9032场,较2016年同期增加129万3603场,涨幅为13%。数字电影交易服务平台的影片数量达4113部,其中城市票房过亿影片177部。

(三)国际影响力不断提升

促进电影创作的国际化发展也是《电影产业促进法》重要战略意图之一。该法强调在平等互利的基础上,鼓励通过互办电影节展、合作拍摄影片、选送优质国产影片参加境外的电影节(展)等方式,进一步提升中国电影的知名度和影响力。明确规定国家应该以多种方式对走出去的优秀电影的外语译制给予一定的资金和政策支持。外交、文化、教育等部门也应充分利用各自的对外交流渠道和资源,积极推广优秀国产影片。国家同时鼓励多主体、多形式的境外推广活动,最大程度地激发和利用社会上的活跃资源,为国产电影的境外推广发挥积极作用。2017 年,中国电影站在国际视角上制作电影、输出中国的价值观、充分展现文化自信,迈向国际化步伐的日益加紧,国际影响力进一步提升,为传播中华文化开辟了新渠道。

中外电影合作从最初的探索阶段逐步走向成熟,截至 2017 年底,中国已同 20 个国家签署了电影合拍协议,中国电影界与美国好莱坞六大公司先后建立了密切、畅通的合作渠道。合作方式从最初的资本合作,逐步走向创意、人才、资源共享等全方位合作。2017 年 5 月,《路过未来》等反映中国现实题材的艺术影片进入戛纳电影节,标志着中国电影更加开放与多样化,加快了把中国电影推向世界的步伐。2017 年中国有近 600 人注册参与戛纳电影节的市场相关活动,比 2006 年增加了 15%,成为一支重要力量。VR 动画《拾梦老人》和 *Free Whale* 成功入围第 74 届威尼斯国际电影节公布的主竞选单元名单,反映了国际电影节对中国工作室和中国动画制作水平的认可。北美上映的中国国产电影票房 TOP10 总额为 10122.7 万美元。《大鱼海棠》在第 15 届布达佩斯国际动画电影节斩获最佳动画长片奖;动物纪录片《我们诞生在中国》在北美上映一周,票房就突破 1200 万美元,超过中国本土票房。电影人才培养方面的国际交流活跃,国家新闻出版广电总局电影局与美国电影协会、韩国电影振兴委员会等机构合作,为青年电影人走出国门、树立全球视野、学习先进经验和技术创造了机会,派送国内编剧、导演、动画电影人、制片人等赴好莱坞学习。同时,CFDG 中国青年导演扶持计划、优秀电影剧本孵化计划、丝绸之路国际电影节“青年电影 A 计划”、金砖国家电影人才交流培养计划等人才扶持计划频频涌现,成果颇丰。

五、泛娱乐产业推陈出新

2017 年,基于互联网的娱乐产业推陈出新,创造了创意产业诸多新业态。剧集、直播、短视频等新型创意业态加速融合,同时带动了游戏等创意产业的发展,泛娱乐融合研发形式更加多样,融合更为深入,成为网民文化消费的主要形态，是满足人民群众精神文化需求的重要渠道。用户规模进一步提升，付费意识逐步养成，内容精品化和消费移动化势头明显，一套全新的商业发展模式应运而生。根据2017年1月1日至2017年10月31日国家新闻出版广电总局网络视听节目备案库的数据：网络剧555部，6921集；网络电影5620部；网络动画片659部，专业类节目2725档（包括综艺、娱乐、财经、体育、教育）。[①] 与此同时，电视等传统媒体地位日渐式微，许多用户已不再接触传统媒体，而是使用手机收看网络节目。据中国互联网络信息中心第40次《中国互联网络发展状况统计报告》显示，截至2017年底，我国网络视频用户规模达到5.65亿，占网民总数的75.2%，继续保持网络娱乐类应用首位。

（一）剧集产业跨域电视与网络

首都影视发展智库的《2018中国电视剧产业报告》显示，截至2017年12月，中国手机视频用户规模达5.48亿，较上年增长9.7%，网民通过移动端观看视频的行为更加普遍，并且越来越呈现出向手机端倾斜的趋势。与此同时，2017年上半年全网视频点击总量达6317.3亿次，其中电视剧类点击量达到4232.6亿次，占比高达67%，也就是说，电视剧类视频点击量占全网视频点击量的近七成。[②] 这说明中国的电视剧和网络剧在2017年已经基本打破电视和互联网的媒介屏障。这种跨域模式突破了传统的电视剧或1网剧的定名模式，独立的剧集产业呼之欲出。

从剧集的传播渠道看，电视台是传统的剧集采购主体，随着互联网和移动互联网平台的兴起，剧集也成为网络媒介的重要内容，重塑了剧集的市场格局。相对于电视台，网络平台的市场化程度更高，竞争更充分，资源更容易向优质内容聚集，精品内容更易获得创作空间和激励。手机看视频的随意性弥补了电视台播出时段的机械性。随着受众规模的扩大，付费受众比例的提高，电视平台也把互联网作为战略策源地，电视剧在网络的播放司空见惯，部分网络剧也开始申请电视剧的许可证。先网后台、先台后网、网台联动等不同形态的播出模式融合并进。电视台和互联网的观众互补，为真正的精品内容扩大了受众范

① 《2017年中国网络视听发展研究报告》发布[EB/OL]. http://news.cnr.cn/native/city/20171129/t20171129_524043837.shtml. 央广网，2017-11-29.

② 刘阳.《2018中国电视剧产业报告》发布：多屏时代，好剧仍缺[N]. 人民日报，2018-04-02.

围。优质剧集既能在电视上获得高收视率,也能在互联网上获得更多点播量,说明剧集内容为王,品质始终是热度的基础。

从内容角度看,现实主义作品成为2017年的年度标志,让当代中国人了解现实国情,让世界领略真实而自信的中华文化。《人民的名义》等当代题材剧集万人空巷,在收视比重、总体收视率、网络点播量等方面都有不俗的表现。前几年非常活跃的古代题材剧集的热度褪去,反映了观众审美取向的转变和时代发展需求的换挡,特别是"00后"开始陆续成年,成为剧集的主体观众群。他们与上一代观众群的审美需求差别明显,对现实生活的体验和感知需求要超越了对古代和近代题材的需求,容易对当代题材产生话题共鸣。这对2018年的剧集生产必将产生一定影响。

从生产环节看,2017年国内电视剧立项总量和生产总量均较上年有所下降,生产完成并获准发行的国产电视剧数量为313部,共计13475集,创下了2011年以来新低。这一趋势说明电视剧的宏观调控取得成效,供给侧改革得到了落实,遏制了剧集领域严重的产能过剩,缓解了剧集生产的风险。剧集产业的泡沫开始逐步被挤掉,正在从高速度转向重质量的健康发展模式。

但是,2017年的剧集产业仍然存在很多问题。首先,剧集产能相对过剩且粗制滥造,部分项目仅凭流量明星和热点题材机械拼凑。即便一些市场反映不错的作品也仍然存在台词和场面调度、剧集拖沓粗糙等瑕疵,降低了作品的品质,不能满足观众的精品化需求。其次,剧集在生产、制作、发行、营销、分账等环节中的市场化程度还不够充分,天价片酬、收视率造假、剧本抄袭等行业乱象仍未消除,市场操作还有待更加透明化。2017年以来,有关部门对电视剧、网络剧的审查和监管渐趋严格。预计这种趋势还会在2018年持续,剧集产业也将逐渐实现良性发展。

(二)直播产业异军突起

截至2017年12月,网络直播用户规模达到4.22亿。其中,游戏直播用户规模达到2.24亿,较上年底增加7756万,占网民总体的29%;真人秀直播用户规模达到2.2亿,较上年底增加7522万,占网民总体的28.5%。[①] 腾讯、

① 中国网民规模达7.72亿 网络直播用户超4亿[N].新京报,2018-01-31.

陌陌、小米、360 等十多家大企业相继进入直播领域，为行业推波助澜。从已上市企业的直播服务营收来看，各大网络平台的网络直播业务营收仍保持高速增长。从未上市企业的融资情况来看，先后在 2017 年宣布完成了新轮融资，且融资金额大多不菲，行业发展前景良好。从年度热点现象看，花椒《百万赢家》直播答题单日奖金从 210 万元提升到 430 万元，其中有四场单场奖金达到 100 万元，创造了直播答题奖金新纪录。整个答题过程吸引了超过 400 万网友的关注。①

2017 年，直播的内容生产更加专业化，"直播+教育""直播+体育""直播+电商"层出不穷，才艺表演、段子搞笑、日常生活、户外猎奇等泛娱乐直播内容大行其道，电竞直播、科教财经等新兴的知识技能型直播方兴未艾。直播行业在商业模式上不断创新，打赏和实时提现等模式纷纷实现。此外，网络直播的两类盈利方式大致定型，第一类平台以"全民直播、草根直播"为特色，以秀场直播为主，但不乏涉赌涉黄现象，导致平台的监管成本提升，同时对主播的依赖较大，内容趋同，许多平台纷纷转向"短视频"领域，主打美女经济的秀场模式逐渐式微。第二类平台以内容直播为主，尤以电子竞技等游戏内容突出。不少游戏公司通过直播平台宣传游戏产品，腾讯和网易更是布局自有的游戏直播平台，牢牢把控用户参与度。"王者荣耀"等移动电竞直播的走俏吸引了大量热钱注资移动直播领域，全民化趋势愈演愈烈，直播产业与游戏产业的界线愈发模糊。但优质内容的差异化、多元化和精品化仍是直播平台赖以生存的根本。

2017 年，网络直播行业的内容监管力度持续提升。相关部门为了规范化行业发展，维护市场秩序，针对直播陆续出台多项重磅行业监管政策，开展多次集中执法检查和专项清理整治工作，违法违规直播内容治理成效显著。2 月被政府下架并关停 18 款直播类应用、5 月关停 10 家、6 月关停 12 家。② 4 月，国家网信办首次根据《互联网百播服务管理规定》依法关停了 18 款传播违法违规内容的网络直播类应用。6 月底，文化部部署全国 29 个省的文化市场综合执法机构开展查处工作，对 50 家主要网络表演经营单位进行集中执法检查。30 家内容违规的网络表演平台被查处，12 家网络表演平台被关停。至 2017 年

① 李国，孙雅纯. 网络直播呈现爆发式增长 或成产业和资本的盛宴[N]. 工人日报，2018－01－17.

② 姜子谦. 2017 文化产业十大关键词[N]. 北京娱乐信报，2017－12－27.

下半年，各网络直播平台的违法违规内容明显减少，行业内容规范已经基本形成。[①] 11月国家网信办发布的《互联网直播服务管理规定》则被视为中国网络直播行业转型的开始。直播产业获得了健康的发展环境，整个直播市场内容将越来越正规化。随着行业技术的成熟以及行业盈利手段的多元化，市场规模将进一步增长。

(三)短视频产业大行其道

2017年，作为低门槛、碎片化和更具表达力的媒介形态，短视频进入爆发期，迅速吸引了不同用户群的注意力。以往以图片和文字见长的自媒体也纷纷向短视频靠拢。相较于直播，短视频时长短、内容精、重复率低、能够用更低的成本与更多维度的人群建立连接，实现精准投放。藉此优势，短视频产业在2017年增长迅猛，用户规模突破4.1亿人，预计2020年短视频市场规模将超350亿元。[②] 行业领头羊“快手”在2017年年底，总用户数已超过7亿，日活跃用户超过1亿。“抖音”“西瓜”和“火山”作为追赶者迅速崛起。

短视频行业竞争进入白热化阶段。国内短视频平台数量已超过100家，且数量仍在野蛮增长。究其原因，主要有两方面：一方面，众多短视频创业者纷至沓来；另一方面，逐利资本密集进场，通过“烧钱”开启补贴大战。今日头条的头条号、腾讯的企鹅号、阿里的大鱼号、百度的百家号、一下科技的秒拍等主流平台几乎都有短视频补贴计划。例如，企鹅号推出12亿元“芒种计划2.0”，大鱼号推出20亿元“大鱼计划”，充分显示了龙头企业对短视频产业的重视。

然而，相对于视频网站的会员制度和直播行业的打赏等盈利模式，短视频的商业模式尚不成熟，虽然拥有庞大的用户量，但用户对短视频付费的接受程度尚不确定，难以变现。据今日头条公布的《2017年短视频创作者商业变现报告》，47.9%的短视频团队不能赢利，而30.25%的是略有盈余。平台贴补成为最大的收入来源，占到了72.58%。内容广告和电商导流成为短视频产业目前的两类主流变现方式。例如，以“二更”为代表的商业视频定制和原生广告变现模式；以“一条”为代表的生活美学类短视频，通过建立兴趣电商，进行变现。但

---

① 网络直播用户达到4.22亿，内容监管力度持续提升[EB/OL]. 中国网信网. http://www.cac.gov.cn/2018-01/31/c_1122340539.htm, 2018-01-31.

② 国家版权局. 中国网络版权产业发展报告(2018).

更多的短视频平台则难以精准找到合适自身内容属性的广告主，也只有极少数账号能把电商作为变现的有效手段。同时，一系列政策在2017年对短视频产业实行严控，短视频内容会越来越规范，大量打擦边球的内容被清除，市场格局进入多变的调整期。

六、出版产业重整旗鼓

作为我国创意产业的重要支柱，出版业一度表现得不温不火。2017年，中国出版业产业在多方面发力，从高速度转向高质量，规模化、集约化、专业化态势明显。根据国家新闻出版广电总局2017年9月印发的《新闻出版广播影视“十三五”发展规划》，新闻出版产业营业收入年均增速在“十三五”时期不低于8%，利润年均增速不低于7%。至“十三五”期末，国民年人均图书阅读量5.0册，年人均电子书阅读量4.0册。政府对出版产业的多方扶持成为2017年度特色。

（一）政府营造出版产业大环境

一是营造全民阅读的社会氛围。2017年，全民阅读继续受到中央高度重视，连续第4次被写入《政府工作报告》。具体表述也由此前的“倡导”改为“大力推动”。《全民阅读促进条例》进入向社会征求意见阶段。湖北、深圳等地已经制定实施了地方性的全民阅读促进法规，促进全民阅读不断向纵深推进，促进全民阅读工作的长效机制日益完善，制度保障稳步提升。国内几大知名书展持续助力全民阅读，北京国际图书博览会（BIBF）、全国图书交易博览会、上海书展等活动参与人数逐年增加，全社会日益形成“让读书成为一种生活方式”“无处不阅读”的良好环境。

二是强势治理出版物质量。2017年，为提升出版物的质量管理水平，总局开展了出版物“质量管理2017”专项工作，出台管理办法和举措，出版物“质量管理2017”专项工作共查处不合格出版物57种，涉及44家出版单位。尤其是围绕教辅、少儿和生活类出版物开展编校质量检查，公布了“质量管理2017”教辅、少儿和生活类编校质量不合格出版物，涉及19家出版单位的24种出版物。依据相关规定，总局给予相关出版单位警告的行政处罚，并责令在30日内收回不合格出版物。

三是推动出版产业转型升级。2017 年，为尽快实现产业转型升级，传统出版业加速了数字化步伐。中央文资办资助的新闻出版项目中，各种数字基础设施建设项目的获批率非常高。这些基础设施涵盖出版产业全流程，从内容采集生产、印刷，到渠道发行以及消费，都逐步实现数字化。同时，由于这些基础设施的建设投入巨大，政府项目资助主要发挥撬动作用，为社会资本提供了投资机会。“互联网+编辑”“互联网+策划”“互联网+出版”在 2017 年表现突出。1 月起，国家新闻出版广电总局确定的首批 20 家出版融合发展重点实验室相继挂牌运营，各实验室统筹推进技术创新、模式创新，并以此推动产品创新、产业创新，最大限度发挥重点实验室辐射带动作用。2017 年，全国经总局（包括原新闻出版总署）批准建设的新闻出版产业基地（园区）共有 30 家，分布在 18 个省市。基地（园区）建设形成了出版创意、数字出版、印刷包装、音乐产业、动漫游戏、出版装备、影视动画等多个类别，东中西部全面开花的态势，新闻出版广电基地（园区）产业联盟也于 2017 年宣告成立。此外，一系列产业促进活动在 2017 年陆续举办，包括第十届新闻出版业互联网发展大会、首届出版融合技术编辑创新大赛、第二届期刊融合发展高峰论坛、总局基地（园区）工作交流会暨优秀产业示范项目推广会等。

四是各地扶持实体书店蒸蒸日上。2017 年，各地纷纷响应中宣部、国家新闻出版广电总局、财政部等 11 部门联合印发的《关于支持实体书店发展的指导意见》，扶持实体书店东山再起。1 月，天津发布《关于推进实体书店发展的实施意见》，率先营造实体书店扶持开门红。江苏、广东、上海、福建等省（直辖市）也接连发布实施意见。5 月，北京市新闻出版广电局印发了“北京市实体书店扶持资金管理办法、管理规定、评审细则”，对实体书店扶持资金的支持范围，申报、评审与拨付，监督管理和项目评分规则等事项做出了要求和说明。8 月初，山东、内蒙古、湖北等省（区、市）相继发布支持实体书店发展的实施意见。内蒙古自治区出台《内蒙古自治区关于支持实体书店发展的实施意见》，明确提出到 2020 年实现千人拥有出版物发行网点数达到全国平均水平 0.15 的目标。广西壮族自治区决定对 10 家民营实体书店给予资金扶持。山东省召开实体书店发展推进会，全面落实山东省 12 部门联合制定的《关于推进实体书店发展的实施意见》。湖北省印发的《关于支持实体书店发展的实施意见》，从完善规划、加强财税扶持、提供培训服务、简化审批管理、规范出版物市场秩序等方面推进实体书店建设。2017 年年底，四川、浙江、安徽三省相继发布《关于支持实体书店发展的实施意见》。随着这些实体书店扶持计划的逐步落实，2017 年新兴的实体书店在全国各地不断涌现。

(二)企业创新经营模式，重视资本运作

一是当当网在全国开业的线下实体书店已达 145 家，分为当当书吧、当当阅界、当当车站三种业态，覆盖湖南、福建、辽宁等省份，为读者提供丰富的线下文化服务。2017 年上半年，当当在全国当当实体书店及大学校园、书店举办近 100 场“阅享之旅”系列文化活动，且进行网络直播，观看人数共计 40 万，总覆盖人数共计约 50 万。当当数字阅读“全民秒读计划”参与人数突破 118 万，且还在持续攀升。[①]

二是共享书店颠覆书店售卖模式，安徽新华发行集团旗下合肥三孝口书店在 2017 年 7 月 16 日以“全球首家共享书店”的身份正式亮相，读者只需用手机下载“智慧书房”APP，注册并缴纳 99 元押金后，扫一扫书后面的条形码就可以直接把书带回家。每次可借 2 本总定价不高于 150 元的图书，免费阅读的时限是 10 天。“由买书到借书”“把书店变成自家书房”“由个人阅读到共享阅读”，共享书店服务人员从过去的销售身份，变身为用户的专属阅读顾问，以“给读者提供个性化、专业化、精准化的阅读服务”为宗旨。此外，在北京、天津等地，24 小时书店陆续开办，丰富了市民的文化生活，深获社会各界的好评。

三是以资本为纽带的合作在 2017 年空前繁荣，借助资本市场的力量壮大出版产业。中国科技出版传媒股份有限公司、新经典文化股份有限公司、中国出版传媒股份有限公司、世纪天鸿、掌阅科技、阅文集团、山东出版传媒股份有限公司等出版业企业纷纷上市。此外，新华书店在 2017 年迎来 80 华诞，已累计发行图书数以万亿计，年销售总额超千亿元，影响力辐射海内外。

(三)出版内容影响世界

2017 年，中国出版业把内容质量放在首位，强化内容建设，统一“两个效益”“两种价值”，策划出版了一大批质量上乘、社会反响好的优秀出版物。全年图

① 当当 2017 上半年国民阅读品质报告 五大维度解析阅读倾向[N]. 中国文化报，2017-08-19.

书选题与出版方向受到中央精神政策影响和指引，一批主题出版物彰显大国风范，使中国主张、中国价值、中国故事获得很好的国际表达，中华文化影响力在全球范围内不断提升。

例如，由外文出版社出版的《习近平谈治国理政》，已经出版 21 个语种、24 个版本，发行 642 万册，其中海外发行突破 50 万册，发行范围覆盖世界 160 多个国家和地区，成为改革开放以来在国际上最受关注、最具影响力的中国领导人著作。人民出版社出版发行的《习近平讲故事》一书，出版 3 个月就已发行近 150 万册，实现了英、日、俄、越 4 个语种的版权输出授权。《习近平谈治国理政》和《习近平讲故事》受到海内外读者的热烈欢迎。此外，围绕党的十九大、“一带一路”等热点的出版物都取得了不俗的成绩。截至 2017 年 11 月 10 日，党的十九大文件及学习辅导读物发行总量达到 7174 万册。当当大数据显示，目前出版的以“一带一路”为书名的专题图书达 500 多种，内容涉及“一带一路”的图书近千种，涵盖历史、政治、法律、经济等多个品类。①

2017 年，我国出版企业海外布局更为活跃。除了传统的版权输出和图书实物出口等途径外，中国出版企业纷纷并购海外出版企业、成立分社或国际编辑部，通过资本输出的形式迅速切入市场，走入国际市场，与海外同行合作。国家新闻出版广电总局数字显示，截至 2017 年，我国出版企业在海外设立各类分支机构 400 多家，与 70 多个国家的 500 多家出版机构建立合作伙伴关系，双方共同策划选题、翻译出版、开发市场。比较具有代表性的行业事件包括人民卫生出版社在美国成立的“人民卫生出版社美国有限责任公司”、山东友谊出版社的“尼山书屋走出去工程”等入选商务部公布的“2017—2018 年度国家文化出口重点企业公示名单”和“2017—2018 年度国家文化出口重点项目公示名单”。中南传媒与法兰克福书展 IPR 在线版权交易有限公司签约合作，浙江少年儿童出版社成立新前沿出版社伦敦分支机构等。

---

① 宗月. 当当发布 2017 上半年阅读“品质”报告：图书销售总量达 4 亿册[N]. 中国新闻出版广电报，2017－08－04.

七、文化旅游融合成大势所趋

(一)文化与旅游的多方位融合

第一,农业文化与旅游业的融合。旅游业既具生产功能又具消费功能,农业文化与旅游业的融合大幅提高了传统农业的附加值和效率值,成为高效农业的优良载体。2017年初,中央一号文件《中共中央、国务院关于深入推进农业供给侧结构性改革加快培育农业农村发展新动能的若干意见》首次写入“旅游+”理念,文化旅游融合的春风。在鼓励农业产业融合发展的条款中,旅游业排在了林业之后,成为农业融合的最重要对象产业之一。文件提出,大力发展乡村休闲旅游业,充分发挥乡村各类物质与非物质资源富集的独特优势,利用“旅游+”“生态+”等模式,推进农业、林业与旅游、教育、文化、康养等产业深度融合,丰富乡村旅游业态和产品,打造各类主题乡村旅游目的地和精品线路,发展富有乡村特色的民宿和养生养老基地,鼓励农村集体经济组织创办乡村旅游合作社,或与社会资本联办乡村旅游企业,多渠道筹集建设资金,大力改善休闲农业、乡村旅游、森林康养公共服务设施条件,完善休闲农业、乡村旅游行业标准等。到2017年末,为鼓励盘活存量建设用地,国土资源部、国家发展改革委联合下发《关于深入推进农业供给侧结构性改革做好农村产业融合发展用地保障工作的通知》,表示各地可以安排一定比例年度土地利用计划,专项支持农村新产业新业态和产业融合发展。乡村旅游、农村电子商务、特色小镇、设施农业等农村新产业新业态用地正获政策支持。另外,各地方政府和投资主体也对农业特色小镇和田园综合体的房地产化、粗放规模化和盲目趋同化保持高度警惕,对休闲农业、乡村民宿发展过程中出现的“去农业化”、以“情怀”“模式”“全域”等虚体化运作做出提前防范。

第二,工业文化与旅游业的融合。作为新兴的旅游细分品类,工业旅游属于国家并未制定特别的规范性要求,大小规模及配套设施的齐整程度不一,甚至很多工业旅游的品类中硬件设施都不完整。2017年底,国家旅游局批准公布了《国家工业旅游示范基地规范与评价》行业标准,按照旅游目的地类型制定的规范,强化了工业遗产的保护、展示等方面的要求。该标准规定了国家工业旅游示范基地的术语和定义、基本条件、基础设施及服务、配套设施及服务、旅游安全、旅游信息化、综合管理等内容。有助于达到标准之后国家统一的认证、评级、享受政策扶持等。由于不是强制性规范，主要突出的是对工业文化与旅游业融合的指导意义。

第三，教育与旅游业的融合。2017 年，中国的研学旅行也正式起步，教育部 9 月印发《中小学综合实践活动课程指导纲要》(以下简称《纲要》)。根据《纲要》，包括研学旅行在内的综合实践活动是国家义务教育和普通高中课程方案规定的必修课程，与学科课程并列设置，是基础教育课程体系的重要组成部分，自小学一年级至高中三年级全面实施。这对于旅游业的发展必将产生较强的刺激作用。

(二)文化创意旅游的进一步规范

第一，特色小镇规范化。特色小镇魂在文化，特在创意，贵在产业。从发展现实情况看，部分特色小镇促进了产业要素集聚，成为新的经济增长点。随着第一批第二批特色小镇名单的公布，全国范围的特色小镇建设如火如荼，同时也出现了房产化、虚无化、脱节化的发展误区，挂羊头卖狗肉的问题非常突出，限制了其健康和长远发展。为降温热度、纠偏隐患，2017 年末，国家发改委、国土资源部、环保部、住建部联合发布《关于规范推进特色小镇和特色小城镇建设的若干意见》，明确了特色小镇在投资、土地、建设、运营方面需要有专业性和持续性，提出各地要把特色小镇和小城镇建设作为供给侧结构性改革的重要平台，促进新型城镇化建设和紧急转型升级，让特色小镇实至名归，打造特而美、特而精、有生活、有温度、有内容的小镇，强调要从实际出发，遵循客观规律，防止了特色小镇的盲目发展、一哄而上，有利于严控房地产化倾向。

第二，民宿行业标准化。作为非标住宿产品，民宿的个性化突出，在文化创意、建筑特色、氛围营造等方面的可塑性非常强。近年来，市场推动了民宿行业的火爆，各地都涌现出一批受市场欢迎的民宿。民宿产业已经从旅游行业的配套辅助角色转变为休闲度假产业的主导角色。但受所在区域、从业人员等诸多因素影响，各地民宿产业发展不均衡，特别是消防、卫生、安全等方面缺乏明确要求。2017 年 8 月，国家旅游局批准并公布了首个涉及民宿的国家行业标准——《旅游民宿基本要求与评价》，规定了旅游民宿的定义、评价原则、基本要求、管理规范和等级划分条件，让民宿行业有了依据，利于规范民宿行业，推动中国民宿产业健康可持续发展。

(三)全域旅游迈向全域休闲

2017 年，文化与旅游业的融合推动了全域旅游迈向全域休闲。全域旅游以全时、全空、全民、全业、全制为特色，通过全民参与、各部门配合、各产业相互融合，为游客提供更好的旅游资源，获得更好的旅游体验；全域休闲进一步涵盖了全域旅游，融入了运动、养生、娱乐、文化、休闲农业、休闲工业等要素，不仅要愉悦旅客，也考虑了当地民众获得的休闲体验，通过提高居民休闲质量，提高全民的生活品质。为创新体制机制、激发休闲产业活力，促进休闲产业融合发展和结构升级转型，国家旅游局 6 月发布《全域旅游示范区创建工作导则》(以下简称《导则》)，为全域旅游示范区创建工作提供行动指南。《导则》指出，创建工作要实现“五个目标”，并起到相应的示范引领作用：一是实现旅游治理规范化；二是实现旅游发展全域化；三是实现旅游供给品质化；四是实现旅游参与全民化；五是实现旅游效应最大化。《导则》成为旅游业惠民生、稳增长、调结构、促协调、扩开放的重要依据，坚持了“注重实效、突出示范”“宽进严选、统一认定”“有进有出、动态管理”三大方针，建立了相应的管理和退出机制，为拓展休闲空间，优化休闲消费环境，推进休假制度改革奠定了基础。

鉴于中国创意产业已经出现了诸业态融合发展的现实，影视、出版、设计、动漫、游戏等传统的创意产业已经不再是单纯的孤立业态，短视频、直播等新的基于互联网的娱乐形式层出不穷，新老业态相互穿插，你中有我、我中有你，传统的创意产业分类正在分崩离析。融合化和一体化的创意产业呼之欲出。对于 2017 年的中国创意产业发展情况，我们只能通过前述五个方面基本勾勒出其年度特色，全面而事无巨细的描摹创意产业似乎正在变得越来越难以把握。面向未来，党的十九大已经做出了中国特色社会主义进入新时代、社会主要矛盾已经转化等重大论断，标明了中国发展新的历史方位。发展创意产业无疑已经成为满足人民对美好生活的向往，建设富强、民主、文明、和谐、美丽的社会主义现代化强国的重要力量。

立足新时代，作为现代化经济体系建设的重要组成部分，中国创意产业已经成为融合了一二三产业的综合性产业，关联度高，带动性强，是推动国民经济结构调整、培育经济增长新动能的生力军和突击队，在未来的发展定位和趋势上仍然路漫漫其修远。可以预见，两条主线将会贯穿始终。一是以大中小创意企业为主力军，以文化贸易为主平台，积极推动中华文化走向世界，促进不同文明的交流互鉴、共存，推动人类命运共同体建设。二是沿着文化与科技融合的思路，大力培育基于大数据、云计算、物联网、人工智能等新技术的创意新业态，促进数字技术、互联网技术等高新技术在创意、生产、传播、消费等各环节的应用。唯其如此，中国创意产业才能不断满足人民群众日益增长的美好生活需要，实现产业转型升级、提质增效，构建结构合理、门类齐全、科技含量高、竞争力强的现代创意产业体系。

（张京成、刘光宇，中国创意产业研究中心，文化创意产业标准化研究北京市重点实验室）

第二章

北京：弘扬传统文化，实现文化创意产业创新发展

一、北京文化创意产业发展概况

二、北京市传统文化资源条件

三、北京传统文化与当代创意的融合现状

四、北京传统文化与文化创意产业发展趋势展望

传统文化为文化创意产业发展提供丰富资源，是文化创意产业独特创意的源泉，没有对传统文化的开发利用，文化创意产业就是无源之水、无本之木。同时，文化创意产业又是传承和弘扬传统文化的重要载体，文化创意产业的发展壮大是传统文化得以传承、得以创新的重要推动力量。2017 年，北京立足丰富的传统文化资源，通过创意化开发、产业化运作，深度挖掘其独特的经济价值、文化价值及社会价值，促进优秀传统文化与文化创意产业的深度融合和共同发展，进一步巩固了文化创意产业的支柱性产业地位，有力促进了全国文化中心建设和科技创新中心建设。

一、北京文化创意产业发展概况

(一)产业发展环境更优化，对文化创意产业发展要求更高

1.《北京城市总体规划(2016—2035)》为文化创意产业发展指明方向

《北京城市总体规划(2016—2035)》(以下简称《总规》)作为新中国成立以来北京的第七个版本的城市总体规划，以习近平总书记两次视察北京重要讲话精神为根本遵循，紧紧围绕“建设一个什么样的首都、怎样建设首都”这一重大问题，明确了北京未来发展的基本框架和目标任务。《总规》围绕“四个中心”城市战略定位展开，将“四个中心”功能建设作为中心任务，文化中心是四个中心任务之一。

北京市委书记蔡奇同志强调，文化中心建设要着重做好首都文化这篇大文章，重点是“一核一城三带两区”。即以培育和弘扬社会主义核心价值观为引领，以历史文化名城保护为根基，以大运河文化带、长城文化带、西山永定河文化带为抓手，推动公共文化服务体系示范区和文化创意产业引领区建设，把北

京建设成为弘扬中华文明与引领时代潮流的文化名城、中国特色社会主义先进文化之都。

《北京城市总体规划(2016—2035)》中，文化中心的定位使文化创意产业地位进一步提升，为北京文化创意产业的发展提供了强大的动力，历史文化名城建设则为北京文化创意产业的扩大布局提供了地理空间。

2. 文化中心建设的政策环境对文化创意产业激发创新创造活力提供新机遇、提出新要求

加强首都全国文化中心建设，既是落实《北京城市总体规划(2016—2035)》、加快建设国际一流和谐宜居之都的重大战略举措，也是首都文化创意产业激发创新活力实现创新发展的新机遇。

北京市聚焦全国文化中心建设，加强政策引导力度，制定了《北京市“十三五”时期加强全国文化中心建设规划》(以下简称《规划》)，积极推动首都文化改革发展，为北京建设国际一流的和谐之都提供强有力的文化支撑。《规划》将“激发文化创意产业创新创造活力”作为重点任务之一，这是北京首次将加强全国文化中心建设规划列为市级重点专项规划，既是文化创意产业的政策机遇，也对产业提高支撑能力提出了更高的要求。为切实推进全国文化中心建设这一全市重点工作，北京市于 2017 年 8 月成立由市委书记任组长的推进全国文化中心建设领导小组，为文化创意产业在未来一段时期的加速发展提供了组织保障。

此外，北京市还出台了《北京市“十三五”时期文化创意产业发展规划》以及部分细分行业的发展规划或发展实施意见，为文化创意产业及主要细分行业领域的发展提供了政策引导。其中，《北京市“十三五”时期文化创意产业发展规划》提出“到 2020 年，文化创意产业增加值占全市 GDP 比重力争达到 15%左右”的目标，对产业发展布局和建设“高精尖”文化创意产业体系提出具体要求，布置了六大重点任务。

3. 地区经济“新常态”化发展对文化创意产业的支撑能力提出新要求

自 2011 年以来，北京地区生产总值结束了两位数以上的增长速度，经济进入中高速增长时期，驱动经济增长的主要力量则更加依赖于创新和创意。自 2014 年习近平总书记提出中国经济“新常态”论述后，首都经济“新常态”特征日益明显，GDP 从高速增长向中高速增长转换，经济发展方式从依靠投资驱动转

向创新驱动。

2014年和2017年，习近平总书记两次视察北京并发表重要讲话，明确了全国政治中心、文化中心、国际交往中心、科技创新中心的城市战略定位，并对北京历史文化遗产保护作出了重要指示，也为首都文化创意产业发展创造了良好条件，同时，地区经济发展新常态对文化创意产业创新发展提出了新的要求。

与此同时，北京市结合京津冀协同发展、疏解非首都功能等要求，通过制定和实施《北京市人民政府关于进一步优化提升生产性服务业加快构建高精尖经济结构的意见》等一系列的政策和配套措施，不断推进全市经济结构的高端化发展。

地区经济进入"新常态"，对经济发展的新动能的需求更加迫切，文化创意产业作为首都新经济的重要组成部分，发展前景十分广阔。与此同时，地区经济高端化发展、经济结构优化升级以及人均GDP、收入和消费的提高等因素，都为首都文化创意产业的提质增效创造了良好的环境。

(二)文化创意产业规模

1.产业规模稳步增长，占GDP比重稳中有升

2017年，北京文化创意产业增加值3908.8亿元，现价增长9.2%，占GDP比重14.0%，与上年持平。自2006年以来，文化创意产业增加值占地区生产总值的比重稳步提升(见图1-1)，2017年，文化创意产业增加值增速有所下降，现价增速为9.2%，是2006年以来的现价增速最低值。

未来，随着非首都功能疏解和构建高精尖经济结构的推进，可以预见文化创意产业作为高精尖经济体系中的一员，在地区经济中的地位日益重要，产业在地区生产总值中的比重也会日益提高。

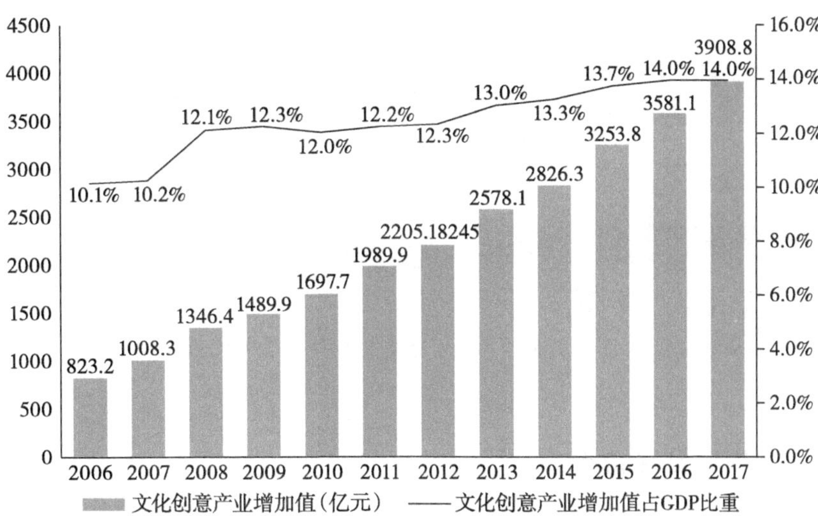

图 1－1　2006—2017 年北京文化创意产业增加值及其占 GDP 比重变动情况

资料来源：北京市统计局。

2. 规模以上文化创意产业创造了大部分的收入和利润，但收入比重近年来有所下降

规模以上文化创意产业创造了大部分资产和产出。2017 年，规模以上文化创意产业实现收入 16196.3 亿元，比上年增长 10.8%；从业人员平均人数达到 125.1 万人，比上年增长 0.3%。规模以上单位仍然是文化创意产业创收的核心力量(表 1－1)。

表 1－1　2017 年北京规模以上文化创意产业情况

项目	收入合计(亿元)	同比增长(%)	从业人员平均人数(万人)	同比增长(%)
合计	16196.3	10.8	125.1	0.3
文化艺术服务	323.4	11.1	5.7	0.6
新闻出版及发行服务	853.2	8.2	7.7	－1
广播电视电影服务	867.2	3.9	5.5	－0.8
软件和信息技术服务	7015.8	16.7	68.1	0
广告和会展服务	1998.1	8.1	6.5	－5.6
艺术品生产与销售服务	1249.2	2.1	1.9	1.3

续表

项目	收入合计(亿元)	同比增长(%)	从业人员平均人数(万人)	同比增长(%)
设计服务	335.6	20.9	9.3	21.7
文化休闲娱乐服务	1051.6	1.0	8.4	-2.3
文化用品设备生产销售及其他辅助	2502.2	6.7	12.0	-5.6

资料来源:北京市统计局。

注:各领域数据按2011年国民经济行业分类(GB/T 4754—2011)标准汇总。

(三)各区发展特点

1.综合来看,海淀区贡献收入和利税最大,北京经济技术开发区人均创造收入最高,昌平区人均创造利润最高

从北京市16个区以及北京经济技术开发区规模以上文化创意产业发展情况看,海淀区是带动北京文化创意产业发展的核心力量,无论在贡献收入、利润、税收,还是带动就业,海淀区都远高于其他区县,为全市贡献了一半左右的收入、利润和税收。2016年,海淀区规模以上文化创意产业收入为6389.2亿元,占全市规模以上文化创意产业收入的42%;利润为601.5亿元,占全市规模以上文化创意产业利润的54.9%;应交税金302亿元,占全市规模以上文化创意产业应交税金的51.5%;从业人员平均人数60.9万人,占全市规模以上文化创意产业就业的48.5%①。

朝阳区仅次于海淀区,规模以上文化创意产业的收入、税收、就业占全市的1/4左右。2016年,朝阳区规模以上文化创意产业收入3136亿元,占全市规模以上文化创意产业收入的20.6%;利润为129.4亿元,占全市规模以上文化创意产业利润的11.8%;应交税金99.9亿元,占全市规模以上文化创意产业应交税金的17%;从业人员平均人数26万人,占全市规模以上文化创意产业就业的20.7%②。

① 资料来源:北京市统计局官网。

② 资料来源:北京市统计局官网。

从规模以上文化创意产业单位就业人员创造的收入情况看，2016年北京经济技术开发区人均创造收入最高，为286.5万元/人；其次是东城区，单位就业人员创造收入225.7万元/人；怀柔区（162.7万元/人）、石景山区（127.4万元/人）、通州区（126.6万元/人）这三个区规模以上文化创意产业人均创造收入均高于全市单位就业人员创造收入水平（121.1万元/人）。

从规模以上文化创意产业单位就业人员创造的利润情况看，2016年，昌平区单位就业人员创造利润最高，为19.2万元/人；其次为平谷区和石景山区，单位就业人员创造利润分别为13.5万元/人和13.1万元/人；东城区（12.5万元/人）、怀柔区（12.0万元/人）、海淀区（9.9万元/人）、西城区（9.9万元/人）这四个区的单位就业人员创造利润也都高于全市单位就业人员创造利润水平（8.7万元/人）。北京经济技术开发区人均创造利润仅为1.6万元/人。

2.海淀区和石景山区以文化科技融合业态引领区域文化创意产业发展

海淀区和石景山区的文化创意产业以文化科技融合业态为引领，分别形成了中关村海淀园文化科技融合示范功能区和石景山首钢主厂区文化科技融合示范功能区、中关村石景山园动漫网游及数字内容功能区为主要空间载体的文化科技融合发展集聚区。

海淀区文化科技融合业态主要是基于互联网和移动互联网的文化创意产业形态。2016年，海淀区文化创意产业生产、传播、消费的数字化、网络化进程加快，基于互联网和移动互联网的文化科技融合业态成为海淀区文化创意产业发展的新动能和增长点，互联网文化产业优势明显。2016年主导行业软件和信息技术服务行业收入合计4361.3亿元，产业占比68.3%，充分体现海淀区“互联网+”产业优势。2016年，海淀区收入合计超100亿元文创单位8家，其中7家为文化科技融合业态单位，分别为北京腾讯文化传媒有限公司、百度时代网络技术（北京）有限公司、百度在线网络技术（北京）有限公司、神州数码（中国）有限公司、腾讯科技（北京）有限公司、微软（中国）有限公司、北京百度网讯科技有限公司。

石景山区文化科技融合业态主要是网络游戏、影视动漫、数字媒体等文化创意产业形态。2016年，中关村石景山园文化创意产业实现收入360亿元，同比增长10.5%。中关村石景山园动漫网游及数字内容功能区形成了网络游戏、影视动漫、数字媒体互为支撑的发展格局。一方面，通过影游联动、实施大IP战略，2017年上半年已向市场投放一批游戏+影视产品，一些公司在美国成立分公司，布局海外市场。另一方面，VR产业表现良好，在VR产业链布局上，已经拥有了以搜狐畅游、蓝港等为代表的游戏，以华录百纳、华谊兄弟等为代表的影视文化，以暴风科技为代表的VR生态平台，以安趣科技、疯景科技为代表的VR全景软硬件服务等一大批优质企业。

3.朝阳区以传媒影视融合和文化艺术服务为特色带动区域文化创意产业发展

朝阳区文化创意产业以传媒影视融合业态以及文化艺术服务业为特色，形成了以国家文化产业创新实验区、中国798艺术区等为主要空间载体的传媒影视融合和文化艺术服务发展集聚区。

朝阳区发挥文化传媒、广告会展等传统产业优势，加速传统媒体向新兴媒体的转型升级。2016年，广播电视电影服务业和文化艺术服务业收入合计分别达到113.2亿元和83.4亿元，同比增长分别达到17.0%和13.6%。其中，移动新媒体、数字出版等新兴文化业态发展迅速，同比增速超过20%。

2016年1—12月，国家文化产业创新实验区的数字出版、数字娱乐、移动新媒体等领域企业实现增速同比增长40%以上，广播电视电影领域利润总额居九大领域第二位。798时尚创意功能区特色突出，功能区聚焦当代艺术，形成了以“艺术798为主体，时尚798为配套，休闲798为补充”的发展格局。

此外，软件和信息技术服务业是朝阳区文化创意产业重要支撑，2016年规模以上软件和信息技术服务业收入合计达到741.5亿元，同比增长分别达到5.2%。

4.东城区以文化艺术、新闻出版引领全区文创发展，艺术品交易是全市的龙头

东城区文化创意产业以文化艺术、新闻出版和艺术品交易为引领，形成了以天坛演艺区、朝内大街出版发行功能区、美术馆—隆福寺文化艺术品交易功能区（含中国嘉德拍卖公司和北京保利拍卖公司）等为主要空间载体的文化艺术、新闻出版和艺术品交易发展集聚区。

东城区文化艺术、新闻出版和艺术品交易的引领作用突出，2016年，文化艺术业实现增加值41.7亿元，占文化创意产业的比重为14.7%；收入达到63.7亿元，行业利润总额达到1.6亿元；2016年1—11月，文化艺术领域从业人员和收入总额占北京市文化艺术领域的比重分别达到22.4%和23.1%。新闻出版业实现

增加值51.8亿元，占文化创意产业的比重达到18.3%，利润总额达18.4亿元；2016年1—11月，东城区新闻出版业从业人员和收入分别占北京市新闻出版业的22.1%和28.6%。东城区是全市艺术品拍卖领军企业的集聚地，2016年，艺术品交易业增加值达到11.2亿元，收入总额达到668.7亿元，利润总额达到13.4亿元；艺术品交易业在北京市的龙头地位稳固，2016年1—11月，领域内从业人员和收入分别占北京市艺术品交易的34.5%和54.7%；以保利拍卖、中国嘉德为代表的两个国际型拍卖企业以及中国黄金集团、中国集邮总公司领跑艺术品交易发展。

5.西城区以新闻出版、设计服务和艺术品生产与销售服务为特色带动区域文化创意产业发展

西城区文化创意产业以新闻出版、设计服务和艺术品生产与销售服务为特色，形成了以中国北京出版创意产业园、DRC工业设计创意产业基地和琉璃厂、报国寺文化艺术品交易等为主要空间载体的新闻出版、设计服务和艺术品生产与销售服务发展集聚区。

新闻出版、设计服务、艺术品生产与销售服务的引领作用突出，2016年，这三个领域的收入分别占全区文化创意产业的18.2%、9.7%、21.1%。特别是艺术品生产与销售服务和新闻出版及发行服务两大行业共实现收入358.1亿元，占西城区文化创意产业收入的39.3%，对西城区文化创意产业起到了重要的拉动作用。其中，艺术品生产与销售服务实现收入192.6亿元，同比增长31.0%。

西城区针对中心城区空间资源稀缺的基本特点，通过理念创新和模式创新，抓住原创和交易这两个产业链中的关键环节，提高有限空间的单位产值。中国北京出版创意产业园等专业出版园区和企业不断发展，实现了版权的跨行业深度开发。北京DRC工业设计创意产业基地是面向全国设计产业的专业服务平台，正在持续打造“设计之都核心区”。琉璃厂、报国寺是全国最大的古玩、书画艺术品市场，聚集了大量的市场交易主体，书画艺术品交易和钱币展示交易业态集中。

6.丰台区以戏曲文化艺术和数字出版引领全区文化创意产业发展

丰台区文化创意产业以戏曲文化艺术和数字出版等业态为特色，形成了以戏曲文化艺术功能区、北京国家数字出版基地等为主要空间载体的戏曲文化艺术和数字出版发展集聚区。

丰台基于独特的戏曲文化资源，发挥区域戏曲专业高校院团集中优势，持续举办“中国戏曲文化周”重大活动，扩大戏曲文化影响力。深化实施戏曲进社区、戏曲进校园、票友大赛等项目，拓展戏曲发展的群众基础，培育扩大戏曲市场。数字出版领域以北京国家数字出版基地建设为带动，以数字创意产业发展为重点，强化企业创新能力，加深数字出版产业链的耦合程度，促进传统媒体与新兴媒体的融合发展，发展了集数字出版创意策划、数字内容加工生产、数字出版平台运营等服务于一体的，面向互联网、移动网络和智能移动设备的数字创意产业。

7.怀柔区和大兴区以传媒影视业态引领区域文化创意产业发展

怀柔区和大兴区的文化创意产业以传媒影视业态为引领，分别形成了中国（怀柔）影视基地和大兴国家新媒体产业基地、北京数字电视产业园、星光影视园为主要空间载体的传媒影视融合发展集聚区。

怀柔区文化创意产业以影视产业为核心，重点打造中国（怀柔）影视基地。2016 年怀柔区影视产业实现入库税款 2.29 亿元，其中中影体系占比 81.7%规模以上，中影体系已有中影股份及中影前期、后期和中影巨幕等 20 多家公司注册到怀柔，对影视产业起到强力拉动作用。影视企业营业收入 50 亿元，其中规模以上影视产业收入多年来占据全区规模以上文化企业收入 50%以上。

大兴区以新媒体产业为核心，打造以数字影音、数字动漫、数字游戏、数字出版和数字体验五大领域为引领的国家新媒体产业高地。大兴国家新媒体产业基地重点打造以新媒体为主的文化创意产业园区，已形成以新媒体产业为核心，以影视制作、设计创意、数字出版、电子商务为重点发展领域的“一核四重”文化创意产业体系。集聚了包括新华网、央广购物、中国搜索、中汇新视、钧天坊、中青旅等知名企业。

8.顺义区以广告会展业态为核心引领区域文化创意产业发展

顺义区文化创意产业以广告会展业态为核心和特色，形成了以国展产业园会展服务功能区为空间载体的广告会展发展集聚区。

广告会展业作为顺义区文化创意产业支柱性行业，在整个区域产业发展中占据绝对主导地位。2016 年，广告会展企业数量为 28 家，占全区文化创意企业的 24.6%；从业人员 1679 人，占全区文化创意产业的 13.5%；营业额 57.6 亿元，占全区文化创意产业的 40.7%；实现利润 11.2 亿元，远高于其他文化创意产业细分领域的利润额。

9.门头沟区和房山区以文化旅游业态为特色引领区域文化创意产业发展

门头沟区和房山区的文化创意产业以传媒影视业态为引领，分别形成了北京(房山)历史文化旅游集聚区和永定河文化带为主要空间载体的文化旅游业态集聚区和发展带。

房山区通过打造北京(房山)历史文化旅游集聚区，推动文化旅游业态健康发展。北京(房山)历史文化旅游集聚区以周口店镇为核心载体，以周口店遗址“源”文化为龙头，以云居寺“经”文化、大石窝“石”文化为支撑，上方山“庵”文化和十渡“山水”文化为补充，深化整合共享区域内历史文化资源与生态资源，着力打造多元型文化旅游名区，发挥对房山区文化创意产业发展的辐射与带动作用。

文化休闲娱乐服务是门头沟区的重要支撑和特色，2016 年，旅游、文化休闲娱乐服务业收入占全区文化创意产业规模以上企业收入的 16.4%。门头沟区通过推进文游合一，促进非遗活态传承与文创产业发展相融合，促进文化体育旅游产业融合等途径推进文化旅游与其他领域的融合发展。门头沟区下一步将以永定河文化为主线，着力构建以文化旅游为龙头，文化传媒、文化科技、艺术品交易为主导的文化创意产业体系。

二、北京市传统文化资源条件

作为全国文化中心，文化是北京的魅力之源。北京 3000 多年的建城史和近 900 年的建都史积淀了深厚且独具魅力的传统文化。博大精深的北京文化包罗万象，包括民俗文化、戏曲文化、建筑文化、饮食文化、宗教文化、手工艺，以及运河文化、长城文化、西山永定河文化等。

(一)民俗文化

“民俗”通常是指历代相沿积久而成的风尚、习俗。北京有着 50 多万年的人类活动史，3000 多年的建城史，有辽、金、元、明、清五个朝代在此建都，各个民族在此聚居，相互交融、相互渗透，形成了独特的风尚习俗，包括逢年过节的庆祝仪式、生活方式、婚丧嫁娶习俗等。北京市民俗文化总量大，有 313 项；分布广泛，各区县均有涉及①。

年俗是我国民俗文化中的一份珍贵遗产。春节在北京受到人们普遍重视，由此形成了一套完整的春节习俗。比如把“福”倒着贴在门里、衣柜、水缸上，寓意着“福到了”。初一到初五串亲走友，相互拜年，请客送礼、逛庙会、逛厂甸。到了初五称“破五”，百姓“送穷”、商人“开市”(初六正式开业)。初五家家户户包饺子，一直到正月十五才算是过完了春节。诸如此类，不胜枚举。

说起北京的民俗文化，就不得不提到天桥，天桥地区是老北京民俗文化的摇篮，历史上一度极为繁华，清末民初的诗人易顺鼎在《天桥曲》中写下了“酒旗戏鼓天桥市，多少游人不忆家”的诗句。这里是最能体现京城民俗的地方，有各种京味小吃，有文活、武活“八大怪”表演：拉洋片、说书、口技、硬气功……。随着时代的变迁，天桥地区的繁华已不在，天桥文化也渐渐淡出人们的视线。为了将天桥民俗文化保护、传承下去，北京建设了天桥演艺区，天桥演艺区总占地面积 2.07 平方公里，现已汇聚了中央芭蕾舞团、北京杂技团、北方昆曲剧院等国内一流的表演团队，及天桥艺术中心、天桥剧场、湖广会馆、梨园剧场等 14 处文艺演出场所，正着力打造天桥演艺品牌。

庙会也是北京民俗文化的一个典型，既是一种集市形式，又往往结合佛教、道教等宗教活动进行。相传起源于辽代(公元 907—1125 年)，称为“上已春游”。北京庙会大体可分为三类：一是每月定期轮流开放的庙会，如隆福寺、白塔寺、土地庙、护国寺等；二是传统节年或结合佛、道两教祭祀活动按惯例开放的临时庙会，如前门的关帝庙和大钟寺、雍和宫、妙峰山、蟠桃宫、卧佛寺等；三是行业庙会。

(二)戏曲文化

在北京的艺术舞台上，有京剧、昆曲、梆子、评剧等门类的戏曲和大鼓、单弦、相声等曲艺形式。以京剧为突出代表，源自大江南北的戏曲艺术逐渐成为北京文化的重要组成部分。

京剧又名平剧，亦称皮簧戏，是在北京形成后流行全国的一个剧种，享有“国剧”的盛誉。在清代初期，昆曲、京腔等地方剧种已经在北京兴起。到了清

① 姜凯. 北京郊区农村民俗文化资源开发和用研究[J]. 农村经济与科技，2009,20(5).

代中期，流行于江苏和安徽一带的徽腔、川陕的秦腔、江汉的楚调以及其他一些梆子戏陆续进入北京。其中，徽班与来自湖北的汉调、川陕秦腔、来自江苏昆山一带的昆曲以及一些民间曲调相互融合，经过演变和发展最终形成了京剧。在清朝同治光绪年间，京剧进一步兴盛，受到广大京城居民和封建统治者的喜爱。

清后期，京剧“老生三杰”程长耿、余三胜、张二奎分别创立徽派、汉派、京派三个不同的风格流派。其后，如谭鑫培、汪桂芬、孙菊仙等“老生新三杰”及清末民初的“四大须生”“四大名旦”等等，都自成风格，标帜一家，使京剧艺术呈现出各种风格流派争奇斗艳的局面①。

由于清代对戏曲和曲艺有限制政策，如康熙十年曾规定“京师内城永行禁止开设戏馆”等，北京大多数的戏园都建在前门大街及其附近的大栅栏、珠市口、天桥一带。因此，戏曲艺人们也都就近居住在前门外，南城渐渐成为北京梨园界的中心。新中国成立以后，中国戏曲学院、北京市戏曲学校、北京京剧院等多家艺术团体也都集中在南城，延续了其作为北京戏曲、曲艺尤其是京剧艺术中心的地位②。

（三）建筑文化

城市的建筑被称作“凝固的音乐”，它体现的不仅仅是建筑艺术，也是一种真实、直观的文化载体，承载着不同时代的社会文化。

北京是历史悠久的古都，有着数量庞大的珍贵文物，而古建筑无疑是这个城市最有价值的不动产。故宫、长城、天坛、颐和园、明清皇家陵寝已列入世界文化遗产保护目录。此外，还有东交民巷使馆建筑群、北京大学红楼、清华学堂等 60 项全国重点文物保护单位。

故宫、天坛、十三陵，这些巍峨富丽的皇家建筑，散发着昔日皇家的威仪。北京故宫是世界上现存规模最大、最完整的古代宫殿，蕴含着丰富的中国传统文化与中国哲学理念。故宫在建筑布局上，突出中轴线，遵循天人合一、阴阳五行的理念，按照左祖右社、前朝后寝的布局建造，太和、中和、保和三殿附会“三朝”的制度；大清门到太和门间五座门附会“五门”的制度，充分体现了儒家的礼

① 李真瑜.元以来北京戏剧所体现的北京文化特征[J].殷都学刊，2002(4).

② 孙冬虎，王均.近现代北京城区教育、书肆、戏曲的文化地理特征[J].北京联合大学学报(自然科学版)，2002,16(1).

制，反映了皇权至上的伦理观念。整组宫殿建筑布局谨严，秩序井然，寸砖片瓦皆遵循着中国传统等级礼制，映现出帝王至高无上的权威。

天坛是中国最大的祭天建筑群，始建于明朝永乐十八年(1420 年)，占地 272 万平方米，主要建筑是祈年殿、皇穹宇、圜丘。圜丘建造在南北纵轴上。坛墙南方北圆，象征天圆地方。作为中国古代等级最高的礼制建筑的皇家祭坛，北京天坛承载着丰富的传统建筑文化意蕴，凝固着古人对“天”的崇拜和敬重，以及“天圆地方”的宇宙观和“天命人从”“天人合一”的思想观念。北京天坛 1998 年被联合国教科文组织确认为“世界文化遗产”。世界遗产委员会对天坛的评价是：北京天坛无论在整体布局还是单一建筑上，都反映出天地之间的关系，而这一关系在中国古代宇宙观中占据着核心位置。同时，这些建筑还体现出帝王将相在这一关系中所起的独特作用。

明十三陵是中国明朝皇帝的墓葬群，坐落在北京西北郊昌平区境内的燕山山麓的天寿山。十三陵地处东、西、北三面环山的小盆地之中，十三座皇陵均依山而筑，分别建在东、西、北三面的山麓上，形成了体系完整、规模宏大、气势磅礴的陵寝建筑群。陵区占地面积达 40 平方公里，是中国乃至世界现存规模最大、帝后陵寝最多的一处皇陵建筑群。十三陵依照风水理论，精心选址，将数量众多的建筑物巧妙地安置于地下。它是人类改变自然的产物，体现了传统的建筑和装饰思想，阐释了封建中国持续五百余年的世界观与权力观。十三陵的建筑曾受到外国专家的赞赏，如英国著名史学家李约瑟评价十三陵是“最大的杰作”，“在门楼上可以欣赏到整个山谷的景色，在有机的平面上沉思其庄严的景象，其间所有的建筑，都和风景融汇在一起，一种人民的智慧由建筑师和建筑者的技巧很好地表达出来”。

胡同和四合院则传达着一份老百姓的平和、豁达、真诚和热情。四合院是北京古代遗存庭院式住宅的代表，享誉中外，在华夏诸多住宅建筑中堪称典范。元朝定都北京(改名为大都)后，开始大规模建设北京城，四合院也由此开始与北京的宫殿、衙署、街区、坊巷和胡同同时出现了。这种古代劳动人民精心创造出来的民居形式，历经沧桑并不断被发展完善，它见证了北京城几百年的历史，是传统文化的一部分。四合院采用传统木构架双坡瓦屋面，典型布局是在南北向主轴线上建坐北朝南的正房，前面建东西厢房和与正房相对的南房(倒座)，以房屋后墙及院墙围成封闭的宅院。北京四合院的房屋和庭院形成明确的主仆、正偏、内外的关系，以空间的等级区分了人群的等级，以建筑的秩序来展示了伦理的秩序。整个四合院格局形成了尊卑有序、贵贱有分、男女有别、长幼有序的礼的物化形式。这种伦理教化功能与当时的安居适用功能有机地结合在一起。

此外，介于宫殿与四合院之间的王府宅门，以及为数众多的城垣、街巷、水道、沟渠、坛庙、祠宇、寺观、牌楼等也无不透射出中华民族文化与北京地方文化的意蕴。

北京是名人荟萃之地，名人故居也是北京传统建筑文化中重要的组成部分。作为纪念性建筑，名人故居是社会效益和经济效益的综合载体。其建筑不仅具有一定的历史人文价值，也是各个时期不同建筑风貌的重要遗存。

（四）手工艺文化

传统手工艺是非物质文化遗产中重要的一部分，是我国近千年文化艺术的精髓体现，显示着中华民族的卓绝智慧和深厚的文明底蕴。北京建都后，每个朝代都要从全国各地招募各行业的能工巧匠到京城为皇宫服务。这使得各地的手工艺尖子汇聚一处，技艺融会贯通，各种技术日臻成熟，许多技法发展到了顶峰，北京拥有了一支在全国同行业中技艺最为高超的工匠；也使得皇宫的工艺美术品在造型、纹样、色彩等方面摆脱了地方局限，形成了高雅华贵、精巧绝伦、独一无二的宫廷风格[①]。

北京传统手工艺最鼎盛时期有60多个门类、上百个品种、上万个花色。最为著名的是被誉为“燕京八绝”的玉器、景泰蓝、牙雕、雕漆、金漆镶嵌、花丝镶嵌、宫毯、宫绣。其他民间工艺更是俯拾即是：鼻烟壶、毛猴、泥塑、根雕、蛋雕、绢人、年画、剪纸等，其中许多作品在海内外展出、获奖，为国家赢得了荣誉，并被国外友人视作珍品收藏。

京城玉器历史悠久，元代时已有专门制作玉器的玉工司。据说元代初期有道士邱处机在大都民间传授琢玉技术，这一说法以碑记形式铭刻在白云观玉器业公会善缘碑上，至今，北京琢玉匠师仍以邱处机为祖师。京城玉器讲究量料取材，因材施艺，巧用俏色，素有“工精料实”的信誉。

景泰蓝，历史上称为珐琅器，工艺上称为“铜胎掐丝珐琅”，是北京著名的传

① 北京工美行业协会，北京工业促进会．北京的传统手工艺技术亟待集中抢救[J]．北京观察，2005（11）．

统特种工艺品。在明朝的景泰年间(1450—1457年),这项工艺已经十分成熟,尤其是蓝釉料有了新的突破,像蓝宝石般浓郁的宝蓝,高贵华美,所以被称为“景泰蓝”。到现代,虽然景泰蓝的工艺品已是各种色彩具备,但仍然沿用“景泰蓝”的习惯称谓。景泰蓝的制作工艺,既运用了青铜和烧瓷的传统技术,又吸收了传统绘画和雕刻的技法,制成的工艺品具有浑厚凝重、富丽典雅的艺术特色。

北京象牙雕刻已有3000多年的历史,自明朝以来特别盛行。到了清朝,牙雕多是由内廷御用作坊生产,艺人在继承传统技艺的基础上,把圆雕、浮雕和镂空雕等技法结合运用,融为一体,并从古代绘画、石雕、泥塑等艺术形式中吸取丰富的营养,逐渐形成了北京象牙雕刻。北京牙雕题材广泛、工艺精湛、富丽堂皇、精致考究。

北京雕漆是我国漆文化历史中一种杰出的工艺,由于颜色的不同也称为剔红、剔黑、剔彩、剔犀。据史料记载,北京雕漆始于唐代,兴于宋、元,盛于明、清。雕漆作品具有胎薄体轻、纹饰华美、坚固耐用等特点。

金漆镶嵌是中国传统漆器的重要门类,已有七千年历史。金漆镶嵌,是以木胎成型、髹漆,然后在漆底上运用镶嵌、雕填、彩填、堆古罩漆、刻灰、平金开彩、断纹、刻漆、金银、罩漆等装饰技法。北京金漆镶嵌从师传系统、工艺技法到艺术风格都直接继承和发展了明清宫廷艺术,形成了古朴典雅、端庄华贵、富丽堂皇、品类繁多的皇家风范。

花丝镶嵌包含两种工艺:花丝是用金、银做原料,拔成细丝,编结成型;镶嵌即把各种珍珠宝石装饰在花丝织品上。花丝镶嵌工艺早在春秋时就已有雏形,在明代达到高超的艺术水平,清代有了更大的发展。花丝镶嵌以北京最精,北京的花丝镶嵌具有明显的宫廷风格,雍容华贵、典雅大方、珠光宝气、富丽堂皇、做工精细、造型新颖优美,多饰以吉祥纹样和传统民族图案,在行业内和国内外都有深远的影响,已被世界教科文组织列为北京非物质文化遗产。

北京手工织毯制作工艺考究,图案丰富多彩,因为过去曾是皇宫专用的御用品,所以又叫宫毯。北京织毯有地毯、壁毯、卧毯等多个品种,原材料以羊毛、丝线为主,织结坚牢,毯面柔软。北京宫毯以传统图案著称,融中国绘画、刺绣、织锦、建筑装饰艺术于一体,有京式、古纹式、民族式、锦纹式、花鸟式等等,图案讲究纹样对称,给人以四平八稳之感,具有浓郁的中国民族文化气息。

京绣的历史可追溯到唐代,《契丹国志》中记载,当时的燕京“锦绣组绮、精绝天下”。自元朝定都北京后,出现了主要用于贡奉皇家宫廷服饰、装饰用的绣品，各地绣工逐渐云集京城。由于其代表性的作品多用于宫廷，又被称为“宫绣”。京绣融合了全国各种优秀绣工技法，又将自身特点发扬光大而独树一帜，曾和现在“四大名绣”中的“苏、湘、顾”并称为“四大绣”。

然而，随着时代的变迁和现代制造业的发展，北京传统手工艺几乎全部面临失传，有些已经彻底失传。如何保护好这些手工技艺，使其传承发展是亟待解决的问题。

(五)饮食文化

北京作为历史名城，饮食文化的历史同样悠久。千百年来，各民族的人在这里繁衍生息，也就把各个民族的饮食文化融入了北京的生活当中去。经过几千年的不断融汇，北京吸收了各民族饮食文化的精华，逐步形成了独具特色的北京饮食文化。目前，北京的餐饮业是百花齐放、百家争鸣，既有展示北京地方特色菜的京城老字号、风味小吃，又有汇集了国内外特色的精华美食。

“北京菜”由地方菜、清真菜、宫廷菜、官府菜等融合而成，口味浓厚清鲜，质感多样，菜品繁多。地方菜中山东菜对北京菜影响深刻，民国初年北京的“八大楼”都是山东菜，主厨均出自山东福山与荣城；清真菜在北京菜中有重要的位置，如“烤肉”“涮羊肉”等；宫廷菜选料珍贵，调味细腻，在京菜中地位显著；谭家菜是官府菜中的代表，讲究原汁原味，咸甜适中。

“满汉全席”是一种民族特色浓郁的巨型宴席，它既带有宫廷菜肴的特色，又展示了地方风味之精华，是中华菜系文化的瑰宝，堪称北京饮食文化乃至中国饮食文化之最。在满汉全席中，烧烤、火锅、涮锅等特殊风味满族菜点几乎是不可缺少的，而汉族烹调的扒、炸、炒、熘、烧等绝活更是样样俱全。

以北京“填鸭”制成的烤鸭也是北京饮食文化的代表。北京烤鸭做工考究、制作复杂，是清朝时期的宫廷名菜。挂炉烤鸭和焖炉烤鸭是北京的烤鸭两大流派，分别以“全聚德”和“便宜坊”为代表。北京烤鸭有着色泽红艳、肉质细嫩、味道醇厚、肥而不腻的特色，被誉为“天下美味”而驰名中外。

北京小吃，历史悠久。史书上自周代起便有记载。先秦古籍《周礼天官》中“羞笾之食，糗饵粉糍”，指的便是粉、糕类的小吃。汉代时，小吃品种逐渐增多。唐宋两代，经济繁荣，小吃品种愈加琳琅满目。至元、明两代，应时应典，寓情于小吃，已成习俗，少数民族小吃也逐渐加入其中。到了清代，各色各样、五花八门的民间小吃、宫廷小吃和民族小吃相互交融。北京小吃有名的老字号有月盛斋、爆肚冯、羊头马等等。现在经营比较好的企业当属护国寺和隆福寺两家。

在北京饮食文化中，最丰富多彩、影响至深至大的要数北京市井饮食。这些市井饮食既包括各种各样饭馆堂庄的精致大菜，又包括街头巷尾小铺食摊的吃食，内容十分丰富。在曹禺先生的话剧《北京人》中，一位好吃、会吃，到最好的地方吃的北京人方泰有一段长长的台词："正阳楼的涮羊肉，便宜坊的焖炉鸭，同和居的烤馒头，东兴楼的乌鱼蛋，致美斋的烩鸭条，灶温的烂肉面，穆柯寨的炒疙瘩，金家楼的汤爆肚，都一处的炸三角，以至于月盛斋的酱羊肉，六必居的酱菜，王致和的臭豆腐，信源斋的酸梅汤，二庙堂的合碗酪，恩德元的包子，砂锅居的白肉，杏花村的花雕"，一口气报出了不少至今仍然为广大群众熟悉和喜爱的北京城风味饮食。

(六)宗教文化

多元宗教文化是北京文化的重要组成部分，道观神庙、社稷祭坛和多种宗教是北京历史文化名城不可或缺的重要载体，是北京历史文化名城特有的文化遗产和宗教符号。北京宗教文化历史悠久、内涵深厚地位突出。

佛教在两汉之际传入我国，从东晋十六国时起，传入北京地区。作为五朝帝都的北京，先后有34位皇帝，由于政治与信仰的需要，历代帝王大多尊崇佛教，在北京城敕建的寺庙比比皆是。道教自东汉产生后就开始在北京流传，地处幽州的北京是太平道活动的主要地域。到北魏时期，道教被作为国教。至明清时期，道教在北京一直有着很大的影响。基督教从唐朝至清朝三度传入中国，但一直没有发展起来。鸦片战争后，靠着不平等条约的保护才开始广泛传播。伊斯兰教从唐高宗时期传入中国，宋辽时期传入北京。元明清时期，北京伊斯兰教文化体系逐渐形成。

从元代建都北京开始，多种宗教：道教、佛教、伊斯兰教、基督教、天主教等在北京一座城市里共处。经明、清两代营建，北京城不仅作为全国的政治、文化中心，还是多种宗教的仪典中心。新中国成立后，中国五大全国性宗教团体的会址，除中国基督教两会外，都设在北京，各大宗教在北京都建有自己的宗教活动场所和宗教院校，传承各自的宗教文化。佛教、道教、伊斯兰教、天主教、基督教在北京都有数量众多的信众和活动场所。北京现有宗教活动场所达100

多处。

北京历史遗产中宗教建筑群数量最多，占北京文化古迹总数的25%。在《全国重点文物保护单位》名录中，北京有42处，其中宗教文化类的有18处，占总数的43%。在这些文化遗产中，保留了大量的宗教建筑以及与宗教有关的佛像、墓、碑、石刻、经书、典籍等精品，具有很高的考古、艺术和观赏价值。比如，雍和宫是北京地区规模最大、保存最完好的喇嘛教黄教寺院，有将汉、满、蒙、藏等多种建筑艺术融为一体的独特艺术风格，内藏古文物种类繁多，如御笔御碑、铜狮铜炉、鬼神佛像、壁画雕塑等等，紫檀木雕刻的罗汉山、白檀木雕刻的弥勒大佛和金丝楠木雕刻而成的旃檀佛龛，被誉为雍和宫内的木雕“三绝”；云居寺的石经山藏经洞及唐、辽塔群构成了我国古代佛教文化一大特色，九个藏经洞珍藏着浩瀚的石经、纸经、木板经，号称三绝，为世界罕见，寺中还珍藏着令世人瞩目的佛祖舍利；白云观内收藏有丰富的道教文物，明版《正统道藏》、唐代石刻老子像和石刻《松雪道德经》是稀世的道教艺术珍品；伊斯兰教著名的牛街礼拜寺本身就是一座文化的宝藏，至今仍然完好地保存着康熙年间好几件珍贵的文物[①]。

北京各种宗教庆典和法事活动也非常多，长年不断，尤其是每年春节前后各种宗教和民俗活动丰富，如雍和宫每年在农历正月三十日（小建则为二十九）举行演鬼；二月初一日早晨打鬼。“打鬼”一语，是汉地民间的俗称，喇嘛称为“部勺”，又叫“跳布扎”。“跳布扎”是利用宗教的大型乐舞剧，向异教徒大示威，所以演出时要做出种种愤怒可怖的表情，使邪魔外道慑服。北京庙会也非常多，如白云观每年春节都举办庙会，庙会中“摸石猴”“打金钱眼”等活动非常有民俗情趣。雍和宫庙会则以独特的藏族风情而著称。开斋节是伊斯兰教最重要的节日，每年开斋节全市各清真寺都会举办开斋节礼拜等特色活动。牛街礼拜寺是北京规模最大的一座伊斯兰教礼拜寺，每年牛街开斋节的聚礼活动会吸引众多海内外的穆斯林群众。

---

① 张键，李长青. 北京宗教文化旅游资源评价研究[J]. 首都师范大学学报（自然科学版），2005，26(3).

三、北京传统文化与当代创意的融合现状

北京传统文化资源经过创意的催化，形成了独具北京特色的文化旅游、影视作品、文艺表演、年节活动、现代手工艺等文化创意精品项目和产品，极大地丰富了北京文化创意产业的内涵。

当代文化发展迅猛，信息、数字与网络技术的应用使得人们可以在最短的时间内获取各种文化资讯，视听领域不断扩展，电脑游戏、各种大片丰富着大众的业余生活。但是高科技文化产品虽然带来了消费快感，可是只有老北京的传统文化才能唤起人们心底温馨的情感，在北京文化中，最有特色、最有代表性的依然是老北京的传统文化。

现在，人们越来越意识到保护古城、传承和发展传统文化的重要性。因此，以故宫、长城、胡同、四合院、京剧、景泰蓝、烤鸭等为代表的传统京味文化，在新的形势下，获得了新的发展空间。人们逐渐意识到，传统文化资源并非一定能够变成经济与文化实力，只有与当代创意融合，借助文化创意产业对传统文化资源再创造，把握其精髓和神韵进行合理开发，才会产生具有深厚文化底蕴的文化产品，促进文化创意产业的发展，反过来又会推动传统文化的传承和发扬光大。

在北京，传统文化的创意开发是多方面的：在影视艺术方面，京味相声、京味话剧、京味小说、京味电视剧可以借助文化创意产业得到进一步发展；在流行时尚和工业设计方面，北京传统民俗以及民间工艺可以借助文化创意产业得到进一步转换；在展演出版、广告企划方面，北京的文化形象可以借助创意文化产业得到进一步强化。

（一）文化旅游资源的创意开发现状

旅游为文化提供传播载体，文化增强旅游的生命力。北京历史悠久，文物古迹众多，对旅游者有很大的吸引力，故宫、长城、颐和园、天坛、十三陵这些世界文化遗产是中外游客到北京旅游的首选地点。北京充分利用自身的文化资源，通过创意将文化与旅游融合，大力发展文化旅游，用传统文化带动旅游，以旅游促进传统文化的发展。

北京已经初步形成了一些具有特色的文化旅游区域与线路，形成了历史文化和生态旅游功能区，将独具魅力的传统文化与丰富多彩的当代文化相结合，形成北京文化旅游的知名品牌。

在20世纪90年代中期，一些人利用胡同、四合院的独特文化魅力开发了“胡同游”，“游胡同、体验老北京生活”是胡同游的核心模式。经近30年的发展，胡同游已经成为北京特色旅游的一张名片，因其承载着北京独特的文化，具有丰富的人文内涵和浓郁的地方特色，与登长城、看故宫、吃烤鸭一起并列成为吸引外国游客的四大金字招牌，享誉国内外。当其他国家的游客来到北京时，他们在感叹长城的雄伟、故宫的恢弘时，也想切身体验北京的民俗风情和历史文化。他们坐着具有时代特色的三轮车，穿行在大大小小的胡同中，感受着凝固在建筑中的历史、蕴含在居民中的时代变迁，体验老北京胡同的魅力。借助北京奥运会的成功举办，胡同游更是愈发兴盛。多年来，“胡同游”已接待海外游客70余万人。

胡同游创造了可观的经济和社会价值。胡同游带动了整个什刹海旅游业的发展，现在的什刹海附近已有酒吧茶馆90多家。每到夜晚客人云集于此，使这里成为一处传统与时尚文化共存、历史与现代相融的旅游场所。随着胡同游的发展，一些以前游人很少的景点知名度也越来越高，游人也越来越多，如钟楼、鼓楼、恭王府、郭沫若故居、宋庆龄故居等。

(二)文艺表演创意开发

京剧、昆曲、曲艺等独具魅力的艺术形式是北京传统文化的重要部分，这些历经岁月沧桑、与众不同的文化精粹至今仍然在舞台上演，与人们的生活交融。

西城区汇集了天桥剧场、万胜剧场等大中小型演出场所，以及北京杂技团、北京皮影剧团等演出团体。相关部门统计，这些演艺场馆、团体每天都接待着近万名消费者[①]。天桥、虎坊桥、大栅栏等区域已经形成了蓬勃发展的传统文化演出市场。天桥在演艺方面具有非常深厚的历史积淀，京剧、评剧、曲艺、武术、杂技……曾在这里百花齐放，剧场密度居全市之首。梨园剧场、万胜剧场、天桥茶馆、天桥剧场等演出场所分别以京剧、杂技、相声、现代舞台剧等为主打、错位

① 北京传统文化演艺团体加速向宣武聚拢[N].北京日报，2009－07－17.

竞争，共同引来日均千人的客源。

（三）年节活动创意开发

如今，传统的民俗节日有了复兴的趋势，北京围绕弘扬民俗文化，充分利用丰富的民情民俗素材、举办庙会等凸显北京地方特色的年节文化活动。

逛庙会是老北京百姓精神文化生活中不可缺少的重要内容，老北京的许多民俗与此相关。北京庙会在战乱中曾一度中断，于上世纪80年代中后期开始陆续恢复发展。1984年、1985年、1987年春节，龙潭庙会、地坛庙会、白云观庙会相继揭幕。传统节日期间举办的庙会数量最多、规模最大。

作为京城最早恢复的庙会之一，地坛春节文化庙会以地道民俗、传统民间特色闻名于京城。每届庙会都要吸引游客百万余人次。地坛庙会以“贺新春、庆佳节、众民乐”为主旨，通过人们喜闻乐见的文化活动形式，将戏剧名曲、民间花会、天桥绝活、祭地礼仪、茶艺书画等不同文化系列汇聚一处，将民族、民俗、传统、现代、乡村、城市诸种文化形式复合为一体，把各地美食名吃、杂艺百货集于一会，兼顾男女老少、志情雅俗不同欣赏品位和文化需求，注重闹与静、里与外、观赏与参与等多方位、多层次、多角度的活动形式和内容调配，为中外广大游客营造了一个“欢乐、喜庆、祥和”并具有浓郁民族、民俗、民间特色和风味的节日娱乐场所，尤其体现了老北京民俗风情，也成为弘扬传统文化精神、展现民族优良传统的重要窗口。仿清祭地表演是地坛庙会独有的传统节目，其场面宏大，再现了清代皇帝祭地，祈求地神保佑、国泰民安、风调雨顺、五谷丰登的景象。小吃的场面在地坛庙会也很火爆，每年地坛庙会都汇集南北各地众多的风味小吃，尤以北京特色风味小吃最为有名。到地坛逛庙会已成为人们过年的一项风俗，并在国内外产生着越来越大的影响。

（四）传统手工艺资源的创意开发

北京传统手工艺在经历了几百年的发展后，在20世纪90年代，受到外来文化和现代制造业的不断冲击，面临着前所未有的挑战，许多企业倒闭，技艺大师流散，许多工艺濒于失传，有的品种已经到了人亡艺绝的地步。

为了保护和发展传统手工艺，2002年北京市颁布了《北京市传统工艺美术保护办法》。2003年1月，北京市经济委员会颁布《北京工艺美术行业发展纲要》，其中明确提出要“实施‘四大工程’，在崇文区建立传统工艺美术保护基地——‘京城百工坊’，并成为国内外有影响的‘名坊’”。京城百工坊位于光明桥附近、龙潭湖畔，总面积4.2万平方米。

从花丝镶嵌到泥人，从牙雕到景泰蓝，从雕漆到剪纸……这些传统的民间手工艺都在这里生动地再现。百工坊汇集了50多个门类，设置了30多间大师工作室和特色工坊，保护、聚集了102位工艺美术大师，包括景泰蓝艺术门类的代表人物张同禄、玉雕艺术门类的代表人物李博生、织绣艺术门类泰斗级人物崔洁、雕漆艺术门类中的代表人物文乾刚等等。走进百工坊，不仅可以欣赏各个门类的大师的作品，还可以看到他们的创作过程，甚至还可以和大师聊天交流。

“百工坊”以“抢救濒临失传的绝技，收集挖掘已经失传多年的民间绝技，为耄耋之年的大师提供良好的工作环境”为己任，将历史传承下去，让北京城里的各项绝技后继有人。为此，百工坊做了大量的工作和努力。首先，百工坊无偿为工艺美术大师和散落于社会的技艺传承人提供场地，为他们建立了工作室，使更多人了解工艺美术技艺、制作过程和其中深厚的中华民族历史文化。另外，百工坊为技艺、品种、大师、技艺传承人建立知识产权保护系统，积极向国家工商总局商标局申请注册。在制作技艺上，百工坊尝试着用现代科技成果导入传统制造业，在不改变传统工艺的基础上，合理利用现代科技成果，如景泰蓝釉料的改进、料器原料的无污染化等，拓展传统技艺的生存空间。在经营渠道上，百工坊作为大师、技艺传承人的经纪人，利用京城百工坊的品牌效应拓展他们的销售渠道，使他们增加收入。同时，百工坊还为大师、技艺传承人广招艺徒，培养人才和接班人，为大师支付带徒津贴。

在保护与传承的同时，百工坊在几年的运营中，也取得了一定的经济和社会效益。百工坊和这些传统手工艺大师构成了京城一道独特的风景线，成为中外游客关注的焦点，是到北京“看绝活”的地方，自成立以来，接待游客数十万，成为国宾、政要、旅游团队参观、购物的定点场所。作为东城区传统特色文化旅游景点，京城百工坊吸引了国内外各界朋友前来参观，它曾接待过“中非合作论坛”的非洲国家总统夫人、参加“欧亚中小型企业部长级会议”的部长夫人们、国际奥委会主席的夫人安妮·罗格女士等。国际旅游联合会主席埃里克·杜吕克先生在参观百工坊后欣然题词道：“这里是中华人民共和国的卢浮宫”。百工坊还多次举办工艺美术大师专题公益讲座，举办文化庙会，举办中外文化学术交流，接待社会文化名流，广泛而生动地普及民俗、民间、民族文化。

(五)三个文化带建设

为落实习近平总书记系列重要讲话,特别是2014年和2017年两次视察北京重要讲话精神,传承发扬中华优秀传统文化、加快全国文化中心建设,《北京城市总体规划(2016—2035)》要求积极推进"三个文化带"——大运河文化带、长城文化带、西山永定河文化带的建设。三大文化带以空间带的形式将北京市主要文化资源串联成片、叠加成面,北京文化创意产业也将依托这三个文化带铺陈开来。

1.长城文化带

长城文化带是指围绕长城保护开发衍生的文化体验地带。北京域内长城始建于北齐,大规模修建于明代,东起平谷西至门头沟途径密云、怀柔、延庆、昌平四区,全长573公里。据初步统计,北京长城已开放点约17处①。其中八达岭为国家级风景名胜区,国家5A级景区,4处为国家级4A级景区。相应的长城文化带是长城沿线及其周边旅游休闲地带,北京市建设长城文化带,计划利用5~10年的时间,使历史上拱卫京城的军事设施成为当今北京北部的历史文化体验带和生态环境保护带。

蜿蜒的万里长城是中国古代的防御工事,是中国悠久历史的见证,被世人视为中国的象征。长城东起山海关,西至嘉峪关,横跨今辽宁、河北、北京等九个省、市、自治区,以北京北部山区的长城修筑得最为复杂、最为雄伟、最为坚固,尤以八达岭长城、慕田峪长城、古北口长城为代表。长城从战争的产物到历史文化遗产,承载着丰富的文化内涵,体现了中华民族的智慧和坚韧、勇敢、吃苦耐劳的精神。中国近代伟大的民主革命先驱孙中山评论长城时说:"中国最有名之工程者,万里长城也。工程之大,古无其匹,为世界独一之奇观。"美国前总统尼克松在参观了长城后说:"只有一个伟大的民族,才能造得出这样一座伟大的长城。"如此浩大的工程不仅在中国就是在世界上,也是绝无仅有的,因而在几百年前就与罗马斗兽场、比萨斜塔等列为中古世界八大奇迹之一。

2.大运河文化带

大运河文化带主要是指世界文化遗产——中国大运河北京段,自北京西北

① 北京文物局.长城文化带文化遗产[EB/OL].北京市文物局网站.http://renwen.beijing.gov.cn/zt/bowuguan/ccxs/ccxswhyc/t1482716.htm,2017-06-01.

方向穿过中心城区并经城市副中心通向东南方向，全长 82 公里，横跨昌平、海淀、西城、东城、朝阳、通州六区，沿线分布有密集丰富的高等级文物，在城市发展中承载了重要的文化记忆，是北京城流动的文化。大运河沿线的文化历史与现代并存，文化与科技交融，是自然景观和历史文化景观相结合、古运河和历史文化名城相结合、古代文明和现代文明相结合的文化带，是构成历史文化名城的重要组成部分。今后，通过统筹规划大运河文化带建设，将进一步挖掘这些文化地标的价值，进一步擦亮世界认可的国家文化符号。

3. 西山永定河文化带

西山永定河文化带是指沿北京西部的太行山余脉和永定河沿线周边，历经从史前至当代漫长历史时期积淀形成的丰富的文化遗存。西山文化形态主要有：以清代“三山五园”为代表的特征鲜明的皇家文化，以大觉寺、卧佛寺等为代表的历史悠久的宗教文化，以妙峰山为代表的传统民俗文化，以景泰陵为代表的陵墓文化，是中西文化交流场所、传统与科技联合的舞台。永定河文化资源主要在门头沟地区，形成了以爨底下村、灵水村、琉璃渠村等为代表的古村落古道文化，以古幡盛会、太平鼓、秧歌戏等为代表的民间民俗文化，以潭柘寺、戒台寺、仰山栖隐寺、妙峰山惠济祠等 300 余座寺庙为代表的宗教寺庙文化，以及平西红色文化和生态山水文化等文化形态。

北京市提出长城、运河、西山永定河三个文化带的建设，有利于疏通古都北京的历史文脉，为构建北京历史文化名城点线相连的历史文化景观与山水相依的自然生态景观相结合的古都风貌全面保护的基本格局奠定基础。依托北京丰富的自然历史文化资源优势，促进北京成为全国文化中心建设，从而带动包括京津冀三地三个文化带周边区域社会文化及区域经济更好地全面发展。

四、北京传统文化与文化创意产业发展趋势展望

习近平总书记在十九大报告中提出，“推动中华优秀传统文化创造性转化、创新性发展”。这为优秀传统文化的传承指明了新的方向、提出了新的要求，并作出了新的指示。国务院于 2017 年 1 月发布的《关于实施中华优秀传统文化传承发展工程的意见》对中华优秀传统文化传承发展工作首次进行了专题阐述，指出“坚持创造性转化和创新性发展，使中华民族最基本的文化基因与当代文化相适应、与现代社会相协调”。随着文化创意产业的快速发展，优秀传统文

化日益成为创新发展文化创意产业的宝贵资源，同时，文化创意产业又成为传承弘扬优秀传统文化的重要支撑。面对这种新形势、新需求，北京需要进一步促进优秀传统文化与文化创意产业有机融合，加强传统文化与现实文化的紧密结合，推进文化与科技的深度融合，从而实现优秀传统文化的创造性转化与创新性发展。

（一）传统文化资源对发展文化创意产业的价值日益凸显

传统文化资源是发展文化创意产业的根基。文化是城市的灵魂，一个城市的人文特色主要来源于这个城市的文化资源和历史底蕴。当今时代，文化产品的生产不仅需要产业化的手段，更需要丰富的文化资源、深刻的文化内涵。文化创意产业如果没有传统文化底蕴的支持，就将难以持久生存，甚至还将会被产业发展的规律和时代的需要所淘汰。北京作为历史文化名城，人文古迹和风景名胜众多，积累了大量的物质文化遗产和非物质文化遗产，形成了独特的京味文化氛围，为文化创意产业提供了丰富的素材和基础。对于北京来说，就要坚定文化自信，充分利用丰富的传统文化资源，深度挖掘其深厚的历史文化底蕴，真正把传统文化的灵魂和现代化发展结合起来，创新和发展文化创意产业，使文化产品或服务表现出首都城市文化特色和中华民族文化风格。

传统文化资源为文化创意产业提供独特创意。创意是文化创意产业最富创造性的构成部分，是文化创意产业最为关键的要素。对文化创意产业而言，一个好的创意意味着成功的一半。传统文化能够为文化产品的风格、基调、艺术特色等方面提供独创性，容易引起消费者的共鸣，带有历史文化印记的传统文化往往成为创意的最佳来源。美国、英国、法国、日本等文化创意产业比较发达的国家都十分注重对传统文化的发掘。美国好莱坞的很多电影都取材于文化遗产，迪士尼公司甚至还开发我国古代民间故事。北京的传统文化博大深厚，在漫长历史长河中所记载和流传的各种历史人物、事件；各种远古的神话传说、传奇小说、民间故事；诗词文学、音乐舞蹈、书法绘画、古董文物；民俗文化、戏曲文化、建筑文化、饮食文化、宗教文化、手工艺文化以及运河文化、长城文化、西山永定河文化等，可以为影视作品、文艺节目、图书出版、创意设计、收藏市场等文化创意产业所涵盖的领域提供丰富的内容和创意支持。

传统文化资源助推文化创意产业品牌价值的提升。文化品牌是文化经济价值与精神价值的双重凝聚，是文化软实力的重要标志，体现了文化产业的核心竞争力，对文化创意产业有巨大提升和带动作用。建设好文化品牌是文化创意产业赢得市场的必然选择，而打造文化品牌则离不开传统文化的支撑。2014年，习近平总书记在北京市考察工作时指出，“历史文化是城市的灵魂，要像爱惜自己的生命一样保护好城市历史文化遗产。北京是世界著名古都，丰富的历史文化遗产是一张金名片，传承保护好这份宝贵的历史文化遗产是首都的职责。”2017年，第二次视察北京时，总书记再次强调，“要加强世界遗产和老城的整体保护，精心保护好这张中华文明的金名片。”[①]传统文化蕴含的古老文明先天具有一种品牌效应，是众多文化企业争相拥有的最大“财富”。把传统文化精华融入文化生产或服务中，不仅会大大提高文化产品的知名度、美誉度及文化品位，而且还会为北京的经济社会发展增光添彩。

（二）文化创意产业对弘扬传统文化的作用日趋突出

文化创意产业是传承传统文化的重要载体。文化作为人类生产、生活活动的抽象和升华，必然传承和存在于人类的生产、生活实践活动之中，并需要通过一定的产品来承载和展现。传承传统文化的关键在于，要与当下的经济社会生活现实结合起来，使传统文化的精神、理念、习俗等文化元素融入现实的产品当中。一种优秀的文化产品，往往会折射出某种文化传统的博大精深。文化创意产业作为一种市场化的产业形态，它涉及文化产品的生产、交换和消费的全过程。在这个过程中，文化创意产业可以利用自身的优势为优秀传统文化的传承和弘扬提供一定的资金支持、重要的传播载体。相对于其他方式而言，文化创意产业对于传承和弘扬中华优秀传统文化具有独特的优势。讲好北京故事，传承和弘扬北京乃至我国的优秀传统文化，就需要大力发展文化创意产业，创新传统文化的表达形式，服务于当下城乡居民的文化生活。

文化创意产业为传统文化提供传播平台。文化传播要达到良好的传播效果，不仅依赖于大面积的传播广度，让更多的人接触和认识，更重要的是要让接触的受众更好地接受。文化创意产业制造的文化产品如果要赢得市场，必然会以迎合大众审美需求的大众文化的形式来呈现，而大众文化通俗、生动、直接的

① 保护好北京历史文化遗产金名片[EB/OL].法制晚报（北京），2017－10－16.

表达方式更利于受众的理解和接受。为此，近年来，北京充分利用首都文化中心、科技创新中心的资源优势，发挥新媒体平台高效、便捷的传播优势，推动大数据、虚拟现实、人工智能、3D打印等新技术以及“互联网+”在文化创意产业领域的开发利用，鼓励数字化生产与新闻出版、广播电视电影、文化艺术等传统领域深度融合，让传统文化的巩固存在和扩大影响插上网络化、数字化和信息化的科技臂膀。

文化创意产业是实现传统文化创造性转化的重要途径。文化创意产业的创意并不是对传统文化的简单复制，而是依靠创意人才的想象力，借助于高新科技对传统文化资源的再创造。一个国家或者城市的文化要保持发展的连续性和竞争力，就必须不断更新传统文化的固有形态，否则就会僵化，失去活力。对于北京来说，实现对传统文化的创造性转化，就需要按照当今时代的特点和要求，对传统文化中那些至今仍有借鉴价值的内涵和陈旧的表现形式加以改造、创新，赋予其新的内涵和现代表现形式，激活其生命力。加快发展文化创意产业，以创新、创意为理念，在当代价值体系下对传统文化资源进行挖掘和利用，扬长避短，去粗取精，促进新的文化形态的形成，从而不断实现对传统文化的创造性转化。

(三)传统文化与文化创意产业良性互动的路径选择

实现优秀传统文化现代价值的过程就是对优秀传统文化的传承发展。国务院发布的《关于实施中华优秀传统文化传承发展工程的意见》，强调要注重实践与养成、需求与供给、形式与内容相结合，把中华优秀传统文化内涵更好更多地融入生产生活。为此，北京在发展文化创意产业中，需要充分发挥传统文化资源丰厚的优势，把传统文化资源转化为文化创意产业资源，夯实文化传承的基础，促进二者深度融合、共同发展。

加强创意研发，促进传统文化资源向文化产品或服务转化。以“文化创意+”提升相关产业附加值，加强传统文化与文化创意产业的对接，在保护好历史风貌和重点文物古迹的前提下，努力使隐性文化显性化，使在地下的、书本里的文化，走上来、走出来、活起来，使之变成为可读、可感和可消费的文化产品。扩大与旅游商务的多点融合，研发丰富“北京礼物”以及工业体验游、民俗游、冰雪游等特色品类，鼓励老字号企业利用互联网拓展营销渠道，支持商业场所引入特色文化资源。推动传统文化与和谐宜居城市建设的深度融合，展现"首都风范、古都风韵、时代风貌"的城市文化内涵，带动文化创意产业与其他产业增效融合，在制造业、农业等领域提高创意和设计能力，提升相关产业的综合效益。

实施文化与科技融合发展战略，为传统文化融入文化创意产业插上科技的翅膀。推进文化与科技融合发展，提高文化产品或服务的科技含量和附加值，增强文化的表现力、吸引力和感染力，更好地传承优秀传统文化。在文艺演出、广播影视、新闻出版、广告会展等传统文化产业领域，积极应用现代信息技术、数字技术、广电技术、装备技术等高新技术，实现技术升级、设备升级与服务升级。加强考古专用技术、文物修复工艺与现代科技相结合的共性关键技术研发与运用，建设文化遗产监测预警平台，开展智慧博物馆技术支撑体系研究，建设北京文物保护装备基地。加强文化大数据采集、分析、共享、可视化等方面的研发，提升大数据技术服务能力和应用开发水平，搭建首都文化资源共享与传播平台。加强高新技术与传统工艺有机结合，在传承传统工艺基础上推陈出新。

加强区域联动发展，推进产城深度融合。加大区域合作力度，围绕"三个文化带"建设，坚持山水同源、文化同根，整合海淀、朝阳、西城、东城、石景山、通州、怀柔、延庆等区的文化资源，把文化创意产业协同发展作为共同保护传承历史文脉、共同加强生态治理修复的战略支撑。组织开展规划对接、企业对接、项目对接、服务对接，促进文化带沿线各地在文博非遗、文化旅游、休闲娱乐、设计服务等领域加强联动合作，实现内生性协同发展。深入推进京津冀文化产业协同发展，支持北京文化创意企业跨区域布局，通过投资输出、品牌输出、管理输出，参与项目建设合作。结合疏解首都非核心功能的实际，盘活利用存量空间，以老旧厂房为抓手，通过功能性流转、创意化改造，"腾笼换鸟"，建设新型城市文化空间，进而促进城市功能的不断完善。拓展开发资源类项目，围绕古都文化、红色文化、京味文化、创新文化等，打造"三山五园"历史文化景区、云居寺佛教文化景区、云蒙山文化旅游景区等文化旅游融合项目，提升什刹海、南锣鼓巷、古北水镇等历史文化街区环境品质，以产业开发擦亮北京文化符号，以产业发展提升北京城市形象。

完善文化消费机制，扩大对外文化交流贸易。通过广播、电影、电视、新媒体等多个渠道加强对传统文化的宣传和教育，形成热爱、尊重、继承和发扬传统文化的社会氛围，将传统文化传承和文化创意产业发展纳入文化消费市场的培育发展之中。加快国家文化消费试点城市建设，围绕城乡居民消费升级的新形势新要求，加强政府部门的宏观引导和服务促进作用，对目前居民最热衷的传统文化消费项目进行挖掘，提升其消费内涵、层次和服务质量，增添市场活力，培育新的消费增长点。依托惠民文化消费季等品牌活动，丰富活动内容，创新机制模式，强化品牌引领，搭建更加充分、有效的文化消费供需对接平台，以文化消费升级促进产业转型升级。整合北京作为国际交往中心的资源优势，与国外城市、国际组织、外国驻华使领馆等加强沟通合作，拓宽与“一带一路”沿线国家的文化交流合作渠道。坚持“请进来”与“走出去”相结合，持续办好北京国际设计周、北京国际电影节、北京国际文化创意产业博览会等国际性展会活动，彰显首都的城市文化魅力。实施“中华文化世界行”“文投环球十大中心”“北京优秀影视剧海外展播季”“北京文化庙会”等项目工程，持续打造文化“走出去”品牌，不断提升北京文化的国际影响力。

（沈晓平，北京市科学技术情报研究所，副研究员；江光华，北京科学学研究中心，副研究员；包仁艳，北京市科学技术情报研究所，助理研究员）

第三章

天津：传统文化协会挑起城市文化建设重担

一、天津市文化创意产业的发展现状

二、天津市的传统文化产业协会

三、天津市传统文化的产业之路

四、天津文化创意产业发展展望

天津是中国北方最大的沿海开放城市，也是环渤海区域的重要经济中心。天津具有深厚的文化底蕴、丰富的文化资源，发展文化创意产业的潜力大、空间大。“十二五”期间，天津市把文化创意产业作为发展现代服务业的一个重要内容，大力实施文化大发展、大繁荣攻坚战，积极扶持引导传统优势文化产业，大力发展新兴文化产业，使天津市的文化创意产业呈现出健康快速发展的良好态势。

一、天津市文化创意产业的发展现状

2017 年 12 月 26 日，天津市人民政府办公厅下发《关于印发天津市加快推进智能科技产业发展总体行动计划和十大专项行动计划的通知》(津政办发〔2017〕112 号)。其中，在《天津市智能文化创意产业专项行动计划》中，对天津市文化创意产业的发展进行了全面总结。

(一)发展现状

1.整体实力显著增强

2016 年天津市文化产业增加值超过 800 亿元，文化产业整体实力持续增强。实施文化大发展大繁荣攻坚战，累计推出了 8 批共 486 个项目，总投资 1813 亿元。天津市文化单位 22640 家，其中规模以上文化企业 1086 家，市属国有文化企业集团 5 家，龙头带动作用显现。

2.产业体系更加健全

形成了广播影视、出版发行、演艺娱乐、文化创意和设计、文化旅游、动漫游戏、文化会展、艺术品交易等八大门类为主体的文化创意产业体系和一批文化产业品牌，基本形成山、海、城、乡“四带多点”的文化创意产业空间布局。天津市文化产业园区35个，其中国家级文化产业园区8个，市级文化产业示范园区19个，示范基地47个。

3.政策环境不断优化

文化领域行政审批事项由42项减少至15项。出台支持文化产业发展，文化与科技、金融、旅游融合，文化贸易，传统媒体与新兴媒体融合，促进电影产业发展等系列政策。设立市级文化产业发展专项资金，累计发放4.4亿元，共扶持了218个文化产业项目，撬动社会资金130亿元。

与此同时，天津市智能文化创意产业发展还存在一些问题，主要是：智能文化创意产业发展水平不高，总体规模偏小，占天津市增加值比重不高，缺少领军企业和优势产业集群；产业结构需要优化，文化产业增加值中智能科技含量有待提升，"互联网+"文化创意产业格局尚未形成，产业管理体制和政策体系还需要进一步健全完善。

(二)面临形势

1.发展格局面临重大调整

随着新一轮科技革命和产业变革孕育兴起，信息网络、大数据、智能制造等高新技术广泛渗透到创作、生产、传播、消费的各个层面和环节，加速了文化生产方式变革。我国社会主要矛盾已经转化为人民日益增长的美好生活需要和不平衡不充分的发展之间的矛盾。文化领域的内涵和外延不断拓展，产业价值链体系逐渐重塑，智能文化创意产业面临新挑战新要求。

2.发展方式发生重大变化

随着新型工业化、信息化、城镇化、农业现代化同步推进，超大规模内需潜力不断释放，为智能文化创意产业发展提供了广阔空间。同时，经济发展进入新常态，多种生产要素成本不断上升，传统的粗放发展模式难以为继，文化产业发展提质增效刻不容缓。人民群众新的文化消费需求、完善的社会公共文化服务需求、个性化的文化产品需求等迅速提升扩大，对文化产业转型升级提出了新要求。

3.发展前景迎来重大机遇

经过近几年的努力，天津市智能文化创意产业实力不断增强，但与先进省市相比还存在一定差距。“互联网+”“文化+”发展刚刚起步，文化与相关产业特别是智能科技产业融合存在不深不广的现象，缺乏智能文化创意产业领军企业、产品、基地和服务平台。建设文化强市，必须抓住当前难得的战略机遇，加强统筹规划，突出创新驱动，下好先手棋，加快智能文化创意产业发展。

（三）指导思想

全面贯彻党的十九大精神，以习近平新时代中国特色社会主义思想为指导，以习近平总书记对天津工作提出的“三个着力”重要要求为元为纲，认真落实市第十一次党代会和市委十一届二次全会部署，扎实推进“五位一体”总体布局和“四个全面”战略布局在天津的实施，牢固树立新发展理念，深入实施创新驱动发展战略，以加快智能科技与文化产业深度融合为主线，以提升城市文化软实力为主攻方向，大力发展智能文化创意产业，打造充满活力的文化强市，为全面建成高质量小康社会，建设社会主义现代化大都市提供有力文化支撑。

（四）基本原则

1.科技支撑

坚持创新驱动，把握智能科技发展趋势，聚集国内外创新资源，推动科技与文化深度融合，打造一批智能文化信息服务平台，突破一批关键共性技术，加速构筑智能文化创意产业先发优势，为天津市产业迈向全球价值链中高端提供强有力的支撑。

2.融合创新

加强智能科技与文化创意产业的融合发展，运用智能化产品和技术，对文化产业进行改造升级，构建智能文化创意新业态。加大改革力度，发挥国家自主创新示范区和滨海新区的创新优势，进一步解放和发展文化生产力，增强智能文化创意产业创造活力。

3.市场主导

坚持产业为先，遵循市场规律，加快推进供给侧结构性改革，充分发挥市场主导作用，更好发挥政府作用，强化企业主体地位，突出社会效益和经济效益相统一导向，激发企业活力，增强产业竞争力，形成竞争优势。

4. 协同发展

落实京津冀协同发展重大战略，立足天津在区域文化中的功能定位，促进区域文化协同发展，坚持特色发展、优势互补，拓展智能文化创意产业发展空间。正确处理国有与民营、对内与对外等重要关系，促进智能文化创意产业与社会公共文化服务协调发展。

（五）发展目标

到2020年，建设一批智能文化创意产业平台，培育一批智能文化创意企业，推出一批智能文化创意产品，培育一批智能文化创意产业人才。以国家动漫产业园为载体，打造2至3个智能文化创意产业园区和综合信息服务平台；以广电网络公司为主体，培育3至5家智能文化创意产业领军企业；以智能“梦娃”为依托，打造2至3个智能文化产品品牌；以高校、科研院所和文化科技企业为依托，培育引进百名智能文化创意产业高端人才。

到2025年，智能文化创意产业发展实现重点突破，智能科技与文化创意产业深度融合，在文化产品和服务的生产、供给、消费等领域广泛应用，部分产品和服务在国内外处于领先水平，建立相对健全的智能文化创意产业体系，打造具有天津特色的智能文化创意品牌。

二、天津市的传统文化产业协会

中华优秀传统文化是中华民族的精神家园，是中华民族最深厚的文化软实力，是中国特色社会主义的沃土，也是城市发展的强大精神力量。天津，这个有着深厚文化底蕴的现代大都市，活跃着一群有情怀、敢担当、肯吃苦、乐奉献的仁人志士。他们将自己满腔的爱国情怀和高尚的精神追求化为不懈的努力和不知疲倦的步伐，在传承和弘扬中华优秀传统文化的道路上探索着、学习着、践行着。

天津市传统文化产业发展协会便是由这样的一群人组成的团队，而这个团队的领头人有着“位卑未敢忘忧国”“苟利国家生死以，岂因祸福避趋之”的爱国情怀，也是传统文化的热爱者和弘扬者。他，就是孙志远会长。

似乎冥冥中早有注定，早在5年前，孙志远和一群有识之士便以一种“为天地立心、为生民立命”的远大情怀，在老同志、老领导和专家学者们的大力支持下，全身心投入“天津市传统文化产业发展协会”的筹备和组建中。历时2年半，协会终于在2015年5月正式成立。随后的2年多，在协会发展的道路上，更是洒满了孙志远会长及其同仁们辛勤的汗水。功夫不负有心人，上天是公平的，它喜欢勤奋的人，喜欢努力的人，喜欢有大爱的人，喜欢乐于奉献的人，更喜欢以颗颗硕果来回报他们的付出。

目前，天津市传统文化产业发展协会已发展成为一个由多个分支组成的具有文化跨学科、多层次、特色新、互动性强，既具备传承又具有创新能力的文化传播平台。

盘点两年多来各分支开展的各项公益活动，不禁令人啧啧称奇。这个平台，这样的一群人，何以在没有任何资金和经费支持下，开展了如此多场的公益文化推广活动呢？是什么力量，是何种情怀，支撑着他们踟蹰？

1.完成学生情智五修特训营活动——中国内观文化

2017年1月16日至1月20日，协会内观文化促进分会组织开展了“学生情智五修特训营”活动，以独特的视角、全新的理念、创新的方式、文化的融合，分会以“休止、修定、修静、修安、修虑”为指导思想，成功地举办了一场学生冬令营活动，对孩子思想、修为、心理等多方面均产生了神奇的效果，赢得了家长的一致赞誉和好评。

2.举行三八妇女节大型公益讲座

协会养生文化专委会于三八妇女节当日，特邀请刘德敏教授在和平区南营门街居委会为广大居民送上一场大型公益讲座“糖尿病的日常调理、妊娠糖尿病和糖尿病妊娠”，普惠广大居民。养生专委会主任黄建苹、秘书长杨思竹和专委会多名骨干老师一同组织筹办了此次活动。

3.深化与智库机构交流与合作

2017年3月22日上午，在天津市政府决策咨询专家李闻增主任的引荐下，协会会长孙志远、书记许芙蓉和家庭文化指导中心主任杨文利一同拜访了天津市社会科学界联合会科普处处长华敏，就双方共同开展服务于社会、服务于基层民众、弘扬中华优秀传统文化、提升百姓文化素养和文化自信等事宜进行深入交流和探讨，并达成了多项共识。

4. 举行“立足中华优秀传统文化，践行社会主义核心价值观”大型公益论坛活动

为响应习总书记重视家庭文明建设的号召，促进家庭和睦，助力社会和谐发展，由天津市传统文化产业发展协会主办、协会家庭文化建设指导中心、天津幸福养老院联合承办的“天津市家庭文化建设公益论坛暨天津市第十七届传统文化公益论坛”在天津市第二工人文化宫大剧场盛大举行。协会会长孙志远及协会主要领导班子成员、家庭文化建设指导中心主任杨文利、常务副主任张俊芳和分支骨干出席了此次论坛活动，共有300余人参加了此次论坛。

5. 举办“书香天津·春季书展”活动

为期5天的2017书香天津·春季书展4月25日下午在天津国展中心落下帷幕。受天津市新闻出版(版权)局的委托，协会特组织了强有力的专家队伍为本届书香天津提供系列咨询。通过协会培训中心贺友谊副主任的统一协调，各位专家学者的辛勤努力，充分展现了天津市传统文化产业发展协会良好的精神风貌和务实求精的工作作风，深得天津新闻出版局领导的肯定和来访咨询人士的好评。

6. 持续开展传统文化进校园活动——献给母亲的一堂课

2017年5月14日母亲节之际，协会在天津大学为同学们做了一场传统文化培训课程，重点向同学们介绍了中华优秀传统重孝道部分对母亲恩德的赞美和学习传统文化的重要意义。国学文化推广中心副主任丁勇老师担任主讲。

7. 成立香文化研究中心协会

2017年5月15日，香文化研究中心协会在河北区民族路36号成立。宗兆睿先生被聘为中心主任。协会会长孙志远为宗兆睿先生颁发了聘书。孙志远会长表示，香文化是中华传统文化有机组成部分，做好香文化的研究、发掘、传承、创新和应用有着非常重要的现实意义。原市委老干部局陈正荣局长、天津市工商联常务副主席耿伟、协会副会长丁子谦、协会内观文化促进会会长顾石松教授、协会国学文化推广中心副主任钱伟强等一同出席了揭牌活动。

8. 成立墨韵茶香哈哈哈俱乐部

墨韵茶香哈哈哈俱乐部，于2017年6月初在爱心之家文化传播有限公司成立。协会书记许芙蓉、常务理事魏三利、文化收藏专委会主任解俊如、市文联

办公室主任杨建国、天津日报主任记者马宇彤、天津工艺美院老院长李西源等多名书画界名流共20余人参加了成立仪式。

9.协会专家走进天津经济广播——行风坐标直播间

天津经济广播行风坐标栏目于2017年6月14日特别推出"社风、民风、家风"课堂新栏目，并与天津市传统文化产业发展协会达成合作意向，由协会派出专家作客直播间。节目播出后，深得听众喜爱。协会已派出多位专家学者做客直播节目，以不同的主题、不同的立意、不同的视角弘扬中华优秀传统文化，树立良好的社风、民风和家风，提升百姓综合素质。

10.梨园文化分会成立大会暨戏曲演唱会在劝业场天华景圆满举行

2017年8月18日，梨园文化分会成立大会暨戏曲演唱会在天华景圆满举行，协会孙志远会长和协会领导班子成员及协会部分分支负责人出席活动。梨园文化分会作为协会重点推出的一档综合性文化平台，力在弘扬传播博大精深的戏曲文化，普及戏曲知识，传承华夏文明，通过宣传戏曲、研讨戏曲、欣赏戏曲、交流戏曲唤醒观众对戏曲的兴趣和热爱，领略戏曲文化的独特魅力。

11.《天津传统文化与产业》杂志首发式圆满成功

2017年9月9日，天津市传统文化产业发展协会创刊杂志《天津传统文化与产业》首发活动在水上公园今晚人文艺术院举行。孙志远会长及协会主要领导班子成员、协会部分分支负责人出席活动，市委一些老领导、本市多家协会会长及专家学者出席发行仪式。杂志执行主编、协会文创中心秘书长、杂志出品方天津智圣阳光传媒总经理付正先生介绍了杂志出品的过程和经历。

12.面向志愿者的天津市传统文化公益安养院正式运营

2017年9月中旬，天津市首家由天津市传统文化产业发展协会公益文化促进分会与雨花斋共同建立的面向天津市传统文化和公益志愿者全免费开放的公益安养院正式运营，并召开典礼大会。协会孙志远会长、书记许芙蓉、政治委员颜振东及公益文化促进分会会长丁勇一同出席典礼大会，已经入住的几十位老人和众多公益人士一同参会。

13.协会公益精准扶贫捐资助学又上征程

2017年9月16日，协会公益文化促进分会津哈专委会受孙志远会长之托，在沈宏卫会长的带领下，赴河北省兴隆和遵化两地进行了精准扶贫捐资助学交流活动，取得了非常好的效果。协会政治委员颜振东、培训中心副主任贺友谊、幼促会常务副会长刘明一同前往参与了此次活动。幼促会副会长井淑文派代表带去了资助的学习物品。

14.全国社区第三届书法篆刻作品评选在天津电大举行

2017 年 10 月 10 日，由教育部社区教育研究培训中心、天津市教育委员会、天津市书法家协会、天津广播电视大学、天津市传统文化产业发展协会共同举办的“中国精神——全国社区第三届书法篆刻作品展”参赛作品评选在天津广播电视大学拉开帷幕。本次大赛由天津书法家协会选派书法家作为评审专家，由传统文化产业发展协会选派专业人士作为监审，经过初评、复评和终评进行严格遴选。入选作品将在天津终身学习网进行公示。入展和获奖作品在京津冀社区巡展后，编辑成册正式出版。

15.武学文化促进分会和国球文化推广中心联袂举行成立大会

2017 年 10 月 22 日，天津市传统文化产业发展协会武学文化促进分会和国球文化推广中心联手共同举行成立大会。协会孙志远会长和协会主要领导班子成员及部分分支负责人出席了成立大会。武学文化博大精深，融合了兵家谋略、伦理道德、哲学思想，武学文化促进分会的成立旨在继承和弘扬这种武学精神，秉承精武报国之情怀。乒乓球作为我们的“国球”更是一种家喻户晓的健身和竞技体育项目，推广中心的成立旨在协助天津市体育局和乒乓球赛事俱乐部等机构推动乒乓球运动在本市发展的深度和广度。

16.协会开展班子成员及分支骨干轮训

根据协会工作决议，从 11 月开始，每月组织协会骨干进行一次传统文化理论研讨和培训，以增强各分支和部门的传统文化深度与广度，促进协会内部横向交流与共融。首期活动于 11 月 26 日下午在协会培训中心启动，由协会培训中心牵头、易学文化研究中心负责人讲解讨论《易学文化精髓与传统文化自信服务产业化发展》。天津市传统文化产业发展协会 20 多个分会、分支领导成员汇聚一堂，围绕着十九大精神贯彻，文化自信的主题以易学文化开篇，召开了群英聚会热烈的研讨会议。

17.紧跟时代发展，协会理论研究班子成立

为深入学习贯彻党的十九大精神，领悟十九大制定的发展战略，深刻学习和理解习近平新时代中国特色社会主义思想，协会“习近平新时代中国特色社

会主义思想"理论学习组正式成立。学习组由协会政治委员颜振东任组长,内观文化促进会副会长兼秘书长韩鸿胜任副组长。其理论研究成果将力争在协会今后的文化弘扬和队伍建设中发挥重要作用。

18.协会幼教文化促进分会正式成立,传统文化从娃娃抓起踏上新征程

11月18日,协会幼教文化促进分会成立大会在津利华大酒店隆重召开。协会孙志远会长、协会主要领导班子成员及协会部分分支骨干出席了大会。市委一些老领导和各界知名人士为幼促会成立题词祝贺,本市教育界多位知名教育家和多家协会负责人出席会议。会中,有来自学前教育界的4位知名专家学者发表主旨演讲。幼促会面对幼教、亲子行业及教育机构,以传承、传播、弘扬和发展优秀传统文化为己任,通过多种形式,宣传、推广和普及传统文化精粹,推动本市幼教水平整体上台阶。

19.中国优秀和杰出人才发展委员会成立,协会四位优秀人才入选

2017年12月16日,中国优秀和杰出人才发展委员会成立暨优秀杰出人才发展高峰论坛在北京中国科技会堂举办,全国200多位来自于各行各业的优秀和杰出人才参加了论坛。中国优秀和杰出人才发展委员会是依据民政部规定,在2016年11月经中国智慧工程研究会批准筹建的,委员中受到省部级以上奖励和表彰的占80%以上,将为国家和社会提供优秀和杰出人才智库服务。

经严格甄选,天津市传统文化产业发展协会共四位优秀人才入选该委员会,其中有协会宁河践行基地负责人、天津求知书画院院长刘旭清同志,协会公益文化促进分会会长、天津雨花斋发起人丁勇同志,协会文创中心副主任、非物质文化遗产传承人曹珉同志以及协会幼教文化促进分会副会长丁敏同志。

20.津门新儒商企业家论坛圆满举行

为深入学习贯彻党的十九大精神,探讨新时代企业家应具备的新担当、新精神、新情怀、新使命、新思想,探讨如何落实好天津市委市政府出台的《关于营造企业家创业发展良好环境的规定》以及落实李鸿忠书记在天津市企业家工作会议上的指示精神,由天津市工商联主办,天津市传统文化产业发展协会、天津市高新技术企业协会承办,津门新儒商企业家俱乐部、天津市高新技术企业协会文创分会协办的津门新儒商企业家论坛于12月16日在天津滨海高新区海泰大厦3楼圆满举行。

天津市"两新"组织工委、市委统战部、天津市工商业联合会等领导出席此

次论坛活动。参加论坛活动的还有来自各行各业的著名专家、学者和200多名企业家。

三、天津市传统文化的产业之路

(一)把家具做成文化珍品

航德红木是一家本土的以红木家具制作为主的文化艺术馆,作为京做红木家具行业的龙头企业,公司以做"北方品牌、创中国名牌"为目标,以列入打造全国著名产品的品牌计划,公司经过多年的积累与发展,积累了雄厚的实力,汇集了大批优秀的管理骨干和技艺精湛的艺术工匠。"诚信、务实、创新、卓越"的经营理念,"以航德红木,真正的收藏品质"的制作标准(一书一卡一证),严把质量关,卓越的品质,精湛的工艺,人性化的服务,赢得消费者的信赖和钟爱。

航德红木,自成立伊始,便注重传统工艺制作,严格遵循京作家具的工艺特点,受到了众多业内人士的好评。作为天津著名红木家具企业,经过多年来对古典家具的认识、理解、研究,公司从家具的型、工、料上下功夫,严格按照古典家具的生产工艺流程,制造出了众多既符合传统家具审美需求,又极具家具产品特色的精品家具。为了让爱好红木的消费者有一个放心购买红木家具的处所,航德红木摒弃了一般商家节约成本、投机取巧的捷径,踏踏实实做真正具有收藏价值的良心红木家具。首先,航德红木严把质量关。派专人前往木料产地,源头把关,从选料到生产,每一关都一丝不苟;材质限制在缅甸花梨以上并且工艺达到最高水平,用品质保证只做放心红木家具,每件家具都倾注了航德人的专注与负责的态度。其次,航德对销售进程履行严格的全程监视,对售出的每件家具树立"户籍"档案;以身作则改善红木家具市场的杂乱,用口碑说话致力于做业内最具影响力的品牌。唯其如此,航德红木才会成为古典文化与工艺传承的领军者。

红木艺术馆馆长郭学武作为一名土生土长的天津人,他对天津的文化底蕴深有体会。文化重在传承,家具是我们前辈先人科学和智慧的结晶,具有鲜明的时代特征,是人文精神的完美体现。郭学武从20多岁起便与古典家具有了不解之情,经过数十年的摸索学习,他毅然决然地将其做为一份事业来做。比如一把普通的圈椅，粗略地看只是一件承重体，但是详细剖析开来竟是天圆地方、外圆内方精神的演绎。小小的家具把点、线、面，明式家具的特点展现的淋漓精致。深知己任重大，在艺术馆成立的八年时间里，郭学武享受着产品在双手中升华的过程，积极参与到家具的设计与技术研发中。他的目标是，用追求卓越、精益求精的品质精神和用户至上的服务精神，打造本行业最优质的产品；心平气和地把企业与产品的品质灵魂融合在一起；让收藏品质不再是一句空话，将中国人、中国心、中国文化发扬光大！

（二）让素食成为餐厅常客

在一间容纳不到百人的餐厅里，没有酒桌上惯常的喧哗，印入记忆的是一份家的温情和感动。很多顾客都会被它独特的家庭氛围和独有的孝亲文化所吸引，成为餐厅的常客。

民以食为天，食以素为先。随着近年来物质生活水平的提高，一直以素食为主的中国百姓餐桌，渐渐被各式各样的肉食替代，无肉不欢成了社会大众普遍的饮食习惯。然而，高血压、高血脂、糖尿病等种种所谓的"富贵病"却一再为人们的健康敲响警钟。

为了引领天津市民健康饮食新风尚，同时也为了以此为窗口，提倡孝亲敬老的中华传统美德，2014 年，天津孝亲素食餐饮有限公司在芥园西道上喜庆开业。几年来，孝亲素食餐厅以美味的餐饮、亲民的价格赢得了顾客们的认可。

孝亲素食餐厅还结合中医养生和时令特色，不断推出各种自制饮品。酷夏时节，来上一杯独特配方熬制的冰镇酸梅汤，既解渴，又养生。餐厅不时还有爱心庄园专供的纯天然有机蔬菜，普通的菜价，就能享受无化肥、无农药的天然美味，真正是额外的惊喜。

素食养生，素味养心。孝亲素食不仅通过饮食调节人们的身体，还通过食素使人的心性得到净化，智慧得以提升。因为素食在人体内消化和吸收的时间要远远低于肉食，所以，食素比食肉更能让人保持清净的身体和敏捷的思维。更何况，如今养殖业大量使用激素和抗生素，对人体更是莫大的伤害。而以蔬菜为主的素食则像人体的清道夫，对人们的身心健康都是一种有效的保障。

素食在保障自身健康的同时，也保护了动物的生命。中国当代著名画家丰子恺先生的《护生画集》中有这么一首诗：喜气溢门楣，如何惨杀戮，唯欲家人欢,哪管畜生哭。孝亲素食餐厅提供包桌宴席,不少客户选择在这里为老人祝寿和孩子庆生,在一片祥和的气氛中,为老人和孩子留下了最美好的祝福。

餐厅每天中午有由近20道菜品和粥汤组成的自助餐,仅售十几元,虽然价格优惠,品质花样却毫不含糊,颇受客户青睐。效仿西方国家"墙上的咖啡"开展的爱心自助餐牌活动,无声地引发着人们心底的善良。有心帮助他人的,买上一个或几个爱心自助餐牌贴在墙上,囊中羞涩的人就可以借由这一份善心施舍,不失颜面地享用上一顿美餐。人们还可以通过随缘请大众吃自助餐的方式,修佛门的无相布施,为家人供斋修福。孝亲素食的供斋活动也为很多有慈悲心的人们提供了一个行善的方便机会。

孝亲素食餐厅还会在每年的腊八节上午,为行人免费供应腊八粥。寒冷的冬季清晨,当行人双手接过餐厅员工恭恭敬敬奉上的粥时,人们感受到的是一份暖暖的情。这份温情也随着餐厅每年的腊八舍粥活动传到了千家万户。礼轻情意重,一杯热粥,如一股暖流,呼唤着天津市民内心深处的亲情。

孝亲素食餐厅吸引顾客的还有不定期的传统文化讲座。魏三利大夫用风趣幽默的话语,讲述中国传统文化中家庭伦理道德与疾病的关系,教导人们如何孝敬老人、教育子女,如何能够家和万事兴。每逢讲座,餐厅里济济一堂,人们在轻松欢快的氛围中学会了与人相处的方法,找到了身心健康、家庭和睦的诀窍。

素食餐饮在天津目前还是一个新兴行业。天津孝亲素食餐饮有限公司用蔬食引领健康饮食新风尚,用孝亲敬老文化引导淳善的世风,正是天津传统文化产业发展的一个新探索。无论您是一位素食的门外汉,还是一位资深的素食爱好者,都可以到津孝亲素食餐饮店品尝一餐,会是一次难忘的身心体验。

(三)给"梦娃"插上科技翅膀

2017年8月27日由中国机械工业集团有限公司主办的国际机器人、智能装备及制造技术展览会,在中国广州进出口商品交易会展馆隆重开幕。本次展会吸引了500余家全球知名机器人企业和研究机构,共有8万名观众参加,天津智圣科技携手"梦娃"机器人参加了此次展览会。

科技与文化之间到底是一个什么关系,尤其是我们中华五千年的优秀传统文化,在人工智能时代已经到来的今天,我们该如何保护传统文化,如何能够为现代社会贡献力量，让人们的精神世界更加丰富，让人们过得更加愉快，让人们相处更加和谐，这些都是社会主义核心价值观和传统文化在现代社会的责任和使命。

在科技高度发达的今天，我们都需要科技为我们做些什么？难道科技仅仅是一种手段和方法？我们优秀的传统文化如何依靠高科技得到更好的传播？现代科学在认识和改造物质世界方面有其独特的优势，而传统文化在认识和改造精神世界方面则有一套完备的方法。只有将这两者结合，才是具有文化的科技产品，才能使文化得以更好的传播。

2016 年 5 月，为推进文化产业发展，弘扬传统文化、传播社会主义核心价值观，天津北方文创产业集团将梦娃形象授权给天津智圣科技，希望能用梦娃的形象研发一款智能机器人。智圣科技针对当前的受众群体设计了两款机器人，一款是梦娃早教机器人，另外一款为梦娃养老机器人，并于 2017 年 8 月 27 日首次亮相于广州国际机器人展。

这个项目的启动意味着深远的意义。梦娃的形象源自天津泥人张彩塑工作室樊纲老师的一件作品，以淳朴可爱、形象、生动和贴近百姓生活的形象诠释了“中国梦”内涵。而运用这样一个家喻户晓的形象，使得她能够真正的活起来，变得智能化、科技化，把社会主义核心价值观、爱国主义教育、传统文化等这些用现代科技和人工智能的技术搭载在一起，成为智圣科技所要做的一项艰巨的任务。

传统文化是古老的、传统的，传承传统文化的人是现代的。设计梦娃机器人的理念，正是要把传统文化的智慧，用顺应现代社会的方式传递出去。

经过反复的设计和修改，梦娃机器人诞生了。梦娃机器人是传统文化与现代科学的一个深度融合，体现了传统文化创新的一种精神。同时它也是一个来自中华传统文化的形象，一个代表着“中国梦”的形象，这就让一个比较高冷的科技变得更加亲切，更加人性化，同时也更加中国化。

而梦娃机器人的设计是从一家三代人不同的角度和需求出发，不仅考虑了传统文化的传承，同时也兼顾了目前家长因时间紧凑、精力有限孩子的学习无法在课后进行辅导及目前老龄化严重、儿女无法及时照顾老年人这些问题。并根据儿童及老年的需要，分别设计了梦娃早教机器人和梦娃养老机器人。梦娃早教机器人的人物设定理念是将优秀的传统文化和爱国主义教育结合在一起的，让孩子在梦娃的陪伴下不仅可以学习到我国传统文化知识还可以增强儿童爱国理念以及弘扬我国优良的传统美德。养老机器人则是根据百行孝为先的理念设计的，同时梦娃养老机器人还根据老年人的喜好搭载了养生知识、棋艺、中国戏曲、诗赋、传统文学、中华武术、民间工艺等老年人喜闻乐见的娱乐功能。不仅如此梦娃养老机器人其内在搭载的智能系统可以陪老人聊天解闷，并根据老年人的操作习惯，设置了一键视频通话及报警和防跌倒等功能。

梦娃机器人在这样一个时代应运而生，得到政府、企业和社会团体的重视和支持。从滨海新区到临港经济区，从天津传统文化产业发展协会到临港创业园，来自各方面的人士给予了众多的支持和帮助。将文化和科技结合，用文化为科技注入灵魂，成为智圣科技的发展理念。我们相信，在未来，文化与科技的结合将是机器人产品的重要趋势。

四、天津文化创意产业发展展望

文化创意产业是文化科技创新的重要方面，是社会主义文化强国建设的重要支撑力量。在《天津市智能文化创意产业专项行动计划》中，提出了从2018年至2025年天津市智能文化创意产业发展的十大重点任务。

(一)十大重点任务

1.加强智能科技应用

扎实推进智能科技在新闻出版印刷发行、广播电视电影、演艺娱乐、文化旅游、文化会展等传统文化产业中的应用，加快推动新媒体、数字出版、动漫游戏等新兴文化产业与智能科技的深度融合。优先发展原创型智能文化创意产业，加强文化产权和版权保护，支持企业开发原创产品。扶持引导外向型智能文化创意产业，推动文化服务贸易平台建设，在天津自贸试验区建立外向型智能文化创意产业聚集区。

2.培育壮大智能文化创意产业市场主体

支持和引导文化创意企业在设计、生产、管理、物流和营销等核心业务环节应用人工智能新技术，构建新型企业组织结构和运营方式，扩大智能文化创意产品供给。天津市各区要加大政策支持力度，培育智能文化创意产业龙头企业和骨干企业，扶持壮大中小企业，大力帮扶民营企业。推动国有文化企业进行资源整合和并购重组，加快出版传媒集团、广电网络公司、360科技公司等文化企业上市或新三板挂牌融资，实现做大做强。支持有条件的智能文化创意企业申报科技小巨人企业，引导今晚网络信息技术、灵然创智、未来电视等中小微智能文化创意企业按照“专精特新”方向发展，推出智能文化创意核心产品，打造有影响力的智能文化创意企业品牌。

3.实施智能文化创意产业项目带动战略

每年推出一批市级重点文化项目，各区推出区级重点文化项目，评选标准向智能文化创意产业项目倾斜。加大招商引资力度，吸引智能文化创意产业龙头企业来津投资。建立天津市文化出口重点企业和重点项目目录，对智能文化创意企业和项目给予支持。建立天津市重点文化产业项目库和智能文化创意项目库，做好项目整体规划和统筹管理，做到建成一批、储备一批、培育一批，通过项目建设带动智能文化创意产业持续快速发展。

4.推进智能文化创意产业园区和平台建设

重点扶持国家动漫产业综合示范园、国家广告产业园、天津国家级新闻出版装备产业园等国家级园区智能化发展，建设天津对外文化贸易基地和国家数字内容贸易服务平台，形成智能文化创意企业集聚高地，促进产业链条延伸和价值提升。引进知名园区运营公司，提高园区的招商、运营、管理水平，培育一批新的特色智能文化创意产业园区。支持园区搭建智能公共服务平台，提高服务功能和水平。发挥天津文化产权交易所、文化产业投资基金、文化产业小贷公司、文化产业担保公司的作用，打造综合性智能文化金融服务平台。评选命名一批市级文化产业示范园区和基地，实施动态管理，加强政策扶持。依托高校、科研院所，搭建智能文化创意产业众创基地。在天津市重点文化产业园区中选择2至3家基础良好、技术先进的，实施智能技术改造，创新发展和管理模式，形成示范带动效应。

5.加快媒体融合发展

加快知识计算引擎与知识服务技术、跨媒体分析推理技术、虚拟现实智能建模技术、自然语言处理技术等智能科技在新闻媒体领域的应用，促进媒体融合向纵深推进。以天津市主要媒体为龙头，整合新闻网站、政务和媒体“两微一端”资源，建设智能微传播平台矩阵，不断提升品牌影响力。依托北方网新媒体集团，融合各主流媒体优质资源，打造智能化“津云”中央厨房；依托支部生活社打造党建云平台;依托中老年时报传媒有限公司打造"时报家园"老年智能生活服务平台;依托天津大学出版社有限公司打造"建筑邦"全媒体出版平台。充分融合智能技术优势,加快新闻生产由"专业生产"向"专业生产+用户生产+机器人生产"转型,提升新闻生产管理水平。

6.实施"互联网+"工程

充分发挥"互联网+"的叠加效应、聚合效应和倍增效应,加快新旧发展动能和生产体系转换,拓展互联网技术在文化生产、文化消费等领域的应用,加速提高服务水平。建设新一代智能广播电视网,发展高清互动电视、有线宽带、IP电话和数据通讯业务,推进"三网融合"。提升完善天津市网络舆情监控和管理平台功能,实现新闻宣传、互动引导、舆情监控、人才培训和技术安防的统一指挥管理,加强互联网内容管控技术应用,形成天津市"一张网、一个数据平台、一个指挥平台"的管理格局。建设天津广电网络智慧社区服务平台,提供社区管理、社区医疗、居家养老等服务。建设社区党支部智慧党建服务平台,实现党务工作和学习智能化。建设今晚E家服务平台、天津演艺网、舞台演出网络直播互动服务等线上文化服务平台。

7.实施"文化+"工程

推进文化创意与智能工业设计制造融合,举办天津国际设计周、"滨海杯"大众创业万众创新国际设计大赛等活动。促进文化创意与城市智慧街区改造融合,建设提升五大道文化旅游区、古文化街、棉3创意街区。建设智能文化创意产业聚集区,提升整合C92文化产业园、玑瑛青年创意公社、未来里十字街、6号院、先农大院文化创意产业园、大型专业智能舞美制作产业基地等项目。深化文化创意与智能农业文化资源开发利用融合,建设水高庄园(二期)、葫芦庐主题公园、亿利生态主题公园、水稻主题公园等项目。推动文化创意与旅游融合,将智能文化创意产品转化成特色旅游商品。持续打造12个文化旅游主题板块,建立智慧乡村旅游信息数据库和公共服务体系。推出文化创意、文化演艺等"津味生活"融合产品,建设天津滨海航母主题公园、运河文化长廊等项目。推动文化创意与体育产业深度融合,建设团泊体育训练基地智能化平台。

8.增加智能文化创意产品和服务供给

组织中国京剧像音像集萃工程,实施艺术精品创作生产工程。办好天津市名家经典惠民演出季等演出活动。继续扶持重大革命和历史题材影视作品品牌、津版图书品牌、津派舞台艺术品牌、文化特色活动品牌等。扶持动漫原创精品，支持“弘扬社会主义核心价值观动漫扶持计划”项目的创作与推广。丰富出版物品种，推广数字阅读开展延伸服务，打造电视虚拟现实(VR)博物馆、数字电视图书馆，实施全民阅读工程。发展壮大电影市场，完善城市影院“一卡通”建设，推动试点完善在线选座功能，建设天津电影公益放映平台、“掌上智能影院”，推广VR技术在电影放映中的运用，天津市影院银幕数达到500块，电影票房年均增长15%以上。

9.引导和扩大文化消费

支持文艺演出、展览和公益文化普及活动的开展，推动文化惠民卡项目实施，更多利用智能科技提升文化消费服务水平。推动滨海新区、武清区等做好城乡居民扩大文化消费试点工作。建设天津文化信息消费服务平台、文化电子商务平台，完善天津演艺网演出资源电商平台及配套周边服务，提升文化消费便利水平。继续举办文化惠民季、“书香天津”春季书展、读书月等活动，活跃文化市场。挖掘民间文化资源，支持杨柳青年画、泥人张彩塑、“梦娃”“莲娃”、益德成闻药等，运用新技术加强生产创作，开发新产品，做强传统文化品牌。

10.推动京津冀智能文化创意产业协同发展

加强京津冀智能文化创意产业交流合作，建设智能文化创意产业集聚区，发挥协同效应。成立京津冀文化产业协同发展中心，完善京津冀文化产业合作会商机制，办好天津滨海国际文化创意展交会，组织京津冀文化项目推介会，积极推介展示智能文化企业和创意项目。发挥京津冀三地文化产业园区和文化演艺等行业联盟作用，加快建设京津中关村科技城、京津新城双创特区、京津州河科技产业园等园区，承接首都智能文化创意产业项目，推动形成优势互补、错位发展、创新驱动的跨区域文化发展新格局。同时提出了四项保障措施。

(二)四项保障措施

1.强化机制保障

成立市推动智能文化创意产业发展工作领导小组，定期研究解决问题，推动工作落实。各区成立区推动智能文化创意产业发展工作领导小组。加强文化产业统计，建立文化产业数据季度通报制度，将智能文化创意产业发展纳入对各区的绩效考核。

2.深化文化体制改革

继续简化行政审批环节，完善文化产业准入和退出机制，提高行政效率。探索建立适合“大众创业、万众创新”要求，适合创新创业，适合智能文化创意产业的发展环境。发挥国有文化资产监督管理机构监督作用，推进国有文化企业建立现代企业制度，打造合格的文化市场主体，加快引领智能文化创意产业发展。

3.加大政策支持力度

按照国家要求依法依规组建规模为5亿元的文化产业投资基金，支持智能文化创意产业项目建设。统筹用好各级财政资金，包括中央文化产业发展专项资金、天津市文化产业发展专项资金等多方面资金，支持智能文化创意产业项目建设。落实好中央推动数字文化产业创新发展的政策和天津市在产业、创新、人才和金融等方面支持智能科技产业发展的相关政策。对文化出口重点企业和项目给予政策扶持。开展政策实施效果评估，确保各项政策真正惠及文化企业。加大政府向社会力量购买公共文化服务力度，鼓励和扶持符合条件的文化企业参与公共文化服务。

4.加强文化产业人才队伍建设

制定天津市引进宣传文化紧缺高层次人才的实施办法，加大行业领军人物引进力度。加强全国宣传文化“四个一批”人才、天津市“131”创新型人才培养力度，推进文化产业智库建设。实施文化产业人才培训计划，建设创意策划人才、经营管理人才、专业技能人才和产业管理人才四支队伍，全面提升从业者素质水平。

（耿鹏，天津外国语大学国际传媒学院，讲师；谢思全，南开大学经济学院，教授）

第四章

石家庄:弘扬优秀传统文化,促进创意城市融合发展

一、石家庄市创意产业发展概况

二、传统文化在石家庄市创意产业发展中的典型案例

三、传统文化与创意城市融合发展有效途径

2017年是宣传贯彻落实十九大精神，决胜全面建成小康社会、实施“十三五”规划承上启下的关键一年，也是石家庄市加快建设现代省会、经济强市的攻坚突破之年。石家庄市认真践行五大发展理念，积极融入京津冀协同发展和“一带一路”建设，加快构建“4＋4”现代产业发展格局，大力实施创新驱动发展战略，产业转型取得了质的提升，产业结构调整成效明显，经济增长由主要依靠工业带动转为工业和服务业共同引领，发展动能由主要依靠传统产业转为与战略性新兴产业、现代服务业和传统产业共同驱动，经济社会发展取得了新成就，实现了“十三五”良好开局，为全面建成小康社会奠定了坚实基础。

一、石家庄市创意产业发展概况

近年来，石家庄市紧紧围绕建设现代省会、经济强市的奋斗目标，抢抓国家大力扶持文化产业发展，京津冀协同发展和雄安新区规划建设等重大历史机遇，不断提高经济发展质量和效益，着力提升公共文化服务能力，逐步形成了文化产业“文化+创意+科技+金融+ X”融合发展的新格局。

(一)综合经济实力稳步提升

2017年，石家庄市生产总值完成6460.9亿元，同比增长7.3%；服务业增加值完成3066.4亿元，同比增长11.6%，占GDP的47.5%，对经济增长的贡献率达到75.1%，规上高新技术产业增加值完成458.2亿元，同比增长14.1%；创新能力显著增强，科技进步贡献率达到56%；全年实际利用外资13.9亿美元，同比增长14.2%，引进省外项目资金991亿元，外贸进出口总值和对外投资分别完成862.2亿元、15.8亿美元。截至2017年底，石家庄市共有挂牌上市企业196家，累计实现股票融资740亿元，其中，新三板挂牌企业69家，数量位居河北省首位。充分挖掘市域丰富旅游资源，成功举办首届旅发大会，与3省8市88家景区实现旅游互联互通，叫响“红色西柏坡、幸福石家庄”旅游品牌，全域旅游格局初步形成，旅游业总收入达到962.6亿元，居河北省首位。深度融入京津冀协同发展，建成中关村天合科技成果转化服务、高新技术产品推广应用、传统产业智能改造和河北工业设计创新等4个平台；成立河北省军民两用技术交易等5个中心；新认定高新技术企业194家、科技型中小企业2912家，总数分别达到803家、9105家。通过实施“人才绿卡”制度，引进高层次人才2900多名，人才高地雏形显现。探索实施中俄“两国双园”合作模式，石洽会、动博会、国际通用航空博览会知名度和影响力持续提升①。商贸物流发达，拥有新华集贸中心、南三条小商品市场等全国十大集贸市场和正定国际物流园区、华北农产品交易物流加工园区等国际水平的物流企业。建设了一批标志性文化基础设施，完善覆盖城乡的公共文化服务体系。地铁1、3号线首开段正式运营，已跨入“地铁时代”。成功创建全国文明城市和国家食品安全示范城市。

(二)历史文化资源携手旅游产业

1.展现历史悠久文化底蕴

石家庄市是人类文明开发较早、文化底蕴十分深厚的地区。市区白佛口文化遗址是目前石家庄市境内发现最早的平原地区人类遗址，距今6000—7000年；新乐古代遗址“伏羲台”证明了6000多年前中华人文始祖伏羲氏曾经活动于此地；战国中山国文化，是石家庄历史文化脉络中的重要一环，也是继藁城台西商文化之后令世界瞩目的辉煌文化。公元前218年，秦始皇命令真定(今石家庄市东古城)人赵佗征岭南，行南海尉事，汉高祖十一年(前196年)下诏封赵佗为南越王，赵佗治越近80年，为开发岭南、维护多民族国家统一做出了重要贡献。两汉时期，石家庄西部的太行山区一直是制造兵器、铠甲和生产工具的重要冶金基地之一，“冶河”因此而得名。汉唐时期是中国佛教、道教复兴并走向鼎盛的时期，恒、赵二州的宗教文化在中国宗教史上也留下了绚丽篇章，赵州柏林寺，相传创建于东汉，是河北最古老的佛教寺院。石家庄隋唐文化中最为

① 以高质量发展引领转型升级赢得优势——邓沛然在市第十四届人民代表大会第三次会议上作政府工作报告(摘登)[EB/OL].石家庄市人大网.http://www.sjzrd.gov.cn/news/zhongyaofabu/1/2128.html,2018-02-07.

光辉的历史成就是赵州安济桥，它是世界公认的大型敞肩式石拱桥的鼻祖，在世界桥梁建筑史上占有突出的地位，被联合国确认为世界人类文化遗产；隋唐时期石家庄籍的文化名人有魏征和李吉甫等。北宋时期，富弼、韩琦、欧阳修、沈括、苏轼等名臣先后奉使河北，都在真定府（今正定）留下足迹，促进了这一地区经济、文化的繁荣。金元时期的自然科学成果非常丰硕，著名数学家、学者李冶在数学天元学术方面的研究，对中国的初等代数起到了奠基作用，标志着13世纪世界数学的最高成就[①]。

2.挖掘旅游丰富资源

石家庄市旅游资源丰富，名胜古迹众多，有文化名城、故国遗址、古寺名桥、革命圣地等珍贵历史遗存，也有丰富多彩的社会旅游资源，包括商贸会展、民俗民艺、都市风情等旅游景观。拥有全国重点文物保护单位39处，省级文物保护单位102处，市、县文物保护单位240处；国家级历史文化名城1座，国家级森林公园3处（仙台山、五岳寨、驼梁山），省级森林公园9处（南寺掌、西柏坡、棋盘山、藏龙山、沕沕水、海山岭、封龙山、洞阳坡、高山寨），野生动植物自然保护区4处（平山县驼梁自然保护区、灵寿县漫山自然保护区、赞皇县嶂石岩自然保护区、井陉县南寺掌自然保护区）。至2015年末，石家庄市共有A级景区33处，其中5A级景区1处，4A级景区26处，3A级景区4处，2A级景区2处。独特的省会地位、繁荣的商贸更为发展商贸会展旅游提供了良好的条件。2017年以来，石家庄市深入推进旅游体制机制改革，以全域旅游、“旅游+”和旅发大会为抓手，突出太行山生态文化旅游区、太行山风景道、滹沱河景观带、环省会旅游圈等重点区域，打造全国知名生态文化旅游目的地城市和区域性旅游集散中心城市，使石家庄市旅游业保持了平稳、快速发展的良好态势。

（三）文化产业繁荣发展

十九大报告提出，要坚定文化自信，推动社会主义文化繁荣兴盛。要繁荣发展社会主义文艺，推动文化事业和文化产业发展。回顾2017年，石家庄市在完善公共服务功能，加强文化设施建设，实施文化惠民工程，丰富群众性文化活

① 中国河北石家庄历史概况[EB/OL].石家庄在线.http://www.sjz.ccoo.cn/bendi/info－73713.html.

动等方面都取得了可喜成绩。

1.惠民工程成效显著

石家庄大剧院、丝弦剧院等一批标志性文化设施相继投入使用。大剧院全年共安排演出125场，接待观众约11.8万人，票房总计收入达400余万元；市丝弦剧院举办了丝弦演出季暨五路丝弦经典剧目展演活动，全年共举办精彩演出90余场，观众约5.4万人，进一步促进了丝弦这一地方传统剧种的传承与发展。石家庄市群艺馆、图书馆等公益场馆也推出了系列惠民文化活动，市群艺馆全年演出、展览达200余场(次)；市图书馆接待服务读者达160万人次，该馆创办的“美诗团”不仅丰富了读者的业余文化生活，更在河北省图书馆服务创新案例竞赛评选中获得一等奖；市美术馆举办各类展览30余场，累计接待观众近10万人次；市博物馆还举办了石家庄历史文化陈列进校园活动，以《石家庄历史文化巡展》的形式，来展示省会悠久的历史和灿烂的文化；此外，还有送戏下基层演出969场，举办彩色周末文艺演出1298场，放映公益电影49132场。广泛开展全民阅读活动，打造书香石家庄。省、市财政共投入1400万元，在省会推广发行文化惠民(演艺)卡3万张，还特设1000张面值300元的“文化惠民公益卡”，免费向城镇低保家庭发放，2017年文惠卡共消费542万元……一系列惠民政策有效拉动了石家庄市文化消费，在推动文化供给侧结构性改革发展方面取得新突破。

2.文化产业园区及项目建设有条不紊

石家庄市规划了文化产业的“两带两区一中心”，即“滹沱河历史文化与文体休闲产业带”“西部红色文化与生态旅游产业带”“东部民俗文化产业聚集区”“南部文创智造产业聚集区”“主城区文化创意中心”的发展战略。北部，正定古城修复工程顺利完工，滹沱河沿岸规划建设融入历史文化元素的12个主题公园；西部长青文化旅游度假区已成为省会西部文化休闲品牌工程；东部打造宫灯文化小镇、传统紫铜浮雕艺术聚集区；南部河北传媒学院文化创意产业园已入驻企业、工作室20余家，荣获河北省十大文化产业园区。国家动漫产业发展基地创业孵化园、河北传媒学院文化创意产业园、红崖谷休闲度假区等9个项目(园区)还荣获河北省文化产业发展“三个十”；智行创意公社、11家经文化部认定的动漫企业、十大文化市场等组成了主城区文创集群。截至目前，石家庄市规模以上文化企业达298家，新三板上市企业6家，石家庄市在建重点文化产业项目(园区)46个,总投资达148.1亿元。

3.考古发掘、非遗保护成果丰硕

正定古城保护工作进展顺利,城墙修缮和隆兴寺摩尼殿壁画保护工程完工,开元寺南广场考古遗址保护展示工程完成阶段性考古工作,共出土了跨越唐五代至明清时期的2000余件可复原器物,包括日常生活用具、建筑构件、宗教遗物、手工业商业遗物等四大类,这是河北省首次开展城市考古;中山古城遗址公园获批立项,该项目是石家庄市第一个立项的国家考古遗址公园项目;行唐故郡考古遗址入选2017年中国考古六大新发现;加大了非遗保护传承力度,完善了石家庄市非遗评审专家库,圆满完成石家庄丝弦22台传统剧目和国家级非遗传承人抢救性保护录制工作。

4.动漫、网络游戏全省领先

石家庄市共有经文化部认定的动漫企业11家(河北省12家),动漫关联企业2000余家,初步形成了"创、产、学、研、销"一条龙的动漫产业体系,动漫业年产值位列全国大中城市第一方阵。目前石家庄市有重点动漫企业41家,全年总产值1.2亿元,生产动画作品达1万分钟。估算整个动漫产业年产值达10亿元以上,带动1万余人就业。《叶罗丽》《耿村民间故事》《豆丁的快乐日记》等20多部原创动画片分别在中央、省市电视台及网络平台播出。《冷三笑》《星座控》等在搜狐视频上播放量超过3.4亿次,《豆丁的快乐日记》《赵州桥》荣获河北省"五个一工程"奖,原创动画片《老子道德三百问》还荣获第27届金鹰奖优秀动画片奖。特别值得一提的是,2017年石家庄第十二届国际动漫博览会上,签约交易额达1.5亿元,到场观众达22万人次,比上年增长了约20%。

(四)保障措施坚强有力

一是强化政策引导。石家庄市出台了《石家庄市文化事业发展"十三五"规划》《关于扶持我市动漫产业发展的意见》《石家庄市文化消费试点工作方案》《关于鼓励和支持民营经济加快发展的若干政策措施》《石家庄市推进文化创意和设计服务与相关产业融合发展行动计划(2014—2020)》《石家庄市现代服务业三年行动计划(2015—2017)》《关于开展省会城市建设管理攻坚提质行动的实施意见》《关于2017年石家庄科学技术奖励的决定》等一系列政策措施。还成立了市文化体制改革和文化产业发展领导小组,建立部门联动工作机制,领导本地区文化产业发展。二是加大资金扶持力度。石家庄市设立了每年500万元的繁荣舞台艺术扶持资金、每年500万元的农村文化资金、每年600万元的下乡补贴以及每年3000万元的文化产业发展引导资金。此外，市财政还对夜经济建设重点单位和重点项目提供专项补贴[①]。在2016年出台的《关于推动省会文化产业加快发展的若干意见》上，加强了对文化产业的信贷支持，鼓励金融机构对文化产业项目提供利率优惠贷款。2017年，石家庄市将文艺精品专项资金200万元并入文化产业发展引导资金，资金总额增至3200万元，支持项目多达49个。西部长青水上乐园、音乐剧创作及人才孵化基地、图书《幸福石家庄》、电影《群工站长》、河北梆子《红歌记》等项目均在扶持之列。三是实施人才绿卡政策。扩大创新人才支撑，加大国家"千人计划""长江学者"和省"百人计划"等高端人才的引进力度，鼓励各类人才来石创新创业；制定出台了《石家庄市人才绿卡(A卡)管理办法(试行)》《石家庄市人才绿卡(B卡)管理办法(试行)》和《关于构建县(市、区)人才服务体系的指导意见(试行)》，明确人才到石家庄工作或创业的，可在户籍办理、住房保障、子女入学等方面享受优惠政策。

(五)协同发展稳步有序

推进京津冀协同发展，建设京津冀世界级城市群，为石家庄市加快转型升级、建设大型省会，带来了难得的历史机遇。石家庄市充分发挥省会文化中心地位、正定历史文化名城和西柏坡红色文化等优势，依托石家庄国家动漫产业发展基地、河北长城影视基地、河北美术学院等平台，强化与京津文化创意企业合作交流，借力京津优势资源和先进经验，联合开发历史文化和红色文化资源，培育壮大影视制作、动漫游戏、多媒体广告等文化创意产业，加快长城影视动漫旅游创意园、东方文化创意产业园等项目建设，将石家庄打造成为面向京津冀、服务全国的文化创意产业高地。依托西柏坡、正定古城、赵州桥、驼梁—五岳寨—苍岩山—嶂石岩等特色旅游优势资源，加强与京津旅游协同发展合作，与京津等城市共建"无障碍旅游区"，共同开发精品旅游路线，建立信息咨询、旅游预订等一站式服务体系，加快伏羲文化旅游园、段家楼景区等项目建设，大力开发滹沱河湿地、西部山区休闲度假、乡村休闲旅游等特色优势旅游项目。以正

① 石家庄市文化消费试点工作方案[EB/OL]. 石家庄市人民政府网站 http://new.sjz.gov.cn/col/1490952386143/2017/05/26/1495780008146.html，2017－03－10.

定新区为重点，充分发挥区位交通优势，加强会展设施建设，积极吸引、承办各类会展活动，主动承接京津会展功能，做大会展经济规模，提高石洽会、正博会、药博会等展会知名度，与京津联合打造具有国内外影响力的会展平台。

二、传统文化在石家庄市创意产业发展中的典型案例

石家庄是一个极具发展潜力的城市，自然、文化资源丰富，区位优势明显，综合经济实力较强。近年来，石家庄市深度挖掘历史文化资源，传承和弘扬中华优秀传统文化，努力打造古中山国文化、正定古城文化、井陉乡土文化、丝弦等文化品牌，塑造城市独特的历史文化标识。

(一)古中山国文化

战国时期由白狄族鲜虞氏建立的中山国，是与“战国七雄”齐名的“千乘之国”。古中山国始建于春秋末年，战国中期达到鼎盛，后为赵国所灭。中山古城是战国时期重要都城之一，是少数民族文化和中原文化融合的重要见证和遗产。因其史料记载甚少，被称为“神秘王国”。中山古城遗址发现于 1973 年，在之后的考古调查、勘探和发掘中相继发现了城垣垣基、城内各处遗址 11 处、古道路、城内外的墓葬区(包括王陵区和一般墓葬区)、东面小城(灵寿东城)及城外西南部的祭祀遗址等，出土文物 19000 余件，造型独特，做工精细，堪称“国宝”，先后到美、德、日、法等国家展览，震惊中外，轰动世界。其中，国宝级文物——错金银四龙四凤铜案，是我国考古史上第一次发现的先秦案架实物，其文物价值、史学价值、考古价值都无法估量。这件铜案虽然只有 30 多厘米高，但完成整个案座需要 24 次铸接、48 次焊接、138 块泥模、13 块泥芯，工艺之复杂，制作之精美，实属罕见。另一件“刻铭铁足铜鼎”上面刻有 77 行 469 字的铭文，是我国迄今发现的战国时期字数最多的一篇铭文。故都后靠林山，突起平原，境内文物古迹众多，唐太子墓塔群亦为国家重点文物保护单位，石佛堂、阴阳柏等均为省级文物保护单位，万寿寺是远近闻名的佛教圣地。

目前，中山国保护性开发的工程正在紧锣密鼓地实施，对中山国王陵文物陈列馆进行了重新布展和环境整改，对厝王墓进行了整体保护。通过对遗址生态环境恢复性建设，结合陈列展厅等现代展示手段的运用，将华夏民族源远流

长、博大精深的古中山文化展现给国内外的观众，促进历史文脉的保护、延续和发展。加强对中山国文化的保护与利用，对于继承和创新中山文化精神、打造河北文化品牌、建设文化强省具有十分重要的意义。2017 年 12 月 2 日，国家文物局在浙江慈溪召开国家考古遗址公园现场工作会，中山古城考古遗址公园成功获批立项。平山县将迎来重量级的遗址公园建设项目，这是石家庄首个立项成功的国家考古遗址公园项目，将对平山、灵寿及整个石家庄市的考古保护和发展起到重大的推进作用。中山古城考古遗址公园规划区域总面积为 3339 公顷，展示区总面积 1130 公顷，划为“一心、一环、两轴、两翼、多片”的结构形态。具体分为战国中山王厝基展示区、中山古城遗址博物馆（含考古工作站）、桓公墓遗址展示区、战国中山古城址展示区、战国中山国东堡城遗址展示区（灵寿境内）、张家庙台遗址展示区、古城墙及护城河遗址保护展示区、西门阙及古道路遗址保护展示区等 14 个子项目，总体建设将分为三期进行，3～4 年完成。按照《中山古城国家考古遗址公园总体规划》，中山文化作为石家庄历史文化根脉的重要形成部分，中山古城国家考古遗址公园的建成，在妥善保护遗址与文物的基础上，将极大地促进平山、灵寿两县和整个石家庄市的社会、文化、科学发展，还通过挖掘战国中山文化，打造文化产品，实现“战国中山文化+文化产品+中山旅游+文化经济”的融合发展，努力把战国中山文化旅游带入京津冀旅游圈。

由中央电视台、中共河北省委宣传部、河北广播电视台、河北省文物局、河北省中山国文化研究会联袂巨献的大型纪录片《中山国记忆》，利用大量文物、专家讲述和情景再现等手段，打造这个神秘王国璀璨的图景，全景式再现这个神秘王国悲壮的历史，展示中华民族融合发展过程中不可或缺的一页。

（二）正定古城文化

古城正定，位于石家庄市北 15 公里处，历史上曾与保定、北京并称为“北方三雄镇”。正定城池雄踞滹沱河北岸，西控太行八陉中位置最重要的井陉口，自古以来就是沟通京畿与华北平原，经略河北与山西的咽喉要地，境内有仰韶文化、龙山文化和殷商文化古迹遗存，素有“三山不见，九桥不流，九楼四塔八大寺，二十四座金牌坊”之称。正定古城已有 1600 多年历史，东晋时土筑，北周时石砌，唐代扩建为土城，明朝扩建后改为周长 24 华里的砖城，现存正定城墙是明代遗存，城垣残存 8106 米。正定出土文物证明，早在 7000 年前，这里的先民就掌握了比较先进的捕渔狩猎、农业耕作和植桑养蚕技术;在6000年前,就发明并广泛使用多种石质和骨质农具,马可·波罗曾在“行记”中称真定“是一贵城”。正定人杰地灵、人才辈出,仅列入“影响中国历史进程的河北名人”就有6位,有据可查的历史名人148位。如将军赵云,佛教高僧慧净、智贤,元曲大家白朴、尚仲贤,文学家瞻思、苏天爵,医学家李东垣、罗天益,音乐家王禹,史学家张晏晋,工程学家怀丙,诗人蔡松年,书画家李著等等。1994年,正定被国务院评选为国家历史文化名城。

佛教文化在正定古城是最具历史特征的文化遗址。隋唐时期,当地佛寺多达190多座,被人们称为“中华文化兴盛时期的佛教重镇”和“佛教文化博物馆”;唐代开始,正定佛学研究十分兴盛;宋元以后,历代帝王不仅频频到此礼佛,还多次布施修葺,使得正定在佛教历史上的地位和影响越来越显要。中国十大名寺之一隆兴寺海内闻名,始建于隋朝,也是我国北方最大的一座皇家寺院,寺内正中的摩尼殿,布局奇特,弯梁斜柱,呈“十”字型,是世界古建筑孤例,梁思成先生曾称赞这种建筑形式,只有在宋代的画里见过,并将其编入《中国建筑史》;寺内铜铸千手千眼观音堪称世界之最,倒坐观音被鲁迅先生惊叹为“东方美神”。开元寺钟楼是中国现存的唯一唐代钟楼;天宁寺凌霄塔、开元寺须弥塔、临济寺澄灵塔、广惠寺多宝塔等造型奇特,建筑精美,具有极高的建筑学、美学价值,被誉为“古建艺术宝库”;临济寺澄灵塔,是保存临济宗创始人义玄法师舍利的灵塔。

上世纪80年代初,习近平总书记任正定县委书记时,就多次研究古城保护工作。2013年8月,习总书记对正定县作出重要批示:“充分肯定近年来正定古城保护工作。要继续做好这项工作,秉持正确的古城保护理念,即切实保护好其历史文化价值。”作为国家历史文化名城的正定,近年来,紧紧围绕“旅游兴县”的发展战略,以建设旅游强县为目标,不断推进古城保护、文化旅游产业发展。在古城保护开发中特别注意地域文化特色,加强了对常山文化、佛教文化、红楼文化、民间工艺、节庆习俗的收集、整理、保护、传承,将悠久的历史文化融入“古城”中,用文化充盈和打造古城,营造具有深厚文化内涵的“古城”;建筑风格也在明清大的建筑格调的前提下,融入了冀中南地域文化和正定文化元素,形成了“旅游功能+居住功能”的多重功能综合社区;以全域旅游为理念,以古城风貌恢复为重点,融合旅游新业态,打造古城文化、红楼记忆、冠军摇篮、滹沱印象四大品牌为一体的中国文化旅游新样板,推动创建国家5A级景区。

(三)传统地方戏曲:丝弦

石家庄丝弦又名弦腔、弦索腔、河西调、小鼓腔、罗罗腔、女儿腔等,是河北省特有的古老剧种之一,也是全国稀有的一个地方戏曲声腔剧种。它流行于河北省大部分地区和晋中地区东部及雁北地区,是燕赵文化的代表,素有“一昆二高三丝弦”“昆高丝乱不分家”的说法。丝弦剧种起源于明代万历年间,石家庄丝弦有传统剧目五百多出,《空印盒》《白罗衫》《小二姐做梦》《赶女婿》《金铃计》《杨家将》《花烛恨》《生死牌》《宗泽与岳飞》等。与使用方言的地方剧种不同,丝弦是用普通话演唱的,没有语言的障碍,更容易与观众产生共鸣。在日常生活中,人们将其作为填补劳动的空当,哼着民间小调儿,有点像陕北的“信天游”。

石家庄市丝弦剧团是1938年在刘魁显等老艺人创立的“玉顺班”和“隆顺合剧社”的基础上组建的,1953年正式更名为石家庄市丝弦剧团。在上世纪五六十年代,石家庄市丝弦剧团曾受到了周总理的5次接见,两次进中南海汇报演出。1960年,丝弦《空印盒》被拍成了电影,丝弦成了石家庄的招牌。2006年5月20日,石家庄丝弦经国务院批准列入第一批国家级非物质文化遗产名录。为了传承和保护这一传统地方戏曲,石家庄市委、市政府专门下发了通知,推出了一系列振兴丝弦艺术的举措。政府投资开办了丝弦专业学员班,由石家庄市艺术学校和石家庄市丝弦剧团共同培养,学生毕业后,大部分充实到了石家庄市丝弦剧团,为剧团补充了新鲜血液。2015年,新丝弦剧院投入使用,极大地提升了演出效果。2017年新年戏曲晚会上石家庄丝弦亮相国家大剧院。2017年6月至8月,丝弦剧院举办了“丝弦经典剧目演出季”暨丝弦剧种“东西南北中”五路流派交流展演活动,30余场经典剧目轮番亮相石家庄丝弦剧院,此次系列演出是自石家庄丝弦剧团成立以来,首次举办的大型丝弦交流展演活动,从参演剧目、演出时间上都是史无前例的。

(四)井陉乡土文化

井陉县位于河北省西部边陲,冀晋结合部,太行山东麓,素有“太行八陉之第五陉,天下九塞之第六塞”之称,乃冀通衢要冲,历代兵家必争之地。驰名中外的韩信背水之战,著名的百团大战,井陉都是主战场。古代晋商的涌入,使燕赵文化和三晋文化广泛交流,因为两种地域文化在井陉大地自然融合,兼容并序，逐步形成两种地域文化特色兼而有之的井陉乡土文化。这种乡土文化特点，在民俗文化方面表现尤为显著。随着社会经济的发展，人民生活习惯发生了很大变化，但仍有一些传统村落习俗保留延续下来。

1.民居文化

井陉民居向来以牢固著称，多为“四合院”结构，上房高于厢房，东房高于西房，门楼建筑多为砖瓦古式，随时代变迁改为简易大方的新式门楼，且两侧为条石刻对联和匾额。

2.民间艺术

井陉县的民间艺术形式繁多，风格独特，具有鲜明的地方特色。历史上流传于井陉的有拉花、社火、斗火龙、颠杠、渔家乐、火烧藤牌、竹马、牛斗虎、骑牛、践行、大头狮、洛子、盾牌打老虎等20余种花会和舞蹈形式；井陉县的传统剧种有晋剧、丝弦、河北梆子、豫剧、评剧、京剧等多种曲艺；井陉县的民间工艺有彩灯、面塑等。其中一些独具特色的艺术形式被列入非物质文化遗产名录。尤其是井陉拉花，起源于明清，源远流长，源于民间节日、庙会、庆典、拜神之时的街头广场花会；1957年，井陉拉花首次进京，在中南海受到了朱德、周恩来、董必武等老一辈党和国家领导人的亲切接见；2006年5月20日，井陉拉花经国务院批准列入第一批国家级非物质文化遗产名录；参与了上海世博会及西安世界园博会等一系列活动；曾代表河北精品艺术参加在日本鸟取县举行的国际文化交流活动和美国旧金山华人艺术节等活动，向世界人民展示和传播中华传统民俗文化的艺术风采。

3.文物古迹

井陉县文物古迹数量众多，种类齐全。从上古时代到隋唐以后，各个时期多有遗存，如古长城、古城垣、古驿道、古寺庙、古桥梁、古窑址、古石刻、古墓、古宅院一应俱全，具有重要的历史地位。各级文物保护单位33项，井陉古驿道、井陉旧城城墙、井陉古瓷窑遗址均被列为全国重点文物保护单位；省重点文物保护单位有宋古城村的文庙、城隍庙、皆山书院、王家大院、大石桥，小龙窝村的龙窝寺石窟，于家村的古村落。除此之外，寺院庙宇、楼阁、桥梁、碑石题刻、传统民居、古树名木等各种历史遗存，囊括了历史遗存的大多种类别。现有35个“历史文化名村”和1个“历史文化名镇”，其中国家级、省级各3个，7个村落已列入《中国传统村落名录》。井陉县非物质文化遗产众多，丰富多样，涵盖了民俗、民间文学、舞蹈、音乐、美术，传统戏剧、曲艺、技艺、杂技与竞技等项目，几乎囊括了非物质文化遗产项目的所有类别，现有各级非物质文化遗产 87 项。其中国家级非物质文化遗产分别是“南张井老虎火”“桃林坪花脸社火”“井陉拉花”，省级非物质文化遗产有“于家石头建筑技艺”“九曲黄河阵灯会”“梁家鹦堖拳”“南张井干礤墙技艺”。

(五)百年巧匠

河北百年巧匠手工艺品股份有限公司(以下简称百年巧匠)是河北省首家在“新三板”上市的创新企业、首家获得全额知识产权质押贷款的小微企业、首家获得跨境电子商务资格的文化创意企业，荣获中国国际专利与名牌博览会金奖和河北省知识产权优势培育工程专利奖，作为中国木地板行业唯一代表参加了上海世博会，与故宫文化传播有限公司签订合作协议共同研发出品故宫藏画木绘工艺品……

百年巧匠不断进行产品的研发与创新，引入传统手工艺“螺钿”——利用螺壳海贝的天然色泽纹理，通过取形、抛光、堆砌、粘贴等工艺，磨制成人物、花鸟、图形或文字薄片镶嵌在木地板上；在“利用传统工艺在木地板上创造整幅画面并永久保存”的研制中，逐步将“嵌、烙、刻、绘”融为一体；为增加原创作品比例，百年巧匠成立了“木绘拼花”特种工艺研究院和中国匠学文化研究会，聘请国家级美术师及故宫专家进行艺术指导，致力于利用新型建材使传统文化回归现代生活。为使客户随时监督产品制作质量，百年巧匠提出透明工厂的理念，创造性地将“互联网+”引入生产过程，建设了多语言电子销售平台“直播”生产过程，通过授权，客户及会员登录公司网站即可从不同角度和距离观看产品生产现场，还可随时与画师互动沟通、改进作品。创新始终伴随百年巧匠的成长，古老的中华文化，正与现代生活理念碰撞出更加灿烂的火花。

(六)耿村民间故事

口头文学是口口相传的文学作品，是民间文学的主要流传方式，最本质也是最重要的特点就是产生于民间，流传于民间，发扬于民间。耿村民间故事是流传于河北省耿村的中国民间文学，被誉为“中国民间故事第一村”“中国民间文学史上的重大发现”。该村地处冀中平原，隶属石家庄藁城区常安镇。朱元璋时代便有“北有京津，南有耿村”“一京二卫三耿村”的说法。南来北往的商人把他们听到的看到的奇闻趣事讲给耿村人，耿村人也把自己的故事、笑话讲给他们听，久而久之形成了丰富的耿村民间口头文学。作为一种传统民间文化，耿村故事包容万象，上自开天辟地神话、风物传说，各朝各代的人物和史实传说，下至民国、抗日战争、解放战争和新中国成立后的新生活、新人物，耿村故事形成了一条历史长链，涵盖 20 多个省区市、170 多个县市，串联起来即是一部比较完整的中国历代野史，正所谓“耿村故事甲天下，口碑历史冠中华”。代表作品有《砂锅记》《三代人比美》《兰桥断》《孙清元大战孙二寡妇》《画中人指点状元儿》《新郎新娘入洞房的来历》《藁城宫面的来历》《太安神州游记》《虱子告状》等。

1989 年 6 月，在匈牙利布达佩斯召开的第九届国际口承文学年会上，中国民协副主席贾芝特别介绍了耿村民间故事普查及耿村故事家群，打开了耿村与世界文化交流的大门。1995 年，耿村被文化部命名为“民间故事之乡”。仅 1997 年至 2011 年，美国故事协会、美国国际人民交流协会、美国女娲故事讲述团等团体就曾 8 次到耿村进行文化交流活动，耿村民间故事逐渐在世界舞台上崭露头角。1987—2015 年，经历 12 次大型民间普查，记录整理出耿村民间故事、歌谣等资料 7000 余篇近 5000 万字，其规模、历时、收获在河北省都是史无前例的。中国台湾著名民间文学专家金荣华教授称：“耿村故事的规模是世界第一的。”截至 2017 年，关于耿村民间故事的专著有 18 部，共计 955 万字，其中 2006 年出版的《耿村一千零一夜》，收录了 1000 多个精选的耿村故事，既有传统的民间口头故事，又有世纪之初产生的当代人物笑话和新幻想故事，被誉为“中国版的《一千零一夜》”，并获得中国民间文艺山花奖。同年 6 月，耿村故事作为口头文学被列入第一批国家非物质文化遗产名录。耿村民间故事在传承中不仅注重当代人继续对原有故事进行挖掘和继承，更结合时代主旋律创作出了新作品，近 200 篇以社会主义核心价值观、中国梦等为主题的新故事在微博、博客等新媒体上更新，让更多人了解了耿村民间故事。2015 年，由藁城区委宣传部与点点传媒合作制作的 26 集动画片《耿村民间故事》登陆河北电视台，作为全国第一部国家级非物质文化遗产题材的动漫作品，其丰富的人物形象、生动的故事情节，受到社会各界广泛好评。

(七)常山战鼓

国家级非物质文化遗产常山战鼓发源于河北正定，其历史悠久，早在战国时期已具雏形，宋元时期已非常成熟，至明代已进入兴盛，发展至今已有1700多年的历史。石家庄市正定县是历史上"常山郡"所在地，故称其为"常山战鼓"。常山战鼓与山西威风锣鼓、兰州太平鼓、开封盘鼓并称"中国四大名鼓"。常山战鼓是由鼓、大钹、中钹、小钹、小锣等打击乐器组合而成的一种民间清锣鼓，是一门以音乐为主、乐舞结合的综合性艺术，主要用于广场表演。正定共有174个村庄，几乎村村有鼓队，常山战鼓是正定鼓会中的佼佼者，是正定民间艺术的优秀代表。常山战鼓曲牌繁多，大多由单独的锣鼓段子联结而成。根据普查统计，常山战鼓的传统曲牌主要有《大传帐》《二传帐》《迈大步》《点将》《幺二三》《打栅子》《反接毛》等。

上海舞剧院曾于1972年专程来观摩常山战鼓，并将全部鼓点录音，赞誉他们是"所见到的鼓类中最富特色、最激动人心、鼓点最丰富的鼓队"。常山战鼓应邀参加了1990年"亚运会"艺术节开幕式表演；1991年获河北省民间花会调演最高奖"优秀奖"；1992年参加了中国"兰州首届丝绸之路艺术节"开幕式表演，同年又参加了中央文化部举办的天津" 南开杯"民间艺术邀请赛获二等奖；1993年应邀参加了中国齐齐哈尔第二届"观鹤节"表演活动；还应邀参加了国际吴桥杂技艺术节第五、八、九届开幕式，上海首届旅游节开幕式；2008年7月参加了河北革命圣地西柏坡迎奥运圣火演出活动，在奥运期间3次进京参与了奥运活动演出；2009年4月参加了山西洪桐中远杯全国鼓王约请赛并获得最佳表演奖；2010年参加了上海世博会河北活动周展演……

当许多非物质文化遗产传承都面临困境时，常山战鼓却走出了一条打造民间艺术的品牌道路。首先，政府高度重视其传承和发展，在资金和政策方面都给予了大力扶持；其次，市场提供了强大动力，商业演出多，发展前景乐观，为战鼓的传承提供了内在动力；最后，走进校园。以正定弘文中学为典型代表。弘文中学把常山战鼓列为体育课和音乐课的内容，摸索出一套寓教于乐的教学方法，使学生充分感受了中华文化的传统魅力。近年来，在继承常山战鼓传统曲牌的基础上，正定人民又挖掘整理出了《战鼓齐鸣》《十面埋伏》《两军对垒》和《胜利凯旋》等新的阵势和曲牌。目前正定县全县有各类战鼓表演队伍162支，表演总人数9000余人，每年参加各种赛事、庆典、演出活动300场以上。战鼓表演已走出河北，扩展到了北京、湖南、江苏等省市。演出档次也不断提升，从普通的商业表演、鼓王争霸赛，到2008年奥运会、2017年全球浙商年会演出，常山战鼓还多次出现在中央电视台的节目中。

三、传统文化与创意城市融合发展有效途径

石家庄市全面贯彻落实中央、省有关文化工作的方针政策，坚持以人民为导向，着力提升公共文化服务能力，传承和弘扬中华优秀传统文化，制定相关政策措施，推出了一批优秀的文艺作品，培育了一批德艺双馨的文化人才，进一步做大做强做美省会城市，努力把石家庄建设成为产业层次高、城市品质高、文明程度高、幸福指数高，经济实力强、创新动力强、改革活力强、带动能力强的现代省会、经济强市。

（一）全面推进高质量发展，发挥省会经济的带动作用

近年来，石家庄市深入实施产业提升战略，以“4+4”现代产业发展格局为主攻方向，做大做强特色主导产业，加快发展新兴产业，改造提升传统产业，促进服务业提质增效，不断增强产业竞争力。

1.着力培育壮大旅游业、科技服务与文化创意产业、会展服务业等

完善旅游公共服务体系，改善旅游基础设施，加快旅游线路、品牌、市场与京津协同发展。加快建设国际服务外包开发区，大力发展工业设计、技术交易、软件开发等服务行业，推动互联网、大数据、人工智能和实体经济深度融合，促进数字创意和设计服务在电子商务、社交网络、文化教育等各个领域的应用。加快发展前景良好的会展服务业，全力将国际数字经济博览会、国际通用航空博览会等打造成为具有知名影响力的国内外会展品牌。全面提升印刷包装、图书发行等文化产业重点行业，做大做强民间工艺、演艺娱乐等文化产业传统行业，发展振兴动漫游戏、现代传媒等文化产业新兴业态。

2.深入实施创新驱动战略

积极打造创新创业平台，提升现有创新平台的关键技术研发和成果转化能力，充分利用众创空间和生产力促进中心孵化培育一批科技型中小企业、科技创新小巨人企业和高新技术企业，新建一批实体化、资本化、国际化的技术研发

转化平台。不断完善创新服务体系,加快健全孵化服务、金融服务、智慧服务等创新服务体系,全面吸引人才、技术等创新要素集聚,重点发展研究开发、技术转移、创业孵化、融资供给、科技咨询和产学研合作,抓好省会科学中心和河北省科技创新中心建设。支持高等院校、科研院所和文化企业加大合作创新力度,研究开发适合文化消费需求,拥有自主知识产权的文化产品,提高文化产品与服务的科技水平,开展商业模式与服务模式创新。

3.加快区域创新协同发展

紧紧抓住京津冀协同发展和雄安新区规划建设的重大历史机遇,积极承接北京非首都功能疏解和产业转移,大力吸引高端商贸服务业专业化市场落户本地;吸引天津的企业建立专业性"飞地园区",推动一批天津的创新成果、高端项目到石家庄转化落地;加强与雄安新区的融合发展、错位发展,打造与雄安新区产业相配套的高端产品生产和集散基地等。

(二)坚持多元融合发展,提升公共文化服务水平

1.公共服务设施建设

石家庄市推进建设了一批综合性和功能性于一体的文化场馆设施,城市功能不断完善,城市生活品质得到提升,如霞光大剧院(演艺中心)、石家庄市图书馆新馆等,积极谋划市博物馆新馆建设。协调推动石家庄新长城国际影视城、正定新区文化产业园、正定城市文化乐园、藁城乐华城等建设项目,培育打造一批各具特色文化娱乐综合体和文化创意园区,为市民提供更多的文化休闲好去处。

2.县域特色产业发展

加快推进新型城镇化建设,加大县城基础设施建设力度,完善市政公用设施,围绕弘扬传统文化,整合特色文化资源,开发民俗项目,发展现代艺术创意产业。新乐市打造"世界华人祭祖中心""国家创意产业基地"和"国家雕塑产业基地";藁城区建设宫灯文化产业园区;井陉县初步形成包括生态旅游、休闲娱乐、演艺演出和电视广告等行业的综合性文化产业体系;正定县实施文化产业项目带动战略,建设了一批重点项目;平山依托红色文化、旅游资源建设了沕沕水、天桂山、藤龙山等一批文化与旅游深度融合的文化旅游项目等。形成了一

县一品、遍地开花的发展态势，各地别具特色的文化项目，也逐渐成为文化产业发展新的经济增长点。

3. 开展全民阅读，提升全民素质

以读书“七进”工程（即：读书活动进农村、进社区、进企业、进军营、进机关、进学校、进家庭）和农家书屋为载体，举办青少年读书节、“4·23”世界图书与版权日和“阅、知、行”系列活动，倡导全民阅读，建设书香社会。以“全民阅读”活动为契机，助推图书零售市场增长势头，保持实体书店零售市场稳步增长和网上书店零售市场高速增长态势。鼓励开办实体书店，打造城市文化公共空间。

4. 提升品牌文化效应

举办中国吴桥国际杂技艺术节，坚持世界一流品质，突出娱乐性、观赏性、创新性，真正办成世界“杂技艺术的盛会、人民大众的节日”。深度打磨评剧《安娥》、河北梆子《百合岭》等精品剧目，立足本土和现实题材，创作一批思想性艺术性观赏性俱佳的优秀作品。提升“一月一名剧”“石演大舞台”等演出活动影响力，做大做强惠民演出品牌。组建京津冀演艺联盟，活跃三地演艺交流，组织京津冀三地评剧艺术展演、京津冀河北梆子优秀剧目展演等活动，搭建开放的交流展示平台。鼓励民间演出团体发挥市场灵敏度高的优势，开展形式多样的民间演出活动，促进民间演艺市场繁荣发展。

（三）坚定文化自信，传承和弘扬中华优秀传统文化

习近平同志在党的十九大报告中指出，深入挖掘中华优秀传统文化蕴含的思想观念、人文精神、道德规范，结合时代要求继承创新，让中华文化展现出永久魅力和时代风采。中共中央办公厅、国务院办公厅印发《关于实施中华优秀传统文化传承发展工程的意见》，提出了传承优秀传统文化的重要任务，石家庄市认真贯彻落实中央文件精神，召开专题研讨会研究制定具体落实意见。《石家庄市文化事业发展“十三五”规划》中明确了传承发展中华优秀传统文化的主要任务：一是探索建立现代非遗保护传承体系，提高非遗保护工作的科学化、规范化水平；非遗保护工作从单个项目保护向整体性保护转变，从被动保护向增强传承活力转变，不断促进非遗与现代生活相融合；健全四级名录体系，加强传承人才队伍建设；落实国家振兴传统工艺计划，建立市级传统工艺振兴名录，制定非遗中青年传承人群培训计划。二是加强古籍整理、研究与利用，开展珍贵

古籍数字化工作，建设石家庄珍贵古籍资源库。三是坚持文物保护与合理利用统筹协调推进，发挥文化遗产在全面建成小康社会中的积极作用；推进全国重点文物保护单位保护规划报批，如毗卢寺、井陉旧城城墙、井陉古驿道、赵县安济桥等；推进中山古城遗址保护、研究和展示利用；加强博物馆建设和管理工作，重点扶持市级和文物大县博物馆、主题博物馆的建设。

以石家庄市教育局为主导，大力推进优秀传统文化弘扬工程，坚持“家乡文化进校园”，将石家庄的历史文化、资源环境、人文精神融入校本课程，不断拓展途径、丰富载体，逐步形成乡土文化教育的长效机制，走出了一条传统文化教育之路。按石家庄市教育局出台的《义务教育阶段学校校本课程开发和实施的意见》，鼓励中小学以独具地方特色的物质文化和非物质文化遗产为亮点，开办有本土特色的校本课程，鹿泉区石井乡联合小学组织开发校本教材《鹿泉民俗乡韵》；裕华区教育局着力打造学校、家庭、文化机构和民间队伍“三位一体”的乡土文化队伍，培养校园乡土文化讲师团队，在校际间游学交流；开发家乡文化家庭教育模式，零距离与学生交流乡土文化知识；邀请地方文化机构和民间队伍共同研发家乡文化课程，送课进校；还聘请了多位不同领域的河北本土民间艺术家，定期为各学校社团指导教师授课，内容涉及剪纸、快板、书画等多个领域。

(四)实施“文化+”工程，提升传统文化竞争力

石家庄市将大力开展“文化+”工程，拓展文化产业的外延和内涵，以创新发展为重点，特色文化资源为基础，实施“互联网+”和“文化+”发展战略，大力发展文化创意产业，促进文化设计和服务与相关产业融合发展，加快传统文化企业改造提升，通过新型文化业态创意开发，推动石家庄市文化产业转型升级。

推进文化与旅游深度融合。石家庄将构建一城崛起、两带串联、三区联片、多点发力的全域旅游发展新格局，借势加快发展“红绿古新特”旅游产业，加快做大做强新乐伏羲、正定古城、赵州桥等传统文化旅游品牌，与京津晋鲁豫等地联手打造精品旅游线路，吸引国内外游客来石观光体验和休闲娱乐消费。首届石家庄旅发大会发布了 50 个重点旅游招商项目，投资规模超过 2000 亿元，主要包括：西柏坡红色旅游示范区、平山县温泉特色小镇、正定古城 5A 级国家景区创建、天山·世界之门燕赵文旅综合体、大天桂山国际旅游度假区和藁城乐华城·国际欢乐度假区。

推进文化与工业深度融合。鼓励大型工业企业依靠文化、科技和创意设计，改造提升传统制造工艺，增加工业产品的文化内涵和附加值，提升品质和效益。积极利用省会的制药、纺织、钢铁、焦化等企业搬迁改造，开发体验式文化项目，发展工业文化旅游。鼓励利用工业遗存，引入京津等地专业管理运营团队，将废旧厂区和机械设备改造为文化创意聚集区和特色艺术作品。

推动传统文化与农业深度融合。结合美丽乡村建设，深入挖掘农耕文化、传统手工艺、地方戏曲及非物质文化遗产等资源，发展现代观光农业、生态体验农业、旅游科普采摘、创意园艺农业等产业，培育建设一批形态小而美、产业新而精、效益实而优的特色文化村镇、特色农业展销区和民宿文旅产业。

推进传统文化与信息产业深度融合。以“文化+互联网”为重点，促使高新技术成果向文化领域转化应用，加强传统文化产业技术改造，培育新兴文化业态，强化文化对信息产业的内容支撑和创意提升；鼓励传统文化企业搭建自主品牌电子商务平台，支持跨境电商平台建设，鼓励文化产品、销售企业借助大型电商平台销售，让石家庄特色传统文化走出国门，走向世界。

推进文化与金融深度融合。探索文化产业多元化投融资方式，在财政资金补助、贴息和奖励的基础上，引导和激励社会资本积极投入；探索实行企业无偿借贷、市民文化消费直补、政府购买服务等资金扶持办法，最大限度发挥财政资金扶持效率和引导效果。加强对传统文化产业的信贷支持，鼓励金融机构对符合条件的传统文化产业项目实行利率优惠贷款，鼓励各类担保机构对中小文化企业和项目提供融资担保服务。

推进文化与体育产业深度融合。不断推动文艺、演艺、出版、文化节庆活动等与体育产业相结合，延伸文化产业链条，拓展产业发展空间，构建现代体育产业文化体系，推广体育文化，在满足人民群众日益增长的文化娱乐需求的同时，实现文化产业与体育产业的良性互动。

（五）强化人才支撑引领，提高文创行业整体素质

建立文化创意人才培养和培训体系，人才流动、使用和管理制度，加强创新型、外向型、复合型文化人才的培养，优化人才结构和发展环境，为石家庄市文创产业发展提供强大的人才支撑。发挥好院士工作站、博士后工作站和流动站的平台作用，加强与京津人才对接协作，完善引进方式和配套政策，广泛吸引高

层次人才来石家庄创新创业;培育和引进一批入选国家"千人计划""长江学者"和省"百人计划"的高端人才;挖掘培养使用好本地人才,鼓励企业自主引进人才,建设人才聚集高地;做好文创企业员工队伍的培训工作,大力提高员工的整体素质;加大与京津高校研究合作,鼓励院校之间共建实验室和研究中心,形成一批具有国内外领先水平的研究成果;积极举办各种大型创意设计展览,打造人才间相互交流、碰撞的平台,激发创造原创文化产品的激情和动力。

(六)搭建文化消费平台,促进文创产业多元化发展

一是搭建品牌展会平台。举办河北省特色文化产品博览交易会、中国·石家庄国际动漫博览交易会、中国石家庄 O2O 电子商务博览会等展会活动,将各类节事打造成为文化消费季,用常态化、多样化的节事活动,激活群众的文化消费需求。二是拓展文化消费新媒介。推进"文化惠民卡"创建国家公共文化服务体系示范项目工作,在文化旅游、体育健身、农业观光等领域推广使用文化惠民卡;继续发行"石家庄市旅游惠民卡",实现 128 元的年卡畅游石家庄 19 家 A 级以上旅游景区,撬动文化旅游市场;继续开展"中老年人唱响 KTV"活动,引导中老年人文化消费意识,丰富中老年人精神文化生活。三是促进夜间文化消费。以石家庄夜经济建设为契机,重点打造红太阳大剧院、洪顺曲艺社、万象天成下沉广场等一批特色突出、运营规范、环境舒适、适合市民夜间文化娱乐的休闲消费目的地,提升省会夜间文化休闲消费层次。

(王晓云,河北经贸大学经济管理学院,研究员;索秉,河北经贸大学经济管理学院,经济师;闫红梅,河北经贸大学商学院,副教授;张程明,河北经贸大学经济管理学院,讲师)

第五章

哈尔滨：注重城市文化传承，推动创意城市建设

一、哈尔滨市文化产业发展概况及分析

二、传统文化在哈尔滨市文化产业发展中的具体开发模式

三、“音乐之都”创意城市建设模式及案例分析

四、哈尔滨市创意城市建设未来趋势研判

2010年，哈尔滨市获得联合国授予的“音乐之都”称号，并以此为契机，推动文化产业发展，发挥文化创意产业对经济和社会的推动作用。哈尔滨市积极贯彻落实国家、省市促进文化产业发展的各项政策，挖掘保护开发城市文化特色资源，注重城市文化传承，注重创意城市建设中城市文化的特色表达。截止到2016年底，哈尔滨市文化产业增加值393.7亿元；截止到2017年底，全市文化产业增加值预计达到480亿元左右，文化产业成为哈尔滨国民经济的支柱产业，成为拉动经济增长的新引擎。

一、哈尔滨市文化产业发展概况及分析

（一）哈尔滨市文化产业发展现状

1.文化产业规模情况

文化产业总量规模、活动单位规模及就业规模逐步扩大。2016年，哈尔滨市文化及相关产业实现增加值393.7亿元，比2015年增加值360.3亿元增加33.4亿元；占全市GDP的比重为6.5%，比上年提高0.2个百分点；同比增长9.3%，文化产业增加值增速高于同期哈尔滨市GDP7.3%的增长速度；拉动GDP增长0.6个百分点，对全市经济增长贡献率为9.5%，比上年提高0.1个百分点。文化产业在哈尔滨全市GDP中的比重也在不断上升，由2011年的4.04%上升到2016年的6.5%。2016年文化产业统计数据显示，哈尔滨市文化产业增加值在15个副省级城市中位列第11位。从文化及相关产业单位规模来看，全市共有文化及相关产业单位7.12万个，与2015年7.15万个基本持平。其中，个体户6.12万户，占全市的86.0%；法人及产业活动单位1万户，占14.0%。全市文化及相关产业从业人员46.72万人，其中，个体户从业人员

24.71万人，占全市从业人员的52.9%；法人单位从业人员20.36万人，占43.6%；产业活动单位从业人员1.65万人，占3.5%。

2.文化产业结构情况

从文化产业结构看，传统行业规模较大，新兴行业增速较快。在文化产业的十大行业中，从总量规模上看，行业增加值居前三位的分别是文化用品的生产、文化休闲娱乐服务、文化创意和设计服务（见表5-1）。从增长速度上看，增速最快的三个行业分别是文化创意和设计服务业、广电影视服务和文化艺术服务，同比分别增长65.8%、39.6%、15.9%，分别高于全市文化产业增加值平均增速56.5、30.3和6.6个百分点。同比增速高于全市文化产业增加值平均增速的还有文化信息传输服务，同比增长13.8%；文化休闲娱乐服务同比增长9.3%，与全市文化产业增加值平均增速同步。从统计数据看，文化创意和设计服务得到爆发式发展，充分说明哈尔滨市文化创意和设计服务发展环境得到改善，市场活跃度明显上升。

表5-1　2016年哈尔滨市文化产业分行业增加值情况

行业分类	文化产业增加值（万元）	增速	占全市文化产业增加值比重
总计	3936941	9.3%	100%
一、新闻出版发行服务	98912	-2.2%	2.5%
二、广电影视服务	53424	39.6%	1.3%
三、文化艺术服务	203784	15.9%	5.2%
四、文化信息传输服务	340082	13.8%	8.6%
五、文化创意和设计服务	395725	65.8%	12.5%
六、文化休闲娱乐服务	716282	9.3%	36.0%
七、建筑和工艺美术品的生产	494076	-0.9%	12.5%
八、文化产品生产的辅助生产	188058	4.8%	4.8%
九、文化用品的生产	1441307	2.1%	18.2%
十、文化专用设备的生产	5293	-4.4%	0.1%

3.城区与县域文化产业协同发展情况

2016年，哈尔滨市9个主城区文化产业实现增加值345.0亿元，比2015年增加值316.14亿元增加28.86亿元，占全市文化产业增加值的87.6%，同比增长9.1%。从规模看，位列前三位的城区文化产业活动规模较大，其中南岗区实现增加值131.22亿元，居全市第一，道里区、香坊区分别实现增加值73.94亿元、53.60亿元，位列第二、三位。从增长速度看，九区均增长，其中四个区两位数增长，松北、平房两区增速较高，分别增长35.1%、33.7%，呼兰区、香坊区分别增15.6%、12.7%。县(市)实现文化产业增加值48.69亿元，占全市文化产业增加值的12.4%，同比增长10.2%，高于全市0.9个百分点。从规模看，宾县、尚志两县(市)规模较大，分别实现增加值9.83亿元、9.28亿元，其余七县(市)实现增加值在2亿～6亿元，从速度看，五个县(市)实现两位数增长，其中通河、方正县、延寿县增速高于20%，同比分别增长28.2%、25.3%、21.9%，依兰县、宾县分别增长15.0%、11.3%。

4.文化消费水平现状

随着哈尔滨市城乡居民收入的增加，用于满足自身精神娱乐和文化需求的文化消费也随之增长。2016年，城镇居民家庭年人均可支配收入33190.0元，比上年增长7.1%；人均生活消费支出24340.1元，增长6.0%；哈尔滨市家庭人均文化娱乐用品及服务支出1646.5元，同比增长6.65%，占城镇居民家庭人均消费性支出的比重为6.7%。农村居民家庭年人均可支配收入14438.9元，增长8.0%；人均生活消费支出9592.8元，增长7.5%；农村居民家庭人均文化娱乐用品及服务支出249.2元，同比增长16.0%，占农村居民家庭人均消费性支出的比重为2.6%。从统计数据看，哈尔滨市城乡居民文化消费支出增长有较大空间。

(二)促进哈尔滨市文化产业发展的保障措施

1.做好文化产业规划，整体布局文化产业发展

2016年，《哈尔滨市文化产业发展规划(2016—2020年)》(以下简称《规划》)正式发布，哈尔滨将着眼于构筑“冰雪胜地、音乐名城、时尚之都”的城市文化发展定位，充分发掘历史传统文化与自然生态文化资源，大力发展文化产业，将哈尔滨打造成为特色国际文化旅游聚集区、东北亚文化时尚之都。提出：“重点发展时尚创意、文化制造、文化服务三大产业集群”，构建时尚创意引领、文化制造夯基、文化服务提升的发展路径，并以此带动现代传媒、演艺娱乐、创意设计、民俗工艺、动漫游戏、文化旅游、节庆会展等七大重点文化行业，逐步形成相

互支撑、相互促进的产业链和较高增值效应的价值链。谋划文化产业空间布局，采取“空间集聚”原则有机整合资源，传承城市特色文化，并力求与城市总体空间布局相协调，打造“一核辐射、新区引领，三区联动，双翼齐飞”的文化产业总体空间发展格局。《规划》的出台不仅为文化产业发展指出了发展目标、重点任务、空间布局，而且明确了一系列保障措施，极大地促进哈尔滨市文化产业的发展。

2.发挥文化引导资金作用，助推文化产业主体发展壮大

2013 年 4 月，为充分发挥文化发展专项资金的引导和带动作用，提高资金的使用效益和循环增值能力，积极为广大文化企业提供融资平台，特别是解决中小文化企业融资难题，哈尔滨市设立了由政府主导的文化产业引导资金。文化产业引导资金运行四年来，分四批在全市范围内广泛征集有融资需求的文化企业，共有 103 家文化企业进行了申报。经过评审，对符合条件的 40 家文化企业进行了贷款授信，授信总额度达到 16745 万元，其中 16 家文化企业办理了贷款，实际贷款总额度为 5520 万元。截至目前，已为获得文化产业引导资金贷款扶持，并已按期还款付息的 5 家文化企业进行了贴息补贴，贴息总额为 101 万元，贴息比例为利息总额的 80%左右，切实减轻了企业的融资负担。一是为文化企业提供了便捷的融资渠道。文化产业引导资金是目前哈尔滨市唯一的文化产业融资专属平台，平台为文化企业贷款融资提供专业化、全方位、跟进式服务。二是有效促进了文化企业规范经营。文化产业引导资金领导小组办公室在核准审批过程中，组织专家严格审核申请企业的发展规划、财务管理、制度建设、人才培养等方面信息，不规范的企业将无法获得资金扶持。三是做大做强文化龙头企业。通过文化产业引导资金的融资扶持，有效缓解了部分文化企业的融资难题，促进了企业规模发展和快速发展，如通过文化产业文化引导资金扶持的同源文化公司、七剑数字动漫公司、新洋科技公司等都取得较好成绩，亿林网络公司和品格文化公司正筹备在“新三板”上市，获得融资扶持的企业得到迅速发展。

3.加强国家文化消费试点城市建设，以文化消费促进文化产业发展

2016 年，国家文化部、财政部在全国范围内开展引导城乡居民扩大文化消费试点工作，哈尔滨市是第一批国家文化消费试点城市。哈尔滨市在国家文化部、财政部《引导城乡居民扩大文化消费试点工作实施方案》的指导下，积极开

展国家文化消费试点城市建设。制定《哈尔滨市引导城乡居民扩大文化消费试点工作方案》，采用“居民文化消费激励政策”，居民通过参与公共文化活动进行服务评价而获得积分，或通过注册、分享、签到获得积分，在市级文化消费过程中用积分获得优惠。哈尔滨市文化消费试点工作的组织主体是哈尔滨市人民政府，消费的主体是居民，而消费的客体是参与试点的文化场馆和文化企业，通过系统平台提供文化活动信息和文化消费优惠。首批哈尔滨市扩大文化消费试点工作合作公共文化场馆30家。首批哈尔滨市扩大文化消费试点工作合作文化企业105家。参与试点的文化企业均承诺对居民文化消费予以价格让利，同时在企业让利的基础上，政府再给予不同文化行业10%～30%的价格补贴，使企业让利和政府补贴产生叠加效应，促进广大市民积极参与文化消费，推动文化产业发展。

二、传统文化在哈尔滨市文化产业发展中的具体开发模式

（一）哈尔滨市文化传承的基础及文化资源优势

1.哈尔滨区域历史文化是中华民族历史文化的重要组成部分

哈尔滨从旧石器时代晚期到新石器时代，再到殷商晚期，哈尔滨进入青铜时代，属于黑龙江地区最早的古代文明国家——白金宝文化的分布区域。哈尔滨是金、清两代王朝的发祥地。金代在我国历史上，是一个非常重要的朝代。无论是在商业货币、政治制度、城市建设还是历史文化上它对中华民族文明史的形成与发展，曾做出过不可磨灭的贡献。金源文化是哈尔滨市历史遗存最重要的城市文脉，增加了哈尔滨历史厚重感。

2.哈尔滨城市文化是中西多元文化融合的代表

作为现代城市的崛起，哈尔滨在20世纪二三十年代成为国际化中心城市，为中华文明贡献了多元文化的核心文化形态。1896—1903年，随着中东铁路建设，工商业及人口开始在哈尔滨一带聚集。由于铁路建设需要大量的劳工，仅从东北三省招工已满足不了需要，中东铁路工程局曾多次到关内各省招工，人数多达10万余人，哈尔滨成为闯关的移民地之一。来自各地的人对城市的发展都做出了巨大的贡献。大量的国外涌入者和国内移民对哈尔滨的城市性格

影响颇深，如建筑文化、服饰文化、饮食文化、消费文化、休闲文化、音乐文化等。那些深入人心的各种文化遗存影响至今。在中国城市样本库中是相对独特和完整的记录。

3.哈尔滨城市文化在多个文化形式方面占据鳌头

一是音乐文化独树一帜。哈尔滨是联合国授予的“音乐之城”，哈尔滨这座城市具有百年的音乐传承历史，音乐是哈尔滨这座城市的固化品牌。浓厚的音乐氛围培养了哈尔滨人的音乐细胞，从哈尔滨走出了一大批全国知名的音乐家，形成了哈尔滨丰厚的音乐文化。二是独具特色的建筑文化。哈尔滨市的建筑文化以异域的建筑文化为代表，汇集了拜占庭式、巴洛克式、哥特式、犹太、伊斯兰、东洋风格建筑和中国古典式等多种风格建筑。哈尔滨的城市建筑在中国各大城市中尤其别具风韵。拥有造型别致的欧式楼阁、教堂、街道，到处都是浪漫的欧洲建筑风光，散发着浓郁的欧洲风情。建筑作为凝固的艺术为城市注入鲜明的城市特色。那些得以留下的建筑和遗址就成为城市发展的历史见证和人类活动的印记，彰显出城市特色建筑文化。三是冰雪文化享誉海内外。每年的冰灯游园会、雪雕游园会、冰雪大世界等丰富多彩的冰雪活动构成了城市的冰雪文化。创建现代文化名城应该充分展示冰雪文化特色，拓展冰雪文化内涵和发展空间。可以说，冰雪文化已成为一重要品牌，一张城市名片，它体现着一个城市的形象。

4.哈尔滨为中华民族的伟大复兴做出过卓越贡献

一是红色文化。哈尔滨是我国马克思主义思想传播较早、工人和学生运动比较活跃的城市。哈尔滨成为党领导东北人民进行革命斗争和后来抗日斗争的指挥中心，活跃在哈尔滨区域的东北抗日联军是全中国抗日战争的重要力量。侵华日军“731”遗址是世界战争史上规模最大、保存最为完整的细菌战遗址群，是日本军国主义者在中国研制并使用细菌武器犯下反人类罪行的铁证。哈尔滨是全国解放最早的大城市，为解放全中国做出卓越贡献。二是工业文化。哈尔滨是新中国成立以来工业文明的发源地。“一五”时期，哈尔滨是国家重点建设城市之一，是国家重点布局建设的工业重点城市，苏联援建的156项重点建设工程，有13项设在哈尔滨；“南厂北迁”中有16户大中型企业落户哈尔滨，迅速形成了一个以机电工业为主体、门类比较齐全的工业基地，成为国家重要工业基地，在国家战略格局中居于举足轻重的地位。

5.哈尔滨民族民俗文化、社会行为和社会活动影响力逐步增强

一是民族民俗文化。哈尔滨市是辖区人口居第二位的特大城市。全市共有包括朝鲜、满、蒙古、锡伯和达斡尔、鄂温克、鄂伦春在内的47个少数民族,少数民族人口51.65万人,占全市总人口的4.86%。全市各少数民族中,人口数居前三位的是满族、朝鲜族、回族。各民族有自己传统的民俗文化,是哈尔滨市地域文化的重要组成部分。同时,以桦树皮文化、兽皮文化和鱼皮文化为主的"三皮"文化是我市民间民俗文化的代表。二是节庆文化。哈尔滨市作为城市的社会活动丰富多彩,具有城市独具品牌特色的节庆活动,有的已具备世界影响。一年一度的"冰雪节"已经成功地举办了30届,成为世界四大冰雪节之一;2014年"哈尔滨对俄经济贸易洽谈会"已成为中国和俄罗斯两国交流平台并正式更名为"中国—俄罗斯博览会";"哈尔滨之夏音乐会"是国内首创的城市群众性文化活动,成为国内外颇具影响的音乐盛会,至今已连续举办31届;哈尔滨还成功举办过世界大学生运动会级、亚洲冬季运动会,世界级城市论坛等国际活动。三是对外交往文化。哈尔滨市对外交往十分活跃,先后与日本的新潟市、丹麦的奥胡斯市、加拿大埃德蒙顿、俄罗斯的斯维尔德洛夫斯克州等美洲、欧洲、亚洲、非洲、大洋洲等31个外国城市建立了友好城市关系,展示城市开放形象。

6.生态休闲文化是哈尔滨显著的特色文化

一是冰城夏都的特色。哈尔滨冬季是冰雪乐园,利用自然环境条件创造了独具寒地特色的冰雪景观,构筑冰雪文化,给哈尔滨增添了特殊的魅力。夏季是避暑胜地,凉爽的气候,原生态的湿地景观。在"2012中国十大避暑旅游城市"评选中,哈尔滨仅次于并列第一的贵阳市与昆明市,排名全国第二。2013全球避暑旅游名城榜(100佳)揭晓,哈尔滨位列百佳榜第14位,被誉为"夏日圣地"。二是生态环境特色。2014年按照《GN中国最干净城市评价指标体系》测评,中国最干净城市榜出炉,哈尔滨市以87.81分位列第四。哈尔滨湿地生态资源丰富,现有湿地面积12.5万公顷,包括太阳岛湿地、金河湾湿地、滨江湿地、呼兰河口湿地、伏尔加庄园、白鱼泡湿地等多处自然湿地景观,形成哈尔滨湿地文化。三是亲水空间特色。松花江穿城而过,不仅为城市创造了良好的生态环境,而且,经过多年的建设,为城市留下优美的亲水空间,为城市居民和外来人员休闲观光提供良好的环境。

(二)案例介绍及深度分析

1.哈尔滨西域红场:工业文化遗产与时尚设计

西城红场位于哈尔滨的新城市中心,距离哈西客站高铁枢纽800米。总占地面积达12.8万平方米,总建筑面积40万平方米,是以时尚创意为核心的美丽生活产业园,艺术创作及艺术生活孵化平台。红博·西城红场的原址为哈尔滨机联机械厂。原工业遗址留存4幢包豪斯风格的老厂房代表着哈尔滨在新中国成立后工业发展的历史,不仅是哈尔滨市城市工业文化传承,作为城市记忆意义重大;同时,也为红博·西城红场时尚创意商业综合体带来其他项目无法复制的核心优势。城市转型升级必然面临老工业遗址改造的问题,借鉴国内外工业遗址改造的成功经验,把工业遗址与城市升级改造完美结合,形成风格各异的文化创意产业基地,哈尔滨西域红场成为工业遗址改造的又一个典范。在保留珍贵的城市历史痕迹基础上,注入新的时尚创意文化元素,充分体现出哈尔滨大气洋气的城市风范。西城红场创意定位为时尚文化产业园区,以产业为核心、人才为保障、研发为支撑、艺术为引领、商业为平台、旅游为传播,形成一个集"产学研艺商旅"为一体的商业品牌孵化平台,通过两个"211",即硬件上211——"两港一网一中心",以艺术港、DJ生活港为支撑,以互联网+为依托,以红塔时尚中心为牵动;软件上211——"两展一会一体系",通过哈尔滨国际时装周(已经成功举办了五届)、艺术展打造潮流中心,通过黑龙江省服装协会形成资源联动,通过大数据中心、设计中心、培训中心、第三方服务中心、营销中心构建一个强大的保障体系,打造中国时尚品牌的策源地。

2.老道外·中华巴洛克历史文化街区:中华传统文化与历史街区旅游开发

中华巴洛克保护更新项目位于道外区中部核心区域,南起南勋街—丰润街,北至升平街—地灵街—浴海街,西起景阳街,东至十道街,总占地面积为47.2万平方米。老道外核心区域是哈尔滨近代发展中历史最为悠久的地区,是哈尔滨民族工商业的发源地,是哈尔滨市历史变迁的见证。作为哈尔滨市历史文化名城的重要组成部分,这里历史悠久,文化积淀丰富,既有国内面积最大保存最完整中西合璧风格的中华巴洛克建筑群落,历史悠久的胡同、大院等宝贵的不可再生的物质文化资源,也蕴含着富有浓郁传统气息的商业文化、餐饮文化和民俗文化等非物质文化资源,是哈尔滨市最具本土文化特色的老城区,是哈尔滨市13个历史文化保护街区之一。2007年，哈尔滨市将“中华巴洛克街区”保护更新列为重点工程项目，开始对中华巴洛克建筑群地区进行修复。经过10年的建设，老道外·中华巴洛克历史文化街区已见成效，修缮改造中华巴洛克建筑74栋，恢复传统院落12座，改造建筑面积16.1万平方米；修缮改造南头道街、南二道街、南三道街3条特色步行街和仁义巷、新市巷、染坊胡同3个百年胡同，核心保护区历史真实性、风貌完整性得以恢复，老街老景老道外，原汁原味哈尔滨得以重现。老道外·中华巴洛克历史文化区以“传承历史文化、打造时尚文化”为主题，总体定位为：哈尔滨城市中央休闲区、特色文化主题区；形象定位为：“老哈尔滨城市缩影，新哈尔滨城市客厅”；功能定位为：打造集文化、旅游、餐饮、购物、体验、住宿、休闲娱乐、城市公共服务多功能于一体的文化旅游商业区。“文化旅游特色街区”构建传统餐饮文化服务区、星熠相声社、文化精品酒店、青年旅社、特色会所以及“老道外商贾文化体验馆”“老道外民间民俗艺术展示中心”“老道外影视制作片场”“老道外大戏台”“仁和永遗迹”等10个文化主题项目，突出特色旅游。目前，老道外·中华巴洛克历史文化街区吸引着许多市民和外地游客前来观光游览，成为哈尔滨民俗风情游的一个新亮点，并成为历史题材、历史背景的影视剧外景拍摄和广大摄影爱好者采风之地。2014年，老道外·中华巴洛克历史文化区街区被正式命名为国家AAA级旅游景区。

三、“音乐之都”创意城市建设模式及案例分析

联合国授予中国哈尔滨为“Music City-Harbin，China”即“音乐之都”，是因为哈尔滨这座城市具有百年的音乐传承历史，音乐是哈尔滨这座城市的固化品牌。哈尔滨市充分开展“音乐之都”创意城市建设，发挥“音乐之都”品牌效应，扩大“音乐之都”品牌影响力。

（一）“音乐之都”创意城市建设模式

1.以文化发展纲要、文化产业规划和政策意见确定“音乐之都”发展定位

2011年，《哈尔滨市文化发展规划纲要（2011—2015年）》（以下简称《纲要》）的发展思路及战略提出提升四大形象，“冰雪之城、消夏之城、时尚之城、音

乐之城”。2012 年，《中共哈尔滨市委关于加强文化名城建设的实施意见》（以下简称《意见》）中提出巩固提升音乐文化，要大力传承优秀音乐文化传统，精心塑造城市音乐文化品牌，进一步提升“音乐之城”形象。2016 年，《哈尔滨市文化产业发展规划（2016—2020 年）》（以下简称《规划》）提出着眼于构筑“冰雪胜地、音乐名城、时尚之都”的城市文化发展定位，把哈尔滨打造成国际音乐之城。同时，在哈尔滨市委全会报告和市政府工作报告中，都把建设“音乐之城”列为提升城市形象的重要任务。2017 年，黑龙江省委省政府出台的《关于支持省会哈尔滨市建设的若干意见》提出提升城市文化软实力，推进“音乐之城”建设。从上述《纲要》《规划》《意见》中可以看出，“音乐之城”创意城市建设受到高度重视并得到贯彻落实。

2. 打造“音乐之都”创意城市建设支撑平台

哈尔滨市已建有“一团、一厅、两院、一馆”，即哈尔滨交响乐团、哈尔滨音乐厅、哈尔滨大剧院、哈尔滨音乐学院、哈尔滨音乐博物馆。2011 年，哈尔滨音乐厅与哈尔滨交响乐团厅团合一，按照国际化的运营管理模式，打造职业化乐团，成立了哈尔滨首支专业的室内乐团。2014 年正式运营的哈尔滨音乐厅是黑龙江省规模最大、设施最先进的以音乐演出活动为主的公共文化设施，达到国内先进水平。2016 年正式投入运营的哈尔滨大剧院成为哈尔滨市标志性建筑，并成为具有国际水准的演出场馆，先后获得“2015 年世界最佳建筑”之“最佳文化类建筑”，世界建筑新闻“2016 最佳表演空间”奖，被英国《电讯报》评为“世界最佳音乐厅”。2016 年成立的哈尔滨音乐学院是黑龙江省唯一独立设置的公办的艺术类高等院校，是全国独立设置的 11 所专业音乐学院之一。哈尔滨音乐学院依托哈尔滨对俄地缘优势及音乐文化传统，突出国际化办学尤其是对俄合作办学特色，使其成为黑龙江省乃至中国音乐艺术人才培养新摇篮，以及中俄两国高等教育和文化艺术交流新载体。坐落在哈尔滨的音乐博物馆发挥音乐文化的攒成作用。黑龙江音乐博物馆建于 2006 年 1 月，是中国第一家民营的、以音乐文化为主要内容的博物馆，目前设在哈尔滨万达文旅城，与万达文化旅游相得益彰；哈尔滨音乐学院内设音乐博物馆。

3. 将“音乐之都”创意城市建设与城市重大事件有机整合

一是与哈尔滨市重大节庆活动有机整合。充分利用在国际国内的影响力显著的哈尔滨市各项节庆活动，促进“音乐之都”创意城市建设与中国・哈尔滨冰雪节、中国·哈尔滨之夏音乐会、中国—俄罗斯博览会(哈洽会)、“迷人的哈尔滨之夏”旅游文化时尚活动暨中国·哈尔滨松花江湿地节结合。中国·哈尔滨冰雪节期间有哈尔滨新年音乐会、哈尔滨之夏音乐会与中国—俄罗斯博览会、“迷人的哈尔滨之夏”旅游文化时尚活动暨中国·哈尔滨松花江湿地节形成有效互动,推出了老街音乐汇、哈尔滨大剧院、哈尔滨音乐厅等音乐主题旅游产品。在这些重大节庆活动期间推出音乐演出项目,开展音乐演出系列活动,扩大音乐之城品牌影响力。二是与“国家级文化消费试点城市”建设有机整合。2016年,哈尔滨市被确定为国家第一批文化消费试点城市。2017年11月通过评审确定第一批文化消费试点单位,包括专业性的演出场馆:哈尔滨大剧院、哈尔滨音乐厅、哈尔滨音乐老会堂等,基础性的各区县文化馆,社会力量兴办的音乐培训机构等。积极发挥第一批文化消费试点单位的作用,形成浓厚的音乐氛围,带动哈尔滨市音乐演出市场的繁荣。

4.用音乐演出精品支撑“音乐之都”创意城市建设

一是相对固定的演出季演出精品。以哈尔滨大剧院、哈尔滨音乐厅、哈尔滨老会堂音乐厅、哈尔滨音乐学院音乐厅为平台,推出演出项目。哈尔滨音乐厅以哈尔滨交响乐团为支撑,每年完成冬、夏两个音乐季演出,完成历届中国·哈尔滨之夏音乐会演出。哈尔滨老会堂音乐厅与哈尔滨师范大学室内乐团、哈尔滨音乐学院室内乐团、黑龙江省歌舞剧院室内乐团、黑龙江省歌舞剧院歌剧团、哈尔滨交响乐团、哈尔滨市格拉祖诺夫音乐艺术学校室内乐团等6个乐团签订演出合作协议,定期不定期地推出系列演出。与哈尔滨音乐学院合作,以哈尔滨音乐学院教师队伍为支撑,推出“哈音”系列音乐会、周末音乐会两个品牌。二是国际水准的大师级演出精品。以哈尔滨大剧院为演出平台,先后有《战争与和平》《图兰朵》《费加罗的婚礼》《乡村骑士》《丑角》等经典歌剧,到著名指挥家祖宾·梅塔率队的以色列爱乐乐团、匈牙利国家交响乐团、维也纳管弦乐团、意大利爱乐乐团等世界一流乐团演奏会,再到卡雷拉斯独唱音乐会等纷纷亮相。三是国际标准的演出赛事。勋菲尔德国际弦乐比赛经国家文化部批准,由哈尔滨市人民政府与哈尔滨音乐学院共同主办,哈尔滨市文化广电新闻出版局承办,哈尔滨演艺集团、勋菲尔德国际弦乐协会协办,每两年在中国黑龙江省哈尔滨市举办一届,已成功举办两届。2017年5月,世界国际音乐比赛联盟(WFIMC)批准哈尔滨勋菲尔德国际弦乐比赛等六项音乐赛事成为WFIMC联盟成员。通过举办国际一流水准的弦乐比赛,吸引国内外音乐院校与艺术团体专家参与赛事当中，选拔世界各地年轻音乐天才，推动哈尔滨“音乐之都”创意城市建设；同时，增强公众对于高雅艺术的认知和热情，为音乐之城哈尔滨提供可持续的发展动力。

(二)案例介绍及深度分析

1. 中国·哈尔滨之夏音乐会

中国·哈尔滨之夏音乐会与上海之春国际音乐节、广州羊城音乐花会并称为中国三大音乐节。哈尔滨之夏音乐会始办于 1961 年 8 月，截至目前，已成功举办了 33 届，逐渐提升国际化和专业化水准。2013 年中国·哈尔滨之夏音乐会晋升为亚洲艺术节联盟执委会成员。一是“三项”音乐赛事提升了哈夏音乐会的国内外知名度和影响力。全国声乐比赛、勋菲尔德弦乐比赛、国际手风琴艺术周三项赛事成为哈夏音乐会三大重要支撑比赛项目。已经连续举办了 11 届的全国声乐比赛，自 33 届“哈夏”音乐会转型为展演，由“比赛”到“展演”，实现回归音乐艺术初衷，搭建青年声乐比赛领域最高水平的平台，引领全国声乐人才培养和声乐艺术发展方向。勋菲尔德弦乐比赛为“哈夏”音乐会带来 13 场国际弦乐大师独奏音乐会和 14 场公益大师班讲座，获得了联合国教科文组织常设机构国际音乐比赛联盟的高度赞誉。国际手风琴艺术周首次与联合国教科文组织国际手风琴联盟联办，艺术周期间举办了“国际手风琴艺术周开幕式音乐会”“俄罗斯著名巴扬手风琴演奏家尤里·西什金专场音乐会”“古典与现代的对话外国手风琴专场音乐会”等 6 场音乐会，开设由乌克兰、丹麦、法国、俄罗斯手风琴艺术家领衔的 4 场手风琴大师班，组织了 11 个组别的国际手风琴艺术人才交流展示活动，吸引了来自俄罗斯、美国、英国、法国、意大利、新西兰、澳大利亚等国家及地区的手风琴艺术家、专家学者以及参赛选手逾 2000 人。二是国内外顶级音乐家和音乐团队的参与提升了哈夏音乐会国际化和专业化水准。哈夏音乐会从开幕式、闭幕式，到举办的国际音乐赛事、专场音乐会吸引了众多的国内外顶级音乐家和音乐团队。开幕演出《哈尔滨之恋》再度邀请享誉世界的中国指挥家汤沐海执棒，哈尔滨交响乐团与久负盛名的俄罗斯克拉斯诺亚尔斯克室内乐团、以色列特拉维夫音乐学院女生合唱团等中外著名音乐团体联袂演出。成立于 82 年前的哈尔滨的奥列格·隆德斯特列姆爵士乐团，是世界上未间断演艺活动、演出生命持续最久的大型爵士乐队，在“哈夏”音乐会期间举办专场音乐会。“哈夏”音乐会期间汇聚了大提琴演奏家林恩·哈瑞尔、美籍华裔小提琴演奏家薛苏里、巴扬手风琴演奏家尤里·西什金、钢琴演奏家马蒂厄·艾斯诺特等世界级艺术大师。特别是弦乐比赛创办人爱丽丝·勋菲尔德、世界顶级指挥家祖宾·梅塔、中国著名作曲家傅庚辰“古典与流行音乐永远的美声天后”、两次奥运会主题曲演唱者莎拉·布莱曼。在哈尔滨实现历史性的会面。三是群众性的广泛参与形成了浓厚的音乐氛围。本届音乐会共开展了6个板块48项主要演出及活动，共汇聚了37个国家及地区的演出团体和艺术家，奉献了123场专业演出，以及历时3个多月逾1600场群文活动。通过群众文化活动支柱品牌“好歌大家唱”，在全市22个赛场举办了63场比赛，共吸引2347人报名参赛。“激情放歌·相约哈夏”大型文艺晚会盛况空前，来自各行各业的600余名演员参演，充分展现了哈尔滨深厚的音乐文化底蕴。“浪漫哈尔滨”市民音乐嘉年华文艺演出在全市22个广场举行，吸引了国内外专业团体和省市群众文艺团体积极参与。“哈夏”音乐会期间，还特别邀请俄罗斯爵士乐团、呼伦贝尔莫旗达斡尔民族歌舞团等文艺团体走进广场、社区和街头，让市民聆听中外经典音乐，感受异域风情和民族特色的高端演出。“激情飞扬”国际现代音乐展演邀请法国弗雷德乐队、德国奇纳斯基乐队等国内外演出团组和音乐人，推出以现代流行音乐和摇滚音乐为主要元素的9场全新的广场演出，中外青年流行音乐人展现了摇滚、爵士、嘻哈、民族等音乐风格，为群众文化活动注入国际元素。四是“老街音乐汇”丰富了哈夏音乐会的音乐内涵。截止到2017年，“老街音乐汇”已经成功举办了5届。“老街音乐汇”以哈尔滨百年大街中央大街和哈尔滨标志性景点圣索菲亚教堂广场为舞台，共有五个表演区域，按照不同演出风格进行演出安排。2016年第四届“老街音乐汇”特别邀请俄罗斯、亚美尼亚、奥地利、意大利、法国等外籍专业演员与省、市歌剧院、哈尔滨师范大学音乐学院等哈市优秀演奏团队共同参加。演出持续147天，五个演出点位演出882场，有6000多万中外游客和市民享受到“老街音乐汇”音乐盛宴。2017年第五届“老街音乐汇”，来自哈尔滨多个音乐团体以及俄罗斯、乌克兰、奥地利等国家的外籍音乐家，用钢琴、小提琴、萨克斯、长号等乐器，为哈尔滨市民及游客带来音乐享受，使哈尔滨“音乐之城”名副其实，彰显哈尔滨“音乐之城”的迷人魅力。五是积极探索哈夏音乐会社会化和市场化运营方式。向社会公开征集演出项目和“哈夏”音乐会冠名权、运营权共26个项目。“星耀哈尔滨 情满松花江”音乐名人故乡行音乐会、韩国大型音乐剧《图兰朵》、好歌大家唱寻找

“哈夏”好声音、广场舞 PK 赛积极争取企业冠名赞助，解决了项目资金紧张的难题。拜博口腔医疗集团、海航集团等企业通过冠名、赞助等方式达到了提升企业品牌宣传的效果。本届“哈夏”音乐会精心设计票务销售渠道、票务系统平台和票务促销信息，首次与媒体联手运营进行票务销售。整合哈尔滨大剧院、哈尔滨音乐厅等票务系统，摆脱了原有售票渠道单一、票务信息推广面狭窄、票房与市场脱节的困境，票务营销实现新突破，票面票房收入达到新高。

2.哈尔滨大剧院

一是硬件设施达到世界水准。哈尔滨市委市政府为了强化哈尔滨音乐之城品牌建设，把哈尔滨大剧院建设定位为“国际一流，国内领先”。哈尔滨大剧院建筑采用了异型双曲面的外型设计，大剧场主要以演出大型歌剧、舞剧、芭蕾舞剧为主，兼顾音乐会功能，观众厅平面以马蹄形为主，舞台采用典型的“品”字型结构，配置了国际先进的现代化舞台机械设备和灯光、音响系统；小剧场高度主要满足话剧、室内乐演出，兼顾戏曲演出、会议等多功能要求。在剧院的声学装饰部分做出了重大突破。最终哈尔滨大剧院拥有了不靠话筒肉嗓演出的能力，这使得每一位观众都能欣赏到原生态的表演。先后获得 2015 年“最佳文化类建筑”“2016 最佳表演空间”奖，获得“世界最佳音乐厅”的美誉。二是演出剧目达到国内外先进水准。从 2016 年哈尔滨大剧院盛大开幕始，截至 2017 年第三季度，哈尔滨大剧院共上演 300 多场演出，上座率达 70%左右，在全国同类演出场馆位列前茅。哈尔滨大剧院先后上演了俄罗斯马林斯基剧院史诗级歌剧《战争与和平》、意大利歌剧双子星《乡村骑士》和《丑角》、莫扎特歌剧《费加罗婚礼》、图兰朵公主卡索拉领衔出演的意大利歌剧《图兰朵》、爱尔兰的踢踏舞剧《大河之舞》、原创歌剧《永乐》(2016 年度国家艺术基金资助项目、第七届林兆华戏剧邀请展展演剧目、首届哈尔滨之春戏剧节展演剧目)、陈佩斯和杨立新话剧《戏台》、钢琴黄金年代活化石约尔格·德慕斯、世界级指挥大师迪图瓦携手英国皇家爱乐乐团、古典跨界音乐女高音歌手莎拉·布莱曼独唱音乐会、世界男高音之王何塞·卡雷拉斯独唱音乐会等国内外顶级演出水准的剧目。三是定期举办艺术节。通过艺术节吸引国内外演出项目参演，提升演出水准。首届哈尔滨之春国际戏剧节，哈尔滨大剧院密集上演 14 台 28 场国内外经典戏剧剧目，包括 7 台 14 场国内精彩戏剧演出，以及 7 台 14 场国外著名剧院重磅大戏。第二届哈尔滨大剧院艺术节 6 部 8 场原汁原味经典歌剧疯狂上演，克里姆林宫国家芭蕾舞剧院重磅献上三部芭蕾大戏，引领先锋艺术生产，《铸剑》世界首演，在为期三个月的时间内，17 台 27 场演出给整座城市带来艺术大餐，并吸引外地观众专程来看演出。四是哈尔滨大剧院实施多产业开发。借助哈尔滨大剧院建筑之集大成特色，发展观光旅游。作为哈尔滨市标志性建筑，已经成为国内外知名景点。地理位置优越，地处松北区文化中心岛，与周边环境浑然一体，不同季节展现出不同韵味，成为城市居民和外来游客必去之地。大剧院的参观门票收入，可以适当补贴大剧院的演出支出。借助哈尔滨大剧院本身艺术资源优势，发展教育培训。哈尔滨大剧院成立木兰艺术教育中心，开设木兰童声合唱团、木兰少儿芭蕾舞团、木兰少儿民族舞团。注重少儿艺术的教育培训，从小培养艺术鉴赏与修养。

(三)“音乐之都”创意城市建设路径

1.强化“音乐之都”城市品牌意识

通过对“创意城市网络”的深入研究，不管是发达国家城市还是发展中国家的发达城市，大多是因保持和发扬自身城市文化特色被认可，并继续得到弘扬和传播。按照联合国教科文组织要求，成员城市必须有专门的机构持续性地履行网络章程规定的责任和义务，从政策和项目等实质层面推动创意产业发展。因此，参照“创意城市网络”相关要求，建议哈尔滨市成立专门的品牌运营机构——哈尔滨市“音乐之都”推广办公室(可与中国·哈尔滨之夏音乐会组委会办公室整合)，主要职责为整合政府资源，从不同角度对音乐创意进行政策扶持，特别是省市政府合力打造此项品牌；搭建哈尔滨市与国内外创意城市合作与交流的常设平台；普及音乐知识，营造创意氛围，提高全社会对音乐的关注和重视。

2.打造“音乐之都”创意城市建设平台

将“音乐之都”创意城市建设列入城市发展规划，在现有的“一馆、一团、一厅、两院”的基础上，即哈尔滨音乐博物馆、哈尔滨交响乐团、哈尔滨音乐厅、哈尔滨大剧院和哈尔滨音乐学院，在现有的规模、影响力、市场运营能力等指标基础上再上一个层次；力争用 3～5 年时间完成“一坛、一网、一奖 ”的目标，即建立一个国际专业音乐论坛、一个国际音乐专家网络、一个国际音乐赛事大奖。建议设立“哈尔滨音乐日”，定在“哈尔滨之夏音乐会”开幕之日 8 月 6 日，成为中国首个为音乐设立专门节日的城市。

3.充分发挥主流媒体和网络媒体对哈尔滨“音乐之都”创意城市建设引导宣传作用

建议设立哈尔滨市“音乐之都”中英文官方网站，或者与现有的“哈尔滨之夏音乐会”网站和“哈尔滨音乐学院”网站整合，扩充哈尔滨“音乐之都”创意城市建设信息，放大信息宣传效果。《哈尔滨日报》《新晚报》及哈尔滨广播电台、哈尔滨电视台等本土主流媒体适时开设哈尔滨“音乐之都”创意城市建设专题栏目，有效扩大“音乐之都”的社会知名度。

4.深化文化体制改革支撑“音乐之都”创意城市建设

一是哈尔滨交响乐团走出改革创新之路。参考获得联合国教科文组织创意城市网络“音乐之都”命名的城市，高水准的演出乐团是基本条件，哈尔滨交响乐团是代表哈尔滨市音乐演出水准的唯一乐团。积极推进在人才引进与使用、音乐演出精品创作、音乐演出市场策划与运营等方面的改革创新工作。二是深化音乐演出市场化改革。松雷集团经过多年的市场化运作，已经形成良好的音乐剧产业链，积极借鉴松雷音乐剧市场化运作经验，探索音乐剧落地事宜。自2006年第一部原创音乐剧《蝶》诞生以来，松雷集团又成功制作并推出了《王牌游戏》《爱上邓丽君》《妈妈再爱我一次》和《啊！鼓岭》《酒干倘卖无》等六部音乐剧，2018年又酝酿《飞天》音乐剧。音乐剧作为一种别具一格的演出形式，兼具话剧和音乐神韵，很容易被大众接受，具备潜在的演出市场，与哈尔滨市音乐创意城市建设相得益彰。哈尔滨市具有得天独厚的音乐剧基础，松雷集团已经10余年致力于音乐剧的创作、演出、推介，在国内外屡获大奖，应积极探索与松雷集团合作事宜，把最经典的《碟》作为哈尔滨常态化的演出精品剧目推出，这种高水准的音乐剧精品也可以作为代表哈尔滨市的演出剧目。

四、哈尔滨市创意城市建设未来趋势研判

(一)树立文化创意城市发展理念，激发城市发展的活力

城市发展的目标不单单是经济总量的增长，而是经济、政治、社会、文化、生态协调发展，是城市经济、政治、社会、文化、生态五个文明的共同进步。城市综合竞争实力随着时代的发展其主导要素也在不断变化，已经进入了以文化和创

造力为核心竞争力的时代，这种主导要素的变迁逐渐改变了原有的城市经济增长模式和城市发展模式。全国城市工作会议提出，城市发展需要依靠改革、科技、文化三轮驱动，增强城市持续发展能力。《国务院关于同意设立哈尔滨新区的批复》指出："努力把哈尔滨新区建设成为中俄全面合作重要承载区、东北地区新的经济增长极、老工业基地转型发展示范区和特色国际文化旅游聚集区。"明确了哈尔滨依靠文化驱动，增强城市持续发展能力的重要性和紧迫性。关于城市发展的《马丘比丘宪章》更多地考虑了城市的文化功能和人文关怀，成为城市发展的宝典沿用至今。在城市更新和转型过程中，城市的发展不再只注重其功能性，而更加重视其文化性。哈尔滨市必须借势实现城市转型和全面振兴，依托业已形成的区位优势、产业优势、文化优势、形象优势等，以国际成功文化城市为榜样，深化城市转型和产业结构调整，着力构建文化创意后发优势，走文化城市发展的新路径。

（二）注重城市传统文化的传承，注重城市文化的创意开发

哈尔滨市作为历史文化名城，在文化创意城市建设中经营和深化城市文脉，这样既能延续和继承历史，又能在新的城市建设中注入历史的遗存，使哈尔滨脱离一般的肤浅和平淡，从而提高城市文化竞争力。充分认识城市传统文化资源的共享性、重复消费性、资本增殖性等特性，充分利用这些源自古今中外、取之不竭的文化资源。加速将文化资源转化为现实生产力，通过有效的载体和方式将其转化为文化遗产、文化资本、文化产品及服务、文化产业和文化品牌。充分挖掘哈尔滨市传承历史的"欧陆风情文化、音乐文化、红色文化、金源文化和民俗文化"，极具地域特色的"冰雪文化、松花江湿地文化"，更具时代气息和引领发展的"'感知城市'文化"，把打造和突出彰显城市的传统文化特色作为建设文化创意城市的必由之路。创意文化城市建设强调城市发展的整体观念，使城市发展通过系统的战略架构和可操作模式，把城市传统特色文化资源进行最大的整合，并形成一种以城市主题文化为形态和载体的系统工程发展模式。完善促进文化创意城市发展的支撑条件，为文化创意城市的可持续发展提供良好的制度环境和保障，为文化创意城市的可持续发展提供宽松的社会舆论环境和氛围，为文化创意城市的可持续发展提供必要的资源和条件，为文化创意城市的可持续发展提供足够的激励和动力。

(三)提高文化产业发展质量和效益,支撑文化创意城市建设

"十三五"时期是大力发展文化产业的重要机遇期,哈尔滨市推动文化创意城市建设离不开文化产业的支撑,全力推进实施文化产业发展规划。到2020年底,哈尔滨市文化产业增加值将达到700亿元,占地区生产总值的比重达到9%,力争使文化产业成为哈尔滨市国民经济重要支柱产业。一是加强《哈尔滨市文化产业发展规划(2016—2020年)》与国家出台的各种专项规划相衔接。按照《国家"十三五"时期文化发展改革规划纲要》《文化部"十三五"时期文化发展改革规划》和《文化部"十三五"时期文化产业发展规划》提出的新要求,进一步修订完善补充《规划》。二是加强《规划》与哈尔滨市已经纳入的国家区域发展战略相结合。《关于全面振兴东北地区等老工业基地的若干意见》《哈长城市群发展规划》《关于同意设立哈尔滨新区的批复》为哈尔滨市带来政策支持和发展机遇,把《规划》的落实融入上诉规划中,把文化要素融入城市的各个方面。三是《规划》与落实国家战略性新兴产业发展的部署相结合。文化产业发展以推进供给侧改革为主线,积极推进"文化+"和"互联网+"战略,培育新型业态,大力培育基于大数据、云计算、物联网、人工智能等新技术的新型文化业态;促进转型升级,促进高新科技在演艺、娱乐、文化旅游、工艺美术等传统文化行业中的应用,推进传统文化行业在内容创作、传播方式和表现手段等方面创新。四是推动融合发展。推动文化产业与制造、建筑、设计、信息、旅游、农业、体育、健康等相关产业融合发展。在合理利用工业遗产发展文化产业,特色城镇、文化街区、艺术园区建设,文化产业与旅游业深度融合,发展集农耕体验、田园观光、教育展示、文化创意于一体的特色农业,发展具有冰雪特色的体育竞赛表演、特色体育活动,推动文化产业与健康养老产业结合等方面落实具体的文化产业项目,推动文化产业发展。

(四)与城市重大事件有机整合,合力推进创意城市建设

一是与"东亚文化之都"活动年有机整合。2018年,恰逢哈尔滨市与日本金泽、韩国釜山共同确定为第五届"东亚文化之都"(简称"文都")当选城市。从"东亚文化之都"活动年确定的活动日程看,哈尔滨市将举办"冰雪之约""夏都之旅""音乐之城"三大主题系列活动。紧紧抓住"文都"建设的有利契机,加强

与韩日文化交流与合作，不仅仅是在哈尔滨市开展系列活动，更应走出去，扩大哈尔滨文化品牌效应。二是与“国家级文化消费试点城市”建设有机整合。2016年，哈尔滨市被确定为国家第一批文化消费试点城市，力争在2017—2018年两年时间完成文化消费试点城市建设工作。积极发挥第一批文化消费试点单位的作用，带动哈尔滨市文化消费市场的繁荣。通过专业性的演出场馆：哈尔滨大剧院、哈尔滨音乐厅、哈尔滨音乐老会堂等提升文化鉴赏能力，促进高水平文化消费；通过基础性的各区县文化馆，提供满足人民群众文化需求的场所，广泛接触文化的熏陶；通过社会力量兴办的文化培训机构，提高文化消费吸引力。三是与哈尔滨市重大节庆活动有机整合。哈尔滨市的节庆活动在国际国内的影响力是显著的，哈尔滨冰雪节、哈尔滨之夏、“迷人的哈尔滨之夏”旅游文化时尚活动暨第5届中国·哈尔滨松花江湿地节、哈尔滨国际马拉松、中俄博览会（哈洽会）在国内外影响力较强，充分利用重大节庆活动形成的国内外人流聚集的有利时机，推出不同季节、针对不同人群特征、满足不同需求的系列文化产品，激发文化市场活力，提升哈尔滨市文化产业整体实力。

（刘轶梅，哈尔滨市社会科学院社会所所长，研究员）

第六章
常州：文化 IP 点燃城市创意初心

一、2017 年常州市文化创意产业发展概要

二、传统文化融入创意城市建设的模式探索

三、国内创意城市建设经验对常州的启示

四、文化 IP：常州建设创意城市的路径选择

常州借助文化IP的内容力、转化力和市场力，加强顶层设计，深化创意转型，加强优秀传统文化创造性转化、创新性发展，丰富创意城市的文化内涵和社会影响，力争构建一体化塑造、立体化呈现的创意城市IP，提升城市知名度和美誉度。

这是一个“IP为王”的造梦时代，尤其是在创意、影视、互联网、旅游领域已经成为一种热点，《战狼2》叫座大卖、马爸爸“双11”、乌镇“戏剧节”……迪士尼就不用说了，中国旅游企业尤其是做主题乐园的文旅企业，要么向它学习，要么向它宣战，宣战后还得向它学习。其中最大的奥秘就在于它本身是一个超级IP，同时又孵化了众多势能强大的IP。比如《星球大战》，除了席卷票房，更多的营收来自“周边产品”，这一切都来自由内而外的文化的力量，特别是自带流量的文化力量——IP。IP源于intellectual property，本质上是一种“智力财产”，现今它的内涵已经超越最初的概念，发展成为一种商业模式和文化现象，也是新一轮区域竞争的风口，成为文化圈、创意圈、时尚圈乃至朋友圈一个现象级热词，并不断升级裂变，引来阿里“旅游IP梦工场”、腾讯“泛娱乐IP”、华夏幸福“特色小镇IP”等大手笔布局。

“天下名士有部落，东南无与常匹俦”，常州是一座有3200多年历史的历史文化名城，曾有过延陵、毗陵、晋陵、南兰陵、武进等名称，背倚长江，纵跨运河，环抱太湖，遥望东海，季子开篇，春秋争霸，齐梁演替，明清繁盛，常州贡献了吴文化、中华文化的传奇篇章。站在文化风口，寻觅IP王者，必须清醒意识到历史文化、传统文化是城市最核心的不动产，它不是虚拟经济，而是注意力经济、粉丝经济、定制经济的集合体，自然资源会枯竭，文化资源却会永远长存。如何将这些丰富的、厚重的传统文化、历史文化财富转化为现实生产力，这是常州在打造创意城市的过程正在探索的课题。

一、2017年常州市文化创意产业发展概要

(一)文化产业发展势头强劲[①]

2017,常州市加快探索文化产业发展的新思路和新方法,推动文化产业持续发展。从2014年到2016年,常州文化产业已经连续三年位列全省第二,2016年文化产业增加值为341.46亿元,占GDP比重达到5.91%。

1. 文化+金融,政策体系升级拓展

围绕文化产业引导资金和文化产业信贷风险补偿资金项目贷款在政策上不断升级拓展。

——文化产业引导资金:按照“抓园区、抓龙头、抓平台、抓品牌”的总体要求,出台了2017年市文化产业引导资金使用方案和2017年度常州市文化产业引导资金申报指南。在扶持方向上,扶持一批推进文化供给侧结构性改革、不断提高文化供给质量、推动文化产业转型升级、提质增效的优秀产业园区、平台、项目、品牌等。在申报流程上,设置立项、初评、复评、终评几个环节,立项按归属地原则,初评由14个申报主体单位负责审查筛选,复评、终评邀请相关部门负责人、本地外地专家学者进行现场打分。市委宣传部和项目申请单位(个人)的上级主管部门对项目实施进度和经费使用情况进行监督管理。

——文化产业信贷风险补偿资金项目贷款:一方面,“政银担”合作模式正式启动。为积极响应“部署加快融资担保行业改革发展,更好发挥金融支持实体经济作用”的要求,宣传部、财政局引进江苏再担保及在常全资子公司,联合合作银行完善“政银担”合作模式,积极支持中小微文化企业融资发展。该模式下由担保公司向银行提供融资保证,通过银行审批通道,快速高效地满足广大中小微文化企业的融资需求。另一方面,项目评审环节力求创新。根据项目申报情况和贷款需求,不定期地开展项目评审会,大大提高“文创贷”的评审效率,2017年共为江苏印象乾图文化科技有限公司等15家企业授信1850万元。

① 常州市2017年文化产业工作总结

2. 整合+共享，企业家队伍凝聚合力

举办文化企业家培训班提升能力。2017年11月11—16日，文化企业家培训班在成都四川大学举行，市、区文化产业相关负责人，全市重点文化企业经营者等共计50余人参加培训。培训围绕引导和服务文化企业发展，从企业经营管理者的培训需求出发，有针对性地设置大数据战略思维、企业投融资战略等专题课程。培训不仅是学习充电，更是一次全市重点文化产业系统的交流大会，是一次全市文化产业资源的整合大会，对于增强文化企业与各级政府产业部门联动，促进全市文化企业交流具有重要推动作用。

3. 梳理+分解，指标工作全力完成

一是摸排梳理全市文化企业和项目。截至目前，常州市共有文化企业11516家，规上文化企业859家。经过全面摸排，共梳理149个全市重点文化企业（项目），其中重大型文化企业（项目）31个，成长型文化企业（项目）118个。坚持定期走访调研重点文化企业，全面了解企业发展状况。二是合理分解产业增加值指标任务。召开文化产业增加值目标任务分解会议，对明年文化产业增加值占比、三上企业入库数、文化产业投资额等指标对辖市区进行分解，布置文化产业快报、年报等任务，对薄弱环节和地区加力加压、重点突破，以力争全面实现下一年度各项目标。三是配合做好审计绩效相关工作。配合市审计局做好年度文化产业引导资金专项审计工作，配合市财政局做好预算绩效试点管理工作，并完成文化产业引导资金绩效自评价报告，配合市财政局指定的汇丰事务所完成满意度问卷调查工作。

（二）文化体制改革有序推进

1. 文艺院团改革持续推进

遵照艺术生产规律，结合常州市各院团自身特色，以“一团一策”为原则，继续推进4家市属国有文艺院团深化改革。市文化体制改革领导小组多次召开碰头会，召集市文广新局、市财政局等部门磋商讨论。全面完成深化改革基本工作任务，出台了《市属国有文艺院团深化改革方案》《市属国有文艺院团事业发展补助资金使用管理办法》《市属国有文艺院团考核办法》《年度目标任务书》等政策文件，4家市属国有文艺院团分别制定出台全新的内部绩效薪酬分配方案，按照深化改革政策，稳步推进“老人老办法”社保改革、公积金办理、退休人员待遇兑现等工作。通过一系列体制机制建设，初步构建起促进院团长远发展的保障体系和规章制度。

2. 文化综合执法改革着力推进

为贯彻落实中央和省关于进一步深化文化市场综合执法改革的相关要求，10月组织召开了全市深化文化市场综合执法改革推进会。推进会的召开，指导敦促各相关单位对标查缺补漏，要求加大对文化市场违法违规行为的打击力度，全面解决改革过程中的薄弱环节和难点问题。

3. 文化政策体系逐步构建

为加快政府职能转变，更好发挥政策调节、市场监管、社会管理、公共服务职能，形成推动常州文化产业发展政策体系，对照中央、江苏省相关政策精神，形成了常州市《重点文化产业示范园区认定管理办法》《关于促进文化科技融合发展的政策措施》《关于深入推进金融支持文化产业发展》的实施意见等相关政策文件，不断构建我市文化政策体系。

4. 现代公共文化服务体系不断完善

完善公共文化设施网络，不断推进基本公共文化服务标准化、均等化。加快建设基层综合性文化服务中心，年初调查摸底全市建设情况，并根据中央、省相关要求制定建设标准，启动建设，多次组织督查，召开现场推进会，截至年底已全面完成300个基层综合文化服务中心建设。

二、传统文化融入创意城市建设的模式探索

十九大报告强调，文化兴国运兴，文化强民族强，要推动中华优秀传统文化创造性转化、创新性发展，让中华文化展现出永久魅力和时代风采。常州在创意城市建设中着力弘扬传统文化，依托不同的文化产业项目，不断探索传统文化与创意城市深度融合的发展模式。

（一）青果巷历史文化街区：文化IP模式

1. 案例介绍

常州是一座有着3200多年文字记载和2560多年建邑史的历史文化名城。

常州依河而建，因河而兴，城河相依，古老的大运河是常州的母亲河。青果巷是一条古老的街巷，紧邻古老的江南运河中段（南市河），这条运河由吴王夫差开凿于公元前495年，至今已有2500多年的沧桑历史，堪称世界文化遗产中国大运河最古老的河段。2014年，江苏省人民政府公布其为历史文化街区，东至和平南路，南至南市河，西至晋陵中路，北至古村，东西长约400米，南北长约200米，总保护面积12.6公顷，核心保护区范围面积8.2公顷。除世界遗产大运河外，规划保护范围内有11处文保单位，17处历史建筑及大量传统民居，以明、清、民国时期的建筑为主。

2.案例分析

第一，让名人成为名片。天下名士有部落，东南无与常匹俦。常州自古以来就是诗书礼仪之乡、钟灵毓秀之地。隋唐推行科举制度以后，文运昌盛，名士辈出，南宋陆游赞常州“儒风蔚然，为东南冠”，清龚自珍亦有语“天下名士有部落，东南无与常匹俦”。青果巷是常州文脉之地，堪称“江南名士第一巷”，走出了百余名科举进士和一大批近现代名人，遍及政治、文学、艺术、教育、实业、科学等众多领域。其中，明代著名文学家、思想家、抗倭英雄唐荆川，明代理学家、书法家、东林党代表人物孙慎行，常州画派开创者恽南田，清代状元、画家钱维城，诗书画三绝的大家汤贻汾，洋务派代表人物盛宣怀，清末四大谴责小说之一《官场现形记》作者李伯元，故宫博物院创始人之一吴瀛，中国共产党早期领导人之一瞿秋白、张太雷，爱国“七君子”之一、新中国首任司法部部长史良，著名爱国实业家、曾任江苏省副省长刘国钧，汉语言学之父、清华国学院“四大导师”之一赵元任，汉语拼音创始人之一周有光，刻书家、藏书家陶湘，国家级非遗乱针绣创始人杨守玉等，都出自于青果巷文化家族或曾在此居住生活。这些名人都是各个领域的代表人物，具有较大的知名度和影响力，是重要的城市文化名片。

第二，让展览成为活态。青果巷街区是目前城市中心保留的规模最大、最完整的明清及民国建筑街区，曾是儒林学士、文人墨客、革命先驱、民族精英、工商名人、文化巨匠的孕育地和聚居地，承载着厚重的历史积淀和浓郁的人文情怀，浓缩了这个城市千年的文化景观。以各类公共展馆为依托打造公共文化空间，是丰富街区业态的重要举措，是打造城市文化IP的重要载体，也是重要内容。借鉴悄然兴起的社区博物馆（community museum）理念与形态，跳出传统历史文化街区博物馆的封闭展陈模式，形成以“地域+传统+记忆+居民”为载体的"活态"展馆模式，初步构建青果巷展馆体系——"中心馆+专题馆+展示点"的展馆体系。这种新型的展陈方式将文化遗产资源保护与社区文化特色认知、城市历史记忆和文化体验相结合，保护并展现青果巷富有地方特色的集体记忆的文化空间，以活态的方式传承文化，体现着活态的、民俗的、真实的、传统的文化内涵。

第三，让记忆成为体验。在展馆体系中，青果巷文化记忆馆是中心馆，是青果巷历史文化街区重要的文化地标，是展示青果巷历史脉络、建筑特色、文化特征和民生风物的综合性场所。它以"城市记忆的构建和共享"为理念，以存续生活记忆、传承文化精神、服务社区民众为宗旨，以"贯古今、重文化、通民情、存记忆"为线索，以解读"河、巷、人"为关键词，通过文化记忆寻根、明清建筑探微、街巷文化传承、名人风雅追忆、市井风情体验、保护修缮成果等主题，借助先进的展陈手段、优美典雅的体验环境、独具创意的文化挖掘，展现活态的、民俗的、真实的、传统的文化内涵，展现一部立体、活态的"青果巷志"，成为整个街区博物馆群落的核心地标，成为满足市民文化生活需求、传承传统文化、丰富现代生活的标志性的公共空间，打造集展（展示）、传（传播）、创（创意）、习（研习）、娱（互动）等功能为一体的文化平台。

（二）东方盐湖城：旅游 IP 模式

1. 案例介绍

东方盐湖城坐落于江苏茅山旅游度假区，占地 27.8 平方公里，投资超百亿元，历时六年时间潜心打造。东方盐湖城传承中国大道文化精髓，融合中国道教名山——茅山的"山、水、茶、盐、药、泉"六大自然资源及道文化、金坛地缘文化，彰显道法自然、天人合一的山水情怀。项目依据文化引领、旅游支撑、度假主导的"三位一体"发展机制，以一期道天下景区为"一核"，加上茅东风情小镇、山地运动公园和道养生休闲公园为"三区"的规划分区。将打造国内首个集观光游览、休闲度假、文化展示、山地运动等旅游业态为一体，服务与设施一流的综合性特色休闲国家级山水闲养旅游度假目的地。一期"道天下"景区，位于东方盐湖城核心位置，占地 1000 多亩，总投资 28 亿元。根据东方远古对宇宙生成和自然构成的理解，以中国文化之根——周易八卦为破题立意，通过"太极生两仪，两仪生四象，四象生八卦"的策划激活，创造性地建设"一观八院十家宿，廿馆百铺千间房"等全新的旅游产品，探索和开辟弘扬中华传统精髓的全新旅游模式。

2. 案例分析

第一，借势自然资源。《天工开物》将盐分作"海、池、井、土、崖、砂石"等六种。以原料来源分，盐可分为海盐、湖盐、井矿盐等。金坛地处长江三角洲腹地，境内河网密布。西部为茅山山麓，有巨大的地下盐矿。① 被誉为"苏南第一矿"的金坛岩盐矿，位于境内西北部直溪、茅麓、薛埠 3 个镇范围内的丘陵地区，盐矿总面积 60.5 平方公里，矿储量 163 亿吨，矿体品位高，平均氯化钠含量 85%。其盐产量占全国总产量的近 1/10。茅山盛产橙粉色水晶盐，岩体通透、石质细腻，被认同为东部地区条件最好、综合指标最佳的大型岩盐矿床。② 岩盐矿本身可以创造经济效益，同时也成为景区的一个创意点，派生出养生概念，加上其他特有的"山、水、茶、药、泉"资源，共同构成了东方盐湖城的资源体系。

第二，妙借宗教文化。依托道教圣地茅山，植入传统文化因子。茅山是江苏省的一座道教名山，是道教上清派的发源地，被道家称为"上清宗坛"，有"第一福地，第八洞天"之美誉，也是中国六大山区抗日根据地之一。东汉景帝时，陕西咸阳的茅盈、茅固、茅衷三兄弟来此修行，采药炼丹，济世救民，后人感其恩德遂建道院供奉之，并改山名为茅山。③ 茅山林荫覆盖，云蒸霞蔚，道家的三宫五院和洞、泉、池等自然景观，令人顿生"花飞佛地三千里，人在瑶峰十二层"之感。④ 围绕"道"文化，东方盐湖城一期取名"道天下"，以"太极生两仪，两仪生四象，四象生八卦"的策划思路，创造性地建设"一观八院十家宿，廿馆百铺千间房"特色旅游产品。八院极具特色，如感受盘古开天天幕影院"乾天穹"、女娲补天的地宫漂流"坤地谷"、灵动水世界"坎水法"、魔幻剧场"离火殿"、晨钟暮鼓"震雷场"、三茅石阵"艮石阵"、寻风之旅"巽风湾"、盐君宝藏"兑盐藏"。

第三，巧借传统文化。金坛是省级金坛圩村文化生态保护实验区，有金坛抬阁、直溪巨龙、金坛封缸酒酿造技艺、金坛刻纸、东浦丝锣鼓等非物质文化遗产项目。东方盐湖城聚集了 23 座主题文化展馆，特色展馆如兑盐藏、纸花阵、

① 东方盐湖城的景区文化特色[EB/OL]. 百度知道，2016－05－27.

② 金坛年鉴. http://www.jsjt.gov.cn/zgjt/jtnj/2016/jtgm/1.html.

③ 金坛茅山[EB/OL]. https://baike.baidu.com/item/金坛茅山/6435145? fr=aladdin.

④ 历史文化[EB/OL]. 金坛年鉴. http://www.jsjt.gov.cn/zgjt/jtnj/2016/jtgm/2.html.

中华道文化博物馆和中华性文化博物馆等，分别介绍了盐文化、非遗金坛刻纸文化、道文化和性文化等，是目前中国最大的体验式博物馆群让许多世界级、国家级的非物质文化遗产和民间技艺得以鲜活的方式再现。

三、国内创意城市建设经验对常州的启示

2017 年，长沙、澳门、青岛、武汉四座城市被联合国教科文组织将列入全球创意城市网络，加上之前的景德镇、上海、顺德、杭州、苏州、成都、北京、深圳，中国已有 12 座城市入选全球创意城市网络。这些城市的经验和探索，给常州在创意城市建设方面提供了有益的启发与借鉴。

(一)经验总结

1. 植根传统是创意城市的安身之本

加强对城乡记忆和传统文化遗存的保护，既是历史的责任，也是城市发展的需要，并已经成为创意城市建设的基本共识。《冬吴相对论》主讲人梁冬在《中国文化太美》中说："以一个生命体的角度去看待中国传统文化，就会重新发现中国文化太美，有很多的事情可以去学习与领悟。把在传统文化的智慧带到我们人的简单的生命过程中，会有许多超乎想象的回报。"

长沙是楚文明和湘楚文化的发源地，是我国历史上唯一经历 3000 年历史城址不变的城市，在创造性转化中让湖湘文化"活"起来，充分发挥岳麓书院、新民学会、清水塘等历史人文教育阵地作用，传承发展湘剧、弹词、花鼓戏、快板、客家山歌、皮影戏、湘绣、陶瓷技艺等民俗民艺和非物质文化遗产。修缮保护有历史文化价值的古镇群、古村落、古民居、古建筑等，使之成为生动展现传统文化的重要载体。①

推进"文化五城"建设是武汉的重要举措，包括读书之城、博物馆之城、艺术之城、设计创意之城和大学之城。同时多方位普及传承优秀传统文化，实施中华文化·武汉文化传承工程，加强知音文化、黄鹤文化、木兰文化、问津文化，以

① 湖南长沙深入挖掘中华优秀传统文化　实现"双创"发展[EB/OL]. 中国文明网. www.wenming.cn/ziliao/jianbao/gddt/201712/t20171225_4535638.shtml，2018－05－21.

及首义文化、红色文化、创新文化的传承传播推介工作。加强历史文化名城建设。完善武汉市历史文化名城保护委员会工作制度，切实做好文物古迹、文化遗址、革命旧址、历史文化建筑的保护利用工作。加强中山大道片、青岛路片、八七会址片、一元路片、昙华林片等历史地段传统风貌和空间形态保护。积极申报国家历史文化街区。①

青岛对优秀传统文化进行系统性研究、抢救性挖掘、保护性利用和创新性阐发，实施青岛文化历史纪录片创作项目，推行“图书馆+尼山书院”模式，普及优秀国学文化，组织开展丰富多彩的群众性经典诵读、节日民俗和文化娱乐活动。建设考古遗址公园，实施齐长城人文自然景观展示工程，加强海上丝绸之路文化遗产研究。以青岛德国建筑群和八大关、中山路、馆陶路近代建筑群等保护利用为重点，加强文物建筑合理适度利用。实施“乡村记忆”工程，加强对传统村落、传统民居的保护和传承发展。推动名人故居保护利用工作，引导社会力量参与故居保护利用和宣传展示。②

2. 突出特色是创意城市的致胜关键

从 2017 年的案例来看，武汉入选“设计之都”，长沙入选“媒体艺术之都”，青岛入选“电影之都”，澳门入选“美食之都”。武汉市以“老城新生”作为申报主题，将创意设计作为可持续发展的关键驱动力之一；以“芒果”牌电视节目，长沙的媒体产业呈现明显的规模化与多元化发展态势，形成了比较完备的媒体产业生态群和长沙媒体艺术的发展矩；③青岛发挥“东方影都”等重点项目的带动作用，建设青岛灵山湾影视文化产业区，不断拓宽影视产业链，构筑影视投资、影视摄制、电影发行、院线管理等现代影视产业集群；澳门申请成功的关键在于其饮食文化源远流长和内涵独特，充分体现了中葡文化的融合及和谐发展。

北京、上海、深圳是中国最早的“设计之都”，这 3 个城市的发展状况是我国创意设计产业发展的重要标志。北京市自 2006 年起，就将文化创意产业作为

① 武汉市文化发展“十三五”规划（2016—2020 年）[EB/OL]. 武汉文化局网站. http://www.whswxgj.gov.cn/ghjh/6667.jhtml，2017－08－25.

② 中共青岛市委关于繁荣发展社会主义文艺的意见[EB/OL]. 青岛群众文化网站. www.qdqzysg.com/newsdetail.aspx? nid＝1679，2016－08－02.

③ 创意，让城市更有“品格”[EB/OL]. 中国旅游新闻网. http://www.ctnews.com.cn/art/2017/11/30/art_125_12356.html，2017－11－30.

重点发展的主导产业，并以人大立法形式，确立了在北京建立全国六大创意产业中心，即全国文艺演出中心、全国出版发行和版权贸易中心、全国影视节目制作和交易中心、全国动漫和互联网游戏研发制作中心、全国文化会展中心、全国古玩艺术品交易中心，此后不断推进。文化创意产业的迅猛发展，不仅使北京市的产业结构得到了根本性的良好改变，悠久而丰富的古都历史文化资源得到了空前重视，新北京的形象受到世界瞩目，而且催生了一大批新兴文化产业集群，创造了许许多多的大学生就业需求，涌现出了众多的文化创意新人，同时使得文化创意产业的研究人才和应用人才备受青睐，为北京市的产业结构转型探索出了切实可行的路径。北京市的产业发展历程，明显地呈现了产业结构调整的路径特征——由重视重工业产品制造向重视现代服务业体系构建转型，由重视网络、电子、生物等高科技产品制造，向重视文化产品与文化服务创造转型。①

（二）启示研判

联合国对创意城市的考察与认定，主要着眼于民间艺术及手工艺、数字艺术、设计、电影艺术、美食文化、文学和音乐 7 个领域，这也是引导各国城市在此工作上注重传统文化与创意文化的融入，注重路径选择的特色化与差异化。

常州文脉久远，文运昌盛，有“诗国”美誉。诗已经成为常州文化史上一个“现象级”的文化景观。一府一城之地，被称为“国”，实为罕见。自泰伯开吴、季札封邑始，恰如延陵这个古地名一样，常州的文脉久远且绵延不断，几乎没有出现过断代、断层、断流，上溯延州来季子，下延到“天下名士部落”，君子、名士、高才、才媛层出不穷，一门风雅屡见不鲜，一城风流名扬江南。因此，传统文化领域的“民间艺术及手工艺”“文学”及其相关范畴都是常州建设创意城市的一个优势选择。

四、文化 IP：常州建设创意城市的路径选择

打造 IP 是个文化自觉的过程，必须从文化出发，研究文化、利用文化、经营

① 创意，让城市更有“品格”[EB/OL]. 中国旅游新闻网. www. ctnews. com. cn/art/2017/11/30/art_125_12356. html，2017－11－30.

文化,最后享受文化红利。

(一)坚持文化为本,聚焦IP的内容力

1.借大运河文化带建设契机,做好"水"文章

大运河是中华民族历史发展长河中展现巨大民族凝聚力、向心力和文化力的伟大工程,是祖先留给我们的宝贵遗产,是中华民族活着的、流动的精神家园。深入挖掘大运河承载的丰富历史文化资源,以高度的历史使命感推进大运河文化带建设,统筹保护好、传承好、利用好这一祖先留给我们的宝贵遗产,打造成为展示中华文明的亮丽名片。

(1)加强文化内涵的系统挖掘,提炼并形成IP内容优势

大运河是世界上最长的、最古老的人工水道,也是工业革命前规模最大、范围最广的工程项目,是在世界范围内具有广泛影响和号召力的超大型线性文化遗产。2014年大运河正式列入《世界遗产名录》,常州段是江南运河连江通湖的重要河段,全长45.8公里,其中世界遗产段23.4公里。自战国常州土城依河而筑开始,此后历朝历代依托运河,逐渐形成依河建城、河随城迁、河城相套的"三河四城"格局。历史城区内以水系为轴,呈现出"水陆并行、长街沿河、短巷向水"的五纵六横结构并保存至今。自隋以来,常州成为贡赋必由之路、漕运重要驿站,"三吴襟带之邦,百越舟车之会"正是常州运河辉煌的真实写照。到了近代,运河又成为民族工商业的摇篮,大成厂、大明厂、厚生厂、戚机厂、恒源畅厂等一批纺织、制造工业等民族工业雨后春笋般崛起于运河两岸。水系沿岸至今分布有青果巷、南市河、三堡街等历史文化街区和地段,有孟河、奔牛、横林、余巷、西夏墅等十余处古村镇。沿线分布有水利工程遗产、聚落遗产、其他物质文化遗产、非物质文化遗产等共计5类163项,形成了以青果巷为代表的街巷文化、以唐氏八宅为代表的名宅文化、以天宁寺为代表的宗教文化、以运河五号为代表的工业遗产文化等。

(2)加强运河资源的整合转化,推动运河文化"活态传承"

"统筹保护好、传承好、利用好"是习近平总书记对大运河文化带建设提出的鲜明导向,是我们推进大运河文化带建设的根本遵循。保护好,就是要保持历史的真实性、风貌的完整性、生存的延续性,加强对大运河故道、水工设施、历史街区、文物遗迹等珍贵遗产的保护;传承好,就是要在普查、抢救的基础上,对

大运河文物古迹等物质文化遗产有针对性、有计划、有步骤地修缮修复，让它焕发生机、重展风采；对大运河历史、运河文学、运河艺术、运河名人、运河故事特别是运河精神等非物质文化遗产进行系统挖掘、研究、整理，通过多种方式广泛传播和弘扬；利用好，就是要以文化建设为引领，积极用好用活运河资源，打造系列特色品牌，带动沿线地区经济社会发展，使古老的运河更好地造福今人和后人。结合当今时代条件，统筹保护好、传承好、利用好，促进创造性转化、创新性发展，彰显运河特色风貌，延续运河历史文脉，打造文化标识，力求将大运河常州段打造成承载记忆的历史风貌带、城市窗口的文化风情带、全民共享的亲水休闲带、绿色环保的生态示范带、品质提升的创意产业带。大运河不仅成为增强文化凝聚力、创造力、亲和力的精神家园，更逐步成为广大民众宜业宜居的美好家园，成为地方文化建设和经济社会发展的新亮点。

2.举历史文化名城保护大旗，做好“名人”文章

塑造城市品牌亮点，传承地方历史文化，是一座城市可持续发展的重要内容，也是创意城市的核心竞争力之一。2015 年，常州成为国家历史文化名城，这意味着常州名城保护工作即将进入一个新阶段。如何不断推进名城保护工作科学、可持续、包容性发展，进一步扎扎实实做好名城保护各项工作，守护好常州过去的辉煌、今天的资源、未来的希望，推进常州城市文脉永续传承，已经成为首要任务。对于常州而言，推进历史文化名城保护要“因城施策”，要抓住历史文化的“魂”与“根”，坚持“根源”与“资源”的统一。

历史文化名人是常州的优势资源，也是承载历史文化“魂”与“根”的主要载体。日月经天，江河行地，高山仰止，见贤思齐。历朝历代，常州城群贤毕至，可谓前有古人，后有来者。季子开篇，春秋争霸，齐梁演替，明清繁盛，常州历代名人书写了吴文化、中华文化的传奇篇章。他们活跃在各个历史时期的社会舞台上，或以文治武功流芳百世，或以思想学术立身扬名，或以诗词文赋蜚声文坛，或以妙笔丹青驰誉艺苑，或在科学技术园地大放异彩。首先，要对历史名人系统梳理，以实际作为、贡献和知名度为准则，分为三类：一是常州籍并在常州生活的名人，二是客籍而出生在常州，三是客居即不是常州籍或出生在常州，但在常州生活过较长时间。特别是对第三类名人，容易被忽视，更要倍加珍视。像春申君、李栖筠、独孤及、王安石、苏东坡、杨万里、杨时、贺铸等，他们在游宦、游学或游寓于常州期间，或勤政为民，或激扬文才，或藏书著述，或献身佛法，完成了多方水土养育、一方历史传承的重任，为常州历史文化的发展做出了巨大的

贡献，也是“名人”文章中值得浓抹重彩的亮点。其次，要根据类别进行整理，让名人形成“群体效应”。可以从政治、思想、经济、文化、军事、科学、宗教或家族等类别进行归类，如史学大家有吕思勉、《永乐大典》总编辑陈济、于敏中（《四库全书》）、萧子显（《南齐书》）、姜椿芳（《中国大百科全书》）等；文学家有唐顺之、段玉裁等；书画家有恽南田、刘海粟等；语言学家有赵元任、周有光、瞿秋白、吴稚辉等；“常州三杰”的瞿秋白、张太雷、恽代英；教育名家有华罗庚、钱名山、屠寄、蒋维乔、方重、史绍熙等；艺术天才有阿甲、洪深、吴祖光、周旋、陈蝶衣、杨守玉等；萧氏宗族是“永嘉南渡”时从山东兰陵南迁到常州的。在常州生活了百余年后，萧氏一姓英才辈出，有萧道成、萧衍、萧纲、萧绎、萧统、萧子显、萧子云等，其中萧道成、萧衍是齐梁王朝的缔造者。因此，有文化资源不一定就是文化IP，只有基于文化的持续内容加工与创新，才能坐拥文化但不困于文化。内容只是基础，人格魅力演绎才是灵魂，然后才能释放品牌张力。

（二）秉持创意为王，强化IP的转化力

文化资源只是静态存在，需要用创意激活，需要以载体传播，需要新话语体系和叙事方式。无论是世界文化遗产“大运河”，还是“名人群体”，以及它们关联和延伸的文化资源（历史文化街区），都是常州创意城市建设不可多得的IP资源，但至少在现阶段，它们只是一个“沉睡”的IP，或者说是待“变现”的IP，甚至是一个“IP胚”。从文化资源到文化IP的创造性转化，需要一个创意的裂变与转化过程，需要赋能、需要创意。

首先，要“创造好故事”。从上海到武汉，每一个创意城市背后都有一串精彩的故事。常州是个不缺故事的城市，从文明之光的三星村遗址到寺墩良渚文化，从阖闾城的春秋风云到万绥古镇的齐梁，从季子三让王位到东坡九顾龙城，从“江山代有才人出”的赵翼到“我是江南第一燕”的秋白……但有了这些还不够，在这个“创意为王”的时代，要在汗牛充栋的史料中寻找故事的卖点，对故事进行再创作，给受众留下细细品的“包袱”。因为在传统的话语体系中，厚重的历史会让人产生“时间代沟”和“距离感”，受众往往对文化敬重有余、亲近不足，久而久之，文化就会失去鲜活力，僵化为一个符号、一种抽象的概念甚至一件文物。这就要求在创意过程中，通过积极、合理地吸纳现代文化元素，让“创意城市”的内涵愈加丰富，并在“辩证的扬弃”中释放出“文化增量”。故事的作用就

在于它有糖衣炮弹式诱惑力、感染力和渗透力，释放信息的方式是间接的、委婉的、包抄的。因为缺少“故事外壳”包装的历史，往往会强化受众的陌生感，进而产生疏离感和抗拒感，降低文化亲民的有效值。北京故宫博物院“放下高冷转身卖萌”，给博物馆同行深度挖掘文化资源 IP 做了很好的示范，充分利用了自身的文化底蕴，设计出了图文并茂、萌萌的形象产品，如“萌皇帝系列”（“朕生平不负人”“朕即福人矣”），“稳准狠”地抓住了受众的心理，很快成为淘宝爆款，可以说是“既叫好又叫座”。讲好具有本土印记的常州故事，文化就会像邻家大叔一样有内涵又有亲和力。

其次，要“学会讲故事”。有了好故事，怎么讲也是一门创意艺术。以反映“常州三杰”之一瞿秋白的电影《秋之白华》，之所以大获成功，就在于它找到了讲故事的好方法、好视角、好渠道，做到“时、度、效”的有机结合，重视受众的内心需求和阅读兴趣；告别“高大全”式的说教与灌输，取而代之以“邻里家常”式的身边叙事。讲故事，就是要改变传统的话语体系与读者沟通情感上的短板，重视受众的内心需求和阅读兴趣，兼顾个性化、小众化、碎片化的细分特征，降低内容的生硬度和冰冷感，强化体验性和受众黏合性，在同质化的年代凸显“本土故事”的风韵和魅力，让好故事无人喝彩变为好故事无比喝彩，让不同年龄段的“听故事人”都找到自己的兴趣点。

注意力经济时代，学会讲故事不仅是政府提升国家软实力的不二法宝，也是诸多城市在区域竞争中传播创意正能量的必修课程，是推动历史文化由“圣殿范式”向“集市范式”转变的重要路径。信息拥挤的时代，如何让受众从数据的海洋获得有价值的资讯，成了困扰“讲故事人”的现实问题。“精神导师”式的居高临下和“王婆卖瓜”式的“自吹自擂”已经落伍，好故事要内外兼修，以柔性传播替代硬性灌输，以“故事输出”的方式输出文化与创意，输出城市形象与口碑，以求赢得注意力、传播美誉度。讲故事的最高境界就是让自己成为故事，让别人替你讲，这似乎是一种“不战而屈人之兵”的文化智慧。巴黎式的浪漫好像已经不用法国人自己说了，全世界差不多都这么认为；上有天堂、下有苏杭已经家到了家喻户晓的地步，虎丘、寒山寺、断桥、雷峰塔，某种意义上他们自身就是故事。“文化+”元素的巧妙植入，既有利于名城保护的传播和普及，又极大地丰富市民百姓的日常文化生活，用文化的方式讲故事，故事会让城市更风雅。

(三)重视网络传播平台,加持IP的市场力

市场力是文化IP制胜的终极表现,也是对IP效益的市场检测。一个成功的IP要通过社交方式带来流量并通过流量变现实现它的价值,最终成为自带流量的超级IP。

社交为IP带来市场势能。社交是连接、推广与互动的市场行为,人类本质上是社交动物,社交的本质是人与人的连接、情感的沟通与价值认同。北京故宫博物院在超级IP塑造中充分利用"社交连接",通过淘宝、腾讯、公众号、B站以及线下体验店,克服固有的创意不足、表现力很差、传播单调的缺陷,抓住元素性、故事性、传承性,以多媒体矩阵的方式把原创文创产品、表情包、小游戏、美图秀与终端连接,让故宫博物院从高冷走向暖萌,形成巨大的市场效益。在此意义上看,木心不是超级IP,但木心美术馆是;乌镇不是超级IP,乌镇戏剧节是;故宫不是超级IP,但故宫文创是;丰田普锐斯电动汽车不是超级IP,但特斯拉电动汽车是。创意城市的建设,必须要基于文化资源的整合与创意,分析受众的交往习惯、认知习惯、思维习惯、行为习惯以及信息接收习惯,对产品与内容进行"多次元"(图片、语音、视频、AR、VR等)形态、场景与业态衍生,借助各类带有众包、众创、众筹属性的推广和传播,在个体、亚文化社群、商家和自媒体建立"交互连接",从而形成强大的市场势能与"自来水"口碑,最后把内容资产变现为IP价值,让内在的"灵魂"转化为外在的"红利"。

社交助推IP场景化。超级IP是社交与连接产生的"新物种",具有自扩张属性的"网红"基因,并形成强大的社交集合场域。场景是社交的集合体,也是线下引流的重要载体,像乌镇互联网大会、戏剧节都是节庆IP的场景、场域开发,以主题细分吸引剧迷、游客与社群。从更大视野看,历史文化街区、特色小镇都是IP主题与品牌的场景化。常州自古称毗陵,有"诗国"之称,代表性诗人如萧子良、独孤及、王安石、苏东坡、杨万里等,代表性诗派或组织如竟陵八友、毗陵诗派、阳湖文派、苔岑诗社,以及众多名人雅集层出不穷。浙江诗人查慎行(武侠作家金庸先祖)就说过"毗陵诗国千年事",一个城市被誉为"诗国"本身就是创意点。围绕"诗国"主题进行节庆IP设计,如"诗歌节""吟诵节""朗诵节"等,十分契合诗性江南的地域条件,嫁接诗歌、名人、运河、名城等先天资源,把诗歌文化、音乐文化、创新文化、历史文化、山水文化纳入了节庆场景,持续创造文化内容和社交流量。

城市谈资源，IP讲内容；城市谈规划，IP讲创意；城市谈传播，IP谈流量。创意城市是城市发展的高级形态，与以往的区域型、资源型和投资型主导的城市形态相比，它更为推崇现代创意对城市中蕴藏的丰富文化资源的开发利用，注重多样的文化艺术和拥有多元背景的复合型人才对城市社会经济发展的支持。[①] 借助文化IP的内容力、转化力和市场力，加强顶层设计，深化创意转型，加强优秀传统文化创造性转化、创新性发展，丰富创意城市的文化内涵和社会影响，构建一体化塑造、立体化呈现的创意城市IP，提升城市知名度和美誉度。

（苏刚，常州青果巷建设发展有限公司、青果巷历史文化研究院；朱少杰、林云，常州市委宣传部）

---

① 王林生.文化多样性：创意城市的价值理念、测度与启示[J].福建论坛（人文社会科学版），2016(12).

第七章

扬州:古代文明与现代文化交相辉映

一、扬州市文化产业发展现状

二、扬州市传统优势文化产业集群发展状况

三、扬州市新兴文化产业集群发展状况

四、古代文明与现代文化交相辉映的扬州模式

五、扬州市文化产业未来发展趋势

文化是一座城市的底色，也是一座城市的精髓和灵魂，更是构成一座城市综合实力的重要组成部分。扬州是一座具有2500余年历史的文化古城，作为国务院公布的首批24个历史文化名城之一，扬州的传统文化资源极其丰富，雕版印刷、扬州玉雕、扬州漆器、剪纸、古琴等精美绝伦的传统工艺，扬州园林、古街小巷、唐城遗址等得天独厚的人文景观、扬州评话、扬州清曲、扬州三把刀、乱针刺绣等特色鲜明的民间技艺都是扬州城亮丽的城市名片。近年来，随着经济社会发展，扬州文化产业快速发展，已经成为扬州现代服务业发展的新亮点。文化产业不仅是扬州经济发展的特色，也是扬州综合实力发展的潜力。本文通过分析近年来扬州文化产业发展的现状和主要特征，探索扬州未来产业的发展趋势，为促进扬州文化产业的高效、优速发展提供参考。

一、扬州市文化产业发展现状

(一)文化产业发展思路日益明确

“十三五”时期是扬州迅速提升城市综合实力、文化竞争力的机遇期。两年来，扬州市文化产业坚持特色发展、融合发展、创新发展，既保持了平稳较快的发展态势，又为扬州文化产业铺展开生机蓬勃的发展方略。2016年，市委宣传部、市文广新局、市统计局齐抓共管推进文化产业发展，建成了全省最大的“文化产业直报平台”，截至2016年底，该平台共上报文化企业870多家。2017年，扬州市委、市政府主要领导先后召开全市文化产业工作推进会、扬州文化产业博览会、大运河文化带建设工作动员会、江浙沪特色文化产业对接会，制定出台了《扬州市“十三五”文化发展规划》《促进文化产业发展的实施意见》等一系列文件，全市文化产业发展势头良好，在政策体系、规模总量、资源开发方面都取得较大进展。

(二)文化产业企业数量和质量并举

据最新统计数据显示,2016 年扬州实现文化产业增加值 189.4 亿元,占 GDP 的比重为 4.3%,位次由上年的全省第八提升到全省第七。规模以上文化产业单位 326 家,比 2015 年净增长 68 家,单位数增幅及增加值增幅均位列全省前列。

表 7-1　2016 年全省"规上"文化产业单位增幅情况表　　单位:个

	2015 年	2016 年	增幅	增量
江苏省	6816	7326	7.48%	510
南京市	1083	1250	15.42%	167
苏州市	977	1037	6.14%	60
常州市	865	836	−3.35%	−29
南通市	762	830	8.92%	68
无锡市	589	608	3.23%	19
盐城市	469	521	11.09%	52
镇江市	360	381	5.83%	21
淮安市	339	366	7.96%	27
徐州市	312	358	14.74%	46
扬州市	258	326	26.36%	68
宿迁市	317	301	−5.05%	−16
泰州市	255	272	6.67%	17
连云港市	230	240	4.35%	10

(三)文化产业内部结构不断优化

从规模以上文化产业增加值构成来看,规模文化制造业实现增加值 83.74 亿元,占规模以上文化产业增加值的比重为 87.9%,限额以上文化批零业实现增加值 1.22 亿元,占比 1.3%,重点文化服务业实现增加值 10.32 亿元,占比 10.8%。三次产业比重由 2015 年的 90∶2∶8 变为 2016 年的 88∶1∶11,制造业、批零的比重下降，服务业的比重不断提升。

(四)文化产业行业分布日益广泛

从文化产业十大产业分行业的情况来看，呈现 6 个行业增长 4 个行业下降的态势。其中，“文化信息传输服务”“文化休闲娱乐服务”“文化用品的生产”三个行业对扬州文化产业增加值的拉动最为明显，贡献率分别达到 44.3%、46.8%、23.0%。

表 7－2　扬州规模以上文化产业十大行业 2015—2016 年对比表　单位：万元

	单位数			增加值		
	2015 年	2016 年	增幅	2015 年	2016 年	增幅
合计	258	326	26.4%	886915.6	952912.7	7.4%
新闻出版发行服务	9	9	0.0%	8885.3	7217.2	－18.8%
文化专用设备的生产	12	22	83.3%	4883.1	5494.2	12.5%
广播电视电影服务	5	9	80.0%	394.9	639.8	62.0%
文化艺术服务	2	1	－50.0%	12123.4	10325.7	－14.8%
文化信息传输服务	32	51	59.4%	28982.2	58204.5	100.8%
文化创意和设计服务	20	29	45.0%	19226.3	18352.6	－4.5%
文化休闲娱乐服务	40	47	17.5%	63913.9	94819.2	48.4%
工艺美术品的生产	21	34	61.9%	76431.1	95454.4	24.9%
文化产品生产的辅助生产	108	115	6.5%	633939.3	609094.3	－3.9%
文化用品的生产	9	9	0.0%	38136.1	53310.8	39.8%

(五)文化产业从业人员队伍扩容

从文化产业从业人员看，2016 年扬州市 326 家规模以上文化产业单位吸纳就业人数为 49159 人，平均单位人数为 150 人，平均职工薪酬 5.56 万元。就业人数占全部规模以上总人数的 5.97%，职工薪酬是全市人均可支配收入的 2 倍。扬州的文化产业已经成为吸纳就业的重要途径。

(六)文化消费需求更加旺盛

随着经济和社会的不断发展,扬州市居民收入水平不断提高,消费需求也开始从物质层面向更高的文化层面迈进。2016 年扬州市居民人均可支配收入为 28633 元,同比增长 9.1%,增速位于江苏省第五位;人均消费性支出达 18054 元,同比增长 8.0%,其中人均文化娱乐消费 1335 元,同比增长 3.7%;恩格尔系数为 30.9%,根据联合国粮农组织(FAO)的标准,恩格尔系数在 30%~40%为富裕,低于 30%为最富裕,由此可见,扬州市居民已逐步进入富裕阶段,并不断向更高层次的富裕水平迈进,扬州文化消费的空间正逐步提升。

二、扬州市传统优势文化产业集群发展状况

(一)扬州市玉器产业发展状况及典型案例

历经 5300 多年的扬州玉器始于远古,兴于汉、唐,盛于清代,形成了“浑厚、圆润、儒雅、灵秀、精巧”的扬派风格,素以“和田玉、扬州工”著称。故宫珍藏的大型玉器,多半出于扬州艺人之手,2017 年扬州全市玉器年产值达 2 个亿。作为扬州玉器的源头,广陵区湾头镇的琢玉工艺一直是扬州乃至中国玉器发展史上的一颗璀璨明珠,也是全国玉材的集散地和玉器生产中心之一。2016 年 5 月 15 日,扬州市委书记谢正义调研古镇,在实地察看和详细了解湾头镇规划建设和玉器加工产业发展情况后,对湾头玉器特色小镇建设写下了千余字的批示,对湾头古镇改造复兴的意义、时机以及目前需要在规划、交通体系、城镇建设、旅游业发展、体育休闲公园打造等方面做的工作进行了详细的阐述,为湾头特色小镇建设指明了发展方向。目前湾头镇各类玉器生产企业、作坊和商户共有 1600 多家,从业人员 3500 多人,年产值近 8 亿元。2017 年,由中国铁建投资集团牵头,与铁五院、青旅城市组成的联合体正式中标扬州湾头玉器特色小镇 PPP 项目,该项目也是江苏省 2017 年首批 PPP 试点项目,总投资额 57.73 亿元,合作期限 33 年,其中建设期 3 年,运营期 30 年。独特的产业优势注入资本,将为特色小镇的打造奠定良好的基础。未来,湾头玉器特色小镇按照规划方案,将打造“一核两翼三带五片区”,成为扬州休闲旅游慢生活度假区。

(二)扬州市工艺美术业发展状况及典型案例

扬州工艺美术行业是扬州的特色产业,深厚的历史文化底蕴,蕴藏着巨大的发展潜力。特别是以扬州玉器厂、漆器厂为龙头的扬州玉器、漆器产业的生产规模、技艺品种、人才保护、品牌声誉等在全国有较高的知名度。扬州剪纸被联合国列入人类非物质文化遗产项目,扬州漆器髹饰技艺、玉雕技艺被列为首批国家级非物质文化遗产,扬州刺绣、灯彩、通草花、绒花、漆画和金属工艺品制作技艺列入了首批省级非物质文化遗产保护名录;扬州漆器厂“漆花”商标、扬州玉器厂“玉缘”商标分别为中国驰名商标。扬州市目前共有联合国教科文组织“人类非物质文化遗产代表作”3 项、国家级非物质文化遗产名录 19 项(在江苏省名列第二)、江苏省非物质文化遗产名录 46 项、扬州市非物质文化遗产名录 206 项、县(市、区)级非物质文化遗产名录项目 237 项,共有国家级传承人 17 名、省级传承人 82 名、市级传承人 278 名。2016 年有 23 家规模以上工艺美术品制造企业,10 家限上工艺美术品销售企业。从某种程度上来说,已经形成一个原发型的产业集群。将工艺品原材料集中交易、创意设计、加工经营、展示拍卖、质量鉴定、价格评估、物流配送、餐饮住宿、工业旅游等各个产业环节进行有机整合,形成了扬州在全国具有特色和影响的工艺品专业大市场。

(三)扬州市玩具行业发展状况及典型案例

扬州玩具作为一项产业还是从 20 世纪 80 年代初开始兴起的,随着投资的加大,扬州玩具产业呈现井喷式的发展,其中占主导地位的是长毛绒玩具。业界有“世界毛绒玩具在中国、中国毛绒玩具在扬州”的说法。据统计,扬州毛绒玩具出口占全球的 1/3,淘宝网上所出售的毛绒玩具 80%以上来自“五亭龙”。2016 年,扬州市规模以上玩具企业共有 47 家。从企业规模看,47 家企业有 1 家大型企业 11 家中型企业和 35 家小型企业。企业从业人员合计 10010 人,营业收入 77.36 亿元。扬州玩具业已经初步形成了从面料、辅料、配件、填充料、玩具生产设备等一条较为完整的产业链,既有面料配套的制造企业,又有填充辅料的生产企业,还有制作与销售一体、旅游与购物合一、批发和零售兼营的物流配套平台,开始呈现出“企业集群、产业集聚”的成熟型产业集群特征。

(四)扬州市乐器制造业发展状况及典型案例

扬州乐器制造以古筝为主,古筝制造是扬州独具特色的传统产业,古筝业内素有“七成古筝扬州造”的说法,被文化部命名为古筝之乡,六次中国古筝艺术交流会都在扬州举行。扬州早在唐代就已经成为古筝的重要产地,到清代创立了“广陵琴派”,20 世纪 30 年代由于筝艺大师回归扬州,使得扬州筝坛欣欣向荣,随着日本侵华战争的爆发,艺人流散,筝坛衰落。扬州琴筝复兴于 20 世纪 80 年代,1983 年第一家古筝制造厂在扬州开办,扬州这座城市陪伴着古筝发展走过了 30 多个年头,一步步见证了古筝名家的成长成熟、古筝艺术的流行普及和古筝技艺的革新创新。目前,扬州各类古筝培训机构近 200 家,学习古筝的爱好者达 10 万人以上;古筝古琴制作厂家近 300 家,2016 年生产销售琴筝达 45 万台,年产值超过 10 亿元,占全国市场份额的 80%、全球市场份额的 70%。甚至可以这么说,世界上只要有华人的地方,就有中国制造的扬州筝。为打响“扬州琴筝”地理标志品牌,推动琴筝产业集聚发展,2017 年,扬州市委、市政府作出建设扬州琴筝文化产业园的规划,选址在邗江区甘泉街道长塘村,总面积约 1242.6 亩,将其作为传承和弘扬扬州历史文化的重要举措,成为推进传统特色产业发展的重要抓手。目前,琴筝文化产业园区项目已经开始启动,并按三个步骤推进:一是 2017—2018 年建设一期项目,统一改造影视大道北侧现有民房,打造琴筝商品街,新建小镇客厅和停车场等公共设施,初步出形象;二是 2018—2020 年建设二期项目,新建传承中心、器乐商品街、博览区,打造地域风情带、非遗延展带;三是 2021 年建设三期项目,构建古风文化带,新建会展区、生产区、生活配套区,当年园区初步建成。可以说,扬州以古筝制造为代表的乐器制造业正进入繁荣时期,呈现集群发展态势,成为扬州特色的文化产业。

三、扬州市新兴文化产业集群发展状况

(一)江都——创·艺 985 众创空间

根植千年古城的沃土,凭借“双创”城市示范基地的金字招牌,两年多来,扬州市按照“企业主体、政府服务、政策集成、机制创新”的工作要求,坚持创新驱

动发展战略，打造空间载体，完善服务体系，优化营商环境，强化融资支持，扎实推进“双创示范”工作，不断激活市场活力潜力和社会创造力，努力建设“强富美高”新扬州，成绩斐然。2016 年 5 月，江都创客邦、创艺 985 创客街区两众空间在江都区仙城工业园隆重开业。这是一家以工业设计为主导的众创空间，以整合引入工业设计企业、文化创新、软件开发等相关机构及上下游和周边服务商，形成工业设计产业集群。根据目前部分创新设计类的创业青年，在创业初期对政策把握、资金募集、技术嫁接等方面存在需求的市场现状，采取与高校产学研相结合的模式，与南京艺术学院、江南大学、扬州大学建立合作联盟，搭建工业设计服务平台，打造三个环境、三个基地和六个平台。同时，推进市场化机制、专业化服务、网络化手段、资本化运作，构建低成本、便利化、全要素的适应大众创新创业需求的开放型创业服务平台，为创新创业者提供更好的工作空间、网络空间、社交空间和资源空间，打造一流的创新设计众创空间。江都创艺 985 创客街区定位于“文化创意+”孵化器，截至 2017 年底，已有入孵企业 56 个、创客 120 多人，拥有 18 名教授和知名企业家组成的创业导师团队。江都创客邦以“家文化”为理念，以“互联网+”、软件和信息服务业为主集聚创客，目前已引进创业企业和项目 37 家。

（二）广陵——设计瑰谷园区

设计瑰谷园区是由扬州市广陵区与中船重工七二三所通过战略合作，利用七二三所闲置厂区改造而成，是首家以工业设计为主导的综合性园区，于 2012 年 9 月 28 日建成开园，区占地 56.7 亩。作为按照北京光华设计发展基金会规划理念设立并参与运营的首家设计瑰谷，明确以工业、文化设计为主体的设计产业发展定位，是扬州市五大文创平台之一。设计瑰谷在注重发挥扬州运河博览会、金贸洽谈会等全市性重大主题招商推介活动的同时，参与承担中国设计节、绿色设计论坛、设计产品博览会等国际国内大型专业活动。几年来，扬州设计瑰谷园区构建的创业实践与人才资源平台、国家级设计工程技术服务平台、新材料新设备展示平台、专业社团组织与信息服务平台、知识产权及综合法律服务平台、国际化服务平台、投资与孵化平台、设计博物馆暨设计成果展示平台等八大创新创业服务平台已正常运行，并产生良好效果。近年来，广陵重视文化创意产业的发展，多次在设计瑰谷举办文创产品设计大赛。2017 年 12 月，

“美好生活在扬州”运河特色文化旅游产品设计邀请赛在扬州设计瑰谷拉开帷幕。大赛以大运河文化为创作背景，通过设计和创意与自身优势相结合，撬动区域及周边产业升级转型，推动广陵产业文化融合发展，沉淀一批设计人才和作品，打造“美好生活在扬州”活动品牌，进一步展示扬州在运河文化建设中的智慧和成果，推动扬州大运河文化带示范区建设。

(三)瘦西湖风景名胜区——瘦西湖游礼文创品牌

“瘦西湖游礼”文创品牌创建于 2016 年，以弘扬扬州传统文化，展示瘦西湖秀美风景和文化底蕴为重点，量身定制了一批特色文创产品，既实用，又有内涵，迄今已经精心打造出了集传统、时尚、创意、有趣、实用于一体的百余种文化纪念品。2018 年春节期间，瘦西湖游礼文创体验馆正式在东关街开馆，古色古香但又不乏现代元素的体验馆一亮相就吸引了众多市民与游客关注，在体验馆内，从手机壳、冰箱贴、钥匙扣到文具套装；从记事本、线状书、创意明信片到茶具精品；充满瘦西湖印记和扬州元素的文创产品琳琅满目，涵盖了生活的多个方面。其中乾隆源自“清乾隆掐丝珐琅扁壶”器型的“福转乾坤—茶具”，还在近期荣获了省委宣传部等 14 家单位主办的“紫金奖”文化创意设计大赛银奖。与这家“瘦西湖之外”的文创体验馆相呼应的是，瘦西湖景区内，位于晴云轩的旗舰店和近 30 个销售点也已成为游客的游览热点。这些文创产品，为瘦西湖的游客们带来了更加深度的文化体验，游览瘦西湖之余，根据自己的喜好买一套文创产品，带走的其实就是瘦西湖的历史与传奇，与一段与瘦西湖相遇的美丽回忆。这一切，能够让游客们更深入地体会到文化的内涵，加深对瘦西湖、对扬州的深刻记忆。目前，瘦西湖游礼文创店已入驻淘宝，实现线上+线下同步销售，让顾客足不出户便可尽享“扬州记忆”。瘦西湖将文创产品推向商业区，对于提升瘦西湖文化的附加值，促进瘦西湖旅游产业向休闲游、体验游转型升级有着重大的意义。

四、古代文明与现代文化交相辉映的扬州模式

扬州地处大运河与长江的交汇点上，“T”字型的长江、运河黄金水道构成了天然的水韵扬州。扬州自古即有楚头吴尾、江淮名邑之称。扬州是京杭大运河

的发源地、通史式的城市，是典型的与运河同龄、因水兴城、水城交融的城市。自吴王夫差开邗沟、筑邗城，“举锸如云”，挖下运河“第一锹”，到隋炀帝“发淮南民十余万开邗沟”，扬州始成江河沟通“第一城”。扬州是中国罕见的通史式城市，汉、唐、明清三度辉煌，成为大都市，康乾盛世时是世界上人口超过50万人的十大城市之一。穿越千年的运河，孕育了璀璨的扬州文化，为扬州2500多年的历史积淀了丰富的文化资源，其主要构成具体可分为历史文化、民俗文化、工艺文化、宗教文化、饮食文化等，堪称文化资源大市。其中，人文历史类、自然生态类和休闲度假类旅游资源尤其丰富。文物古迹多，文化遗存厚重；运河风光资源丰富，是集扬州历史、文化、地理、经济等资源于一体的城市综合品牌；古典园林历史地位高，在清代康乾时期有“园林之盛，甲于天下”之称，以瘦西湖为代表的湖上园林知名度高；名人荟萃，有“曹雪芹第二故乡”之称等，人文资源可长期可持续利用；民俗文化保留丰富，扬州沐浴、剪纸、盆景、非物质文化遗产多样，工艺文化、曲艺文化等艺术水准高；宗教文化繁盛，门类齐全，名刹古寺和宗教遗迹数量大；博物馆、纪念馆等展示历史文化遗存的场馆种类多；县域风光秀丽、生态旅游条件良好，人文历史类旅游资源构成了扬州旅游资源的主题，是构成扬州文化特色的核心要素。这些文化背后蕴藏着有待挖掘的经济价值，文化消费的兴起也让这些“瑰宝”有着广阔的市场前景。当前，扬州着眼于文化名城、旅游名城的建设，将旅游业作为永久性基本产业来打造，一方面，坚定不移地走人文旅游的发展路线，在促进文化资源旅游化的同时，推动旅游资源人文化，将现有旅游资源中的人文价值充分挖掘展示出来。这些文化是扬州传统文化的重要内涵，是扬州这座城市的“根”和“魂”，也是最能打动人、感动人的扬州城市精神。另一方面，扬州抓住大运河文化带建设的契机，努力打造文博城模式、大运河文化带模式，凸显“中国运河文化窗口”的作用，坚持“跨江融合发展”和“宁镇扬”同城化以及“江淮生态大走廊”的发展战略，实现跨区域、跨时空融合发展。

（一）文博城模式

2006年，扬州市委、市政府作出建设“文化博览城”的重大决策，提出要用15年的时间，把扬州建设成为“文博城”，形成“三横二纵一场一园”的文化博览格局。“文化博览城”的建设旨在把扬州隐性的文物资源亮出来，分散的文化资源串起来，宝贵的精神资源用起来，充分挖掘古城扬州的文化内涵，向世界彰显城市的文化个性。历届市委、市政府将文化作为扬州最重要的资源，一张蓝图绘到底，在城市现代化进程中坚守并弘扬扬州城的个性，在千城一面的城市发展趋势中彰显扬州的独特魅力，精心做好扬州市历史文化遗存的保护、开发和利用。截至 2017 年底，扬州市完善提升、恢复和新建的文博场所，总数已达到 133 处、162 个。在文博馆开放利用方面，仅 2017 年一年，扬州市文博场馆就举办各类临展 300 多个，吸引成千上万的游客走进文博场馆，为广大游客献上了一道道“文化大餐”。据市文博办统计，近三年，扬州文博场馆参观人数实现三级跳，2017 年市区 35 家文博场馆接待观众和游客量由 2016 年的 1085.92 万人次增长到 1209.32 万人次，净增加 123.4 万人次，同比增长 11.36%。在文博馆宣传管理方面，自 2009 年起，扬州市每年都要举办一届文博城知识大赛，一年一个专题。各大文博馆一直以来保持与电视台、电台、报纸、网站等新闻媒体的密切合作，在各种媒体及网站上的报道逾千次。同时，扬州市进一步加强对文博馆的管理，开展对文博物馆运行利用评估，开展文博志愿者招聘和先进团队评选等。根据最新统计，2017 年各场馆新招文博志愿者 264 人，市区现有文博志愿者 2000 人左右，志愿服务团队 26 个(约 700 多人)，在各场馆开放服务中发挥了重要作用。文博场馆是提供公共文化服务的重要场所，扬州市坚持以人民为中心的工作导向，满足多元化多样化分众化的文化需求，在提供高品质公共文化服务上下功夫，把博物馆打造成市民的“文化会客厅”、游客的“文化景点”、学生的“第二课堂”，推动扬州文化建设高质量发展。

(二)大运河文化带模式

扬州因水而兴、缘水而盛，运河和城市的关系情同母子。作为国内唯一一座与运河共生的城市，扬州是当之无愧的“运河长子”，千余年来，扬州人民一直对“母亲河”倾力呵护。2007 年，扬州作为大运河申遗牵头城市，积极参与大运河申遗工作。2014 年 6 月，扬州牵头中国大运河申遗成功，中国大运河成功跻身世界文化遗产，而扬州拥有 27 个遗产河段中的 6 个、58 个遗产点中的 10 个，遗产最集中，优势最明显。对于扬州而言，在大运河文化带建设中需要考虑的不仅是如何发展，更肩负着在运河全线争创生态文旅发展先行市、示范市的时代命题。2018 年扬州两会，中国大运河博物馆等一馆多园建设写入政府工作报告，在大运河扬州段沿线，瓜洲、湾头、邵伯等古镇保护开发，培植壮大文化旅游、现代物流、观光休闲农业等沿河特色产业已处于加快实施阶段。在湾头镇，湾头玉器特色小镇项目总规划面积3平方公里，其中核心区规划面积1.8平方公里，将围绕创建文化部首批文旅特色小镇、财政部第四批PPP示范项目建设目标，重点打造“一核、两翼、三带、五片区”的新型产业布局。在邵伯镇，总投资约60亿元的“运河风情小镇”雏形已现。在明清运河故道与淮扬运河主线合抱之地，邵伯将依托旅游龙虾节，在3.2平方公里范围内突出“古、水、绿、味、文、情”，打造一片文化历史、绿色生态与旅游经济深度融合的品鉴文化、品味休闲、品尝美食的集聚地。向南，“诗渡明珠”瓜洲正在发力建设“旅游风情小镇”，通过打造观音岛直升机航空游艇基地，推进古镇核心区开发、大观楼生态文化旅游区、古渡公园精品民宿等10大项目，再现运河明珠的璀璨之光。今后，扬州市将坚持大运河文化带建设与江淮生态大走廊建设、公园体系建设、特色小镇建设等相结合，参与完善大运河文化带扬州段规划，建立大运河文化带扬州段建设重点项目库。

五、扬州市文化产业未来发展趋势

文化产业融合发展是未来的发展趋势，目前扬州市70%文化产业集聚区仍处于产业型聚集区，融合发展将是下一阶段扬州市文化产业发展的趋势。

(一)文化产业与生态旅游融合

扬州古代园林曾鼎盛一时，瘦西湖、个园、何园等曾是这座历史文化名城的标识。如果说园林曾是古城扬州的标志，公园则是现代扬州的标配。2015年，“让生态成为市民的永续福利”被写入扬州市政府工作报告，截至2017年底，扬州市新建了大大小小城市公园上千个，总占地面积超过11万平方公里，相当于10个瘦西湖核心景区的面积。2017年扬州市旅游实现总收入796.72亿元，比上年增加105.12亿元，同比增长15.2%，超过全省增幅1.6%。为了更好地提炼文化内涵、丰富旅游产品、提升游客体验，扬州的文化旅游未来致力于优化三个方面：一是培育建设新增长点，除了传统的“瘦大个”(瘦西湖、大明寺、个园)东关街以外，还不断强化投入、招引项目，建设了枣林湾生态公园、马可波罗花世界等一批文化旅游项目，同时，将文化旅游与特色小镇建设、江淮生态大走廊建设、全域旅游建设相结合，形成更多的新兴增长点。二是打造消费热点，除了传统的玉器、漆器，还开发出了漆艺首饰、餐具、剪纸、刺绣、雕版印刷等一批非遗文化的转化型产品，获得了较好的市场反响。三是解决市场痛点，夏冬两季来扬州玩什么，晚上在扬州玩什么，正宗淮扬菜哪里吃，正宗扬州“三把刀”哪里体验，“春江花月夜”的情调在哪里领略，这些关键点既是市场的需求，也是扬州文化产业相关部门接下来的工作重点所在。随着扬州生态环境的改变，越来越多的公司与人才流入扬州，2015 年以来，扬州市不仅获得全国文明城市荣誉三连冠，也连续三年实现人才净流入。未来，扬州将兴建更多的城市公园，并将 24 小时城市书房以及花卉与农业体验业态与城市公园相结合，让社区公园成为家门口的运动场，“生态+”将带动扬州民生环境、城市形象、营商环境产生蝶变效果，在潜移默化改变城市气质的同时，进一步带动扬州文化产业的发展，实现 GDP、生态、文化的同步积累。

(二)文化产业与城市发展融合

扬州目前下辖广陵、邗江、江都、开发区、高邮、宝应和仪征七个县市区。每个县市区均有自己的特色文化资源，以现有集聚区为点，以特色文化板块为面，以运河和长江为轴，打造扬州沿河和沿江大文化产业带，形成富有扬州特色的文化产业发展地理版图将是未来扬州文化产业的发展趋势之一。从几个下辖区市的发展趋势看，广陵区：一方面，传承老城文脉，弘扬湾头玉器文化，忍丰里、小秦淮历史街区民俗文化，“双东”街区历史文化，南河下民居客栈文化。另一方面，结合广陵新城“现代都市水城”定位，打造京杭时尚创意水镇，推进设计硅谷二期工程。邗江区：放大国家级文化产业基地“扬州文化创意产业园”优势，发挥笛莎公司等骨干文化企业的带头作用，发展壮大五亭龙玩具商务广场，打造瓜州古镇旅游度假区，借助甘泉影视服务外包基地拓展影视制作、衍生品生产和文化休闲服务业等产业链。江都区：借助江都大桥笔刷园项目，扩大江海等笔刷的品牌效应。推动建设邵伯文化旅游产业园和沿江文化艺术中心。开发区：进一步引进数字出版、软件服务、数字传输等上下游产业链项目，升级完善国家级数字出版基地，形成文化产业中新的经济增长点。高邮市：充分利用“文化遗产”，打造盂城驿商圈，建设“高邮民族器乐产业中心”，依托郭集科技灯具城专业市场，打造版权交易中心及产品展示基地。仪征市：利用枣林湾原生态乡村风光基础，培训和提升休闲旅游的本土原创性和文化观赏性。利用上海大众生产基地优势，打造汽车文化产业园，发挥天韵琴筝的行业龙头效应，推进琴筝产业集聚。宝应县：升级完善省级文化产业示范基点鲁垛乱针绣产业园区及小官庄、西安丰玻璃水晶、曹甸镇幼教玩具等文化产业的集聚及园区建设，打造“一镇一品”错位发展的特色产业格局。

（三）文化产业与互联网融合

随着互联网技术的高速迭代，文化产业发展和文化企业决策关注的重心转向非物质生产效率和经营绩效的提升，客户价值、私人订制、粉丝经济、共享经济等概念得到广泛关注，既是新兴商业生态系统的真实写照，也描摹了现代生产经营方式变革的图景。从发展趋势来看，互联网将成为扬州市文化产业发展的核心资源要素。一方面，传统的商业模式正在改变，越来越多的本土企业利用淘宝、天猫、京东等电商平台对用户需求、口碑评价、用户需求进行大数据分析，为消费者提供更加个性化、精准化的产品服务。另一方面，品牌营销渠道不断拓宽，目前扬州漆器厂已与中国最大的海外营销整体解决方案服务商四海商周签订了合作草案，未来企业也可选择与沃尔玛、亚马逊等海外电商渠道达成合作。随着产业观念的日益更新和人才培养的逐步跟上，以信息产业带动文化产业结构的战略性调整，扬州将乘“互联网+”的东风，借力互联互通平台，实现文化产业与互联网的融合发展。

（四）文化产业与创业创新融合

文化创意是文化产业的核心，扬州文化产业的传统优势在制造和工艺，为了更好地结合“创意”要素，扬州市相关部门努力推动文化产业实现“三个结合”：一是与传统制造产业转型升级相结合。围绕古琴古筝、文教体玩具等传统产业，借助创意设计的力量，在材料、工艺、技术、外观、功能、品牌、模式等方面推陈出新，推动产业迈向中高端，培育地标特色产业，努力打造一批细分领域的行业小巨人。二是与发展非遗产业相结合。扬州市贯彻落实《关于实施中华优秀传统文化传承发展工程的意见》《中国传统工艺振兴计划》，从创意设计借力，实施“名城、名家、名作”工程，打造一批扬剧、木偶、舞蹈、曲艺等群文新作，复兴书画艺术，重点打造486非遗集聚区、戏曲园区、古籍线装产业园等非遗产业集聚区，推动非遗项目跻身产业链和价值链高端。让创意设计在扬州非遗的传承、发展、转化、开发中发挥更重要的作用，真正让文化遗产变为文化资产、文化价值变为经济价值。三是与创业创新相结合。近年来，扬州市文化和服务业部门致力打造了一批文化创意服务业集聚区、文化创意设计服务平台、文化创意产业园创新示范点、众创空间、文化科技综合体等各类载体，为文化创意企业提供公共服务和政策扶持，一批中小微文化创意企业得到了快速成长。而在创业方面，通过推进本土职业技校与企业开展“订单式”培养、“零距离”就业，培育出了一批产业急需的专业技术人才、非遗传承人才、创业创新人才，更通过名师工作室、市绿杨金凤、省“双创”等各级各类人才政策吸引了文化产业高层次人才和名家大师来扬发展，实现复合型人才与关联型产业的双重集聚，为扬州未来文化产业持续发展及其与相关产业深度融合提供有力支撑。

未来，扬州市在推进文化产业转型提质升级方面，将继续坚持创意设计引领、融合发展支撑、资源活化生根、人才引培先行、平台打造为重、政策扶持保障，加快推进文化产业与其他相关产业融合发展，提升文化产业竞争力，将扬州深厚文化底蕴转化为文化产业优势，打造一座古代文明与现代文化交相辉映的历史文化名城。

（石火培，扬州市统计局，高级统计师；刘怀玉，扬州大学教授）

第八章

杭州：以传承与创新“双轮”驱动建设国际文化创意中心

一、2017 年杭州市文化创意产业发展概要

二、传统文化与创意城市发展案例分析

三、传统文化与民间艺术在杭州市创意产业发展中传承与转化的经验启示

2017年，是中共十九大的胜利召开之年，是实施“十三五”规划的重要一年，也是推进供给侧结构性改革的深化之年。一年来，杭州市深入贯彻中央和浙江省有关决策部署，抢抓“后峰会、前亚运”战略机遇，充分发挥比较优势，在深入推进联合国教科文组织“工艺和民间艺术之都”建设的基础上，紧紧围绕建设国际文化创意中心和全国数字内容产业中心的目标，强化统筹协调、优化保障举措，推动杭州市文化创意产业加快发展，为杭州弘扬优秀传统文化和新形势下实现传统文化的创造性转化、创新性发展，打造产业发展新格局作出了新贡献。

一、2017年杭州市文化创意产业发展概要

(一)2017年杭州市文创产业发展主要工作举措

1.强化政策引导

制定出台《杭州市文创产业发展“十三五”规划》《打造东方文化国际交流重要城市2017年度行动计划》《杭州市创建国家文化消费试点城市实施意见》和《关于推进杭州市动漫游戏产业做优做强的实施意见》等文件。研究制定《关于加快建设国际文化创意中心的实施意见》《杭州市文化创意产业风险池扶持资金管理细则》。联合北京大学、浙江工商大学完成《杭州数字创意产业发展报告》等课题研究。编辑出版《2016杭州文化创意产业发展报告》《杭州文化创意产业名企》。按照省委、省政府统一部署，推进之江文化产业带建设，编制完成《关于建设之江文化产业带的初步设想》，并报送至省委宣传部，目前产业带规划正在编制中。

2.做强平台载体

杭州市成功入选首批国家文化消费试点城市名单。贯彻落实《杭州市文化

创意产业招商组“四个一”工作机制》，积极开展招商引资活动，国家新闻出版广电总局电影频道杭州基地、Google 体验中心、A8 新媒体、中文在线区域总部先后落户杭州。进一步推动艺是网拍、东家守艺人等文创电商平台快速发展。有序推进中国(浙江)影视产业国际合作实验区杭州总部、杭州创意设计中心等平台建设。

3.提升品牌项目

第十三届中国国际动漫节以“国际动漫·拥抱世界”为主题，共吸引了 82 个国家和地区超过 139 万人次的参与，项目金额和现场销售额共计 153.28 亿元。第十一届杭州文博会以“融——创生活·联世界”为主题，实现了“十个首次”突破，共吸引 25.9 万人次参与，实际成交金额达 38.6 亿元，比上年增加了 130%。两大展会“国际化、专业化、产业化、品牌化”程度再创佳绩，智慧办展模式成效显著。首次成功举办 MIP China 杭州·国际影视内容高峰论坛，吸引了 18 个国家和地区的 202 家国际一线影视公司参加，达成合作意向 178 个项目。成功举办“2017 文创新势力”评选活动，铜师傅等 10 个项目成为 2017“文创新势力 TOP10”，入围项目共获得融资约 9 亿元。

4.培育企业主体

去年以来，新媒体、影视、动漫、游戏、数字出版、数字音乐、网络文学等数字内容重点行业发展态势良好，取得骄人成绩。杭报集团、文广集团、华数集团等深入推进媒体融合发展，着力加大制度创新、管理创新和技术创新。2017 年网易在线游戏服务净收入达到了 362.82 亿元，较 2016 年的 279.80 亿元同比增长 29.7%，网易云音乐项目完成 7.5 亿元 A 轮融资，用户数突破 3 亿。咪咕阅读(中移动手机阅读基地)实现年营业收入 72 亿元，成为中国数字阅读龙头领军企业。认定杭州时趣信息技术有限公司等 11 家单位(项目)为第六批(2017)杭州市文化和科技融合示范企业、园区、公共服务平台。认定第二批 158 家杭州市初创型文创企业和成长性文创企业。

5.构建人才队伍

深入推进“杭州青年设计师发现计划”，选送 17 名“创意杭州”金水滴奖获奖选手(广告设计优秀人才)赴澳大利亚悉尼与墨尔本进行交流学习；选送 12 名市优秀工业设计师赴德培训。继续实施影视产业高端人才培养计划，选送 21 位影视内容创意与制作高端人才赴英国伦敦培训。组织选拔出 8 位优秀青年勘察设计师、10位市工业设计精英人物和10个市工业设计精典案例。积极开展本土文创人才培训工作,已举办4期文创企业家孵化工程培训班和2期成长型文创企业家高端培训班,累计培训本土文创人才308人次;已举办12期创意力量大讲堂活动,辐射人群达1900余人次。有序推进2017杭州文创产业人才专场招聘会。

6.促进对外交流

2017年4月,"中国与希腊文化交流和文化产业合作年"在雅典正式启动,"中国故事——中国杭州传统工艺创新展"在雅典拜占庭和基督教博物馆展厅成功展出,展览得到中宣部、文化部、中国驻希腊使馆及希腊政府的一致肯定。积极开展"杭州创新工艺展"巡展活动,先后在西班牙马德里、法国巴黎、德国柏林等地中国文化中心开展2017年9月,"杭州英国文化创意产业交流中心"在诺丁汉市 Creative Guarter Nottingham 创意园区正式成立。推进"融——Hand Made In Hangzhou"品牌建设,组团参展2017米兰国际设计周。组团参展2017香港影视展,总成交额达906万美元。加大"新杭线"品牌推广力度,组团参展伦敦工艺周、海峡两岸文化创意与传统艺术展、深圳文博会等活动。

(二)主要工作成效

1.产业实力实现新突破

杭州市文创产业实现增加值3041.05亿元,同比增长19%,占GDP比重达24.2%,产业总实力同比再创新高。以数字化、网络化为代表的新兴文创产业——数字内容产业快速发展,成为杭州文创产业特色亮点。杭州市数字内容产业实现增加值1870亿元,同比增长28.5%,占GDP比重14.9%。2016年以来,共有5家文创企业成功上市,24家文创企业成功挂牌新三板。

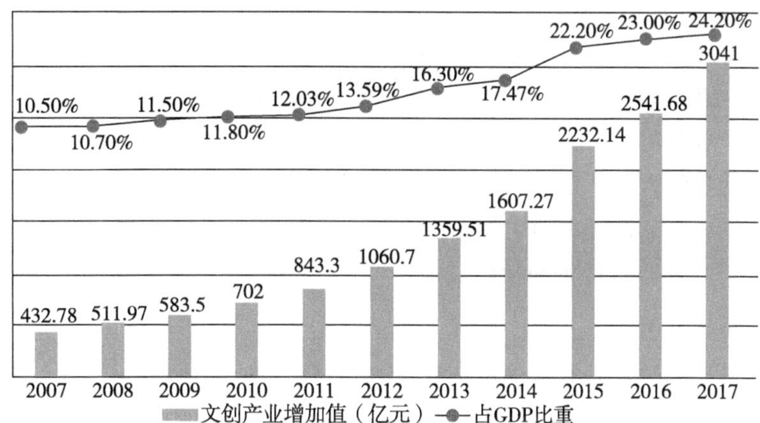

图 8-1　2007—2017 年杭州市文创产业增加值及增速

资料来源：杭州市统计局。

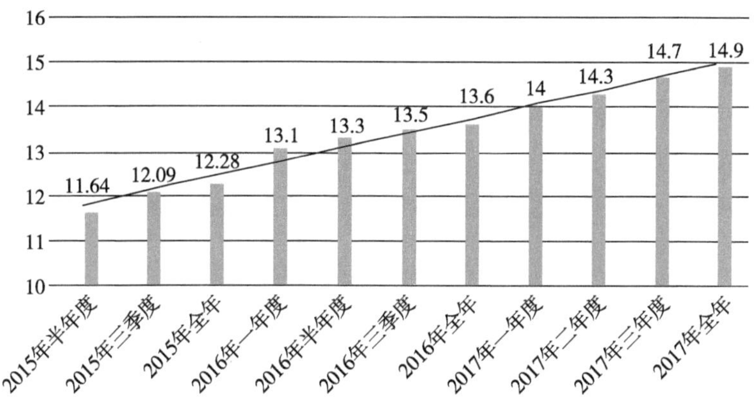

图 8-2　近三年数字内容产业占杭州市 GDP 比重图(%)

资料来源：杭州市统计局。

2. 园区集聚实现新进展

截至目前，24 家市级文创园区规划建筑面积达 949.75 万平方米，增长 25%；已使用面积达 744.55 万平方米，增长 25.64%；集聚企业 5770 家，增长 6.9%；实现收入 674.96 亿元，增长 21.06%；集聚从业人员 9.34 万，增长 31.97%。8 月份，杭州市西湖、滨江、余杭三区入选“浙江省文化产业重点县(市、区)名单

(2016—2017 年度)”,入选数占全省的 1/5。其中,白马湖生态创意城成为入选第一批国家级文化产业示范园区创建名单。首个“中国网络作家村”落户高新(滨江)区,中国作协网络文学委员会主任陈崎嵘被聘为名誉村长,网络作家唐家三少成为首任村长,唐家三少、月关、管平潮、蝴蝶蓝、猫腻首批 5 位国内知名网络作家已签约入驻。2017 年底,国家新闻出版广电总局批复同意杭州萧山区创建浙江国家音乐产业基地,借此优化全国音乐产业发展布局,让音乐产业成为杭州文创产业的新特色和新增点。

3. 主体培育实现新成效

2017 年,规上文创企业实现利税 1543.12 亿元,同比增长 30%。宋城、华策、华媒、华数等文创龙头企业持续发展。其中,宋城演艺、华策影视再次入选第九届全国“文化企业 30 强”名单,华数传媒、思美传媒入选提名名单,今年入选数和提名数共 4 家,创历史新高。浙江正元智慧科技股份有限公司、杭州园林设计院股份有限公司 5 家文创企业成功上市;浙江友恒传媒股份有限公司、浙江泛城设计股份有限公司等 20 余家文创企业成功挂牌新三板(截至目前,杭州市文创上市企业累计 30 家,新三板挂牌累计 100 家)。杭报集团等 13 家文创企业入选“浙江省重点文化企业名单(2016—2017 年度)”。翻翻动漫等 17 家文创企业入选“浙江省文化出口重点企业名单(2017—2018 年度)”。富春山居图随想等 15 个文化项目入选“浙江省文化出口重点项目名单(2017—2018 年度)”。

4. 产业结构优化升级

2017 年,以信息服务、设计服务、教育培训、现代传媒等行业为主的文创产业核心层实现增加值 2555.57 亿元,增长 20.3%,增幅高于文创产业整体 1.3 个百分点。核心层增加值占全部文创产业的 84.04%,同比提高 1.14 个百分点。见表 8-1。新媒体、影视、动漫、游戏、数字出版、数字音乐、网络文学等数字内容重点行业发展态势成效显著。被称为“影视新硅谷”的中国(浙江)影视产业国际合作实验区管委会正式揭牌,全国 10 家代表影视产业中坚力量媒体企业在大会上成立“中国电视剧(网络剧)出口联盟”。在 2017 中国影视艺术创新峰会暨第五届中国影视产业推介会上,国内外影视界、投资界及媒体界 600 余人携 117 部优秀影视作品参与对接洽谈。电视剧《鸡毛飞上天》入选全国“五个一工程”。电影《嘉年华》和动画电影《大世界》分别荣获第 54 届台湾金马奖。

网络动画《玫瑰公寓》获得2017年国家新闻出版广电总局优秀原创网络视听作品。网络文学作品《网络英雄传Ⅰ:艾尔斯巨岩之约》入选第四届中国出版政府奖网络出版物奖。

表8-1　2017年杭州市文创产业增加值情况表

	增加值(亿元)	增幅	占比
合计	3041.05	19.0%	100%
核心层	2555.57	20.3%	84.0%
信息服务业	1763.92	25.9%	58.0%
设计服务业	335.41	10.8%	11.0%
现代传媒业	131.30	−2.5%	4.3%
艺术品业	24.20	1.8%	0.8%
教育培训业	199.61	14.6%	6.6%
文休旅游业	78.26	13.5%	2.6%
文化会展业	22.86	17.8%	0.8%
外围层	485.48	12.9%	16.0%

5.发展环境实现新突破

有序运营文创产业投资引导基金,首期1.2亿元规模的文创创业投资引导基金参股的子基金已投资37个产业项目,累计投资额达2.6亿元;积极组建1.8亿元规模的引导基金二期。依托在杭金融机构,为360家中小企业累计提供了约66亿元贷款支持。截至2017年底,通过连续举办6届杭州市文化创意人才招聘会,共吸引4万余人次的应届生和社会青年前往应聘,达成就业意向1.8万余个。目前,杭州已连续7年入选“外籍人才眼中最具吸引力的十大城市”,2016年和2017年上半年杭州海外人才净流入率居全国第一位。

二、传统文化与创意城市发展案例分析

杭州是中国最重要的手工艺和民间艺术中心之一,拥有西泠印社、中国美院等一批艺术类名社、名校及王星记、张小泉、都锦生等民间艺术的百年老字号品牌,目前建有杭州工艺美术博物馆、中国茶叶博物馆、南宋官窑博物馆等各类民间艺术展示场馆近40家,举办过世界手工艺大会、中国工艺美术大师精品博

览会等一系列重大会展活动。孕育出了西泠印社金石篆刻、南宋官窑瓷器烧制技艺、丝绸织造技艺、西湖龙井绿茶制作技艺、刀剪伞扇制作工艺等一系列代表中国各历史时期最高水平并具有世界影响力的手工艺流派与精品。

(一)杭州市"工艺与民间艺术薪火传承计划":不忘初心,传承文化

杭州历史积淀深厚,文化资源丰富,在保护、传承、创新、发展工艺与民间艺术方面具有悠久的传统。自 2012 年,杭州创全国之先,由市委、市政府出台政策启动了为期 5 年的"工艺与民间艺术薪火传承计划",扶持传统工艺美术薪火相传,为杭州五种工艺门类的五位国家级工艺美术大师(萧山花边大师赵锡祥、机绣大师王文瑛、陶瓷大师嵇锡贵、手绣大师陈水琴、铜雕大师朱炳仁)在全国范围内公开招徒。一时间,吸引了全国包括台湾地区近 20 多个省市的 192 名报名者。经过初选、专业资格考试、面试等层层选拔,24 人从中脱颖而出。

活动以 5 名在杭国家级工艺美术大师每人带 4～5 名徒弟形式,通过 5 年时间培养出一批杭州工艺美术行业的中高端人才。从 2012 年至 2017 年,市文化创意产业专项资金共拨付扶持资金 680.33 万元,主要用于项目期内的各类宣传、活动、展览、图录出版和师徒补贴等相关工作。在 5 位国大师和 24 名徒弟的共同努力下,萧山花边、机绣、陶瓷、手绣、铜雕等技艺都得到了较好的传承和发扬。5 年来,24 名徒弟中产生了 2 名市级工艺美术大师、5 名工艺美术师、10 名助理工艺美术师、5 名区级非遗传承人和 3 名艺术硕士,获得了总计 132 个各类各级工艺美术奖项。

2017 年 12 月 22 日,凝聚师徒 5 年辛勤付出的"薪火传承——工艺美术大师带徒学艺"成果展正式在杭州工艺美术博物馆开展,展品包括萧山花边、机绣、陶瓷、手绣、铜雕等 5 个工艺美术单元共 91 件/套师徒代表作品和师徒合作作品。活动的阶段性总结不是传统文化保护传承的终止点,而是进一步传承、弘扬中国传统文化之路的起点,杭州的传统文化和民间艺术将持续在国家弘扬中华优秀传统文化的大背景下,谱写属于工艺美术技艺的新篇章。

目前,杭州有各级工艺美术大师 113 名,其中国家级大师 6 名,此外还有国家级非物质文化遗产项目传承人 22 名。

(二)“新匠人”群体培育:杭州工艺美术界的生力军孵化器

杭州作为中国历史文化名城,历史积淀深厚,文化资源丰富,在优秀传统文化的创造性转化和创新性发展方面具有悠久的传统。

1.东家APP:推动传统工艺传承与创新

以东亚地区最大的匠人手作电商平台和中国手艺发展研究中心首个互联网产业示范点——“东家·手艺人APP”为例,该项目以东方原创手作美物为核心,以“让传承成为潮流,让东方美学融入生活点滴,让文化通过商业来表达”为愿景,致力于打造一个文化交流传播平台、垂直电商平台和传统技艺的传承载体。自2015年5月东家app上线至今,已有5000余位具有全国代表性、涵盖各类技艺的匠人入驻,包括手工艺匠人、非遗传承人、老字号、独立设计师、自主品牌等。截至2017年12月,活跃用户达150余万,平台商品数量(SKU)超过12万,单月销售额6000余万元,其中有多位匠人通过东家拍卖成为明星匠人,单场成交高达200万,东家拍卖在翡翠玉雕、茶器、文房篆刻等类目均有过单件拍品超过80万的记录。

作为一个文化交流传播平台,东家围绕珠宝玉雕类、家居生活类、茶及周边类、港澳台(地区)及海外馆等类目,以电商运营、内容运营、线下运营三大业务板块为主,通过拍卖、众筹、押窑、开料和探宝等创新的售卖方式,直播、线下合作、行业培训、美学养成等辅助,在发现一批优秀独立匠人的同时,提供宣传与销售渠道,帮助买卖双方充分互动,促成更多交易,真正实现了线上线下全渠道联合,为诸多优秀的独立匠人开启了创新创业之门,同时也充分推广了匠人群体和东方生活美学的积极影响力。

2.“百匠大集”:助力中国新匠人转型之路

“百匠大集”活动是由知名财经作家吴晓波牵头发起,旨在全国范围内寻找独具匠心的新工匠,并提出“新审美、新技术、新连接”的新工匠筛选标准。2017年11月,借新一届杭州ADM展的平台,由吴晓波频道发起的“100颗跳动的匠心——百匠大集年度主题日”隆重揭幕,主题活动由“百匠榜”与“匠心守护基金”发布、年度颁奖礼、主题论坛及“美好生长ing”市集四个部分构成,活动围绕一批年轻并拥有顶尖产品能力的新工匠,打造了包括传播、培训、活动、电商等一系列的合作平台。

通过与复旦大学管理学院、大数据支持阿里研究院、媒体合作伙伴澎湃新闻、直播合作伙伴小制作等机构合作，通过“个人价值、市场价值、产业价值和文化价值”四个维度，对匠人的品牌价值进行量化评估，从商业模式和大数据的意义上，开发中国的第一个新匠人评价指数。以百匠榜联合茶语网发布的第一个专题榜单——茶匠榜为例。活动从1500个茶类匠人中筛选出60多个符合要求的匠人，通过填写问卷、抓取用户评论及细致资料，收集到参选匠人及其企业的详细信息，录入新匠人指数的算法中进行排名，最终发布前20强。

在发现“新匠人”群体的同时，为了更好地在信息爆炸时代推广“新匠人”的品牌，吴晓波频道·百匠大集携手腾讯社交广告共同开启了“匠心守护基金”计划。腾讯社交广告拿出1000万元匠心基金，帮助匠人品牌在社交平台进行广告投放。所有匠人均可报名参与，符合百匠大集和腾讯社交广告标准的匠人，将有资格获得匠心基金扶持，基金将定向用于腾讯社交平台的广告投放，包括微信、QQ、QQ空间、QQ浏览器广告等，通过腾讯社交广告的数据洞察能力，精准触达到匠人品牌的目标用户，提高销售转化率，致力于让美好的品牌迸发更加巨大的商业价值。

3.“融”“新杭线”“中国杭州传统工艺创新展”等系列展

“融—Handmade In Hangzhou当代设计展”是由16位在杭设计师自2013年发起的传统工艺高端设计再改造项目。团队旨在通过5年时间，对5种杭州传统材质（竹、丝、土、铜、纸），以传统手工艺方式进行解构并融入当代设计。5年来，项目每年围绕一种传统材质为主题，通过手工艺解构和再设计，传承了传统工艺的同时，创造性地探索新的设计的可能，最终以创新性转化而成的设计成果呈现给观者。2013—2017年，项目先后赴意大利、瑞士、法国、希腊、中国香港和中国台湾等8个国家（地区）15个城市巡展，成功参展了米兰设计周、巴黎MASION OBJECT、香港营商周等5个全球知名展览，展示了工业设计师刘传凯、首饰设计师张小川、产品设计师张雷、空间设计师chris等55位设计师的对铸铜、竹工艺、纸伞、金属编织、植物染色等40余项传统材料及工艺的再生设计。展览得到了业界的高度评价和一致肯定。

自2014年以来，杭州创意设计中心以“融—工艺、设计、生活”为主题，牵头组织杭州市各类文创企业先后参展了意大利米兰设计周、丹麦哥本哈根中国文化中心揭幕展、深圳文博会、苏州创博会、澳门乐活创意展、台湾文博会、伦敦展、爱尔兰展等一系列国内外重点文创会展活动，加大力度宣传推广杭州文创品牌，进一步打响了“全球工艺和民间艺术之都”“全国文化创意中心”等品牌，提升了杭州文创产业发展的知名度与影响力，有力地推动了杭州文创企业与国内外文创机构的产业交流合作。在此期间，还专门培育搭建了“新杭线”杭州青年设计品牌推广平台，通过对外参展推广交流活动，推广本土青年设计师品牌。目前，“新杭线”展览中的不少品牌已与国内外文创机构开展了贸易合作，成功进行了成果转化。例如，杭州本土品牌橙舍已入美国亚马逊平台及其美国仓，并在线上销售，并于2017年底入亚马逊欧洲仓。橙舍进入美国亚马逊的第一个月销售额即达150万元左右。

以中国文化部和杭州市委宣传部主办的2017中希文化交流和文化产业合作年系列活动“中国故事—中国杭州传统工艺创新展”为例。该展作为2017中希文化交流和文化产业合作年系列活动之一，于2017年4月在雅典拜占庭和基督教博物馆展厅开始展出。展览以工艺研究和创作设计为脉络，以铜、木、丝、纸、瓷5种传统材质为基础，分为竹木江南、丝韵江南、陶瓷江南、金石江南、素韵江南5大板块内容，共计19个设计品牌、145件展品无一不呈现出传统工艺的创造性转化和创新性发展。同时，也通过现场制伞、茶道书法等动态手工艺展示，更为立体化地呈现了中国传统工艺内容，展现中国人的生活方式和时代精神。出席活动的希腊副总理德拉加萨基斯、希腊文化体育部部长科妮奥尔、中共中央宣传部部长刘奇葆、中国外文局局长张福海等国内外领导均对此次展览给予高度评价。

三、传统文化与民间艺术在杭州市创意产业发展中传承与转化的经验启示

经过多年积累，目前杭州文化创意产业和工艺美术行业的发展取得了较为显著的成绩。特别是以“文化+”融合发展、文化消费升级为特征的现代文化创意产业发展影响面更广、影响力更大，为优秀传统文化传承发展工程提供助力的实力。杭州市通过政策引导、做强平台、提升平牌、培育主体和构建队伍等手段，一方面多措并举推动产业发展，另一方面精准诠释“以文化为核心”的社会生活，在保护和弘扬杭州非物质文化遗产等优秀传统文化的同时，把兼顾经济效益和社会效益落到实处。

(一)传统文化与民间艺术在杭州市创意产业发展中的经验总结

1. 搭建平台载体,营造创新氛围

近年来,杭州市依托杭州工艺美术博物馆、手工艺活态馆等场馆平台,面向公众开展了丰富多彩的文化艺术活动。以杭州工艺美术博物馆为例,作为杭州"工艺和民间艺术之都"首批十大传承基地之一,不仅承担了工艺美术与非遗保护传承、促进杭州工艺美术产业发展的职责,更承担着向世界打开了解杭州工美窗户、搭建交流切磋平台的职责。博物馆群落总占地面积 47309 平方米,展厅面积 14264 平方米。自 2012 年开馆以来,博物馆已接待观众约 1100 万人次,共开展设第二课堂系列活动、青少年创意剪纸大赛、工美大讲堂等主题性公益活动 1300 余场,并先后获杭州市青少年学生第二课堂工作先进基地、杭州市青少年科普教育基地、杭州市文物保护管理工作先进单位等荣誉称号。此外,博物馆先后接待了联合国教科文组织总干事伊琳娜·博科娃、副总干事格塔卓·恩吉达、国际古迹遗址理事会专家莉玛·胡贾、中国全国人大常委会原委员长吴邦国、国务院原副总理曾培炎等国内外嘉宾和领导。

2. 培养专业人才,强化队伍建设

自 2012 年 5 月被命名为"工艺和民间艺术之都"后,为切实加强杭州传统工艺美术的保护、传承及创新,大力培育文创人才,杭州市积极打造和利用青少年活动中心、杭州工艺美术博物馆、手工活态馆等载体平台,开展面向青少年和公众开展普及性的工艺美术教育。相继实施了"国大师带徒学艺""文化创意产业青苗培养计划""青年设计师人才发现计划"等重点项目,以授课、论坛、讲座、活动赛事和境外培训等多种形式,以打造创新创意平台,加快工艺美术和文化创意人才的队伍建设,进一步推进杭州市文化智库建设。

以"第二课堂"行动计划为例,截至目前,杭州市共有"第二课堂"基地 114 家,与 400 余所学校建立了共建关系,近 167 万人次的中小学生走入"第二课堂"参与各类活动,有效提升了学生综合素质。杭州市 580 多家社区青少年俱乐部,利用假期开展"社区 DO 都城""我是小社工""图书漂流站"等各类青少年文化教育活动,还组织专业队伍将"流动少年宫""少儿艺术团""3D 电影院"等输送至社区,让更多的青少年享受到基本公共文化服务。

3. 举办会展活动，助推重点项目

杭州拥有优美的自然环境、深厚的人文底蕴、坚实的经济基础和不断完善的会展设施，发展文化类会展业具有得天独厚的优势，今年来的文创产业快速发展，特别是2016年成功举办的G20杭州峰会，给中国(杭州)工艺美术精品博览会、中国国际动漫节和杭州文化创意产业博览会等文化会展业发展带来了新机遇。

(1)中国(杭州)工艺美术精品博览会

自2012年起，杭州市成功举办了六届中国(杭州)工艺美术精品博览会，不断以创新思维提升杭州市工艺美术展会亮点。近年来，中国(杭州)工艺美术精品博览围绕“匠心所至，美学生活”的主题，积极探索手工艺与美学生活的关系，让工美博览会更加贴合大众，深入生活。2017年，历时四天半的展会展示了300多家参展商选送的包括陶、瓷、紫砂、玻璃、首饰、水晶、雕塑工艺在内的700余件艺术精品，观展人数超4万人次，现场成交额达4300万元。

(2)杭州文化创意产业博览会

杭州文化创意产业博览会自2007年起，已连续成功举办11届，展览每年都设置了有关工艺和民间艺术的主题展区。2017年，杭州文化创意产业博览会以“融”—创生活·联世界为主题，总展示规模达12万平方米。围绕会展、论坛、奖项、活动4大版块组织了31项活动，吸引超过25个国家和地区的2000余家文创企业和机构参与；达成签约项目168项，现场成交金额达38.6亿元；主会场展会及相关活动参与人数达25.9万人次。本届文博会充分发挥文化创意和文化交流的纽带作用，特设“回溯与当代——中东欧国家文化艺术交流展”助推“一带一路”战略，并向国内外展示了杭州独特韵味别样精彩的世界名城形象。该展设立了主题区、典藏艺术区、特色手工艺区等3大展区，通过“东西相望、时空对话”的表现形式，依托3D地图艺术装置和驼峰、货物、古币等文化元素，系统展示了中东欧16国的最具代表性的工艺作品，充分彰显了“一带一路”沿线国家艺术文化的深度交流，成为本届文博会最受欢迎、最受好评的国际化展览。

4. 深化合作交流，提升国际化水平

优秀传统文化的活化、传承与保护离不开对本土民族性的坚守和张扬，同时又要在传承创新的道路上兼容并蓄、交而遂通，即突破和提升民族性，把民族与时代、与世界结合。近年来，杭州始终坚持传承创新，把文化创意作为加快城市国际化的核心要素、特色品牌，着力提升城市文化软实力，以塑造东方文化品牌个性、深化国际文化交流与合作，推进建设“东方文化国际交流重要城市”。自 2012 年起，杭州市应联合国教科文组织创意城市网络邀请，先后 6 次派代表团前往加拿大蒙特利尔、意大利博洛尼亚、日本金泽、瑞典厄斯特松得等地参加联合国教科文组织创意城市网络年会。2017 年 6 月，杭州代表团参加了在法国昂吉安班斯举办的第 11 届创意城市网络年会和在瑞典科克举行的第三届全球学习型城市大会，并获 2017 年全球学习型城市奖章。

此外，经前期与英国诺丁汉市政厅充分沟通，2017 年杭州文化会展有限公司于英国诺丁汉市 Creative Guarter Nottingham 创意园区设立“杭州英国文化创意产业交流中心”，双方就建立长期合作关系，尤其是在加强文化创意产业领域的战略合作，形成相互支持、互利共赢的良好关系方面达成一致意见。

5. 促进融合发展，实现创新转化

(1)传统技艺的传承与文化产品的开发

截至 2017 年底，杭州已有萧山花边、杭州织锦、杭绣、杭扇、杭州铜雕、杭州石雕等近 40 个传统工艺美术品种、113 位工艺美术大师和 700 余家工艺美术企业，为杭州工艺美术产业发展奠定了坚实的基础。针对丝绸制造、绿茶制作和南宋官窑瓷器烧制等杭州工艺和民间艺术技艺的重要门类，杭州市在充分保护和传承的同时，重点扶持此类工艺美术和传统技艺向产业化发展。以杭州丝绸行业龙头品牌之一的万事利集团为例，自 2012 年起，万事利连续 5 年位居中国民营企业 500 强，2016 年销售额达 166.47 亿元，5 年销售额增长率达 94.51%，净利润增长率达 21.08%。

近年来，杭州丝绸、西湖龙井茶叶等不仅被多次作为国礼送给各国元首，而且成为杭州最有人文特色的旅游纪念品之一，王星记扇子、张小泉剪刀、西湖绸伞与天竺筷则并称为“杭州四大旅游特产”。G20 杭州峰会期间，国家级工艺美术大师嵇锡贵作为国宴餐具设计师设计的“西湖韵”“繁华盛世”和“国色天香”等多个系列瓷器受到社会高度评价，其中，“繁华盛世”“国色天香”被中国国家博物馆收藏。

(2)传统文化的保护与旅游产业的有机融合

在政府和民间各方力量的紧密协作下，杭州市结合城市历史街区的文化遗产保护和文化休闲旅游业的发展，打造出了杭州清河坊历史文化街区、运河小河直街历史文化街区等一批国内外较为知名的以工艺和历史文化为特色文化创意产业园区。在充分展现杭州的悠久历史、深厚文化和多样化工艺的基础上，通过多种配套与活动打响文化旅游服务业品牌，这些历史文化街区已逐步发展为集观赏性、文化性、参与性、商业性于一体的文化创意旅游特色街区。目前，旅游业已从高速增长阶段转向优质发展阶段的关键节点。在积极探索"旅游+文化"等国际营销的不断努力下，2017 年，入境游客在杭州平均逗留时间增加至 3.25 天，游客接待量为 402.25 万人次（位居全国 15 个副省级城市第三名），表 8－2为 2012—2017 年杭州市国际国内旅游基本情况。

表 8－2　2012—2017 年杭州市国际国内旅游基本情况

年份	入境旅游者（万次）	国内旅游者（亿人次）	游客小计（亿人次）	旅游业总收益（亿元）
2012	331	0.82	0.85	1392.25
2013	316	0.94	0.97	1603.67
2014	326	1.06	1.09	1886.33
2015	342	1.2	1.23	2200.67
2016	363	1.37	1.41	2571.84
2017	402	1.59	1.63	3000

资料来源：杭州市旅游委员会。

（二）传统文化创造性转化、创新性发展的趋势分析

党的十九大，提出了要把人民对美好生活的向往作为奋斗目标。习近平总书记多次从各个角度就如何对待中国传统文化的问题展开了一系列精辟论述，并指出，弘扬中华优秀传统文化，"要处理好继承和创造性发展的关系，重点做好创造性转化和创新性发展"。这就明确指出了新形势下我们党对待传统文化的基本态度和"两创"的基本方针。所谓创造性转化，就是要按照时代特点和要求，赋予其新的时代内涵和现代表达形式，激活其生命力。所谓创新性发展，就是要按照时代的新进步新进展，对中国优秀传统文化的内涵加以补充、拓展、完善，增强其影响力和感召力。

1. 传统文化复兴赋予创意城市新内涵

文化是一个民族的灵魂和血脉。正如习近平总书记在哲学社会科学工作

座谈会上所提的“立足中国、借鉴国外，挖掘历史、把握当代，关怀人类、面向未来”。纵观当代国内外发展良好的文化创意城市，最大特征是各自代表着当地的文化特色，并且具备与时俱进、发展创新的强烈意愿。传统文化通过文化创意产业的创新改造，转化为各种文化产品和文化表现形式，以具象性的形式呈现出来，诉诸大众感官或进入流通领域产生经济价值，才能真正发挥文化特色的优势。创意城市建设的初衷就是要通过开发具有城市特色的文化创意产业，增强文化软实力。因此，充分保护、传承和活化优秀传统文化，建设具有当地文化特色的文化产业，是真正提升城市文化软实力和城市形象的关键环节。由此可见，文化的积淀是创意产业发展的内容源泉，产业的市场拓展和所获收益是反哺文化保护和传承的最佳方式，两者相得益彰。

2.“文化+互联网+科技”融合发展格局形成

当下，科技发展日新月异，文化与科技的融合日益彰显出推动社会进步的力量。其中，以互联网技术为主要推动力的信息服务业蓬勃发展，深刻影响了社会生产和生活，并催生了大量新鲜理念，其中尤以“互联网思维”最广为人知。互联网思维以“开放、平等、互动、合作”精神审视、改造和提升传统行业，并以其互动性、融通性、个性化、多样化、社会化和平台化的特点，在推动文化与科技的融合发展中，改变了社会生活，也改变了传统商业的发展模式，“文化+互联网+科技”的融合发展格局日益形成。

3. 文化消费带动创意生活业发展

随着收入的大幅增加，城市居民的消费需求已实现了从“生存型”向“享受型”和“发展型”的升级，其消费结构也经历了不断优化的动态变迁，尤其是文化教育和娱乐消费等逐步成为获得生活满足、保持生活质量的基本手段。从数字游戏到看电影，从看电视听音乐到参观展会活动，从体验文化旅游到游玩主题公园，文化产品与服务的消费已逐步渗透我们的日常生活，并为创意生活产业的蓬勃发展打下了坚实基础，挖掘具有潜力的文化消费必将成为新时期杭州经济“扩内需、促消费”的主要抓手。

（三）杭州市传承与发展传统文化与民间工艺的重点方向

2018 年是全面贯彻党的十九大精神的开局之年，也是杭州提升城市国际化和建设世界名城的关键之年。杭州市文化创意产业将紧紧围绕建设联合国教科文组织"工艺和民间艺术之都"和打造"国际文化创意中心"目标,抢抓新机遇,落实新举措,实现新发展。

1.全面促进重点行业升级,进一步打响"全球工艺和民间艺术之都"品牌

杭州将以全面落实"以一流状态建设一流城市"和"拥江发展"重大战略的部署要求,大力推进大运河文化产业带和之江文化产业带建设,按照即将出台的《关于加快建设国际文化创意中心的实施意见》(暂名)的精神,在坚持创新驱动、内容为先、突出重点、传承弘扬和科技创新等的基本原则上,加快数字内容、影视、动漫游戏、创意设计等优势行业引领发展,以文化会展、文化休闲旅游、艺术品等重点行业跨越式发展为契机和载体,大力推动优秀传统文化的活化、传承与保护。以办好中国国际动漫节、杭州文博会、中国数字阅读大会、中国影视产业推介会、中国·浙江文化资本高峰论坛、杭州美术节、钱塘江文化节等活动为契机,推动建设工艺和民间艺术之都、世界动漫之都和国际文化会展之都。持续实施"文化+互联网+科技"产业推进工程,以"文创产业化、产业文创化"为主线,构建文化创意产业与相关产业全方位、深层次、宽领域的融合发展格局。

2.大力弘扬工匠精神和培育"新匠人"群体,加快推进"手工技艺再造工程"

在充分总结"薪火传承计划"第一期(2012—2017年)的基础上,持续选好工艺美术大师和技艺门类,优化开展青年学徒和"新匠人"群体的选拔、培养工作。以技艺传承、创新转化和成果产业化等形式,进一步推进优秀工艺和民间艺术的创造性转化和创新性发展。同时,开展市级非遗濒危项目后继人才的培养工作,通过制定专业设置、招生、师资培养、职称评定、资金扶持等方面的优惠政策,鼓励项目保护单位、传承人与院校、企事业、社会组织共同开展市级濒危项目后继人才的培养工作。鼓励高校、企业、社会组织、个人开展杭州市非遗濒危项目的传承、研究、展示传播等工作。

3.培育一批行业领军企业,积极支持线上艺术品交易平台发展

建立健全有文化特色的现代企业制度,不断壮大国有文化企业集团和杭州文投创业投资有限公司实力。坚持扶优扶强,加快推动文化创意企业上市(挂牌),支持优势企业跨所有制、跨地区、跨行业兼并重组,打造一批全国领军文化企业集团。依托杭州电子商务和互联网优势,深入推动文化消费与信息消费融合,加快推进文化产品和服务的生产、传播、消费的数字化、网络化进程。鼓励西泠拍卖、杭州有朋网络等艺术品电子商务平台加快发展,以视频、图片、文字

等多元形式，进一步打造传统工艺美术和艺术品的展示、销售，以及工艺美术大师及匠人的宣传推广平台。

4.探索传统文物与当代设计融合创新模式，推动艺术衍生品和旅游纪念品的研发、营销

依托联合国教科文组织全球创意城市网络“工艺和民间艺术之都”建设，推进“工艺和民间艺术之都”十大传承基地建设。加快工艺美术人才队伍建设，充分发挥有代表性的民间手工艺人、工艺美术大师和文化名人的作用，打响杭扇、杭伞、杭剪等一批“老字号”金字品牌，打造一批具有时代感的良品美器。鼓励特色文化元素、传统手工技艺、非物质文化遗产项目与创意设计、现代科技、时尚元素相结合。此外，统筹城乡文化创意产业发展，加快“文创西进”，促进文化创意与旅游、农业、非遗、民宿等业态有机融合，鼓励地方特色文化与现代元素结合，培育一批特色经营的品牌文化创意企业，大力发展创意生活业，提升居民文化生活品质。

5.探索搭建文化金融专业化交易平台，着力打造全国一流的艺术品交易中心

抢抓钱塘江金融港湾建设机遇，推动“文化+金融”融合发展，创新产业投融资模式、完善基金运作机制，推进文化创意产业投融资体系建设，构建“政策扶持—战略合作—风险共担—贴息支持—还贷周转—投资引导”的文化金融全产业链。实施《杭州市文化创意产业创业投资引导基金管理办法》，扩大杭州文化创意产业投资引导基金规模。加强与在杭金融机构合作，创新推出文化金融服务产品，深化“文化+资本”投资引导模式。制定出台《杭州市文化创意产业风险池扶持资金管理细则》(暂名)，深化“政银企合作”债权融资模式，完善产业融资风险共担机制，拓宽文化创意领域融资渠道，缓解文化创意企业融资压力。进一步完善产业金融配套服务体系，鼓励举办文化创意产业投融资论坛、项目路演、创新创业大赛等活动，积极搭建文化创意企业与投融资机构对接平台。

6.大力实施文化“走出去”工程，进一步提升杭州文创品牌海外传播力

围绕参与“一带一路”建设，以打造东方文化国际交流重要城市为契机，坚持以开放促发展，实施国际化战略，推进文化“走出去”和“引进来”相结合，全面提升杭州市文化创意产业对外合作和对外贸易的质量和能级。依托全球创意城市网络、全球学习型城市等国际文化交流合作平台，打造亚太地区创意城市

网络的关键性节点城市。建好用好杭州英国文创交流中心等海外推广平台，以“融—Hand Made in Hangzhou”“新杭线”等品牌为引领，积极组织企业、机构参加境内外重点文创会展活动，进一步整合优势资源，提升杭州文创品牌海外传播力和影响力。

（郁菁，杭州市文化创意产业办公室）

第九章

青岛：文化创意产业推动新旧动能转换，电影之都崛起

一、青岛市文化创意产业发展概况

二、青岛市“电影之都”建设的主要经验

三、青岛市融入新旧动能转换，推动文化创意产业跨越式发展

一、青岛市文化创意产业发展概况

(一)文化产业发展推动新旧动能转换

在供给侧改革引领的新一轮转型升级下,各地都在探索如何推动经济转型升级、实现新的突破与发展。2017 年 4 月,李克强总理视察山东,提出建设山东新旧动能转换综合试验区的战略构想。山东省随即召开新旧动能转换重大工程启动工作电视会议,把加快新旧动能转换作为统领全省经济发展的重大工程,为山东发展打开新的通道。

大力发展文化产业,是加快新旧动能转换的重要动力。文化产业,具有资源消耗低、环境影响小、附加值高、可持续发展性强的特点,既直接奉献于经济增长,又对提升发展质量发挥重要作用。当前,中国特色社会主义已进入新时代,社会主要矛盾已经转化为人民日益增长的美好生活需要和不平衡不充分的发展之间的矛盾。从这个角度看,发展文化产业不仅能不断满足人民日益增长的美好生活需要,而且可以增大文化惠民力度,促进文化消费,是推动文化繁荣的重要抓手,成为推动新旧动能转换的有力举措。

2018 年山东省政府工作报告显示,文化产业增加值达到 3120 亿元。从 2013 年到 2016 年,山东省文化产业增加值从 2015 亿元增加到约 2700 亿元,在经济下行压力较大的背景下实现连年增长,年均增长速度均达两位数。其中,青岛市近年来文化产业增加值平均增速达 18.5%,高于同期市 GDP 增速 9.3 个百分点。同时,山东省文化产业增加值占全省 GDP 的比重连年增长,稳步提升,不断缩小着与全国文化产业增加值占 GDP 比重的差距。以上数据表明,文化产业在拉动山东省经济增长、促进转型升级方面发挥了重要作用,文化产业正逐步成为山东省经济发展新的增长点；这也预示着在寻求经济转型新动力的关键时刻，山东省文化产业正向国民经济支柱性产业迈进。

同时也应该意识到，与强省建设的宏伟目标相比，与新旧动能转换的要求相比，山东省文化产业发展仍然面临一些问题和不足，如文化产业增加值占GDP的比重偏低，文化产业内部结构不够合理，区域间发展不平衡，企业竞争力有待增强，科技含量有待提高等。如何进一步提升山东文化产业综合竞争力？首先需要充分认清结构性过剩与有效供给不足并存的问题，在此前提下牢牢抓住新旧动能转换的重大机遇，在优化供给、投资拉动、深化改革、补齐短板、降本增效、转型升级等方面精准发力，以更多高品质的文化供给释放市场活力，优化文化产业结构，开创文化产业发展新境界。

青岛作为山东省沿海开放的龙头城市率先行动，按照青岛市委市政府要求，青岛市发展和改革委员会牵头48个市直部门和青岛各区市、功能区，第一时间上报《关于青岛市建设泛济青烟新旧动能转换综合试验区核心区的报告》，率先编制《青岛市新旧动能转换重大工程总体规划》，以“五张清单”强力推进新旧动能转换重大工程加快实施。2017年，青岛市以文化供给侧结构性改革和新旧动能转换为主线，借助优势产业与“文化+”产业融合的“双引擎”，实施文化创新与科技创新的“双驱动”，加大力度夯实文化产业发展基础，优化文化产业功能布局，提升文化产业发展动力，文化产业发展呈现出提速、升级、融合的良好态势，文化产业实力、潜力、活力持续增强。在2015年青岛市文化产业就已经占到全市生产总值5.99%的基础上，2016年、2017年保持着年均14%以上增速；2017年上半年更是优化结构、提速换挡，同比实现15.2%的快速增长，领先于全国平均增速3.5个百分点。2017年11月，青岛又成功折桂中国首个联合国教科文组织创意城市网络“电影之都”。自此，青岛不仅勾勒出打造中国影视新高地的新蓝图，还担负起中国电影走上世界舞台中心的国家使命。

从2017年上半年的统计数据来看，青岛市文化产业发展呈现出以下特点。

1.文化产业营收实现新突破

2017年上半年，青岛市规模以上文化企业共实现营业收入1293.4亿元，占山东省全省营业收入的1/4，从山东省内来看，其龙头地位十分突出。产业发展提速换挡，同比实现了15.2%的快速增长，较上年同期显著提升8.8个百分点，且增速领先于全国(11.7%)、山东省(11.7%)平均增速3.5个百分点。其中，文化制造业实现营业收入915.6亿元，同比增长10.4%；文化服务业实现营业收入71.6亿元，同比增长17.2%；文化批发零售业实现营业收入306.3亿元，同比增长31.8%。产业结构优化调整，非制造业比重提高。从规模以上文化企业数量看，制造业、服务业、批发零售业企业占比，由上年同期的64.9∶26.3∶8.8调整为57.3∶33.1∶9.6。随着青岛市供给侧结构性改革持续推进，"影视之都"建设全面加速，居民文化消费需求逐步释放，加上一系列推动文化产业发展的规划引领和政策驱动，为文化服务业的发展壮大创造了良好环境和条件。非制造业企业占比的上升反映出青岛市文化产业层级的提升，并进一步扩大了文化产业后续发展空间。"文化+"前景广阔，新业态成发展亮点。文化与各种创新元素的深度融合，为产业发展开启了更加广阔的前景，"文化+金融""文化+科技""文化+旅游""文化+创意设计""文化+休闲娱乐""文化+时尚""文化+制造""文化+农业"等新业态成为文化产业发展的新亮点。"文化+金融"方面，青岛市文广新局联合市委宣传部、市财政局、市金融办印发实施了《青岛市文化产业投资引导基金派出董事和监事的管理暂行办法》和《青岛市文化产业投资基金设立方案》，指导青岛市文化产业投资引导基金规范运作。"文化+科技"方面，青岛市作为国家级文化和科技融合示范基地，吸引了"水晶石""金东"等知名文化创意公司汇聚于此，利用国内一流的数字影像技术，为全球数字娱乐及广告新媒体行业提供美术制作及可视化服务；中科院青岛科学艺术研究院依托中科院自动化所等专家智库资源，以视觉工业体系为主要研究方向，着力开展数字影像的技术研发、内容创作和人才培养等实践领域。"文化+旅游"方面，在各区市全面"开花"——市南区举办了青岛市旅游文化商品创新设计大赛，吸引了数万名市民游客前来参观；西海岸新区推进茶叶产业、文化产业、旅游产业融合发展，打造北方最大的茶产品交易、茶工艺展示、茶文化交流、茶休闲体验基地，成功创建海青镇国家AAA旅游景区；即墨打造"玫瑰小镇"，集玫瑰种植、玫瑰产品生产开发、旅游观光、休闲娱乐、度假居住、科研为一体。

"文化+休闲娱乐"方面，青岛"栈桥书店"开门纳客，开启了青岛市阅读文化与休闲、娱乐、旅游融合的新模式。"栈桥书店"还将打造成为青岛旅游文化和时尚文化的出版基地，拟用5年时间，出版具有影响力的"栈桥书店"品牌旅游图书和其他文化内容产品。

2."领军"文化企业稳定器作用突出

以海信为首的文化产业大企业一直是青岛市文化产业发展的重要支撑力量，持续发挥着稳定器作用，大企业的稳健发展是青岛市文化产业实力的重要体现。2017年上半年，重点大企业继续引领发展，青岛市内前10强企业共实现营业收入656.1亿元，以1.3%的企业数量占比实现了高达50.7%的营业收入占比，同比增长19.0%，领先于规模以上文化企业平均增速3.8个百分点，对产业发展的贡献率达到61.4%。“大众创业，万众创新”的氛围浓厚。商事制度改革的深化，激发了大众经商兴业的积极性，近年来青岛市文化产业领域涌现出了一批新企业，为产业发展注入新力量。上半年，规模以上文化企业中2014年以来成立的有117家，这部分“年轻”企业虽然规模尚小，但发展势头良好，极具发展潜力，上半年营业收入同比增长34.6%，领先于规模以上文化企业平均增速19.4个百分点，对产业发展的贡献率达到10.4%。

3.特色文化企业增添新动能

特色企业为产业发展增添新动能，规模以上文化企业中的一些特色企业在常态之中另辟蹊径，通过差异化、个性化、品质化的产品或服务提升企业自身竞争力，从而实现了较好发展，也成为创新发展的典范。如，青岛方所文化创意有限公司集书店、美学生活、咖啡、展览空间与服饰时尚等混业经营为一体，体现了跨界与小众之美，文化平台式的运营模式走出一条创新之路；青岛圣瓦伦丁生态农业科技有限公司打造的圣瓦伦丁庄园，集自然生态庄园与一站式摄影基地于一体，既可满足休闲观光需求，又可满足拍摄新人对高品质婚纱生活的时尚与文化需求；青岛绿泽画院致力于打造全国北方最大的集教学、创作、临摹、生产、出口为一体的油画院，被授予“国家文化出口重点企业”称号，画品出口十几个国家，畅销国内二十多个省市。以上3家特色企业的发展质量和速度明显优于行业内的同类企业，上半年营业收入增长速度都达到25%以上。

4.文化产业发展成动能提升的发力点

立足当下，着眼未来，青岛市政府明确今后将以“文化+”为着力点，继续深入推进文化产业与文化事业，与不同门类，与相关产业的多领域、全方位深度融合，促进资源要素流通，为国民经济转型升级注入活力。持续增加文化产业有效供给，以需求为导向，从文化产业供给侧发力，以创新供给迎合需求扩展。一是扩大文化的覆盖面，将文化产品和服务拓展到生活的方方面面。二是提高文化产品和服务的品质，增加文化产品和服务的吸引力和感染力。三是引导文化企业创新文化产品和服务供给方式，优化文化产品和服务供给结构。着力营造产业发展有利环境，为文化产业的发展壮大提供优质“土壤”。一方面要完善文化管理治理体制，增强文化产业的运行效率；另一方面要特别注重引进、培养和扶持文化产业人才，促进人才有序流动，为文化产业发展提供强有力的人才支撑。

(二)青岛文化创意产业发展的目标

“十三五”期间，青岛市文化创意产业发展的总体目标是：到 2020 年，把青岛打造成文化创新驱力强劲、文艺创作精品纷呈、文化活动特色突出、文化设施能级一流、文化服务普惠优质、文化产业充满活力、文化形象厚重开放、文化人才群英荟萃的国际文化创意名城。文化引领发展作用显著增强，实现文化创新与经济社会发展紧密结合，文化建设水平与现代化建设进程相协调，文化成为引领青岛经济社会发展的重要力量。现代公共文化服务体系不断完善，公共文化设施分布更加均衡，公共文化服务达到国内城市领先水平。文化产业融合转型升级成效明显，文化产业成为城市重要的支柱性产业，文化与制造业、旅游、科技、金融等融合发展格局基本形成。城市文化空间品质魅力彰显，品牌活动和文艺精品精彩纷呈，形成丰富多彩的“城市文化菜单”，城市文化空间布局更加优化，国际化城市形象更加鲜明，文化对外开放水平显著提高。

主要指标如下：

“十三五”期间，重点打造 5 部左右思想精深、艺术精湛、制作精良，体现时代文化成就、代表城市文化形象的精品力作。国家艺术基金立项资助项目超过 10 项。

到“十三五”期末，县级公共图书馆、文化馆和乡镇(街道)综合文化站设施建设基本达标，普遍建立村级综合性文化服务中心。每 8 万人拥有一个博物馆，博物馆年服务人次达到 800 万。

到“十三五”期末，全国重点文物保护单位“四有”工作完成率和重大险情排除率均达到 100%。

“十三五”期间，以推动文化产业增加值占 GDP 比重 10%为目标，实现文化产业增加值年均增长速度保持在 18%左右。

到“十三五”期末，每年举办大型国际文化交流活动 2 次，在国外建立 1～2 个青岛文化窗口，形成 2～3 个具有较大国际影响力的文化活动品牌，力争成功创建国家对外文化交流基地。

2017年出台的《青岛市“十三五”时期文化发展改革规划纲要》(以下简称《纲要》)则明确提出城市文化发展目标:到2020年,青岛市文化发展主要指标、文化事业整体水平、文化产业综合实力将走在全国同类城市前列,基本建成文化品位高尚、文化底蕴丰厚、文化事业繁荣、文化产业发达、文化特色鲜明的现代海洋文化名城。

根据《纲要》,青岛市文化产业将在2020年取得重要突破。文化市场主体规模将不断壮大,在大力发展骨干文企的基础上,青岛将启动文化创客空间扶持工程,吸引优质文化产业项目落地孵化,扩大文化内容生产者、创意实现者、产品营销者、跨界融合者及民间工艺传承人等文化创客规模。到2020年,青岛市文化创客群体规模将达到50万人。

打造世界级影视文化产业高地,是“十三五”期间青岛文化产业发展的重头戏。青岛将着力发挥东方影都等重点项目的龙头带动作用,加快灵山湾影视文化产业区建设,吸引集聚优势产业资源,不断拓宽影视产业链,构筑影视投资、影视摄制、电影发行、院线管理等现代影视产业集群。讲好“青岛故事”,创作推出一批展现青岛题材、青岛元素、青岛形象的影视精品;成立青岛影视发展中心,推进国家电影交易中心建设,搭建电影交易平台,建设世界知名的“影视之城”。

《纲要》还提出,青岛将通过做好近现代优秀历史建筑保护利用、海上丝绸之路文化遗产研究保护、乡村记忆(传统村落、古民居)保护等工作,重点加强城市文化遗产保护与传承。将规划建设富有青岛地域特色、具有国际影响力的滨海文化长廊,以海岸线为依托,把海洋自然与人文景观及标志性文化设施、文化项目串点成线,构筑集聚联通的城市文化线路和区间。另外,到2020年底,力争青岛市博物馆总数超过100家,实现每10万人拥有1个博物馆,形成以公办博物馆为主体,行业博物馆、非国有博物馆为辅助的“博物馆之城”格局。

对外文化交流也将在“十三五”期间迈上新台阶,青岛将着力建设具有国际竞争力和影响力的对外文化贸易强市。《纲要》提出,到2020年,青岛对外文化贸易企业力争突破2000家,将培育10个国家级文化出口重点企业和10个文化出口重点项目,形成一批青岛文化出口品牌,并重点推进文化贸易基地和文化产业园区建设,加快建设青岛国际文化产业保税园区,积极发展推进文化贸易企业聚集化、国际化发展。

二、青岛市“电影之都”建设的主要经验

(一)青岛影视产业发展背景

从自然禀赋角度看,与好莱坞所在的洛杉矶及戛纳等电影名城相比,享有“东方瑞士”美誉的青岛具备发展文化产业,特别是影视为主题的文化产业的先天优势。青岛海、山、天、岛、城、湾俱全,自然资源组合度良好,有红瓦绿树、碧海蓝天的城市风貌,被称为天然的“东方影棚”。国内早期的《风云儿女》《劫后桃花》等很多电影,都曾在青岛取景。如今,每年超过200个剧组来青岛拍摄,美丽的山海风情和极强的空气能见度、适宜的光线都为影视拍摄提供了得天独厚的自然条件。

从文化内涵角度看,青岛既有齐鲁文化,又有异域文化,海洋文化尤其突出。多种文化元素交融碰撞,形成了青岛开放、包容、多元的城市特质,从而为文化产业,特别是影视产业的生根发芽提供了丰腴的土壤,造就了一大批影视人才。从早期的电影艺术家崔嵬,到后来的唐国强、黄渤等深受观众喜爱的一线明星,这些来自青岛或长在青岛的明星,在我国各个时期的电影行业中占有一席之地。

曾经设计过迪拜棕榈岛的美国HHCP设计公司总裁莱瑞在十多年前来到青岛时,一眼看中了一片待开发的状如凤凰的美丽岛屿——位于青岛西海岸的凤凰岛。由此动议,青岛开始在这里布局开发建设影视文化产业,并策划引进了北京电影学院青岛创意媒体学院。作为北京电影学院唯一的一所独立学院,该校已开设文学、导演、表演、动画制作等十几个专业。2009年中国电影表演艺术学会奖(金凤凰奖)永久落户青岛。同年还举办了第十届中国国际儿童电影节、中国国产电影交易会等活动。继北京电影学院之后,上海戏剧学院也在这里设立培训学校。如今,灵山湾影视文化产业区已经崛起,占地376公顷,有40个摄影棚,包括世界上最大1000平方米的摄影棚和固定的水下摄影棚。

从城市定位更新角度看,青岛市传统意义上的文化产业仍占有相当大的比重,文化旅游、创意动漫、休闲娱乐等高附加值的业态有待加强。后金融危机时期,经济结构、产业结构大调整大洗牌,当为青岛市文化产业发展赢得更多的发

展机遇和更大的发展空间。文化产业以其反向调节的功能,在经济低迷时发挥积极的、不可替代的作用,将对服务业乃至整个经济产生重要的拉动作用。借势山东半岛蓝色经济区成为国家战略的机遇,2011 年青岛市出台《关于推进文化青岛建设打造文化强市的意见》,提出将文化产业作为转方式、调结构、城市功能提升的重要战略支点和新的强力引擎,进一步营造城市创意氛围,激发社会各界的创意活力,以文化为核心驱动深入实施文化强市战略。2013 年又提出打造"文化青岛"这一新的城市定位,着力打造"帆船之都、音乐之岛、影视之城"三大城市文化品牌,旨在充分发挥文化在城市可持续发展中的作用,通过文化对城市社会经济的全面渗透与融合把青岛建设成为现代海洋文化名城。

在全面打造"影视之城"的过程中,为把电影打造成为青岛最具活力的支柱产业,青岛坚持"以世界眼光谋划未来,以国际标准提升工作,以本土优势彰显特色"的工作思路,充分发挥自身城市综合优势,以胶州湾以西的西海岸新区建设为契机,积极探索电影与城市建设、文化、科技、教育、旅游等融合发展的全新模式,为以电影为核心的文化产业的聚集提供了绝佳的条件,一座面向未来的影视之都初见雏形。

此时,青岛市需要一个新的城市定位来实现城市升级,需要一个既有世界眼光、国际标准,又与本土优势相结合的文化旅游龙头项目,领航青岛城市品位跃升新高度。万达青岛东方影都的到来,无疑为青岛文化产业的崛起提供了优良的土壤。作为全球投资规模最大的影视产业基地,总投资 500 亿元的青岛万达国际文化旅游城项目于 2013 年 7 月落户西海岸中央商务区,它将在青岛建设 45 个摄影棚以及影视后期制作中心、IMAX 全球研发中心、电影主题乐园,计划引进 50 家影视制作公司,是世界唯一具有影视拍摄、影视制作、影视会展、影视旅游综合功能的特大型影视产业园区,青岛影视产业迎来强势突破机遇。

(二)青岛影视产业发展思路

影视产业已成为青岛转方式、调结构的十大新兴重点产业之一。青岛市已确立了"1 + 2 + N"的发展思路——通过创建一个全产业链的发展模式,完善政策和服务两大体系,搭建 N 个高端影视文化交流平台,吸引集聚国内外优质影视资源,为打造世界影视文化高地奠定坚实基础。青岛影视产业异军突起,立足本土优势,以世界级的高起点进入了国际视野。

2014年开始相继实施《青岛市“十三五”时期文化发展改革规划纲要》《关于促进影视产业发展的若干意见》《青岛市影视产业发展基金管理使用办法》等政策，明确了产业的方向和目标：到2020年，青岛将建成影视企业总部基地，年生产制作影视剧200部集，影院数量超过60家，高端影视文化产业增加值超过60亿元；《关于促进影视产业发展的若干意见》设立了连续5年、每年10亿元的影视产业发展专项资金，对在影视文化产业区内完成主要拍摄制作的优秀影视作品，最高给予制作成本40%的补贴。不管是从政策的扶持力度、创新的服务机制还是从合理的业态分布，都为城市打造世界级影视高地注入源源不断的能量。

目前青岛已吸引国内外88家影视机构纷至沓来，《长城》即是首部来青完成拍摄制作的好莱坞巨制。未来3年，将有11部好莱坞电影实现“青岛创造”，青岛正在成为全国影视行业新崛起的“磁极”，并将以“青岛出品”，改变国际电影市场的格局。

未来，青岛将布局影视产业发展十大重点领域，覆盖影视产业链上下游各个环节，包括影视后期制作、影视版权交易与开发、影视拍摄基地建设、互联网影视产业等。作品交易平台、项目融资平台、人才交流平台等5大建设平台为影视产业的集聚发展提供保障。

从出台了全国首个与国际接轨的影视产业政策，到组建青岛市影视产业发展基金，再到在国内创新推出了影视制片成本补贴等政策措施，良好的产业生态，充分彰显了青岛发展影视产业的后发优势。

(三)青岛成功申创“电影之都”的经验

北京时间2017年11月1日凌晨00:30(巴黎时间10月31日下午17:30)，联合国教科文组织正式公布评审结果，青岛成功加入联合国教科文组织创意城市网络，成为我国首个电影之都、世界第九个电影之都。这标志着作为中国电影产业新高地，青岛电影的文化底蕴、发展战略和发展潜力受到了国际社会的高度认可，也标志着青岛在中国电影强国之路上又迈出了坚实的一步，这是中国电影发展史上的里程碑事件。

联合国教科文组织“创意城市网络”(UCCN)于2004年成立，致力于发挥全球创意产业对经济和社会的推动作用，促进世界各城市之间在创意产业发展、专业知识培训、知识共享和建立创意产品国际销售渠道等方面的交流合作，目前涵盖7个创意城市类型，包括设计之都、电影之都、手工艺与民间艺术之都、美食之都、文学之都、媒体艺术之都和音乐之都等。此前，我国已有8个城市加入联合国教科文组织“创意城市网络”，分别为设计之都深圳、上海、北京，手工艺与民间艺术之都杭州、苏州、景德镇，美食之都成都、顺德。青岛此次被授予“电影之都”称号，成为中国首个“电影之都”。

2015年5月，青岛市委市政府正式启动了申创联合国教科文组织“电影之都”。工作两年多来，“电影之都”申创办科学分析严峻的国内国际申报形势，协调动员各相关部门及社会各界力量，从申创材料、联合国教科文组织、电影之都城市、硬件建设、电影交流活动、国内国际宣传、信息联络7条战线开展申创战役。几十次赴京对接申创工作，十易其稿完成了申报文本编写，动员筹划建设3家各具特色的电影博物馆，争取了国家电影行业协会的支持函，累计举办各类国际国内电影交流活动12次，承办教科文组织高级别国际会议1次，与8个国内创意城市、8个世界电影之都建立密切联系，与2个电影之都城市签订12项合作协议，向教科文组织大会主席、执行局主席、总干事、文化助理总干事推介青岛电影优势。

2017年6月7日，青岛电影之都峰会创意城市交互式会谈在1907光影俱乐部举行。来自英国布拉德福德、意大利罗马、澳大利亚悉尼、巴西桑托斯、马其顿比托拉等5个联合国教科文组织创意城市网络(UCCN)“电影之都”城市和北京、上海等国内创意城市以及青岛各大影视公司代表经过多个议题的热烈讨论，最终发表《电影之都城市青岛宣言》，为青岛争创“世界电影之都”发出“最强音”。6月9日获得中国联合国教科文组织全国委员会支持函，成功通过国内城市激烈竞争，作为国内唯一的“电影之都”申报城市，获得推荐资格。6月15日正式向联合国教科文组织提交申报材料。7月21日通过教科文组织技术性审核，进入了最终评审环节。经过两个多月的评审，青岛市在8个出线的申报城市中脱颖而出，赢得了教科文组织及国际专家的高度认可，最终成功申创世界“电影之都”。

联合国教科文组织对于“电影之都”申请城市的考察标准，并不仅仅局限于影视产业的规模，同时注重城市电影文化的内涵。青岛市在每年举办农村公益电影放映、学生电影放映、城市广场电影放映等活动的基础上，2017年6月组织举办了中法电影展映活动，8月举办了2017华语电影展，9月连续举办了亚洲影视文化论坛、第16届电影表演艺术学会奖“金凤凰奖”颁奖典礼、青岛电影交博会暨第十五届全国院线国产电影推介会，10月启动了青岛市民文化艺术节。

以“档案、博物馆等形式存在的电影遗产”也是电影之都评选标准之一。近年来，青岛市专业电影博物馆的建设工作一直在陆续开展中，已建设开放了蝴蝶楼电影博物馆、水兵俱乐部旧址1907电影博物馆以及位于西海岸灵山湾影视产业区的融电影、科技于一体的青岛电影博物馆。三座不同风格的电影博物馆各类电影文化活动连续不断，共同成为向世界展示青岛电影底蕴和发展未来的新平台，也成为新晋“电影之都”的有力注脚。

此外，对青岛电影文化资源的深入发掘也为青岛电影之都申报的成功增加了一个重要砝码。青岛文史学者马达同志受聘专程到德国国家档案馆、军事档案馆全面取证，证明青岛水兵俱乐部是中国最早的电影院；之后带着资料先后拜访了国内多位电影史专家，他们均给予肯定意见。在此基础上，2016年5月22日，由中国电影家协会、中国电影博物馆召集，邀请13位国内权威电影史专家参加，在青岛召开了“青岛水兵俱乐部电影历史价值专家论证会”，专家们经过实体实地考察和充分论证，一致认定：“青岛湖北路17号，青岛水兵俱乐部，是中国境内现存最早、保存比较完整，用于商业电影放映的历史建筑。”青岛文史学者马达等人通过长时间考察论证，认为青岛水兵俱乐部最早的电影放映记录是在1907年9月4日。这些发现和认定，对于中国电影历史文化研究具有较高价值，让中国商业电影放映史向前推了一年(此前，大家比较认可的中国最早电影放映记录是在1908年位于上海徐园的虹口影戏院，但该建筑早已被拆除)。同时对于提升青岛的城市文化品质也具有重要意义。

作为世界第九个“电影之都”，青岛还与其他“电影之都”建立起了文化交流相通的纽带。布拉德福德是英国早期的文化中心和十大城市之一，在电影制作方面有着渊源的历史，作为世界上第一个“电影之都”，电影一直是这座城市的标志。青岛现已经与布拉德福德签订了合作备忘录，与其达成9项影视合作并稳步推进。布拉德福德驻中国电影办公室已经落户青岛，青岛驻欧洲电影办公室筹备处已经挂牌，电影开放式对接会也列入下一步工作日程。此外，青岛还与“电影之都”马其顿比拖拉签订《巴尔干半岛电影城市与青岛电影城市合作备忘录》，与巴西桑托斯、澳大利亚悉尼、意大利罗马、韩国釜山也在洽谈合作，将共同推动在电影艺术、影视教育、影视产业等领域的交流合作，支持民间文化交流，打造电影艺术、技术创新平台，以电影文化交流带动城市不断拓宽交流渠道及领域。

三、青岛市融入新旧动能转换，推动文化创意产业跨越式发展

(一)实施重点产业计划

1.影视产业崛起计划

第一，完善影视产业链条。引进和培育影视剧本、拍摄制作、发行放映、会展节庆、影视交易、影视体验等产业链各环节主体，打造全产业链的影视产业基地。第二，加强影视精品创作。实施优秀影视剧本孵化计划，挖掘青岛特色元素，打造“青岛出品”影视品牌。第三，搭建具有国际影响力的影视文化传播交流平台。举办全球“电影之都”青岛峰会，争取并办好电影节会，加强国际交流。第四，完善影视产业扶持机制，支持青岛影视发展中心为来青发展的影视机构提供政策咨询、注册融资、拍摄协调等配套服务，完善影视作品补贴机制。

2.音乐演艺产业突破计划

第一，壮大市场主体。引进一批市场机制成熟、具有影响力的音乐企业，培育现代音乐全产业链企业，促进小微型企业的快速生成、存活及发展，争创国家音乐产业基地。第二，搭建发展平台。支持在青岛创立原创音乐榜，力争引进“亚洲歌会”，优化提升音乐文化设施，鼓励各区(市)和企业建设音乐文化设施，实施原创音乐扶持计划，探索创办青岛音乐学院，积极引进和培育知名音乐培训教育机构。第三，促进演艺业发展。鼓励社会资本新建、改建音乐厅、剧场和演艺空间，鼓励现有剧场引进知名演艺集团，支持国内外知名院团和艺术家在青岛首演原创作品，打造具有国际水平的实景演出，扶持创作一批文化内涵丰富、适应市场需求的地域特色演艺精品，扶持青岛市文化企业创作、制作、出品具有较好市场前景的作品。

3.创意设计产业促进计划

第一，打造时尚设计策源地。发展个性化定制和品牌体验，打造一批青岛时尚用品品牌，聚集一批在国内外有较大影响力的设计大师。打造时尚家居产业集群，大力发展时尚服饰业，创新发展时尚服务业，引进并成立一批时尚设计咨询企业。第二，提升广告设计服务。打造并引进具有国际化服务能力的大型

广告企业集团，提升具有细分市场服务能力和服务效率的中小型广告企业专业化水平。以新媒体技术的运用引导创新广告运营模式，落实公益广告减免税费政策，支持青岛广告博物馆建设。第三，打造工业设计名城。树立工业设计体验示范企业，鼓励工业企业设立工业设计机构，并与工业设计企业加强合作，构建开放运行的设计创新体系。推进工业设计特色园区建设，吸引国内外著名工业设计企业和机构来我市发展。

4.数字文化产业打造计划

第一，加快动漫游戏产业发展。鼓励全国知名动漫游戏企业来青设立研发中心、技术研究院，培育原创动漫游戏品牌产品、团队和企业，争创国家数字娱乐产业示范基地。第二，加快网络文化产业发展。支持优秀健康网络剧、网络电影、网络演出等在青制作发行。引进和扶持一批网络视听、智能语音、网络直播企业。保护激励原创，促进网络文化产业链相关环节的融合与沟通。推进互联网上网服务行业转型升级，开拓线下体验服务新领域。第三，加快电竞产业培育。制定出台电竞产业发展专项扶持政策，吸引社会资本投入建设专业电竞赛事基地。支持大型电子竞技大赛总决赛落户，扶持在青岛注册的电竞俱乐部。

5.工艺美术产业振兴计划

第一，提升工艺美术产业发展层次。建立以企业为主体的创新体系；鼓励工艺美术企业积极开展产业共性关键技术和新兴领域核心技术研发，加快推进科研成果的产业化；壮大一批重点企业(集团)，做强一批优势产品，培育一批知名品牌，培养一批国家级、省级、市级工艺美术大师，推动工艺美术产业向特色化、集群化、品牌化发展；推动特色工艺美术与青岛本土文化、商业、旅游等产业融合发展，认定一批市级工艺美术特色领域、特色小镇和产业基地；鼓励企业和大师创作青岛特色旅游纪念品，开发青岛特色工艺美术品，拓展相关衍生品市场，打造具有浓厚青岛特色的工艺美术区域品牌。第二，加快工艺美术平台建设。每年举办亚太地区工艺美术大会，争取引进世界手工艺理事会文化中心落户青岛市，争取世界手工艺理事会杰出手工艺品徽章认证和亚太手工艺大师在青岛市评选，建设世界手工艺产业博览园。

6.文化会展升级计划

第一，加大文化会展培育力度。围绕国家战略和城市发展方向，积极发展影视文化、海洋文化、“一带一路”国际合作等主题的文化会展活动；加快促进文化会展业与城市经济的有机结合，推动文化要素的集聚和品牌会展活动的培育；采取文化展会差异化发展战略，促进综合性和专业化展会有机协调；创新办展思路与机制，优化传播途径，加大营销力度，提升“国际化、专业化、品牌化、产业化”水平。第二，提升专业化服务保障能力。完善青岛国际会展中心、青岛新南国际博览中心功能设施，加强周边配套；支持西海岸青岛世界博览城和红岛国际会展中心建设，逐步形成崂山、即墨、西海岸、红岛四大文化会展区；提升市沿海一线各类会议、展览场所的承载能力和服务水平。注重会展策划、施工设计、展览搭建、智能会展等环节的培育发展，打造文化会展产业链。

7. 出版传媒业提升计划

第一，推动媒体改革和融合发展。实施传媒品牌创新创优工程，加大内容资源品牌化、高清化、系统化、移动化开发力度，提升产品交互性和用户体验性，推动青岛广电传媒集团、青岛报业传媒集团融合发展，实现向全媒体产品服务商转型，力争跻身同类城市媒体集团第一方队。未来五年，培育 2～3 个导向正确、特色鲜明、效益显著的品牌报刊、频率频道；打造 2～3 档有全国影响力的品牌栏目；积极推动青岛广电集团主要电视频道上星。第二，加快数字出版产业发展。在教育出版领域大力发展在线学习与培训业务平台，实现由教育出版商向教育服务商转型；在大众出版领域，顺应移动智能终端加速普及趋势，加大内容资源 IP 运营开发力度，鼓励企业加强数字出版核心技术的研发和应用，带动网络文学、游戏开发、影视制作、数字期刊、数字音乐及衍生产品开发生产等相关行业发展；五年内，争取青岛国家数字出版基地营业收入排名全国前六，打造 1～2 个数字出版拳头产品。第三，加快传统出版转型升级。鼓励传统出版单位以内容为核心、以创意为先导、以技术为支撑、以项目为先导，以大数据、云计算、物联网和移动互联网为手段加快转型升级，推动跨所有制并购重组，着力做优、做强、做大。充分发掘海洋类学术报刊和出版单位的领先、高端、集聚优势，创新合作方式，组团发展，为海洋相关政策、产业服务。支持品牌民营出版机构落户，鼓励民营出版机构与国有出版机构深度合作。第四，推动实体书店升级发展。加大实体书店发展的政策支持力度，支持东部“青岛书城”建设项目和西部“城市传媒广场”项目落地运营，发挥国有实体书店的规模优势和领航能力，每年适时推出 2～3 家新业态特色主题书店，加快建立布局合理、结构优化、业态多元、充满活力的新型实体书店发展格局。

8. 文化制造业转型计划

第一，优化文化装备制造业功能布局。加快建设高科技文化制造业基地，推动相关工业园区转型升级，构建科学合理的文化制造业空间布局。集聚一批国内外知名企业，重点支持在青岛设立地区总部和研发中心。深化与国际机构的合作，引进和举办具有国际顶尖水平的文化装备展会和论坛活动，培育一批知名集成产品供应商。第二，提升文化装备技术创新能力。鼓励研发具有自主知识产权、引领新型文化消费的可穿戴设备、智能硬件、沉浸式体验平台、应用软件及辅助工具，推进智能制造、人工智能、机器人等先进技术成果服务应用于文化创意内容生产，加快先进舞台设备、新型影院系统等的集成设计和市场推广；提升艺术展演数字化、智能化、网络化水平，支持文物和艺术品展陈、保护、修复设备产业化及应用示范；鼓励文化企业与制造企业深度合作，通过形象授权、限量复制、加盟制造、委托代理等形式开发文化衍生产品，推动文化创意和设计服务渗透制造业产品生产、销售流通、宣传推广全过程。

9. 本土文化资源开发计划

第一，加强本地文化资源的保护利用与有效开发。发掘文化文物单位馆藏文化资源，延伸文博衍生产品链条；规范和鼓励对传统风貌街区各类建筑的合理化、多元化利用；支持合理利用文物保护单位和历史建筑发展文创产业；以青啤博物馆为示范，提升工业文化遗产保护利用水平；依托即墨故城遗址、琅琊台遗址、齐长城遗址等辟建考古遗址公园，打造兼顾科研、教育、游览、休闲等多项功能的城市文化空间。第二，加强红色文化保护利用。整合市区内胶济铁路、四方机厂、纺织厂、山东大学旧址等青岛革命历史中工人运动、学生运动文化旧址，王统照故居、老舍故居、洪深故居等青岛左翼文化运动旧址，以及乡村中即墨卧牛山战役纪念地、灵山战役旧址、四舍山碉堡群，平度大泽山高家民兵联防遗址，黄岛杨家山里革命老区，打造革命遗址旅游线路。第三，加大博物馆城建设力度。加大社会力量兴建博物馆政策扶持力度，支持引导社会主体通过市场方式、互联网渠道让文物活起来；推进“博联青岛”互联网智慧服务平台建设；推动格莱美音乐博物馆落户青岛，建立联合国“电影之都”城市博物馆联盟，实现青岛市注册博物馆100座的突破；加强与故宫合作，建设“故宫博物院青岛文物精品馆”“故宫博物院文创产业园”“故宫青岛紫禁书院”和“故宫博物院青岛文创馆”，开展《清明上河图》高科技艺术互动展演项目。第四，加强海洋文化资源开发利用。依托海岸、海港、海湾、海岛的独特魅力和优秀文化遗产，打造滨海文化长廊。大力发展海洋文化体验经济，重点发展海洋科普研学、涉海影视动漫、海底考古探秘、海岛休闲度假、滨海风情民俗等体验方式，实施一批海洋文化体验示范项目，打造一批海洋文化体验品牌。积极培育以海洋为主题的文化创意产业，发展海洋旅游纪念品、海洋艺术品、航海用品等海洋文化商品制造产业。

10. 文化与相关产业融合发展计划

加快融合发展。推动文化与旅游、体育、商务、农业、制造业等行业的双向融合，培育文化融合新业态。重点支持一批文化产业融合类示范项目、示范企业和示范基地。在全市开展一批文化融合类特色小镇试点，重点培育“文化+旅游”“文化+生态”“文化+农业”“文化+互联网”“文化+金融”等融合项目。

(二)构建产业发展支撑体系

1. 优化文化金融服务

第一，探索建立文化金融合作试验区。推动文化金融各类业态在崂山区、西海岸新区集聚发展，对参与国家文化金融合作试验区创建工作的各类主体给予政策支持。第二，做大做强产业投资基金。成立青岛市文化产业投资(集团)公司，受市政府委托行使文化项目投资主体职责，运用政府资金融通社会资本，引领和促进文化产业加快发展；做大市文化创意产业投资基金规模，鼓励有条件的各类资本创设文化创意产业投资基金；对投资青岛市文化创意产业项目的各类投资基金予以奖补，力争三年内各类文化创意产业基金规模达到 100 亿元。第三，提升文化金融服务专业化水平。引导商业银行加大对文化创意产业的信贷支持力度，力争三年内 2～3 家银行综合授信均超过百亿元；鼓励金融机构设立文化创意产业银行，创新文化金融产品，健全完善包括股权、应收账款、版权、订单等无形资产质押办法，拓宽融资渠道。建立文化创意产业金融服务网络平台。

2. 扩大财税支持

第一，加大财政支持力度。强化市区两级资金统筹，在扶持方式、扶持方向、扶持对象等方面相互支撑、合理衔接，充分发挥合力。将文化创意产业投资与扶持专项资金改为市文化创意产业创新发展专项资金，增加财政投入，加大对原创精品、初创期成长期企业、示范企业、示范园区（基地）、人才引进等项目的支持力度。创新政府投入模式，采取贴息、奖励、风险补偿、股权投资等方式，鼓励和引导社会资本投入文化产品与服务。各区（市）要设立专项资金，扶持文化创意产业发展。第二，落实税费优惠政策。支持国有经营性文化事业单位转企改制，享受国家有关文化体制改革的税收优惠政策。符合条件的高新技术文化企业减按15%的税率征收企业所得税；实际发生的职工教育经费支出，不超过工资薪金总额8%的部分，准予在计算应纳税所得额时扣除，超过部分准予在以后纳税年度结转扣除。落实国家关于对重点鼓励的文化产品出口退（免）税政策和跨境服务零税率或免税政策、关于宣传文化增值税和小微企业所得税的优惠政策。企业发生的符合条件的创意和设计费用，执行税前150%加计扣除政策，其中科技型中小企业可按175%加计扣除。鼓励文化创意企业申报新办软件企业，按照规定享受“两免三减半”企业所得税优惠政策。

3.优化土地政策

第一，优化土地资源供给。优先保障新增文化创意产业项目土地供应，其中营利性文化事业项目使用文化用地的，可以协议出让方式供地；文化创意产业项目使用工业、研发总部用地的，可以“带产业项目”挂牌方式供地。对符合规划导向和产业要求的重大文创项目，可将文化创意产业主管部门提出的产业要求纳入土地出让方案。推进落实以作价出资（入股）方式处置国有文化企业的划拨土地使用权，明确市区两级利益分配办法、转增国家资本的出资主体及后续管理要求。引导社会力量投资兴办剧场、博物馆、美术馆、文化创意园区等文化创意产业基础设施，鼓励各级政府给予用地等政策支持。第二，合理利用存量用地。支持各类市场主体合作利用工业厂房、仓储用房、传统商业街等存量房产、土地兴办文化创意和设计服务，在符合城市规划的前提下，土地用途和使用权人可暂不变更。利用划拨方式取得的存量房产、土地兴办文化创意产业，连续经营一年以上，符合划拨用地目录的，可按照划拨土地办理用地手续；不符合划拨用地目录的，可采取协议出让方式办理用地手续。重点文化创意产业项目，经相关土地出让协调决策机构集体决策，土地价款可按照有关规定分期缴纳，最长时间不超过两年。在符合城市规划和建设规范、不影响相邻关系及严守安全底线的前提下，鼓励存量文化创意产业用地提高土地利用率。

4.强化人才支撑

第一,加强人才激励。出台文化创意创新领军人才、后备人才、青年人才以及文化创客的认定标准、统计体系和资助政策。对引进的国内外文化创意产业高层次人才,参照省市有关政策,在住房、户籍、职称、子女入学、医疗保障等方面提供便利条件。实施青年文艺家扶持计划、影视青年人才成长计划、青年设计家发现计划、城市文化学者培育计划等一系列人才培养项目,重点支持重点门类的文化创意产业人才培养,建立市文化创意产业人才数据库。对在青岛市创办文化企业、开展文化研究成果产业化活动以及文化品牌项目落地的文创人才,按照规定标准给予项目配套奖补,做出重大贡献的,最高给予300万元的资金补助。探索对文化创意人员实施股权、期权和分红鼓励,加大在专利权、著作权等知识产权形成的股权、期权、分红权等方面的激励力度。允许科研院所和高校的文化创意人员依法依规适度兼职兼薪,经所在单位批准,可以离岗从事文化创意成果转化等创新创业活动。重点引进优秀编剧、导演、后期制作团队等电影人才,将电影人才纳入青岛高层次人才相关政策文件支持范围。

第二,建立文化创意产业人才培育载体。支持文化企业、高等院校、科研机构和各类社会中介组织建立名师工作室和高层次人才培训基地,符合条件的分别给予10万元和100万元项目经费资助。支持驻青院校开设影视相关专业,开展多形式、多层次和多类型的电影人才培训课程。支持驻青院校和文化企业联合申报博士后科研工作站。鼓励社会力量培育、引进知名文化创意产业人才培训机构,推进驻青高校开展校际合作和校企联合培养,鼓励文化创意企业参与文化创意产业人才培养活动,培育一批文化创意产业发展需要的创新型、高层次人才。

5.引导提升文化消费

第一,培育文化消费习惯。投入专项资金,以看电影、看书、看演出以及参与文化艺术培训和体验等“三看一共享”活动为突破口,重点开展艺术精品欣赏、全民文化欢动、数字文化畅享、时尚文化采撷、全民阅读提升、传统文化体验等六大板块活动,通过“一卡一云一平台”(发放文化惠民卡、建设惠民社群云、搭建文化消费公共服务平台),整合影院、书店、剧院、文化培训机构等文化消费资源,以政府补贴、专属折扣、积分奖励等形式,对参与看电影、看书、看演出、艺术培训的市民给予补贴,培育消费习惯,带动相关产业发展。第二,优化文化消费环境。完善和优化文化消费基础设施,鼓励把文化消费嵌入各类消费场所。促进文化消费集群式发展,以蓝树谷青少年世博园、青岛新100创意文化创意产业园、青岛国际工艺品城、如是邦文化创意产业园区、齐鲁文化创意产业园等文化创意产业园区为重点,建设文化消费集聚区。围绕文化消费的新动态、新趋势,进一步拓展电子商务、教育培训、体育健身、商贸会展、休闲旅游等服务型文化消费领域,逐步增加改善型、休闲型文化产品和服务的供给。每年举办"青岛文化惠民消费季",对入选的"青岛文化消费品牌榜"的文化企业给予相应的荣誉称号或奖励。

6.扩大对外文化贸易

第一,积极培育外向型文化企业,支持其有针对性地开发适销对路的文化产品和服务,积极拓展文化出口渠道,通过新设、收购、合作等方式,在境外开展文化领域投资合作。支持文化企业参加境内外专业展会,对企业、协会参加境外知名展会、投资推介会最高分别给予50万元/次、100万元/次的补贴,加强与"一带一路"沿线国家的文化贸易交流。创新文化贸易形式,推进"文化+互联网+贸易"发展,将文化创意产业园区纳入中国(青岛)跨境电子商务综合试验区产业体系,通过线上线下渠道平台,发展文化跨境电商。对重点文化出口企业给予政策支持。第二,搭建对外文化贸易平台。依托青岛新机场临空经济区建设,联合北京歌华集团打造国际文化贸易企业集聚、国际文化产品展览展示、国际文化商品交易服务功能,为文化企业的创意制作、仓储物流、鉴定检测、展示交易提供全产业链服务,推动文化企业在更大范围、更广领域和更高层次上参与国际文化合作和竞争。争取与文化部合作共建海外中国(青岛)文化中心。推进东亚文化城市联盟建设,开展与欧洲、美洲、阿拉伯国家等区域"文化之都"的文化交流。

(马达,中共青岛市委党校,科研部讲师)

第十章
郑州：推动优秀传统文化资源的产业化转化

一、推进郑州市文化资源产业转化的意义

二、郑州市文化资源产业化的现状

三、郑州市传承文化产业化面临的问题

四、郑州市文化资源产业转化的原则与方向

五、郑州市文化资源产业转化的路径

六、郑州市文化资源转化趋势及产业发展方向传统文化资源产业转化是推动经济发展方式转变,实现经济"绿色增长"的重要途径。郑州市传统文化资源积淀深厚,且具有鲜明的地域特色和巨大的经济开发价值,为文化产业发展提供了强大的供给保障。在国家高度重视传统文化传承创新的总体背景下,必须以深化改革为动力,创新文化资源产业化的路径,加快推进文化资源的产业转化,弘扬传承郑州优秀传统文化,做大做强文化产业,使文化资源潜力转化为文化产业竞争力,使文化资源优势转变为新经济优势,加快实现郑州由文化资源大市向文化产业强市的战略性转变和历史性跨越。

一、推进郑州市文化资源产业转化的意义

(一)文化资源产业化是提高郑州城市竞争优势的不竭动力

文化资源是文化产业的基础和源头,文化资源的开发程度反映了一个国家、地区综合实力。文化资源作为一种新型经济要素对区域经济发展有很大的支撑作用。郑州市文化资源的产业化,可以变文化资源为文化生产力,提高郑州市的经济发展水平,促进郑州国家中心城市经济总量的扩张。充分发挥郑州市文化资源丰富的优势,可优化郑州都市区产业结构,提高郑州都市区经济发展的质量;可以缓解郑州市经济发展资源紧张等客观条件的不足,保持郑州国家中心城市的可持续发展能力和区域竞争力。

(二)文化资源产业化是打造区域文化核心区的支撑

郑州文化资源产业化,可以提升郑州国家中心城市的文化软实力;文化资源的产业化可以使郑州对外展示自我文化价值,打造自身的城市文化形象,增

加郑州在国际上的知名度和国际影响力，提高郑州市的文化竞争力，发挥省会城市区位优势和文化优势，发挥郑州在河南省文化建设中挑大梁的龙头作用，从而带动其他城市文化的发展。

(三)文化资源产业化是保护郑州城市文化的有效途径

在保护好文化资源的基础上，进行合理、有序和理智的开发，使其创造一定的经济效益，这种生产性保护才是文化资源保护和文化资源产业化发展的方向。也只有通过文化资源产业化，使人们从中获得一定的经济效益，保护文化资源的积极性才会上升到一种有目的和有动力的方向。郑州市应以华夏文明传承创新核心区建设为契机，依托资源优势，把现有文化资源通过各种创新手段变成活的、有社会价值和经济价值的财富。在保护中开发利用，在开发利用中保护传承和创新，是保护郑州市文化资源的有效途径。

二、郑州市文化资源产业化的现状

(一)郑州市文化资源总体概况

1. 文化资源丰富

郑州是人类文明、中华文明、城市文明的起源地之一，从旧石器时代起就有人类在这片土地上活动。从距今 8000 年的裴李岗和距今 6000 年的大河村，到夏王朝的京畿重地和早商时的第一国都；从周秦汉唐到宋元明清，一部中华文明史在这里有序传承。郑州的物质类文化资源以历史文化资源最为突出，古建筑、古遗址和纪念地等各类文物遗迹有 10135 处。其中，国家级文物保护单位 38 处(43 项)，省级重点文物保护单位 128 处，市级文物保护单位 269 处。全市博物馆馆藏藏品 6 万多件，其中一级品 125 件。59 个项目和 30 人列入河南省非遗名录，185 个项目和 149 人列入市级名录，县区级名录近千项。郑州还拥有丰富的自然文化资源。全市有 1 个世界级地质公园，1 个国家级地质公园；1 个国家级风景名胜区；3 个省级风景名胜区，全市共有森林公园 18 处。

2. 主导资源规格高

郑州市拥有的主导文化资源具有级别高、规格高的特点。就国家级文物保护单位数量而言，郑州占到全国的1.8%，全省的22.3%，在全国地级城市中位居第一。“十二五”期间国家重点保护的大遗址中，郑州占5处，是拥有大遗址数量最多的地区之一。少林功夫、新郑黄帝拜祖祭奠、超化吹歌、苌家拳、小相狮舞、登封窑陶瓷烧制技艺6项入选国家级非物质文化遗产代表性项目名录。其中，传统体育、游艺与竞技项目中就有国家级两项。在自然类文化遗产中，郑州有国家级地质公园1个，国家级名胜风景区1个，国家级森林公园3个。

3. 文化资源类型多样

郑州文化资源还有类型丰富、特色鲜明的特点。依据《中华人民共和国文物保护法》，不可移动文物共分为古遗址、古墓葬、古建筑、石窟寺、石刻、壁画、近现代纪念建筑7种，郑州市拥有全部7种类型，这在全国尚不多见。按照联合国教科文组织对非物质文化遗产分类，郑州市每一类非物质文化遗产都存在，有的是国家级非遗项目，这在全国也很少见。郑州文化资源特色鲜明，黄帝文化、黄河文化、商都文化、功夫文化、嵩山文化、根文化、姓氏文化等都是郑州独具特色的文化。郑州文化资源还体现出线性发展的完整性的特征，一部郑州史很大程度上就体现了一部河南史，也基本上体现了一部中华文明史。中华文明发展进程中的仰韶文化、龙山文化、夏文化、商文化、周代文化一直到元明清和近现代，中华文明的每个阶段的发展历程都能在郑州的历史中找到相对应的时段。

(二)郑州市优秀文化资源产业转化情况

1. 文化资源加快向旅游业转化

郑州拥有包括历史遗迹、建筑、民族艺术和民俗、宗教等方面丰富的传统文化资源，加上地理位置优越，造就了郑州旅游大市的地位。近年来，郑州的旅游产业取得了迅速发展。2017年，全市共接待旅游总人数1.0092亿人次，同比增长12.9%，实现旅游总收入1186亿元，同比增长12.5%。郑州旅游经济规模在全国27个省会城市排序中居于前列，旅游接待总人数和旅游总收入均排在第12位。其中，以登封少林寺、新郑黄帝故里、黄河游览区等具有强烈文化主题特色景区最受旅游者的青睐。郑州文化资源旅游业转化中的最大问题是文化旅游产品不足。文化旅游作为一种专项旅游，需要文化要素的渗透来提升其在旅游产业布局中的作用和地位，历史文化旅游已经提上郑州市文化旅游开发的日程，促进了郑州文化资源向旅游业的转化。

2. 文化资源的演艺业艺术业转化

郑州文化艺术资源丰富，演出业、艺术业等方面更有得天独厚的优势。演出业是指将音乐、戏曲、舞蹈、曲艺、杂技等表演艺术门类运作于市场，通过观众消费实现盈利的事业。郑州表演业产业化有极好基础，特别是经过这几年的文化体制改革，演艺业创作水平和经营水平不断得到提升，出现了舞剧《风中少林》《云水洛神》和豫剧《苏武牧羊》《常香玉》《清风茶社》《斗笠县令》等一批原创性文艺精品。这些艺术精品在为消费者提供文化娱乐的同时，也带来了可观的经济效益。但总的看来，郑州市演出业精品不多，能产生良好的经济效益、具有全国性影响的文化产品还相对少，整体创作水平和运作水平都有待提高。郑州市丰富的文化资源为艺术业发展奠定了良好的基础。郑州的古玩开发、工艺美术中的郑商瓷和登封窑瓷开发、出土文物仿制品开发、书画精品复制品开发等都取得了良好的效益。但总体看其开发程度还远没有满足市场的需求，一些非常具有文化价值的项目还没有形成市场化运作方式，离产业化的道路仍有一定距离。郑州工艺美术开发仍有巨大的开发空间和广阔的前景。结合实际需求开发丰富多彩、特色鲜明的艺术品、工艺品仍是郑州艺术业发展的重要途径。

3. 文化资源向文化创意转化

依托资源优势、政策优势等，郑州的文化创意产业正呈现出迅猛发展的势头，出现了郑州天乐动画影视发展公司、小樱桃动漫集团、华豫兄弟动画制作有限公司、新海岸电脑彩色制印有限公司等一些骨干企业，打造出《禅宗少林·音乐大典》《风中少林》《小樱桃》等一批知名的文化品牌，郑州创意产业正朝着集聚方向、文化创意产业园区的方向发展。郑州文化创意园有：国家动漫产业发展基地(河南基地)、郑州信息创意产业园、金水文化创意园、河南石佛艺术公社、登封文化产业示范园区、郑州华强科技文化园、郑州古玩城等。但总体看，郑州文化创意产业仍存在规模小、骨干企业和知名品牌少、产业集聚力不强、产业链条不完整、创意人才缺乏等问题，这使郑州的文化创意产业的发展受到一定程度的制约。

4. 文化资源的根亲品牌和节会品牌产业转化

根亲文化是郑州一项很重要的文化资源，是郑州文化资源的优势之一。从20世纪80年代开始，海外和港澳台地区华人华侨不断寻根问祖，中原大地曾掀起了一次又一次的寻根热。郑州的根亲文化的开发利用体现在从始祖品牌、姓氏品牌、名人品牌、古国品牌等寻根文化品牌不断涌现方面,郑州的根亲文化品牌代表性的有黄帝拜祖大典、炎黄二帝公祭大典、郑氏寻根、潘氏寻根等知名寻根品牌。根亲文化资源产业化开发不仅树立了郑州良好的国际形象,而且带动了寻根经济的发展。目前看,郑州根亲文化资源远没有得到充分的开发利用,其产业化前景仍然十分广阔。节会也是郑州的重要文化资源,郑州有国际少林武术节、豫商文化节、新郑大枣节、中牟西瓜节等著名的节会品牌。这些节会带来了良好的社会影响和可观的经济效益,有很大开发潜力。

三、郑州市传承文化产业化面临的问题

目前郑州文化资源产业化程度较低,文化产业结构也不尽合理,大量优秀的文化资源没能进行产业化开发或产业经济效益不明显,也未能产生集聚效益。

(一)传统发展观念的束缚

在郑州市文化资源产业化过程中,还存在着两种倾向:一是将文化事业与文化产业混为一谈。文化事业是公益性的,通常是政府无偿提供给社会成员消费,以实现自身的社会服务功能;文化产业是经营性的,以实现利润的市场营销手段为主,在注重社会效益的前提下追求经济效益。郑州市这几年文化产业的发展受到了政府的高度重视,但仍有一部分人存在以管理文化事业的思维去管理文化产业、把文化产业完全当成政府的事的错误认识。二是认为文化资源多的地方就是文化产业发展好的地方。这种认识是只看到丰富的文化资源只是文化产业发展的基本要素,而没有看到要真正想实现文化资源向文化产业的转化,还需要其他条件。这也导致郑州长期以来作为文化资源大市,生产的文化产品质量不高,品牌优势不突出,文化产业的发展相对缓慢的重要原因。

(二)文化体制不健全

传统文化体制是解放文化生产力的极大束缚。文化市场体制不健全、文化企业外部环境不够宽松是制约郑州文化资源产业化开发的一大障碍。由于文

化资源产业化过程中必然涉及文化管理的多个部门和单位，僵化的管理体制必然会增加开发的难度，过多的行政干预必然会影响市场机制对文化资源基础性配置作用的充分发挥，结果造成了文化产品不能满足市场需求、市场化程度低、文化资源配置不合理等问题。机制问题造成了郑州文化资源产业化在市场运作、市场规模、经济效益等方面的问题。

(三)产业转化路径单一

郑州文化资源产业化转化普遍存在着转化载体缺乏、转化路径单一的情况。许多优秀的文化资源不能变成文化产品，不能产生相应的经济效益。以功夫文化为例，郑州拥有少林拳、苌家拳、太乙拳等多个拳种，具有巨大的开发潜力。但就目前看，这些文化资源的开发只限于旅游参观和教育，其他方面如医药养生保健、表演等还严重不足。郑州文物资源、大遗址资源、非物质文化遗产等资源也都因为缺乏向产业转化的载体而处于被“闲置”或被“冷落”状态。

(四)文化产业人才缺乏

文化资源产业化，就是变文化资源为文化资本，变文化资本为文化产品的过程。其中人力资本是文化产业最重要的资本要素。文化资源产业化过程，其本质是具有一定知识结构和创新能力的人才对文化资源的不断重新认识、挖掘和创新的过程。发挥现有文化专业技术人才的作用，使他们的知识技术、艺术才华有效地成为文化产品生产的基本要素，是文化资源产业化的关键问题。因此，在文化资源产业化过程中，需要一系列文化产业人才。包括文化产业创意人才、文化产业管理人才、文化产业运作人才等。其中一批既懂文化创意、文化发展规律，又懂市场运作的复合型人才对文化资源产业化的参与、运作的人才是必不可少的。但目前郑州市各类文化人才普遍缺乏，尤其是文化产业创意和管理人才存在严重缺乏。文化人才缺乏而导致的文化产品创新性不足是制约郑州市文化产业发展的重要原因。

(五)文化资源产业化研究力度不够

文化资源是一种客观存在，不会直接产生文化产品，更不能自动变成经济效益。面对丰富的文化资源，哪些能产业化、如何产业化需要深入调查研究才能实现。如果不能经过详细的研究论证盲目上马，不仅会给投资方造成直接的经济损失，还有可能对文化资源造成严重的破坏。从目前看郑州市对文化资源产业化的研究力度还有待加强。建议借助高校、科研机构的研究力量来加强郑州文化资源产业化研究，以保障文化资源产业化的进程。

四、郑州市文化资源产业转化的原则与方向

(一)基本原则

文化资源需要产业化，但不能盲目产业化，盲目的产业化只会导致对文化资源的破坏。文化资源产业化应遵守以下基本原则。

1.协调性原则

所谓协调性原则是指文化资源产业化不仅要与自然生态环境相协调，还要与郑州市经济社会发展水平相协调。要看到文化经济的一体化是现代经济社会发展的大趋势，经济发展为文化发展提供必要的物质基础，文化发展又为经济发展提供强大推动力量和新的发展空间。如果不考虑经济发展基础的实际情况，没有强大的经济建设作后盾，盲目进行文化资源的产业化开发将会导致文化资源的极大破坏和恶性消耗，不利于经济的可持续发展。

2.创新性原则

创新是文化资源产业化的根本和核心，是文化资源产业化真正生命。对文化资源要采取借鉴和改革创新相结合的态度，即既要珍惜历史传承下来的文化遗产和文化资源，也要对其不断地创新，包括站在文化产业的角度对文化资源重新审视、解释，不断赋予新的内涵、新的理解、新的形式，借助现代化生产方式，使历史文化资源重新发出时代光彩。

3.可持续性原则

文化资源同物质资源、自然资源一样，是重要的产业资源。文化资源的开发和传统产业发展一样，必须将可持续发展的观念运用于开发过程。有些文化资源如物质类文化资源具有不可再生性，无节制的开发只能导致对文化资源的

极大破坏。因此，文化可持续发展原则是文化资源向文化产业转化所必须遵守的原则。郑州市的主要文化资源都分布在所辖市、县，有些地方经发展相对落后但文化资源十分丰富，要防止一些人由于脱贫致富心切，无视文化资源可持续发展开发原则，为眼前利益而牺牲长远利益，对文化资源进行无节制的开发，最终造成文化资源枯竭的可怕后果。因此，郑州的文化资源产业化开发应融入可持续发展观念，使文化资源的保护性开发与经济建设均衡发展。

4. 整体性原则

郑州文化资源丰富，种类繁多。面对众多的文化资源，一个切合实际、具有前瞻性眼光和全局性的开发规划是非常必要的。在编制开发规划过程中，应首先对文化资源要素进行有效的评估和分析，以实现产业开发效益最大化。在宏观布局上，要立足郑州区域实际，充分考虑各市、县、区的文化现状差异，确定不同市、县、区的重点开发目标。郑州的文化资源产业化，还应打破狭隘的地方主义，主动与周边地区整合一些相关或者相同的文化资源，实现文化资源共享和利用。如新郑、新密拥有共同黄帝文化资源，巩义、中牟、荥阳、郑州市区也拥有共同的黄河文化资源。面对这些文化资源，各地方政府应从大局出发，建立和保持一种合作意识，有全局观念。

(二)文化资源产业化的方向

1. 推进文化资源向文化旅游产业转化

郑州市拥有丰富历史文化资源、非物质文化资源和自然文化资源，应加快推进这些文化资源向文化旅游产业的转化。郑州市文化旅游市场开发的总体战略可以包括：精品战略、市场战略、空间战略、多元战略、科技战略等。对郑州旅游形象的定位，可以以“古都郑州，魅力商城”为旅游形象口号。文化旅游的发展离不开旅游产品的打造和精品工程的创建，立足郑州市文化旅游资源实际，可以发展八大文化旅游精品：历史文化游、宗教文化游、黄河文化游、生态休闲游、名人文化游、寻根文化游、武术文化游、民俗文化游。就具体开发方式而言，既可以考虑横向开发，将不同行政区域的文化资源内部整合，如为了开发黄帝文化旅游资源，需要郑州市区、新郑、新密三地的地方政府协作；也可以考虑纵向开发的开发方式，如利用郑州古代文化遗址相对集中特点，设计能反映体现五千年中华文化发展历史进程的旅游线路图，使游客在短短几天内就能体验到从旧石器时代到现当代中华文明(华夏文明)五千年的丰富的历史。针对文化资源相对集中和典型的区域,可考虑通过设立“文化生态保护区”、集中保护相关地区的物质和非物质文化遗产的方式来开发旅游产品。如联合嵩山周边所属地市,申请设立“天地之中”——环嵩山文化生态保护区,开发环嵩山文化旅游;还可以设立黄帝文化生态保护区,把新郑、新密、郑州市区的黄帝文化资源整合起来(包括民俗、民间文学、民间工艺、音乐、表演等资源)开发出以自然、人文、民俗等为主题的多种功能文化旅游产品。

2.利用丰富的非物质文化遗产发展演艺业与艺术业

郑州的非物质文化遗产项目种类多、级别高,有较高的历史价值和文化价值,也包含着极大的经济价值。对一些重要的非物质文化遗产项目进行产业化,是郑州文化资源产业化的重要工作。郑州非物质文化遗产中民俗类、表演类、体育竞技类、工艺美术类等类别里蕴含的经济价值最大,产业基础好,可产业化程度最高。郑州表演类艺术中有全国最大的地方剧种——豫剧,有上千年历史的传统音乐——超化吹歌,有传统舞蹈——小相狮舞等,这些都是国家级非物质文化遗产项目,产业化程度还比较低,极具开发潜力,如何把这些蕴含着极大艺术价值和经济价值的文化资源开发利用进而产业化是亟待解决的问题。武术文化是郑州具有国际性影响的文化事项。少林功夫、苌家拳都是国家级非物质文化遗产,它们虽属于体育竞技类项目,也极具表演价值。把它们运作于市场,通过表演演出可以实现这些非物质文化遗产项目的产业化。郑州民俗类非遗项目著名的有黄帝拜祖大典、中岳庙会、摸摸会等。目前,黄帝拜祖大典已为新郑市树立了良好社会形象,带来了可观的经济效益。比较而言,登封的中岳庙、摸摸会的文化价值和经济价值还没有被充分认识和开发。大力开展民俗展示和民俗节庆活动,将这些民俗资源充分利用起来,也是郑州文化资源产业化的一项重要工作。此外,郑州非遗项目中工艺美术类里还有澄泥砚制作、登封窑瓷器制作、剪纸、泥塑等本身运作就带有市场化因素,要利用郑州的区位优势、交通优势,把郑州工艺美术类产业做大做强。

3.大力发展节庆活动文化品牌和会展业

利用郑州文化底蕴丰厚优势和区位优势大力发展文化节庆活动,打造节庆文化品牌,是郑州文化资源产业化的重要途径之一。郑州现已形成一些知名节庆活动文化品牌。国际少林武术节、黄帝故里拜祖大典、豫商文化节等,这些都是有全国性乃至世界性影响的文化品牌。郑州本地节庆品牌影响较大的有中牟西瓜节、新郑大枣节、郑州城隍庙庙会等。上述节庆品牌依托历史文化、民俗信仰、自然风景、特色物产等,通过节庆活动的开展,传承了优秀文化、改善了城市形象,总体上提升了郑州的文化软实力,还推动了旅游、酒店、交通等行业的发展,给地方政府带来了实实在在的经济效益,应该继续发展壮大。由于区位优势交通优势明显,郑州的文化会展业发展迅猛,知名度不断提高,应抓住这一机遇,大力发展文化会展业,争取尽快把郑州打造成“中部会展之都”。

4. 大力发展文化创意产业

文化创意是文化资源产业化的核心。利用现有文化资源,对文化资源进行现代化转换,打造出适合现代人口味、现代消费方式的文化精品,体现了文化资源产业化的核心力量。挖掘郑州文化资源,用创意打造郑州文化产业品牌,将文化资源转化为与当代社会消费需求相适应的文化产品。目前,郑州已经走出了以文化创意文化创新带动文化产业发展的路子。大型实景演出《禅宗少林·音乐大典》、舞剧《风中少林》《云水洛神》及动漫产品《小樱桃》、儿童电视剧《快乐星球》等就是郑州在文化创意方面的成功实例。这些具有原创性的作品,不仅为投资方带来了良好的经济效益,也将大大提升郑州的文化形象。应借助这些产品的优势,进一步完善产业生产链条,提升郑州文化产业的集聚力,引导创意产业向产业集聚区发展。

五、郑州市文化资源产业转化的路径

(一)依托文化资源优势,发展主导核心文化产业

应统筹规划全市文化产业,选择优势文化资源,确立文化资源产业化开发的优先次序和主导结构。针对郑州市文化产业发展现状,选择具有优势资源、产业基础扎实、市场前景看好的重点行业和区域,集中力量有限发展,增加文化资源产业化开发的深度。郑州市现有文化旅游业、现代传媒业、文化会展业、文化娱乐业、数字动漫业等主导文化产业,应加大这几类文化资源产业化的开发。嵩山文化、功夫文化、黄帝文化、黄河文化等文化资源是郑州的优势文化资源,依托这些文化资源已经形成的核心产业如旅游业、节会业,并形成了一系列郑

州的知名文化品牌，如少林寺旅游品牌、少林功夫品牌、黄帝拜祖大典品牌、嵩山文化品牌等。对这些文化产业进一步挖掘，在政策、资金等方面提供优惠或者扶植，不但可以加强这些产业和品牌的优势，还可以收到以优秀项目带动一般项目，把同一地区的文化资源整合到同一个项目中，突出重点、带动一般的效果 。

(二)加快文化资源整合，建设一批文化产业集聚区

郑州市文化资源产业化中，文化旅游、寻根问祖文化、武术教育表演产业、表演艺术、工艺美术、文化创意产业等产业的发展具有优势。应借助政府的组织协调力量，创新思路，继续打造独具特色的文化品牌，不断壮大产业规模，推动这些文化产业产业结构的优化升级，提高它们的集群竞争力，引导它们向产业集聚方向发展，并建设相关文化产业集聚区。郑州原有的文化产业园区主要集中在文化创意方面，寻根问祖文化、黄帝文化、表演艺术等还没有自己的文化产业园区，以后应根据这些文化产业发展趋势，在提高原有文化产业园区管理水平和经营水平基础上，建设一批新的文化产业园区，使上述文化产业发展产生集聚效应。

(三)投资主体多元化，多种所有制共同发展

在郑州文化资源产业化过程中，文化产业发展要遵守市场自身规律。投资主体应该以企业为主，走自主经营、独立发展的路子。前几年，郑州市政府发挥了引领、扶持作用，利用文化资源的优势，规划了一批市场前景好、投资回报高的重大文化产业项目，通过市场化运作，吸引各种类型的投资主体，促进产业化的升级和换代。下一步，政府要继续合理布局，加快实施重大文化项目带动战略，加快建设区域性特色文化园区和基地，力争不断通过充分开发和利用郑州市的文化资源，形成产业化规模经营。同时，还要借政府的力量，搭建文化建设融资平台，加大招商引资的力度。特别是要加大对文化创意好的中小型文化公司扶持力度，在融资、投资政策、税收政策等方面给予优惠，鼓励更多的民营资本参与到文化产品的开发和经营中来。

(四)依据区域文化资源大力发展特色文化产业

郑州主要文化资源分布在所属市、县的比较多,各地可分别考虑当地的文化资源实际情况发展自己的文化产业。登封的文化产业化应该注重文武兼修,在重视“武”文化的同时打造出一批“文”文化的品牌,使嵩山文化资源产业化呈现出规模效应。新郑市的文化亮点是黄帝文化,依托黄帝拜祖大典形成的黄帝文化产业已经成为新郑的知名文化品牌。新郑在黄帝文化方面走集团化发展道路上除了继续重视黄帝拜祖大典的品牌效益外,可以开发与黄帝文化有关的其他项目。如利用黄帝传说、嫘祖文化,打造民俗节日旅游,利用《黄帝内经》等发展与之相关的医药文化品牌;也可以把黄帝拜祖大典与其他节日民俗以及考古学、历史、文学等结合起来,申请“黄帝文化空间”,形成对黄帝文化的立体开发态势。还可以将新郑的郑韩文化、诗经文化郑风等文化资源调动起来,使新郑文化资源产业化从单一走向丰富,从平面走向立体化。巩义的文化亮点是河洛文化、伏羲文化(八卦文化)、杜甫文化、豫商文化、宋代文化、石窟文化等,其中具有全国性影响的是北宋皇陵。对于这样宝贵的文化资源,提炼出一些文化符号,进行文化创新,用文化创意打造成有价值的文化品牌,是首选。荥阳的特色文化是姓氏文化、名人文化、象棋文化、战争文化。利用汉代文化和战争文化,拍一个楚汉争霸的历史剧、再现历史场景,可大大提高荥阳的文化知名度。新密的文化亮点之一是黄帝文化,有关黄帝传说和遗址是其文化亮点。新密对黄帝文化的开发应与新郑联手开发。中牟可在三国文化、潘岳文化、西瓜文化、黄河文化等方面开发自己的文化资源。

(五)进一步落实和完善文化产业政策

文化产业政策应包括文化投资政策、文化融资政策、文化税收政策、完善的分配与奖励机制等多项内容。这些政策,有的已经落实实施,有的需要进一步完善,还要根据文化产业的发展制定一些新的政策。在郑州资源产业化过程中,从政策扶持到基础设施建设投资,郑州市委市政府发挥了重要的作用。下一步,政府在继续深化文化体制和机制改革的同时,也应遵循文化产业的市场规律,把自身职能从根本上转变到宏观调控、市场管理、社会管理和公共服务上来。积极推进文化资源配置的市场化进程,应按照市场经济规律,落实原有的政策，完善和细化原有的政策，发挥政府的文化产业的主力助推作用。

(六)建立高素质的文化产业人才队伍

要以学校为主要阵地，建立定位培养人才的目标，完善人才培养过程，创新人才培养机制。构建社会机构人才培训体系，社会机构应加强与高校合作，积极开展委托和定向人才培养，建立终身学习教育体系，强化行业的在职培训，实现项目人才培养，建立文化产业人才培养基地。构建文化产业人才的创业平台，为文化产业人才提供创业机会。从观念上，增强文化人才培养意识，在具体举措上，应强化政府的主导作用，制订人才规划，加强文化人才培养的教师队伍建设。对于一些急需的文化产业人才，如文化创意人才、文化产业管理人才等，应加大引进的力度，用良好的创业政策、优厚的待遇吸引人才，让文化产业人才能够请进来、留得住。

六、郑州市文化资源转化趋势及产业发展方向

(一)文化资源的数字转化

郑州文化的产业数字化转化加速，主要表现在以下几个方面：一是文化资源数字化加速。数字内容传承能力增强，目前郑州市非物质文化遗产、文物、艺术品等都设有专门的数字化展示场馆，文化资源的转发和开发力度加大。博物馆、美术馆、文化馆等数字化水平不断提升，有效传承优秀历史文化传统，郑州文化馆为适应数字化发展趋势，满足群众体验需求，加快推进数字化基地建设。郑州市大河村遗址博物馆数字化展示项目、河南郑州古荥汉代冶铁遗址博物馆数字化基地等加速推进，数字文化产品和服务供给质量不断提升。二是动漫产业数字化发展迅速。2010 年河南省动漫企业只有 70 家左右，收入 1.6 亿元，而 2016 年郑州市动漫企业达到 73 家，年生产动画能力 3000 多分钟，收入 2.3 亿元以上，优秀的历史故事、人物和神话转化为动漫产品，动漫产业规模和品质全省领先。三是数字艺术展示业加快推进。公共设施、公共空间等数字大屏基本普及，数字艺术展示空间不断拓展。数字艺术与智慧旅游、特色小镇融合加速，郑州智慧旅游产业运行监测与公共服务平台加速推进，提高全市旅游产业的运

行监测、公众服务、行业监管、宣传推广等能力。华谊兄弟（郑州）电影小镇，融合电影文化体验、电影互动游乐、电影展览、民俗演绎于一体，打造数字艺术特色品牌，充分发挥数字文化产业在带动区域经济发展、塑造文化形象方面的积极作用。总体来看，郑州文化产业数字化加速推进，但是在前沿领域、技术创新等方面还有待提升。

（二）文化消费的高端化

近年来，郑州市文化产业结构日益完善，文化产品和服务丰富且多元，满足了市场上多元化、多层次和多类型的居民文化消费需要。居民在健身、休闲、教育、旅游等方面的消费支出增多，文化消费从初级层面的视觉感官上升到体验、欣赏、愉悦及智力开发等高等领域，文化消费的高端化趋势明显，其中又蕴含着体验化、信息化、个性化、全球化等特征，教育培训、健康养生、文化娱乐、休闲旅游等服务性消费成为新的消费热点。2016 年，城镇居民人均消费支出 23079 元，增长 5.7%；农村居民人均消费支出 10130 元，增长 7.8%。其中与个人发展和享受相关的支出增长迅猛，人均居住、用品及服务、医疗保健、交通通信支出分别增长 9.6%、9.7%、12.3%和 12.0%，增速比上年提高 2.8、2.8、0.8 和 0.4 个百分点，人均文化教育支出增速最快，达到 11.2%。郑州市城镇居民人均可支配收入 33214 元，增长 6.8%，人均消费性支出 23210 元，农村人均可支配收入 18426 元，比上年增长 7.6%，人均消费性支出 13595 元，人均文化教育支出增速达到 13%，均高于全国水平。文化消费高端化趋势的重要表现就是消费的体验化、个性化、信息化等，文化产品从物质性使用向感受性体验转变，电影、动漫、手游、音乐、展览、演出等文艺产品日益受到大众的欢迎，而且消费支出每年在递增，文化产业的“体验经济时代”已经到来，而这种趋势未来必将呈现出井喷式爆发。

（三）文化产业的跨界化发展

目前郑州市文化旅游产业融合能力突出，集休闲、娱乐、健身、养生等多功能于一体，发展势态强劲。登封嵩山旅游景区注重推进少林武术文化品牌化建设和武术文化的深度开发，突出武术健身文化和嵩山风景特色，努力拓展“禅武修训之旅”。在完善历史文化旅游资源建设的同时，积极开发休闲旅游产品和服务，开发武术健身国际旅游度假区，嵩山少林景区获得2016年度国际旅游目的地人气奖。沿黄河旅游带努力打造国家黄河国家公园，整体包装沿线景区景点，形成了一条旅游文化走廊和生态经济带，串联黄河风景区、黄河国家湿地公园、汉霸二王城、康百万庄园等景区，突出文化与旅游、居住、休闲、娱乐一体化的旅游线路。新郑黄帝故里拜祖大典，不仅突出"中华民族之根"这一主题，而且开发黄帝文化馆、黄帝文化国际论坛、游客服务中心以及大遗址公园等等，增加了大量的体验、观赏和休闲项目，形成拜祖、团聚和发展的多元功能体，2017年黄帝故里拜祖大典期间，举办了系列的经贸和文化交流活动，围绕"一带一路与文明互鉴"，举办第十一届黄帝文化国际论坛，加强了文化交流与互动。郑州都市休闲观光农业也在加速发展，尤其是林果、花卉、蔬菜、水产观光农业发展迅速，大量的农家乐、农业庄园等发展起来，形成了"绿色农业生态游""特色农业体验游""休闲农业文化游 "等多种形式。"文化综合体"成为典型，郑州国际街舞大赛作为文化跨界发展的典型，已经成为重要的文化产业风向标。目前，WDG中国(郑州)国际街舞作为中国最大的街舞赛事，品牌影响力不断扩大，大赛更加国际化、高端化和专业化。同时，借助赛事品牌，街舞培训机构、活动策划、活动展演团队、产品的设计研发和销售等产业发展迅速。创新文化创意产业与其他产业的跨界融合，有利于转变传统文化产业的发展模式，实现文化创意产业链的延伸，提高产品的附加值和效益，推动经济结构的优化。将文化创意产业转化为新型的产业形态、多元化的产业结构，并推动产业由要素增长、投资驱动向创新引导转型，更加适应经济发展新常态，日益成为经济发展的新增长点。

(四)文化产业的平台信息化

在互联网技术革命的推动下，我国文化产业信息化进展迅速，尤其是平台的信息化加速推进，为文化产业的发展提供了有力支撑。文化产业的新业务、新模式不断涌现，信息传播的内容、秩序和渠道更加丰富，深刻影响着传统产业的发展模式。文化产业在创意、生产、传播、销售、流通等各环节都实现信息化，而且在不断加深，企业、园区积极推动文化产业信息平台建设，以文化科技资源为依托，推动文化产业与信息技术的结合，培育科技含量高、创新能力强的特色文化产业集群。郑州高新区、河南小樱桃动漫集团有限公司精心打造的国家动漫产业发展基地(河南基地)发展迅速,基于信息化技术,推动建立动画、漫画、游戏研发、动漫媒体运营、动漫公共技术服务于一体的国家级动漫产业信息技术平台。积极建设《动漫报》数字出版平台,定位为中国动漫的最佳内容娱乐营销平台,打造新闻+娱乐+生活方式的综合性媒体,实现了动漫类信息交流平台,包括国内外动漫行业资讯、优秀漫画作品连载等,并初步实现了《动漫报》新闻版数字化出版,通过购置大型网站数据库服务器、视频处理器等硬件设备,引进先进编排软件,及图像文字、声音等软件支持系统,搭建起了完善的数字化出版平台,实现了《动漫报》线上线下无缝对接。郑州市旅游业各领域的信息化建设加速推进,已经成为旅游业发展的重要支撑,实现智能化、协同的旅游服务。基本在全市的机场、宾馆、景区、旅游购物店等主要旅游场所配置平板、触控屏等旅游信息互动终端,让旅游者能够方便使用互联网信息查阅资料、互动交流。通过信息平台建设,加大旅游销售额度,2016 年少林旅游专营店天猫旗舰店总销售额超过 600 万元,借助电商平台推动了智慧旅游发展,在"阿里 · 旅行"旅游商家中门票销售排名第一,而且嵩山景区积极推动"阿里 · 码上游",通过智能通道开启了高端体验式的少林禅武游精品线路,信息化服务平台的发展为旅游产业插上了腾飞的翅膀。金水区文化创意产业园区则积极推动信息服务中心建设,围绕工业设计、文化创意、软件设计、知识产权等,健全专家库、数据库等信息资源,搭建园区互联互通、资源共享、管理便捷的信息化服务平台,为企业开展专利信息数据检索、微观专利导航、创意服务对接等网络线上提供"一站式"服务。

(五)文化的贸易国际化

在全球化背景下,各个国家和地区的文化输出不断加速,不仅能够带来巨大经济效益,而且能够传播文化、塑造形象,提升城市文化软实力。郑州市一直以来高度重视对外开放,对外贸易力度不断增强,"十二五"末,郑州市外贸进出口达到 570.3 亿美元,比预期目标增加 4 倍,是"十一五"末的 12.7 倍,出口额高于全国平均增幅 9.2 个百分点,位于中部省会城市首位。《中国外贸百强城市名单》显示,2016 年郑州位居全国第 11 位,超越很多港口城市,成为对外贸易的重点城市。郑州市出口龙头企业发展迅速,出口额千万美元以上的企业有 39 家,出口额达到 118.4 亿美元。其中登封市鹅坡少林武术文化博览有限公司获评国家重点出口企业，中国少林大成（柏林）健康中心项目获得文化出口重点项目，少林演艺业及相关产品的对外出口力度不断加大。贸易国际化有力推动了中原文化“走出去”，提升了郑州在国内外的影响力和辐射力。

（刘涛，郑州市社会科学院文化所，副所长；许颖杰，郑州市社会科学院，副院长；马志辉，郑州市委宣传部事业发展处，处长）

第十一章
武汉：传统文化助力文创产业与创意城市发展

一、武汉市文化产业的发展

二、武汉市传统文化引领文化产业发展的典型案例

三、创意城市发展的武汉经验

四、武汉市文化产业及创意城市发展愿景

五、结语

2017年，国务院印发了《关于实施中华优秀传统文化传承发展工程的意见》(国发〔2017〕6号文)，明确指出文化是民族的血脉，是人民的精神家园。传统文化包括核心思想理念、中华传统美德、中华人文精神等内涵。中华文化独一无二的理念、智慧、气度、神韵，是中国特色社会主义植根的文化沃土，是当代中国发展的突出优势，对延续和发展中华文明、促进人类文明进步，发挥着重要作用。传统文化对进一步丰富文创产业内涵、调整文化产业结构、增强文化产业发展活力、提高文化软实力、推动城市更新、助力创意城市建设具有重要意义。

武汉市作为湖北省省会、新晋国家中心城市，历史悠久，传统文化底蕴深厚。2017年开启了中国特色社会主义新时代，在《武汉市文化产业发展"十三五"规划》的指导下，武汉市文化产业增速明显，成效显著，文化及相关产业增加值占GDP比重不断提高。2017年，经联合国教科文组织评选，武汉正式入选全球创意城市网络"设计之都"，成为中国继深圳、上海、北京之后的第四个"设计之都"，也是我国内陆的第一个"设计之都"，成为对外展示武汉文化魅力和文创产业成就的桥头堡。"复兴大武汉"愿景下，武汉市尤为注重新时代背景下传统文化的创新性传承与发展，重视武汉优秀传统文化在引领创意产业发展、创意城市建设中的重大作用。

一、武汉市文化产业的发展

(一)武汉市文化产业发展概况

2017年，武汉市在文化产业发展"十三五"规划的指导下，积极适应经济发展新常态，继续以文化体制机制创新改革为动力，不断优化文化发展环境，产业规模持续增长，创新能力初步显现，集聚发展初具规模，项目带动效应明显，政策体系日趋完备，投融资机制逐步健全，实现了文化产业的稳步发展。

1. 文化产业规模持续扩大

文化产业增加值再创新高。2016 年，武汉文化产业实现增加值 477.28 亿元(全口径，下同)，比 2015 年增长 16.6%，高于同期全市 GDP 增幅，增速比 2015 年提高 3.0 个百分点，武汉市文化及相关产业增加值占全市国内生产总值(GDP)比重首次突破 4%关口，文化创意产业增加值占 GDP 比重达到 7.2%。[①]武汉文化产业发展站在了跨越发展的新起点上。见表 11-1。

表 11-1 武汉市近三年文化产业增加值增长情况

	增加值(亿元)	增速	增加值占比
2016 年	477.28	16.6%	4.01%
2015 年	409.31	13.6%	3.75%
2014 年	360.36	—	3.58%

资料来源：武汉统计局。

截至 2016 年底，武汉市"规上"文化企业共计 505 家，与 2015 年相比增加 46 家，实现营业收入 1027.18 亿元(规上，下同)，较上年增长 12.2%，营业收入增速超过全省平均增速 1.9 个百分点，超过全国 4.7 个百分点。实现营业利润 69.05 亿元，较上年增长 38.3%。从业人员 12.83 万人，较上年增长 3.7%。[②]文化产业十个行业大类中，营业收入占比前三的是：文化创意和设计服务，营收 354.67 亿元，占比 34.5%；新闻出版发行服务，营收 211.57 亿元，占比 20.6%；文化用品的生产，营收 110.57 亿元，占比 10.8%。从增加值增速看，七个行业保持增长，文化专用设备的生产、文化艺术服务、文化创意和设计服务业增幅位居前三。见表 11-2。

表 11-2 2016 年武汉市文化产业十大行业分类情况

	营业收入(亿元)	增速	增加值(亿元)	增速
总计	1027.18	12.2%	477.28	16.6%
新闻出版发行服务	211.57	106.6%	51.36	20.9%

① 武汉统计局网. 新业态加快成长 增加值占比提高——2016 年武汉文化产业增加值占比首超 4%[EB/OL]. 武汉统计信息网. http://www.whtj.gov.cn/details.aspx? id=3698，2017-10-23.

② 同上。

续表

	营业收入(亿元)	增速	增加值(亿元)	增速
广播电视电影服务	48.61	12.3%	13.26	-4.3%
文化艺术服务	3.31	18.6%	1.48	33.7%
文化信息传输服务	81.68	36.9%	48.54	10.8%
文化创意和设计服务	354.67	19.9%	254.44	26.5%
文化休闲娱乐服务	43.87	3.2%	32.72	-0.7%
工艺美术品的生产	69.88	-34.8%	16.13	12.0%
文化产品生产的辅助生产	98.38	69.1%	37.35	-5.7%
文化用品的生产	110.57	-38.6%	20.27	6.7%
文化专用设备的生产	4.65	-80.7%	1.74	77.5%

资料来源:武汉市统计局。

2.文化产业结构不断优化

"文化产业结构进一步优化"是武汉市文化产业振兴计划(2012—2016年)提出的主要目标之一。近年来,武汉市在坚持创新驱动发展战略的引领下,在壮大新闻出版、广播影视、印刷复制、演艺娱乐、广告会展等传统文化业态的同时,加快发展新媒体、网络服务、动漫游戏、创意设计等一批新兴文化业态,文化产业结构进一步优化。

2016年,武汉市文化传承和传播模式不断创新,催生了创意设计、动漫游戏、智慧服务、移动互联等行业快速发展。其中,创意设计服务业的营收和增加值分别保持19.9%和26.5%的高增长。多媒体、动漫游戏软件开发类设计行业,实现营收105.36亿元,比上年增长49.7%;以斗鱼为代表的"互联网+"类文化信息传输服务业,营收和增加值保持36.9%和10.8%的快速增长。目前,武汉正在加快实施"互联网+""文化+"发展战略,推动文化与经济社会各领域融合发展。加快升级传统文化业态,大力培育新兴文化业态,延伸文化价值链和产业链,创新文化生产方式和传播方式,推动文化产业转型升级。

3.发展中面临的主要问题

尽管武汉在文化产业规模和结构等方面都取得了长足进步,但仍存在一些问题,主要表现在武汉市各区文化产业发展、各门类文化产业发展之间差距较大。

各区发展差距较大。2016 年武汉市中心城区“规上”文化企业实现营收 572.17亿元，占全市 59.7%，增长 2.8%。新城区营收 209.59 亿元，占全市 18.2%，增长 29.4%。功能区营收 245.42 亿元，占全市 22.1%，增长 24.7%。各区文化产业增加值增长幅度和占本地区 GDP 的比重差异较大，占比前三的区依次是武昌、江岸和东西湖区，占比均超过 5%，有 8 个区低于全市平均水平，有 3 个区占比低于 1%。见表 11－3。

表 11－3 2016 年武汉市分区文化产业相关情况

	营业收入（亿元）	增速	增加值（亿元）	增速	占 GDP 比重（2016 年）	占 GDP 比重（2015 年）
武汉市	1027.18	12.2%	477.28	16.6%	4.01	3.75
江岸区	131.80	－3.0%	64.52	18.6%	6.71	6.29
江汉区	53.53	－12.1%	26.24	－12.9%	2.54	3.25
硚口区	102.01	－39.5%	25.23	12.8%	4.21	4.08
汉阳区	5.88	10.7%	2.62	0.2%	0.30	0.30
武昌区	165.35	7.0%	104.53	7.7%	10.76	11.01
青山区	4.33	16.4%	2.21	18.2%	0.47	0.40
洪山区	109.28	295.8%	22.23	79.7%	2.66	1.66
东西湖区	81.93	15.6%	35.58	3.5%	5.43	5.47
蔡甸区	26.19	28.7%	8.45	45.9%	2.36	1.56
江夏区	44.63	35.0%	22.40	23.8%	3.29	3.03
黄陂区	50.54	52.2%	9.29	34.6%	1.46	1.21
新洲区	6.30	41.9%	4.56	149.2%	0.75	0.33
武汉开发区	68.75	－0.1%	43.52	0.2%	—	—
东湖开发区	140.10	54.6%	73.76	55.5%	—	—
东湖风景区	36.57	－2.4%	32.14	4.9%	—	—

资料来源：武汉市统计局。

传统制造业占比较高，部分行业亏损严重。文化制造业主要集中在包装印刷行业，47 家包装印刷类企业占据制造业企业总数的 2/3，营业收入占制造业营收的 70.6%。包装印刷类企业占比较高，易受行业景气度以及上游原材料供应影响，周期性行业特点明显。同时，包装印刷企业对文化产业发展及增加值贡献率低，2016 年，文化制造业营业收入比上年增长 8.5%，而增加值仅比上年增长1.7%，成为制约文化产业增加值提升的短板。此外，受互联网传媒蓬勃发展影响，广播电视行业广告收入大幅下降，2016年，武汉市广播电视行业人员、规模双下降，全年营收比上年下降0.39亿元，下降1.9%，同期利润大幅下滑，整体亏损严重。

(二)武汉市文化产业的发展特点

1.以重大文化项目为依托，扩大文化品牌影响力

重大项目是武汉市未来文化产业发展的重要载体。2016年《武汉市文化产业发展"十三五"规划重大项目库》(武文产办〔2016〕4号)出台，入库项目达116个，计划总投资3373亿元。华中智谷一期全面建成，渤海商品交易所、湖北省数字广告产业园、潮江集团、中国环境出版集团等业内龙头企业签订入驻协议。同时，文化骨干企业不断发展，成为推动地区文化品牌建设的重要力量。据统计，2016年武汉市营业收入超10亿元的企业共25家，比2015年增加1家，实现营收663.06亿元，比2015年增长16.7%；营收超50亿元的企业共有3家，比2015年增加1家，实现营收226.77亿元，比2015年增长65.6%。10亿元以上企业营收占据全市文化产业半壁江山，文化骨干企业不断壮大、发展提速，催生了一批优质文化品牌，对武汉市文化创意产业的发展起到了显著作用。琴台音乐节、武汉国际杂技艺术节、大河对话论坛、知音国际论坛、中华戏曲节、长江非遗大展、武汉国际动漫节、斗鱼嘉年华等文化活动品牌效应也不断彰显。其中，2017年"大河对话"国际论坛，成功邀请了联合国教科文组织、世界大河流域城市市长、博物馆馆长、专家学者等200多位嘉宾参与，成为武汉市对外文化交流的重要文化品牌。位于长江、汉江交汇之处，被誉为"武汉之根"盘龙城遗址，是商代南土中心城邑、长江流域青铜文明中心。2017年12月2日，国家文物局在国家考古遗址公园现场工作会，盘龙城遗址进入第三批国家考古遗址公园名单。[①] 盘龙城国家考古遗址公园获批挂牌，标志着武汉首个国家考古遗址公园的诞生。

① 武汉盘龙城获批国家考古遗址公园 将尽快向公众全面开放[EB/OL].湖北日报.http://news.cnhubei.com/xw/wh/201712/t4036949.shtml,2017-12-02.

2.以创新驱动发展为战略，蓄力文化产业竞进提质

2017年，习近平在十九大报告上强调，要坚定实施创新驱动发展战略。创新是文化创意产业发展的核心与关键。近年来，武汉市在文化+创新上持续发力，效果显著。2017年，武汉市政府出台《市人民政府关于加快文化产业创新发展若干政策的通知》，制定了有关市场主体培育、特色产业扶持、文化创新、文化投融资、土地供给、文化开放等政策。

创新主体队伍建设。2018年，武汉市政府报告提出要开展创新主体成长专项行动。明确要建立健全高新技术企业梯次成长机制，培育瞪羚企业500家、科技“小巨人”企业1000家，新增高新技术企业500家。引进知名企业研发机构30家。积极创建国家知识产权强市，打造中部知识产权运营中心，发明专利申请量、授权量均增长15%。全社会研发经费(R&D)增长10%，高新技术产业产值、战略性新兴产业产值均增长15%以上。

创意产业园区建设。早在2008年，为实现产业转型，按照市委市政府“集中资源、形成合力，以东湖高新区为核心，以主城区为主体，以动漫产业为突破口，建设创意产业基地，积极打造千亿产业”的要求，中国光谷创意产业基地就正式挂牌成立。中国光谷创意产业基地是武汉光谷创意产业园的主体部分。2016年，武汉市发布《中共武汉市委 武汉市人民政府关于加快实施“创谷计划”的通知》(武文〔2016〕12号)、《关于启动第三批创谷项目建设工作的通知》(武政办〔2016〕150号)等文件，确定武汉经济技术开发区(汉南区)“南太子湖创新谷”、洪山区“联想星空·智慧谷”作为首批“创谷”项目，武汉东湖新技术开发区“光谷移动互联创谷”、武汉临空港经济技术开发区“金银潭梦想特区”、硚口区“汉江湾·云谷”、汉阳区“龙阳湖健康谷”、江夏区“江夏阳光创谷”作为第二批“创谷”项目，江岸区“汉口文创谷”、江汉区“江汉创谷”、武昌区“中科武大·智谷”、黄陂区“木兰畅谷”、新洲区“武汉绿谷”作为第三批“创谷”项目。截至2017年，武汉市内共有中国光谷创意产业基地、汉阳造文化创意产业园、武汉大学科技园三家文化创意产业单位先后被授予“全国版权示范园区(基地)”。其中2017年入选“全国版权示范园区(基地)”的武汉大学科技园。据统计，截至2016年武大科技园园区企业共申请知识产权2.3万余项，知识产权转化率达90%。

3.以跨界融合方式为渠道，促进文化科技深度融合

《武汉市文化产业发展“十三五”规划》指出，要把握以“四新”(新技术、新产

品、新业态、新模式)为代表的文化产业信息化发展趋势,加大重点文化领域的技术研发力度,瞄准开发文化产品、繁荣文化消费、升级文化服务的现实需要,大力推进互联网、云计算、大数据、物联网、虚拟(增强)现实、人工智能、地球空间信息、文化资源数字化、文化内容集成制作等共性技术开发。近年来,武汉市文化与科技融合发展势头强劲,推动文化创意产业竞争力不断增强。2016 年末,武汉市共有高新技术企业 2177 家,比 2015 年新增 521 家。全年"四上"高新技术企业实现产值 8446.11 亿元,比 2015 年增长 12.6%;增加值为 2423.18 亿元,占 GDP 的比重为 20.3%。[①] 2017 年 2 月 20 日,《长江日报》报道 2016 年武汉新组建省级工程技术研究中心等省级科技创新平台 65 个,市级工程技术研究中心、企业研究开发中心等市级科技创新平台 135 个。武汉市科技创新平台共计达到 1340 个。其中,涉及文化与科技融合领域的平台近 80 个。武汉全市共有孵化器 220 家,总面积达 1000 万平方米,其中国家级孵化器 25 家,在孵企业将近 9000 家。武汉全市建有创客空间、创客咖啡、创新工场三类众创空间 120 余家,其中国家级众创空间 35 家、国家级专业众创空间 2 家。并建成 73 家大学生创业特区,初步形成高校密集的鲁巷、街道口两个连片的创业街区。

传统大型文化企业跨界融合。近两年来,武汉市以文化艺术、广播电视、新闻出版类企业为代表的传统业态文化企业,在内容创意、跨界融合等方面积极拓展,取得了一定成绩。长江出版传媒集团在构建了以出版、印刷、发行、物资贸易等为主业的同时,也开发了数字阅读、在线教育、国际贸易、文化旅游、健康、文化金融等新兴产业。其中,数字出版业务收入达 6298.95 万元,同比增长 48.88%,并被原国家新闻出版广电总局授予全国"数字出版转型示范企业"称号。长江日报报业集团旗下的"好医网"媒体融合项目,以第 12 名的成绩入选原国家新闻出版广电总局举办的全国报刊融合创新案例 30 强。

新兴文化业态快速发展。武汉斗鱼网络科技有限公司(以下简称"斗鱼")是在武汉孕育、发展、壮大的创新型互联网公司,致力在武汉打造全国首个直播平台产业集群,运用了"文化+科技"的发展模式覆盖了直播文化产业上下游,成为国内直播分享网站中的佼佼者。2016 年,武汉市斗鱼直播在业内首次提出并实施"直播+"和"快乐+"的"双+"战略。2017 年 5 月,首届武汉斗鱼嘉年华在汉

① 武汉市统计局.武汉市 2016 年国民经济和社会发展统计公报[EB/OL].武汉统计信息网.http://www.whtj.gov.cn/details.aspx? id=3439,2017-03-31.

口江滩举行，开创了“直播+主题乐园”之先河，邀请了来自全国和全球500多名明星级主播和电竞选手参与线下活动与粉丝亲密互动，同时还设计了丰富的游园活动，覆盖游乐、电竞、游戏、明星、娱乐、科技、美食、二次元等诸多内容。武汉嘉年华活动首日，汉口江滩25万平方米活动区域吸引8万观众入场，官方直播间峰值超800万，线上观看累计超5000万人。[①] 据长江网互联网大数据分析中心统计，2017年5月21日00:00至5月30日16:00，全网共检索到26381篇“斗鱼嘉年华”相关文章，其中微博24568篇，燃爆互联网。[②] 活动期间，共吸引35万人次现场参加，全网累计1.7亿人次观看，成为本土文化企业品牌打造与城市形象传播深度融合的典型案例。

4.以政策驱动为保障，推动文化产业提档升级

近两年来，武汉市出台了一系列的政策文化，为推动武汉文化产业提档升级、加快成为支柱产业提供了有力支撑。2016年《武汉市文化产业发展“十三五”规划》出台，确定了“价值引领、文化强市、深化改革、释放活力、内涵发展、创新驱动、跨界融合、转型升级”的发展基本原则。同年，武汉市出台了《关于实施“十大计划”加快建设具有强大带动力的创新型城市的意见》，全力组织实施高新技术产业倍增计划、产业创新能力倍增计划、创新型企业培育计划、“大学之城”建设计划、“光谷”和“车都”升级版计划、“创谷”计划、“城市合伙人”计划、“天使之城”建设计划、“智慧城市”建设计划和优化创新环境计划，努力建设具有强大带动力的创新型城市和具有全球影响力的产业创新中心。此外，武汉市还出台了《关于促进科技金融改革创新工作的实施意见》，指出要加大政策支持力度，制定适应科技金融改革创新要求的财税优惠、人才引进政策措施等，打造光谷科技金融特区，率先编制国内首个“科技金融指数”，并建立年度发布机制，试行互联网+科技金融产业基金，推进投贷联动试点等。同时，武汉市还出台了《关于印发武汉制造2025行动纲要的通知》《关于推进供给侧结构性改革的实施意见》《关于印发武汉市服务贸易创新发展试点实施方案的通知》《关于印发武汉市产业创新能力倍增计划(2016～2020年)的通知》《关于印发武汉市战略

---

① 斗鱼嘉年华首日“燃爆”十里江滩[EB/OL].武汉市人民政府网站.http://www.wh.gov.cn/whszfwz/xwxx/whyw/201705/t20170529_127512.html,2017-05-29.

② 两大盛事推高互联网武汉热度[EB/OL].武汉市人民政府网站.http://www.wh.gov.cn/whszfwz/xwxx/whyw/201705/t20170531_127588.html,2017-05-31.

性新兴产业发展引导基金管理办法的通知》《武汉市信息技术产业发展规划（2016～2020年）》，以及2017年出台《市人民政府关于加快文化产业创新发展若干政策的通知》等文件。产业政策体系逐步完善，使文化创意产业发展更加规范有序，也为武汉文化产业提档升级提供了坚实基础。

二、武汉市传统文化引领文化产业发展的典型案例

（一）汉剧文化推动武汉戏剧产业蓬勃发展

大武汉，“戏码头”的称号由来已久。武汉拥有400年历史的汉剧文化和历经150多年的楚剧文化。同时，武汉与京剧渊源深厚，历史上一度成为京剧重镇，戏源深、戏脉广、戏份重、戏迷多，梅、程、尚、荀四大名旦，谭、马、杨、肖四大名须都曾到武汉演出。武汉孕育了汉剧，继而滋养了京剧，培育了“一代宗师”谭鑫培，影响了一大批名伶泰斗。2016年，武汉市人民政府发布《关于支持我市戏曲传承发展振兴武汉戏码头的通知》（以下简称《通知》），将进一步弘扬中华优秀传统文化，推动文化强市建设，促进武汉地区戏曲繁荣发展。2017年，湖北省也正式印发《关于振兴武汉戏曲“大码头”的意见》，明确了振兴武汉戏曲“大码头”的总体目标是：巩固湖北省京剧在全国的领先地位，提升湖北省地方戏曲影响力，至2020年，争取把武汉建成全国戏曲演出交流中心、青年京剧人才培养基地、戏曲传承发展研究中心和戏曲“像音像”工程基地，形成区域性戏曲文化中心，为全国戏曲繁荣发展发挥示范作用。同年，武汉市市长万勇在调研武汉京剧院上再次强调，复兴大武汉应该包含复兴武汉京剧重镇地位。

加强戏曲保护传承和理论研究。《通知》提出武汉市将加强对戏曲类非物质文化遗产的保护工作，以地方戏曲院团现有场馆为主要依托，建立京剧、汉剧、楚剧专题展示场所或博物馆。并应用现代多媒体和数字技术，对各剧种优秀传统保留剧目、戏曲文献资料和散落在民间口口相传的传统戏曲珍贵史料进行抢救和保护。同时，为加强戏曲理论研究，还将以市艺术创作研究中心为主体，整合武汉地区高校、科研院所及社会团体中的戏曲研究资源，开展武汉“戏码头”和武汉地区戏曲艺术研究，为武汉地区戏曲创造性转化和创新性发展提供理论支持。进一步开展对武汉地区戏曲发展历史、流派体系、剧本创作、表演

特色、声腔设计的理论研究，录制反映武汉地区戏曲发展脉络、艺术风格、发展成就的专题纪录片。

支持优秀戏曲作品创作生产。武汉市有关部门将加强对戏曲作品创作生产的规划引导、政策扶持、题材管理和项目带动，引导戏曲工作者深入生活、扎根人民，创作一批传播当代中国价值观念、展现武汉地域文化特色、深受人民群众喜爱的思想性、艺术性、观赏性相统一的戏曲精品。并在鼓励戏曲院团控制预算的前提下，采取委约创作、集体创作、重点攻关等形式，面向社会征集优秀剧本，组建优化编剧、导演、演出团队，引导社会力量参与戏曲创作生产，打造武汉戏曲创作高地。

推动戏剧产业走出去和引进来。近年来，中国艺术节、中国京剧节、中华优秀戏曲文化艺术节等活动连续在武汉举办，昆曲《牡丹亭》、越剧《二泉映月》等多部大戏来武汉演出；武汉也先后创排演出了京剧“汉口女人三部曲”，汉剧《王昭君》《宇宙锋》等一批原创戏曲剧目，培养了刘子微、夏青玲、王荔等领军人物，引起了全国戏曲界的关注和好评。2017 年 5 月，武汉市委宣传部组织召开托尼奖中国合作洽谈会，代表国际戏剧最高成就的奖项——“美国百老汇托尼奖”确定落户武汉成立区域中心。该中心的成立会积极将百老汇经典剧目引进武汉，整合国际优质演艺资源和武汉原创戏剧资源，搭建武汉原创戏剧与世界优秀戏剧交流平台，并致力于打造武汉原创戏剧精品剧目，送到百老汇剧场交流演出，推动武汉优秀文化作品走向世界。2017 年 10 月，武汉市演出有限责任公司与武汉剧院联手推出“戏码头·全国戏曲名家名团武汉行”系列戏曲专场演出。上演了京剧、越剧、昆曲、黄梅戏、赣剧等多个剧种的演出，无论是优秀传统戏、新编历史剧还是现代戏，都体现出时代的审美韵致，形式丰富，风格多样，蔚然大观。一系列对于传统戏曲文化保护与传承、创新的有利措施推动了武汉市戏剧产业的发展。尤为值得一提的是，武汉市将“戏曲进校园”纳入全市文化建设整体部署和重要议事日程。武汉市中小学综合实践课程戏曲读本《戏曲进校园》发放到全市所有学生手中，读本在介绍戏曲常识的同时，还特别将湖北省的 30 多个剧种形成的独特汉腔楚韵纳入其中。当下，武汉的高校、中小学里，学习、表演戏剧已经蔚然成风。中宣部、教育部、文化部专门在汉召开全国戏曲进校园经验交流会，武汉经验受到全国关注。

(二)知音文化助力武汉艺术产业全面发展

武汉是知音文化的发源地。位于武汉市汉阳区龟山西脚下的月湖之滨,东对龟山、北临月湖的古琴台又名俞伯牙台,是《吕氏春秋》、《列子》等古籍记载的俞伯牙与钟子期"高山流水遇知音"故事的发生地,始建于北宋,重建于清嘉庆初年(公元1796年),是中国音乐文化古迹、湖北省重点文物保护单位、武汉市文物旅游景观之一,与黄鹤楼、晴川阁并称武汉三大名胜,享有"天下知音第一台"之称。借助传统"知音文化",武汉市政府投资兴建位于武汉市汉阳区知音大道、紧邻古琴台的琴台文化艺术中心,由琴台大剧院和琴台音乐厅等建筑组成,是武汉市"一核两带"文化功能区建设的中心。其中,武汉琴台大剧院是武汉市乃至华中地区以及全国规模最大、功能最全、档次最高的特大型文化设施,并于2013年入选"全国十大剧院"。

2017年,武汉市第十三次党代会提出,要挖掘知音文化内涵,传承弘扬长江文明,建好历史文化名城。2017年,第六届琴台音乐节全方位升级,在延续了"高山流水觅知音"主题的基础上,引入了鲜明的"中国红"和"长江"元素,并融入了独具地域文化特色的本地剧目,共举办了经典音乐系列、古琴系列、汉剧名家名段演唱会、群众合唱比赛、校园歌曲比赛、流行音乐展演、市民音乐沙龙等55场各类音乐演出和活动,剧目质量、演出场次和参与人数均创历届之最。武汉友好城市日本大分市、德国杜伊斯堡市主动要求加盟。此外本次音乐节传统地方戏曲、民族音乐分量明显加重,并进一步彰显了武汉特色知音文化,《"楚韵汉调觅知音"汉剧名家名段演唱会》上,国家级非遗传承人胡和颜、程良美和"梅花奖"得主王荔将汉剧之美展现得淋漓尽致;"满城尽寻钟子期·琴台共谱知音曲"古琴雅集活动在武汉传统文化胜地黄鹤楼、晴川阁、古琴台,以及楚河汉街、东湖公园、武汉天地等两江三镇四岸20地举办了20场音乐活动,来自18个省市和地区的53名优秀青年演奏家参与了本次活动,群众反响热烈。

同年,2017国际知音文化暨文化产业发展高层论坛在武汉举行,组织相关专家学者开展知音文化资料收集整理、建立"知音文化传承基地"、举办知音文化艺术节、组织钟子期祭祀活动、录制音乐专题片和电视专题片、保护和修缮钟子期墓等事宜,便于宣传知音文化、提升知音文化品牌、提高知音文化国际影响力。此外,知音文化还孕育了多维体验剧《知音号》。2017年4月,历经两年多的精雕细琢,武汉市推出了长江首部漂移式多维体验剧《知音号》。该剧由武汉旅游发展投资集团有限公司联合著名导演、跨界艺术家樊跃共同打造，是湖北省在“十三五”期间实施全域旅游发展战略的重点创新文旅项目及武汉市长江主轴文化轴亮点项目。《知音号》以知音文化为灵魂，以大汉口长江文化为背景的实景大剧，故事取材于上世纪 20—30 年代的大武汉，以 20 世纪初武汉民生轮船公司的“江华轮”为原型，可以承载观众在长江上漂移，饱览武汉两江四岸的独特美景，成为武汉一张靓丽的文化名片。

(三)非遗文化带动相关文化创意产业发展

2016 年，武汉市颁布《武汉市非物质文化遗产保护条例》，成为全国第一个实施非遗保护地方性法规的城市。目前，武汉非物质文化遗产四级名录体系已基本形成；汉阳江欣苑社区建设“非遗项目传承园”模式、武汉非遗文化传播有限公司保护非遗模式，受到全国瞩目。2016 年，武汉旅游发展投资集团（以下简称武旅投）启动全球首支给中国非物质文化遗产“输血”的开放式基金——中国非遗基金。作为全球首支专注于非物质文化遗产的国际开放式基金，中国非遗基金（武汉）对推动非物质文化遗产的保护和发展具有重大意义，是非遗借鉴成熟资本市场“产业投资基金”运作模式、采取专业项目投资运作方式、解决非遗保护瓶颈的一种新的探索和尝试，为非遗的保护、传承、推广、全球化带来资金支持。

该基金将主要用于投资中国优质非遗文化、旅游、娱乐项目。储备项目包括：长江非遗小镇、荆楚漆器、汉绣、中国非遗研究院等。其中，最受瞩目的是长江非遗小镇项目确定选址武汉，将由武汉市旅游发展投资集团投资建设。目前长江非遗小镇已被定位为“山水生态、非遗文化、旅游度假、智慧互联网、田园生活”五位一体，并将围绕“一心三镇”的总体布局，开发“长江非遗文化中心”“非遗欢乐小镇”“非遗度假小镇”“非遗旅游小镇”等板块，计划重建百栋百年古建大宅，邀请上百位国家级非物质文化遗产大师入驻，孵化上千种非遗产品，与黄陂木兰生态文化旅游区差异化协同发展，致力打造国内最具特色的非遗文化小镇。长江非遗小镇项目计划分为 4 期，一期定于 2019 年 10 月完工。近年来，武汉不断加大保护文化遗产力度，延续和保护城市的文化根脉，使市民的“文化乡愁”有了更坚实的依托。

三、创意城市发展的武汉经验

武汉是中国中部地区最大的都市及唯一的副省级城市。在国家战略中，武汉被定位为“国家中心城市”，要在长江流域发挥核心引领作用，成为中部崛起的战略“支点”。围绕“复兴大武汉”、世界城市发展中的“亮点城市”战略目标，武汉明确提出了加快“现代化、国际化、生态化”建设，推进“历史之城、当代之城、未来之城”的建设目标。“十三五”规划中更明确提出要“打造面向未来的智慧城市”的目标。过去一年里，武汉城市功能品质持续提升。2017 年 6 月 22 日，中国社会科学院与《经济日报》共同发布了《中国城市竞争力第 15 次报告》，对 2016 年中国两岸四地 294 个城市的综合经济竞争力指数和 289 个城市的宜居竞争力指数、可持续竞争力指数进行了实证研究。武汉位居综合经济竞争力指数十强，也是中部地区唯一跻身前十的城市。武汉提出建设读书之城、博物馆之城、大学之城、创意设计之城和艺术之城“文化五城”以来，成效显著，取得了众多突破，形成了创意城市发展的武汉经验。

(一)博物馆之城建设，留住城市根脉

2016 年深圳举办联合国教科文组织博物馆高端论坛，习近平总书记在贺信中指出：“中国的各类博物馆不仅是中国历史的保存者和记录者，也是当代中国人民为实现中华民族伟大复兴的中国梦而奋斗的见证者和参与者。”武汉历史积淀厚重，博物馆建设资源丰富。2011 年年底武汉市首次提出建设“博物馆之城”，其建设目标是到 2016 年底全市博物馆数量达到 100 家，全年观众量达到 1000 万人次。为了达到这一目标，2013 年 9 月，武汉市正式公布实施《武汉市促进民办和行业博物馆发展实施办法(暂行)》。在这一政策的刺激下，武汉市行业与民办博物馆飞速发展。近五年里，武汉市博物馆数量迅速增长，全市包括国有博物馆、非国有博物馆和行业博物馆、高校博物馆在内共 108 家，博物馆的参观人数早在 2015 年年底就超过了 1000 万，平均每 10 万人拥有一个博物馆。① 近两年，武汉“博物馆之城”建设再提速，越来越多的观众开始“走进博物馆”。

① 108 家博物馆花开武汉三镇 博物馆之城讲述“武汉故事”[EB/OL]. 中国文明网. http://www.wenming.cn/syjj/dfcz/hb_1679/201612/t20161221_3958621.shtml,2016－12－21.

为丰富博物馆内容和形式，充分调动社会力量参与博物馆建设，目前，武汉市博物馆种类由单一的国有博物馆为主，拓展到国有、民办、行业博物馆均衡发展，三者比例已基本接近国内先进城市 3∶4∶3 的黄金比率。其中，有讲述武汉历史故事的武汉市博物馆、盘龙城遗址博物馆、长江文明馆、江汉关博物馆；讲述武汉人民英勇反抗、不屈不挠故事的江汉关博物馆、辛亥革命博物馆；讲述武汉红色故事的武汉革命博物馆、中共中央机关旧址纪念馆、中共中央宣传部旧址暨瞿秋白旧居陈列馆；讲述武汉抗战故事的中山舰博物馆、八路军武汉办事处旧址纪念馆、汉口新四军军部旧址纪念馆、湖北军民抗战博物馆；讲述武汉文化故事的武汉税收博物馆、武汉大禹文化博物馆、武汉桥文化博物馆；讲述武汉伟人故事的武昌毛泽东旧居陈列馆、万里长江横渡纪念馆；讲述武汉文化艺术故事的武汉竹韵堂竹雕博物馆、武汉中部兰亭艺术博物馆、武汉市蜂之巢蜜蜂博物馆、武汉市新洲区凤凰镇民俗博物馆等博物馆。同时，武汉也正在规划建设长江文明博物馆群。

(二)读书之城建设，提供精神动力

2011 年，武汉“文化五城”在全国率先提出建成“读书之城”，明确表示要在武汉形成“爱读书、勤读书、读好书、善读书”的文明风尚，为建设国家中心城市、复兴大武汉提供强大的精神动力和智力支持。近年来，武汉不断深化读书之城建设，取得了众多突破，成效显著。

政府主导大力支持读书之城建设。2017 年 4 月，武汉印发了《武汉市全民阅读三年行动计划(2017—2019)》，明确全民阅读工作各项目标、任务、工作措施及建设标准，并对未来三年武汉市全民阅读工作提出了总体要求，即：2017 年至 2019 年，利用三年左右的时间，以提高市民人均阅读量为基本目标，加快公共阅读设施建设、体制机制建设、服务体系建设，加快推动武汉文化强市建设。

首创“书香地铁”品牌，引领武汉书香江城建设。2012 年，武汉轨道交通 2 号线一期工程开通试运营，全线 21 个站设置便民自助图书馆，首创全国“书香地铁”，地铁乘客可用身份证自助操作，进行借、还书及查询藏书信息。每个自助图书馆造价近 40 万元，可借阅图书 402 册，容纳还书 600 多册，包括诗歌、少儿读物、哲学、历史、传记、管理等 18 类。自助图书馆突破空间藩篱，借书还书方便，一经开放，受到地铁族热烈欢迎。武汉还针对性地组织了首届地铁读书

节活动；启动了“公共空间诗歌”公益文化活动，在地铁沿线的广告牌上刊载了上百首中英诗歌。开创了地铁“图书漂流站”新模式，让市民在放漂和共享图书的过程中，体会到图书漂流“信任·分享·传播”的理念。2016年，武汉地铁携手文华书城在王家湾地铁站共建的“地铁读书角”，成为全国第一个地铁站厅层的公共阅读空间。2017年，“书香地铁”品牌成为全国12个“特别受百姓喜爱的终身学习品牌项目”之一，不仅是湖北省唯一一例，也是全国交通系统中唯一一个。

多种形式融合，开创江城创意读书时代。当下，武汉市车站、中心公园、广场等人流密集的地方大多已设置24小时自助图书馆、“流动汽车图书馆”，创办了致力于儿童阅读推广的社会公益组织——“蒲公英悦读小镇”。同时，武汉市先后开展了“为地铁上班族荐书”“地铁书虫”“一元图书义卖”“武汉地铁读书会”“4·23我读我城”系列活动、“朗读亭”阅读分享活动、第二届“淘书节”暨“淘书之旅”城市坐标定向赛、地铁读书节、汤湖论诗暨第三届汤湖春悦读书节等众多丰富多彩的主题阅读活动，邀广大市民积极参与，共享阅读之乐。读书之城建设，让江城成为流动的知识海洋，让阅读提高城市全民素养，让书香引领武汉创意城市发展。

（三）设计之都建设，推动老城新生

近年来，武汉设计之都建设硕果累累。2017年，武汉市在全国首创的国际规划设计联盟平台正式成立。武汉国际规划设计联盟已引入50家国际智库和顶级规划设计机构，助力武汉世界级“亮点城市”建设，并将率先开展“长江主轴”运作项目。同年11月，武汉市成功申报全球创意城市网络“设计之都”。在本次申报中，武汉以“老城新生”作为申报口号，意即希望通过推进创意设计产业发展，让老城市焕发新活力。设计为城市生活创造新品质，创意设计演绎老城新生传奇。武汉设计之都申报成功源自于其文化创意设计产业方面的硬实力。截至2016年，武汉市共计文化创意产业园区（基地）28个，文化创意企业2.95万家，从业人员超过50万人，占全社会二、三产业从业人数的10%。武汉在桥梁、高铁等工程设计领域，居于世界领先地位，现有工程设计企业数量为497家，从业人数7.28万人，营业收入131.94亿美元。①

① 武汉广播电视台.【武汉头条】这个事办成了，武汉更有味！[EB/OL].搜狐网.http://www.sohu.com/a/162026374_506525，2017-08-03.

此外，武汉园博园在第21届联合国气候大会上获“C40城市气候领袖群第三届城市奖”，中山大道获得世界城市规划领域最高奖“规划卓越奖”，升级为世界级商业街、国内首条城区内5A级景区绿道——人文生态定位“千年之作”的东湖绿道获联合国人居署“改善中国城市公共空间示范项目”，世界首座主缆连续的三塔四跨悬索桥——武汉鹦鹉洲长江大桥获第二届武汉设计双年展“十项最具影响力的武汉设计工程”第一名，武汉光谷国际网球中心旋风球场场馆创5项中国之最，提取传统楚文化元素设计武汉洪山广场地铁站《楚风古韵》壁画，开展武汉设计双年展和武汉国际残疾人视觉艺术设计展等的众多创意设计成就和活动为武汉申报设计之都保驾护航。

根据规划，入选“设计之都”后，武汉将在长江沿岸打造融城市生态、历史文化与创意服务为一体的创意城市示范区；继续提升武汉设计双年展，开辟江滩公园公共环境艺术展览，促进文化艺术与设计行业的深度融合，树立城市文化新品牌；举办市民创意设计大赛，促进市民互动参与，加强市民与设计师的互动；建设100个示范性创意社区，用创意设计提升社区居民的生活品质，让设计走进校园、走进社区、贴近市民，融入城市建设之中，形成多样化的经验并推广；加强政府与大学、企业、NGO的合作，支持一大批文化创意和设计领域的青年人才参与国内外高水平交流，获得更多优质资源和发展机遇；利用文化创意产业园和大学生创新创业资助计划，发掘和提供吸纳青年人和女性参与的创意设计就业岗位，孵化更多创意设计的小微企业。可以预见，未来武汉作为设计之都将持续催生新技术、新产业、新业态、新商业模式，形成新引擎，拓展新空间。为普通市民提供更多的就业岗位，带来环境更生态、出行更方便、服务更精细的生活方式。

(四)大学之城规划，储备创意人才

武汉是科教资源大省，拥有百万大学生，大学之城规划，为武汉储备了创意人才。2017年，武汉资智聚汉掀起热潮。据官方统计，校友项目签约金额1.3万亿元，占招商引资总额50.4%；30.1万名大学毕业生留汉，新增落户大学生14.2万人，百万大学生留汉创业就业创历史新高；2017年8月武汉成立全国首个科技成果转化局，实现206项重大科技成果就地转化，总金额达244亿元；引

进诺贝尔奖科学家4人、国家“千人计划”专家68人、海内外高层次人才392人。[①] 大学之城建设为创意城市培养新生代。武汉创意设计教育实力雄厚,科教实力全国第三,30多所大学开设创意设计类专业,近20年来,数十位师生获得RedDot、IF、IDEA等国际设计界大奖。

武汉积极实施“城市合伙人计划”、“黄鹤英才计划”、“3551光谷人才计划”,重点培养和引进一批文化产业领军人才、高层次文化经营管理人才、文化金融资本人才、文化科技创新人才以及外向型人才。实施“青桐计划”、“创谷计划”、“摇篮工程”,建设各类文化企业孵化器、大学生创业园、青年创业街区以及创业公寓,最大限度地降低文化创新创业成本。探索建立文化创新人才认定标准和机制,完善安居、薪酬、医疗、职称、养老、子女入学等方面配套政策。鼓励高等院校、科研院所和文化企业联合共建人才实训基地,实现人才双向流动。

未来,武汉市将继续开展招才引智“一把手工程”,大力推进“四大资智聚汉工程”,大力推进四个国家新基地建设,大力推进“新两园”建设,大力推进“三办”改革,探索形成“大学+”、“大湖+”新发展模式。依托大学之城的建设,促进海内外高端资本人才加速聚集,为文化创意产业提供人才储备。

(五)艺术之城建设,提升城市魅力

近两年来,武汉市继续推进艺术之城建设,在硬实力方面,艺术场馆建设卓有成效,剧场档次和水平已迈入全国第一方阵。目前,武汉已基本形成三大艺术中心区:以琴台大剧院、琴台音乐厅为中心的高雅艺术演出中心区;以武汉剧院、中南剧场为中心的戏剧艺术演出中心区;以楚河汉街、汉秀剧场为中心的时尚艺术演出中心区。其中琴台大剧院位列中国十大剧院,汉秀剧场达到国际一流水平。2016年,武汉市每年实地观看各类演出观众已突破1000万人次。

与此同时,在软实力方面,武汉对外文化交流频繁,积极实施文化“请进来、走出去”战略,不断拓宽对外文化交流渠道,提升武汉文化魅力和国际影响力。2017年6月,第四届中法武汉生态示范城国际旅游文化节围绕“绿色·开放·创新——共享一带一路新机遇”的主题,全力打造富有文化内涵,集观赏性、艺术性、趣味性、参与性于一体的国际旅游文化节,吸引中外游客共聚知音故里、

① 武汉市2018年政府工作报告[EB/OL].武汉市人民政府网站.http://www.wuhan.gov.cn/whszfwz/xwxx/whyw/201801/t20180115_174487.html,2018-01-15.

生态新城。2017年，武汉客厅“蓝光”城市广场国际音乐节成为中部地区最大的现场音乐演艺集市，该活动以2017年中俄媒体交流年为契机，借势2017俄罗斯“湖北传媒周”活动，进一步促进武汉市与俄罗斯的国际文化交流合作走向深入，对加快推动武汉市建设国家中心城市步伐起到积极作用。

四、武汉市文化产业及创意城市发展愿景

当前，武汉市文化产业虽已得到较好发展，但仍存在着发展不平衡、龙头企业匮乏、市场化程度不高、文化创新产品不足、投融资体系和要素市场不完善、高端文化创意和复合型人才短缺等问题，与国民经济支柱性产业的要求还存在差距。随着实施中华优秀传统文化传承发展工程成为国家工程，传统文化在文化创意产业发展及创意城市建设中的重大作用越来越受到关注。未来武汉市将实施“文化+”战略，加快培育新型文化业态，助力文化产业成为支柱产业，推动武汉建成具有国际影响力、全球竞争力和可持续发展能力的世界亮点城市。

（一）传承汉派文化精髓，讲好武汉文化故事

传统文化是一个地区在长期历史发展过程中形成的独特标识，文化资源是区域文化产业发展的重要基础和力量源泉。武汉市历史悠久，传统汉派文化底蕴深厚，但目前，仍存在一些文化资源尚未开发、一些文化资源开发力度不够等现象。推动武汉市文化创意产业发展、武汉创意城市建设，避免出现“千城一面”的窘境，要紧紧围绕武汉本土优秀传统文化进行开发与创造，凸显汉派文化特色，保护城市文化根脉。

《关于实施中华优秀传统文化传承发展工程》中明确提出要加快中华优秀传统文化的保护传承与创新发展，加快我国优秀传统文化的传承发展，增强中华文化影响力，延续中华文明，促进人类文明进步。党的十九大报告指出“文化是一个国家、一个民族的灵魂。文化兴国运兴，文化强民族强”。未来，武汉将稳抓机遇，继续加强对汉派文化的理论研究和实际运用，增强汉派地区文化的影响力，如对知音文化、黄鹤文化、木兰文化、问津文化、二程文化以及首义文化、红色文化、创新文化做好保护传承和传播推介工作。巩固国内舞台艺术及演艺产业强市地位。推进“汉派”戏曲、歌舞、戏剧、杂技、音乐、曲艺全面发展，

以舞台艺术讲好“一城好人、道德高地”的武汉故事。

(二)优化传统文化资源,打造龙头文化品牌

文化品牌作为一种无形的文化资本,在提升产业竞争力,提高市场占有率中发挥着重要作用,且日趋成为衡量地区文化产业发展水平的重要指标。目前,武汉市已经形成了长江日报、斗鱼直播、江通动画、汉秀剧场等一批优秀的文化品牌,但是仍存在具有国际影响力的文化品牌不多、产业知名度还不够等问题,尤其是依托于传统文化资源打造的文化品牌数量匮乏、影响力较低、产业链条较短、市场竞争力不高。为此武汉市在文化产业发展“十三五”规划中明确提出要实施重大项目带动战略,策划、储备、实施一批具有较强辐射、示范效应的文化产业项目。到 2020 年,全市文化产业增加值占地区国内生产总值的比重达到 5%以上。文化“四上”(规模以上工业企业、资质等级建筑业企业、限额以上批零住宿餐饮企业、规模以上服务业企业,下同)企业突破 600 家。力争 2 家龙头骨干企业进入全国文化企业 30 强行列,新增 10 家文化上市企业。创建 1～2 个国家级文化产业示范园区。

(三)深化文化科技融合,培育新兴文化业态

习近平在党的十九大报告指出“健全现代文化产业体系和市场体系,创新生产经营机制,完善文化经济政策,培育新型文化业态”。文化与科技融合,培育新型文化业态是互联网+时代发展的必然趋势,也是新兴文化创意产业发展的内在要求。武汉市也通过相关文件切实推进文化与科技融合发展,加快培育新兴文化业态。如 2017 年武汉东湖新技术开发区管委会印发了《武汉东湖新技术开发区关于推进文化科技产业融合发展的实施意见(试行)的通知》。

武汉目前已确立要打造文化商贸融合带和文化科技融合带,在汉口沿江——张公堤园博园区域重点建设文化商贸融合带,在武昌古城——环东湖、沙湖区域重点建设文化科技融合带,全面提升武汉文化科技创新发展水平。同时,武汉也在加紧建设大光谷片文化科技融合区。突出武汉东湖新技术开发区国家文化科技融合示范基地的战略引领地位,发挥光谷文化科技融合产业的示范作用,以文化创意、文化科技融合、设计产业总部等为主要功能,加快建设花山河创意体验区、光谷创意产业基地、长江数字文化产业园等项目。按照“一区

多园”的建设格局，发挥高校密集优势，依托重点文化科技融合园区及项目，在洪山区建设富有特色的文化创新创业产业集聚区。建设华中智谷数字出版产业区，发挥国家级数字出版产业基地的引领作用，打造以数字出版、文化传媒、广告会展、智能制造、商务服务为一体的文化综合园区，构建以“互联网+”为代表的数字出版产业、数字教育（培训）和互联网电子商务企业机构总部集群。

（四）实施“文化+”战略，助力创意之都建设

武汉现阶段正处于城市转型、建设国家中心城市的关键阶段。近年来，随着移动互联网和体验经济的发展，文创产业成为拉动城市经济发展的新引擎。实施“文化+”战略能够切实激发城市活力，推动城市更新。在“文化五城”建设的基础上，武汉市正在加紧突出亮点区块建设，持续提升城市功能品质。设计之都申报的成功为武汉带来了更多的机遇。武汉将突出创意导向型城市建设，积极对接全球创意创新资源，进一步发挥创意创造对城市发展和竞争力提升的关键驱动作用，努力以武汉的探索和实践为创意网络城市提供参考。

文化产业为城市新品格的建构提供了可能性。当下，武汉市正在积极推进长江空间主轴建设，力求依托沿线自然生态禀赋、城市历史文化积淀，打造历史之城、当代之城、未来之城，助力现代化、国际化、生态化大武汉的实现。武汉市将以文化强市为基本原则让城市文化的繁荣发展引领大武汉复兴的时代进程，通过增强价值引领、传承文化根脉、夯实产业基础、塑造城市坐标，提高武汉文化发展整体水平，增强城市话语权和影响力。

五、结语

近年来武汉市在“建设国家中心城市、复兴大武汉”宏伟目标指引下，密切结合自身产业发展实际，文化产业发展屡创新高，佳绩连连，创意城市建设稳步推进，硕果累累。传统文化对文化创意产业发展的推动作用效果显著。武汉市正向“中轴结构”发展，从“三镇时代”向“长江时代”跨越。未来，将继续深化文化改革，加大传统文化对文化产业的引领功能，实施“文化+”发展战略，促进文化金融融合、文化休闲融合、文化商贸融合、文化制造融合等为代表的“文化融合业态”的发展，构建“2＋2＋N”产业体系，推进文化产业结构优化升级。同时，

武汉也将在加强对传统文化的发掘、非物质文化遗产的保护、留住城市文化根脉的基础上，主动适应文化产业发展的新趋向、新态势，牢牢把握发展机遇，积极作为，努力实现文化产业发展新跨越，继续推动全球创意城市——武汉设计之都的发展。

（李林、李舒薇，华中师范大学国家文化产业研究中心）

第十二章

深圳:“文化+科技”双轮驱动助推文化创意产业发展

一、深圳文化创意产业发展概况

二、深圳文化创意产业发展的具体实践

三、深圳文化创意产业发展经验总结

文化产业是深圳的四大支柱产业之一，发展文化产业是创造深圳质量的重要途径，是构建以“高、新、软、优”为特征的现代产业体系，加快转变经济发展的方式，建设现代化国际化先进城市的重要任务。近年来，深圳文化创意产业保持了持续高速发展态势，文化创意产业发展进入新阶段，产业实力迅速增强，成为全市支柱产业、战略性新兴产业和带动经济快速健康发展的重要引擎。2008年深圳被认定为中国第一个、全球第六个“设计之都”。以“深圳品牌”“深圳设计”为代表的“中国创造”已成为国际文化市场上的一支新生劲旅。从深圳崛起的文化产业集团，正依托“文化+科技”，打造文化产业的深圳质量与深圳标准，展示深圳这座中国文化产业发展先锋之城的新力量。

一、深圳文化创意产业发展概况

（一）总体规模和竞争力不断增强

党的十八大以来，深圳文化产业总体保持稳步增长，产业规模持续扩大，产业结构逐步优化，对经济的贡献率明显提升。在独特的“文化+科技”“文化+旅游”“文化+金融”模式下，从2003年起，深圳的文化产业持续保持年均20%以上的增长速度，已成为经济发展新常态的重要引擎和助推器。“十三五”以来，深圳文化创意产业一直以高于同期GDP的增速发展。2016年，深圳文化创意产业增加值1949.70亿元，增长11.0%。2017年，深圳文化创意产业实现增加值2243.95亿元，增长14.5%，占全市GDP比重超过10%，具体情况如图12－1所示。深圳文化创意企业近5万家，从业人员超过90万，其中规模以上企业3155家。深圳的文化产业已经与其他最具潜力的战略性新兴产业齐头并肩，成为城市发展的经济支柱。

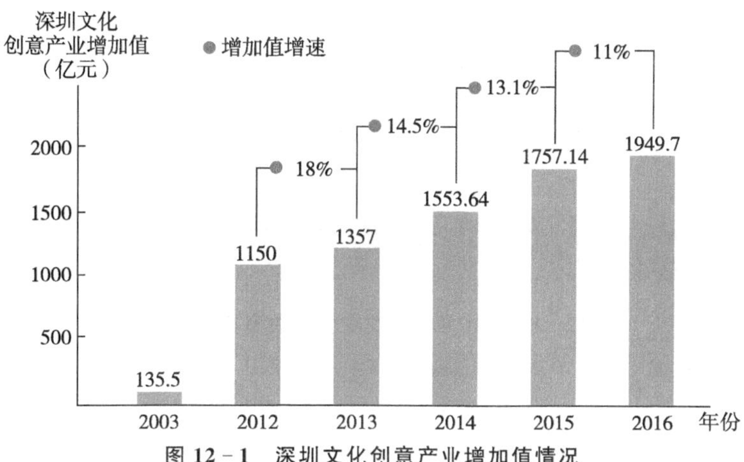

图 12-1　深圳文化创意产业增加值情况

(二)政策助力文化创意产业发展

深圳是文化产业发展的沃土，在国内率先实施了“文化立市”战略，先后出台了一系列政策法规，为文化产业发展营造了良好的政策环境。深圳先后出台《深圳市文化产业发展规划纲要（2007—2020）》《深圳市文化产业发展促进条例》《关于加快文化产业发展的若干规定》《关于扶持动漫游戏产业发展的若干意见》《关于促进创意设计业发展的若干意见》《关于支持和促进深圳文化产权交易所发展的若干意见》等政策法规，着力解决文化创意产业发展中存在的资金投入不足、原创内容薄弱、关键技术研发能力不足、市场主体竞争力较弱和投融资瓶颈约束等关键问题。

为了让城市文化与城市发展定位更匹配，根据深圳“建设现代化国际化创新型城市和国际科技、产业创新中心”的目标定位，深圳出台了《深圳文化创新发展2020（实施方案）》，提出以构建城市精神体系、文化品牌体系、现代文化传播体系、公共文化服务体系、现代文化产业体系为主要内容的“五大体系”建设目标，希望通过一系列的创新举措，逐步补齐短板，实现城市文化质量的全面提升，努力将深圳打造成国际文化创意先锋城市。

(三)文化产业呈多样化发展态势

深圳文化产业中,传统优势行业“工艺美术品的生产”“文化专用设备的生产”“文化用品的生产”类别在产业结构中仍占有一定的比重,文化产业新兴业态领域强劲发力,“文化信息传输服务”“文化创意和设计服务”类别获得较快增长。2016年“工艺美术品的生产”营业收入最高,达到1510亿元;“文化信息传输服务”资产总计最高,达到4955.35亿元。具体情况如表12-1所示①。

表12-1 2016年深圳文化及相关产业基本情况

指标名称	法人单位数(个)	从业人数(人)	营业收入(亿元)	资产总计(亿元)
第一部分 文化产品的生产	1192	219372	3382.34	7855.81
一、新闻出版发行服务	23	14854	74.53	95.37
二、广播电视电影服务	46	10029	67.12	179.19
三、文化艺术服务	15	1794	7.19	11.27
四、文化信息传输服务	79	47096	1087.24	4955.35
五、文化创意和设计服务	586	80390	594.04	1051.95
六、文化休闲娱乐服务	22	8088	42.19	73.23
七、工艺美术品的生产	421	57121	1510.00	1489.41
第二部分 文化相关产品的生产	878	298525	3152.1	2237.5
八、文化产品生产的辅助生产	190	47972	219.28	361.97
九、文化用品的生产	526	192908	1423.26	1244.73
十、文化专用设备的生产	162	57645	1509.56	630.80

(四)文化创意产业龙头企业突出

深圳是文化产业发展的沃土,在国内率先实施了“文化立市”战略,拥有一批在全国有重要影响的文化产业园区基地和文化产业龙头企业。深圳文化产业充分利用资本、技术、信息等要素市场,依托产业园区和基地建设的不断发展,产业集聚效应明显,集团化、规模化发展的文化企业数量不断增加。龙头企

① 任珺.深圳文化产业发展现状及对策建议[J].开放导报,2018(1):109-112.

业不仅规模大、增速快，更以各自特色与战略前瞻，带动产业的整体升级，形成产业整体发展优势。

目前，深圳腾讯、雅昌、华强、华侨城、环球数码等一批领军企业领跑全国，表现突出，超100家文创企业收入破亿，其中20家破10亿。其中华强文化、华侨城两家企业多次入选“中国文化企业三十强”。华强连续数年入选全国“文化企业30强”，是全国产量最大的动画企业。华侨城等企业探索出“文化+旅游”的独特商业模式，并将文化主题公园模式复制推广至全国，引领了我国文化旅游的潮流。以劲嘉集团、雅昌彩印等为代表的一批印刷企业不断强化创意设计，充分利用高新技术手段革新技术，使深圳印刷行业的优势得以保持并强化。雅昌更是首创以艺术数据为核心、IT技术为手段、覆盖艺术全产业链的创新商业模式，打造艺术产业链的产品、服务和体验，成为综合性文化产业集团。

(五)对外文化产品输出成果丰富

文化产业之强，关键在于核心竞争力。深圳的重点文化创意企业在产业发展中扮演着重要角色。深圳文博会作为全国唯一国家级、国际化、综合性文化产业展会，已成功举办13届，展会规模、观众数量、国际化程度、交易成果连年攀升。2015年，深圳核心文化产品出口182.7亿美元，超过全国的1/6，已经成为我国文化贸易的黄金口岸和推动中华文化走出去的桥头堡。除了搭建文博会等国际性的交易平台，深圳还设立专项资金，支持企业到海外参加国际展会、进行商贸推介。例如华强方特实现了我国自主品牌文化主题公园向国外输出，《熊出没》等动漫出口到100多个国家和地区。腾讯成立了国内最大的“互联网+”文学平台——阅文集团，占据国内80%的市场份额，并与美国数字发行公司签署数字出版合作协议。洛可可设计在伦敦开设分公司，TTF公司在巴黎成立高端珠宝品牌总部，雅昌、中华商务等荣获全球印刷最高奖“班尼”金奖100多座。

二、深圳文化创意产业发展的具体实践

(一)提出“文化立市”战略，打造“文化+”产业模式

深圳作为全国首批文化体制改革综合性试点地区之一，早在2003年初深

圳市委市政府就明确提出“文化立市”发展战略，明确将文化产业确定为继高新技术、金融、物流之后重点发展的第四大支柱产业，并设立文化产业发展办公室，促进文化产业发展立法，建立涵盖文化产业发展全产业链的政策支持体系。2011 年深圳又将文化创意产业确定为六大战略性新兴产业之一，并制订专门的文化创意产业振兴发展规划，特别是为此专门出台具体的、极具可操作性的配套政策，确保对文化创意产业发展的资金、土地、税收等实质性支持能落地。

深圳强化文化创意和科技创新“两大支撑”，鼓励和支持“文化+科技”“文化+互联网”“文化+创意”“文化+金融”“文化+旅游”等新型业态示范企业和优秀项目，支持制造业、金融业、建筑房地产业、软件业等龙头企业跨界融合发展文化创意项目，鼓励传统制造型文化企业提高创意研发环节比重和水平，引导产业融合和创新升级，以高品质的文化产品和服务来扩大引导文化消费，打造文化产业的“深圳质量”，使深圳成为具有国际竞争力的创意文化产业集聚高地。一系列“文化+”发展模式，培育了一批文化科技领军企业。腾讯成为中国最大的数字文化内容生产商，推出大量有影响力的网络文学和视听作品；雅昌把内容（文化艺术）、基础（传统印刷）和载体（IT）相结合，线上线下相结合，艺术家与艺术品相结合，独创“现代印刷+ IT 技术+文化艺术”的商业模式，打造了世界级的艺术服务平台。

（二）加强文化科技融合，引领产业发展方向

文化科技融合既符合当前文化产业发展的内在规律，更引领着文化产业未来的发展方向，也是深圳文化产业得以突出重围的关键所在，文化科技融合是深圳文化产业发展的首要特征。以文化为元素，以创意为驱动，以科技为支撑，以市场为导向的新兴业态迅速崛起成为深圳文化产业近年发展的最大亮点。在获准成为首批国家级文化和科技融合示范基地后，深圳进一步加大“文化+科技”融合战略实施力度，双轮驱动发挥“1 + 1 > 2”的叠加效应。随着“文化+科技”跨越式发展蝶变效应蔓延，越来越多的深圳企业走向这条发展之路。通过高新技术提高工艺创意内涵和技术装备水平，深圳文化创意企业改造升级传统生产、经营和传播模式，加速文化资源优势向文化科技产品优势转变，企业核心竞争力显著提升。

以科技创新激发文化产业活力，涌现出一批以高科技为依托，以数字内容

为主体，以自主知识产权为核心的高成长型文化科技企业，认定了一批“文化+科技型示范企业”。以腾讯为代表的深圳科技型企业，从以往单一的技术发展路线拓展到利用先进技术提供具有文化内涵的服务，催生了动漫、网络游戏、数字内容、手机媒体、多媒体产品等一批极具发展潜力的新兴文化科技业态。依托先进的创新体系，深圳打破原有产业发展格局，A8音乐集团、华强文化科技集团等一批以高新技术为依托、数字内容为主体、自主知识产权为核心的高成长型文化科技企业不断涌现。这些企业依托先进的科技创新体系，催生出文化软件、数字内容、动漫网游、创意设计等文化产业新兴业态。

(三)建设文化创意园，打造产业发展平台

深圳市重视公共技术、公共服务平台在服务社会、服务产业方面的独特作用，着重推进平台建设。如今，深圳已集聚了文博会、深圳文化产权交易所、中国文化产业投资基金、深圳国家对外文化贸易基地、国家数字出版基地深圳园区等国家级文化创意产业发展平台，全市建成市级文化创意产业园区（基地）62家，涵盖了动漫、游戏、设计、数字内容、出版发行等领域，产业集聚辐射功能显著增强。

1.深圳文化创意园

深圳文化创意园，位于深圳市福田区新洲路与福强路交汇处，由原沙尾工业区厂房整体改造而成，占地6万平方米，总建筑规模近20万平方米，是深圳中心区最大的综合性文化产业集聚区。在市区政府及相关部门的大力支持下，经过多年的快速发展，凭借独特的资源优势、鲜明的产业特色、良好的发展环境，深圳文化创意园已成为集文化产业的原创研发、展示、交易及配套服务为一体的高端文化创意园区。

深圳文化创意园坚持“文化+科技”的发展方向，涵盖影视新媒体、创意设计、高端工艺品、文化软件等四大重点领域。目前，已进驻企业300多家，更吸引了包括易尚展示、众鸿科技、金一文化、研成创意、蝶讯网等40多家知名企业。通过完善物流、公寓、酒店、餐饮、停车场等配套服务，及信息、法律、金融等服务平台建设，园区营造了良好的商业环境，集群效应、产业链效应带来经济效益，成功孵化3家上市公司。深圳文化创意园开业以来，连续八届成为文博会分会场，并取得良好业绩。园区先后获得“中国传统知识与民间工艺美术精品

展示基地”“广东文化创意产业园区”“文博会优秀分会场一等奖”“深圳市文化产业基地”等多项荣誉称号。

2. 华侨城创意文化园

华侨城创意文化园位于深圳华侨城原东部工业区内，是由旧厂房改造而成的创意产业的工作室，园区占地面积约15万平方米，建筑面积约20万平方米，分为南北两区。2004年下半年以来，富有创想精神的华侨城人根据厂房的建筑特点以及政府对文化和创意产业的相关政策指引，创造性地提出将工业区改造为LOFT创意产业园区的想法，通过将旧厂房改造为创意产业的工作室，引进各类型创意产业，如设计、摄影、动漫创作、教育培训、艺术等行业，还有一些有创意特色的相关产业如概念餐厅、酒廊、零售、咖啡等。通过这些改造，使旧厂房的建筑形态和历史痕迹得以保留，同时又衍生出更有朝气更有生命力的产业经济。2015年华侨城创意文化园全园产值112亿元，同比上升24.4%。截至2015年底，总资产突破千亿元大关，营业收入超过500亿元。

3. 华夏动漫创意产业园

华夏动漫产业园位于深圳市龙岗区龙城街道五联友谊路，占地3万多平方米，总建筑面积5万平方米，是深圳市重点文化产业园区。近年来，华夏动漫积极进军VR游戏产业和室内乐园业务，不断进行原创研发，不仅将超级IP内容运用到室内乐园、VR平台，形成三方相乘效应，还通过授权和衍生产品贸易加速推动IP变现，为传统动漫企业的转型升级作出非常有益的探索。目前华夏动漫已经打造了业界领先的四大板块：顶级室内乐园——华夏世嘉乐园、顶级室内儿童乐园——华夏世嘉儿童乐园、虚拟现实主题乐园——华夏世嘉VR及以著名IP为主的动漫游戏周边全产业链业务。目前华夏动漫已经开始在全国甚至全球范围内进行业务布局。2017年1月，华夏动漫收购控股日本CA SEGA JOYPOLIS LTD，成为世界领先的室内乐园研发运营商，在东京、上海、大阪、青岛、迪拜五大城市拥有世界NO.1的大型室内乐园——SEGA JOYPOLIS。

(四)举办品牌活动，提高深圳国际影响力

打造与现代大都会地位匹配的国际化的城市文化地标地，打造具有国际影响力品牌文化活动，深圳一直在行动。根据市民文化需求特点，深圳以国际先进城市为标杆，积极构建规模化、系列化、多层次的文化活动品牌体系。深圳的

文化发展之路也是文化品牌打造之路，如今的深圳，已经成功策划了一批新的国际范儿的文化品牌活动，城市文化氛围逐渐浓厚，文博会、高交会、读书月、创意12月等品牌文化活动已经形成了一定的社会影响力。

1. 文博会

在政府的引导和推动下，深圳的绝大部分文化企业一开始就以市场为导向，进行市场化运作。文博会也是深圳市积极探索市场化、社会化发展的一个成功模式，文博会的绝大多数项目交由企业具体运作，成为促进文化创意产业发展的一个重要平台。深圳国际文博会则已经成为国内最大的文创产业博览交易会，吸引了海内外众多客商，展会成交金额连年攀升。深圳文博会作为国家重点扶持的国家级、国际化、综合性文化产业会展，自2004年始已成功举办十三届。文博会十余年硕果累累，仅一至十届文博会累计总成交额就已超过1万亿元，达10475.37亿元，文化出口交易额累计超过1000亿元，“中国文化产业第一展”的实力凸显。深圳文博会不仅为中国文化产业发展搭建起高起点、高规格的展示、交易、信息平台，同时也将大量信息、资金、项目、技术、人才汇聚深圳，对深圳文化产业发展起到积极推动作用。

文博会上，文化与科技、互联网、金融、商业、旅游、体育、时尚等产业的融合，增强了文化产品供给的有效性，推动文化产业提质增效、转型升级，成为亮点。深圳文博会正在成为世界文化产业的风向标。新技术、新产品、新体验已经成为文博会的关键词。文博会各个展馆展出了琳琅满目的非遗展品、工艺美术作品，还有VR、AR等层出不穷的新技术。此外，深圳文博会还设立了创意设计方面的新锐奖、中国设计大展以及深圳创意设计七彩奖等，分别面向国际、全国和深圳本土，体现了作为“设计之都”的深圳积极发展创意设计产业的担当。深圳文博会还吸引了来自近百个国家和地区的机构参展，有力地推动了中国文化产品和服务走向世界。可以说，深圳文博会通过集中展示中国优秀文化产品和文化成果，已成为国家级、国际化、综合性的文化产业交易博览会，成为中国文化产业展示整体实力的舞台。

2. 深圳设计周

在政策支持的基础上，深圳充分利用联合国教科文组织创意城市网络的平台，对内凝聚力量，将全市设计资源统一到“设计之都”的旗帜下，形成了强大合力。“深圳设计”发展势头愈发强劲，迎来了一轮发展的高潮，为深圳的经济发展注入了新的活力。深圳计划用 5 到 8 年时间将“深圳设计周”培育为一个具有广泛国际影响力的城市文化品牌，同时将颁发“深圳环球设计大奖”，并希望将此奖项打造成设计界的奥斯卡。

2017 年 4 月，首届深圳设计周圆满举办。设计周的顺利举办标志着深圳在迈向全球设计界制高点的征途中开始主动掌握话语权，也标志着贯彻落实《深圳文化创新发展 2020（实施方案）》的工作取得又一个重大进展。活动举办期间，总共有将近 10 万人次参观、参与。200 多位来自全球 15 个国家和地区的 200 多位顶尖设计师以及超过 2000 件创意作品云集深圳。在设计周期间，深圳启动了总奖金高达百万美元的首届环球设计大奖，受到广泛关注。2018 深圳设计周举办第二届，已经成为深圳城市文化一张名片——60 余场设计论坛、工作坊、展览等活动，共有 25 个国家地区的超过 1000 名设计师参展或参会，为观众带来代表性设计作品超过 2500 件。

3.创意十二月

“创意十二月”是深圳文化产业发展中逐渐树立的城市文化品牌项目。自 2005 年“创意十二月”首次举办，十余年来“创意十二月”一直坚持专业性和群众性结合、国际化和本土化结合的方向，激发市民对创意文化的关注，鼓励和推动社会各级力量积极参与深圳文化产业发展与城市文化建设。从居家生活到文化娱乐，从创意设计到工艺美术，从影视表演到动漫游戏，“创意十二月”主推“文化+创意”模式，涵盖了经济社会生活的各个领域，“旧楼新颜”“点石成金”“歌舞秀客家”等等，创意无处不在、创意无边无际，既具有极强的趣味性，又与市民生产生活紧密相连，成为越来越受到市民热捧的创意大餐和文化盛宴。

“创意十二月”是激发市民创新意识和创造精神的文化孵化器。通过“政府倡导、市民参与、专业指导、市场运作”，坚持政府指导与社会参与相结合、精英创意与市民创意相结合、行业创意与产业服务相结合、艺术与市场相结合、本土与国际相结合，借助举办专业性、国际性、高规格的创意设计活动，追踪创意设计前沿动态，引进先进的创意理念，营造“设计之都”的社会氛围，让市民在关注创意、参与创意与享受创意中点燃创意火花、激发创新热情、增强创业动力，既大大提升了城市文化软实力，又营造出更为浓厚的“大众创业 万众创新”氛围，进而涵养城市气质，增强创新动能，引领深圳攀援发展新高度。

三、深圳文化创意产业发展经验总结

深圳文化创意产业发展迅速，受到了社会广泛的关注。深圳通过成熟的市场机制，吸引和整合了全国文化资源，实现了某种程度上的“弯道超车”。深圳打造了文博会、文交所、中国文化产业投资基金、国家对外文化贸易基地等一批国家级文化市场平台，建设了一批特色文化创意产业园，让全国的文化人才、文化技术、文化企业等在深圳实现市场价值。通过总结深圳文化创意产业快速发展的经验，为促进我国其他城市文化创意产业的发展提供借鉴①。

（一）多元性——丰富了创意产业文化因子

深圳外来务工人员构成的多元性是社会最显著的文化特质之一。内地、港澳台同胞以及其他各国人口的涌入，使得深圳文化呈现出多样化的特质。深圳文化的多元性除了来源于人口构成的多元性，还来源于其经济的多元性。作为移民城市，四面八方的移民为这座年轻的城市带来了丰富而充满活力的文化因子。深圳厚植丰富的创新基因，富创新、善创新让深圳始终保持着朝气蓬勃的精神风貌，并在各个领域实现着一个又一个突破。

1. 移民为社会带来文化活力

移民社会与文化流动的关系在当代中国正经历着从未有过的急剧变迁，深圳具有一定的代表性。当今移民社会文化流动的显著特点是经济对文化有强影响。全球文化流动与经济特区基因两种力量的汇流，使深圳城市文化深陷在时间的货币化和对速度或效率的崇拜之中。深圳人的身份认同还没有真正形成，文化的流动在深圳主要表现为对现代性和全球性的接纳，传统与地方的阻力与文化流动的力量处于不对称状态。现代性的多元特质和文化流动的互动特性，使经济特区基因形成的经济优势无法遮蔽深圳城市文化的创新与包容品格，并使移民社会焕发出文化活力。

深圳是当今世界最大的移民城市，川流不息的移民运动为深圳赋予了鲜明的文化特质。到 2015 年深圳市年末常住人口达到 1137.87 万人，其中户籍人

① 马敏，谢志岿. 移民社会与深圳城市文化特质[J]. 特区实践与理论，2017(3)：89－94.

口354.99万人，非户籍人口782.88万人。深圳外来务工人员主要来自中国各省、市、自治区，聚齐了中国56个民族。其国际化特征在深圳也开始有所显现。2015年深圳市临时居住外国人为115.2万人次，比2014年增加17.4%；常住外国人26579人，比2014年增加7.2%[①]。来自完全不同民族和语言及社会背景的移民一般具有新的视角，质疑传统的行为方式，促进创新。源源不断的移民，既是来源地文化的传播者，也是外来文化的接受者，更是新文化的创造者。在文化流动中，深圳是一个没有清晰的中心与边缘界限的网络，流动的空间与在地空间交互影响，移民的观念、思想交互碰撞，形成不断创新的活力。各种文化元素在这里汇聚、融合，多种多样的文化创新在这里诞生、发展、壮大。

2.培育“文化+”新型业态

深圳率先在国内确立了“文化立市”发展战略，把文化产业作为第四大支柱产业加以扶持。在文化创意产业发展中，深圳坚持创新驱动战略，培育“文化+”新型业态，打造领军企业和知名品牌，提升文化创意产业的发展质量，为供给侧结构性改革作出新探索。依托市场、产业和科技优势，深圳率先探索出“文化+”的发展模式，使文化产业在促进经济转型升级和结构调整中发挥出重要的示范作用。

深圳缺乏可以支撑文化创意产业独立发展的历史文化资源，但在产业实践中，深圳文化创意产业成功实现与市场、技术、创意、资本等要素的结合，形成了诸多符合现代文化产业发展的先进理念，在国内较早探索出“文化+”模式，尤其是在“文化+科技”“文化+创意”“文化+旅游”“文化+金融”“文化+互联网”等产业实践中，较好实现了文化产业与新兴产业、传统产业的融合发展，取得不少成功经验。回首过去的十年，文化+科技，造就了“中国迪斯尼”华强文化科技集团；文化+旅游，孕育了全球最大的主题公园群华侨城；文化+金融，产生了深圳文化产权交易所。

(二)包容性——培育了深厚的文化艺术土壤

深圳称得上文化包容性极强的城市。这座城市的移民来自不同地方，个体每天都要和来自不同地域、具有不同生活方式和风俗习惯的人打交道。不管是

① 田欢.当代移民社会的文化流动——以深圳为主线的考察[J].学术研究，2017(11)：74－78.

主动的意识认知还是被动的市场选择，深圳人早已学会了“见怪不怪”，理解并适应在这片土地上出现的任何新鲜事物。无论是上层的政策安排，还是民间的日常生活，包容无处不在。各种各样的人都能够在这里找到适合自己的生活方式，把属于自己家乡的文化带到深圳，又重新和深圳的文化融合到一起。

1.塑造包容的创意文化

文化艺术是创造力的核心，文化设施和文化氛围是创意诞生的基础。文化创意是在深厚的文化艺术土壤中萌生，并由具备现代文化和艺术鉴赏能力的社会精英们创造和发展的。一个城市的文化内涵与其所产生的辐射力已经成为城市竞争力的无形资源和不断发展的强大内在动力。经过 30 年的积淀，深圳的市民性格与城市文化呈现出显著特征。自由、开放、进取、自立与自强，是深圳性格的内在标志。创新、创业、包容、理想与责任是深圳文明的外化表现。深圳的城市文化有助于创意产业的发展。深圳的城市文化适宜创意产业的发展，创意人才在此有广阔的发展空间。

深圳是目前国内最适宜创意产业发展的地区之一，是创新与创业的沃土。深圳提出把文化创意产业打造成为重要的战略性新兴产业，文化产业发展环境进一步优化。同时，积极引进国内外文化产业项目，尤其是重大项目的落地生根，不断壮大深圳文化产业的总体规模和竞争实力。以“深圳设计周”“创意十二月”为代表的多种活动正在改写深圳文化艺术的创作方式与生产方式，并逐渐形成深圳更具创新性、智慧性、包容性与力量性的艺术文化生态。

2.发挥比邻中国香港的区位优势

深圳文化创意产业之所以能较早起步，在初创阶段主要得益于比邻香港特区的区位优势，对香港相关产业转移如印刷业等的承接，以及为港商提供配套服务所形成的文化服务如文化娱乐业等。依托毗邻港澳地区的优势，深圳注重引入香港设计界的优秀资源，共同推动大湾区设计产业的发展。深圳市设计之都推广促进会与香港设计总会 2015 年签署了《深港设计策动合作备忘录》，深圳市设计之都推广办公室与香港商务及经济发展局又于 2016 年签署了《深港关于促进创意产业合作的协议》。在深港设计产业合作的大背景下，2014 年和 2016 年，连续举办了两届深港设计双年展，获得巨大成功，成为两地设计界的盛事。总共有超过 500 名深港两地的设计师、设计学生、学术界人士和企业家参与了活动。随着深港设计产业近年来的快速发展，未来以深港为龙头的设计界大湾区合作圈渐渐成形，必将带动整个珠三角地区的设计产业良性发展。

(三)开放性——助力优秀文化“走出去”

深圳作为改革开放的试验田和排头兵，“开放”体现在经济、社会、文化各个方面。经济方面，深圳是开放经济的代表，境外投资额、外贸进出口总额多年来在全国均处于领先地位；社会方面，深圳以开放包容的姿态吸引了数以万计来自全国乃至世界各地的人口；文化方面则形成了一种开放型的文化心态。这种开放型文化心态的特征是：开放意识强，由自我封闭变为扩大交往；兴趣广泛，由爱好单一向全面发展；重自我价值，由被动接受到主动参与；民族意识强，在继承发展民族文化时注意借鉴和创新。

1.举办国内外文化创意活动

近十年来，利用“设计之都”称号和创意城市网络，深圳广交朋友，鼓励设计企业和设计师走出去。深圳市设计之都推广办公室积极组织本地设计力量参与国际活动，带领“深圳设计”走出去，“深圳设计”的国际味也越来越浓。2016年9月7日，鉴于“深圳设计”在国际上的影响力，深圳代表中国受邀参加了首届伦敦设计双年展。切合双年展“设计乌托邦”的主题，深圳展出的“深圳新高度——可见的乌托邦”提出可行的、解决城市人口拥挤、房价过高等问题的方案，受到广泛关注，并引发了积极的反响和讨论。2017年2月，深圳作为中意文化合作交流机制的25家中方成员单位之一，受到国家主席习近平与意大利总统马塔雷拉的集体会见。此外，深圳设计师代表团参加过连续三届的圣艾蒂安设计双年展、伦敦设计节、赫尔辛基设计周、蒙特利尔设计节、柏林设计节等等，取得了不俗的成绩。例如2017年德国iF设计大奖，深圳就成为最大赢家，深圳企业揽得本届iF设计大奖142项，同比增长2倍多，占中国企业获奖项目的36%，连续6年居全国大中城市首位，展现出深圳工业设计对产业转型升级的强大推动作用。

2.培育新的国内外文化交流渠道

深圳积极与丝路沿线国家进行文化互动，培育新的国际文化交流渠道，经常性组织文艺团体赴丝路沿线国家进行文化交流演出活动，促进文明互鉴，提高活动的质量与频率；拓展文博会参展国家和地区版图，邀请更多的丝路沿线国家参与文博会，以博览和交易为核心，展示“一带一路”沿线国家、地区的文化和经济发展成果；同时，配套举办文化贸易合作洽谈、文化项目展演等活动，深圳文化“走出去”的步伐不断在加快。

《深圳市国民经济与社会发展第十三个五年规划纲要》明确提出：“加强与喀什等丝绸之路经济带重要节点城市的合作，加快推进喀什深圳城、喀什深圳创业园等建设，助力喀什建设成为中巴经济走廊桥头堡，打通新时期对外开放的战略‘双通道’。”“一带一路”发展战略实施的宏观背景和深圳对口支援喀什的机缘，将深圳和喀什这两个特区城市历史性地结合在一起。尽管深圳和喀什相距超过 5000 公里，文化创意产业的资源禀赋不同，发展阶段和发展水平不同，但这并不影响深圳与喀什在文化创意产业领域的深度合作。深圳与喀什文化创意产业合作在“一带一路”战略框架下，结合对口支援工作，实现了历史性突破。

(四)创新性——提高文化创新能力

深圳经济特区从创立到发展，创新精神一直贯穿其中，创新已经成为深圳城市的基因和深圳移民文化的重要精神气质。创新资源的集聚和溢出，使得深圳凝集了一大批优秀的企业和企业家，也探索出了“文化+科技”“文化+金融”“科技+金融”等新业态，使深圳成为具有国际竞争力的新兴产业集聚高地。据中国社科院研究报告显示，深圳文化竞争力处于全国大中城市前列，其中最为突出的是文化创新能力。当然，创新性还来自于政府的制度保障。

1. 加强文化与科技融合

文化与科技融合，是增强文化产业核心竞争力的重要途径。文化创意，科技创新，双轮驱动文化创意产业大发展。科技产品注入文化内涵，文化资源获得现代科技化表达。与多数城市对传统文化资源进行活化开发的发展路径不同，深圳作为一个没有太多文化积淀的城市，自文化产业发展伊始就走上了一条文化与科技结合之路。深圳高新技术产业发达，企业研发能力强，作为新兴移民城市，城市文化多元包容，这些都是深圳文化产业发展的独特优势。凭借科技产业的良好基础，深圳以“文化+科技”的独特方式，化解了深圳文化底子薄、资源弱的难题，成功推动文化产业跨越式发展。

文化与科技这两者的有机集合，相互借力，迸发的是惊人的聚合效应。深圳努力建设文化深圳、发展文化创意产业，因地制宜，锐意创新，走出了“文化+

科技”的深圳特色之路。深圳文化与科技融合发展、互促共进的活力正在逐渐展现。“文化+科技”,深圳孵化了一批以高新技术为依托,以自主知识产权为核心的高成长的文化科技型企业。文化+科技”成为深圳新型产业成长和腾飞的双翼,“让文化插上科技的翅膀,给科技注入文化的灵魂”,以此为目标,深圳正大力实施自主创新战略和文化立市战略,引领文化和科技融合发展,推动科技与文化融合成果的转化。

2.创新管理体制机制

深圳市在新兴产业发展领导小组的框架下,专门设立了文化创意产业发展联席会议制度,以便各部门加强政策沟通与协调,协同推进重大文化工程建设。另外,制定考核、评估机制,监督检查辖内各区、各个部门在推进文化创意产业发展工作的落实情况。同时,深圳市引导成立了民间性质的文化创意产业协会,既有助于加强行业的自我约束,也有利于企业间的沟通合作。深圳在国内率先制定创新型城市总体规划和 33 条自主创新政策,出台《科技创新促进条例》等政策措施,加速集聚创新资源、激发创新活力、提升创新能级,关键领域核心技术创新能力显著增强,PCT 专利申请量连续 8 年居全国城市首位,为文化和科技融合发展提供了坚强的技术保障。同时,深圳率先提出并实施“文化强市”战略,出台《关于大力发展文化产业的决定》《文化创意产业振兴发展规划》及其配套政策,将文化创意产业列为全市 6 大战略性新兴产业之一,予以重点培育发展。

（西桂权、丛琳,北京市科学技术情报研究所,助理研究员）

第十三章

成都：创新中激活传统文化，传承中增强城市动能

一、成都文创产业发展概况

二、传统文化在成都文创产业发展中的具体开发模式

三、传统文化在成都文创产业发展中的开发经验及未来趋势

四、结语

文化是城市建设的根基和灵魂，是提升城市吸引力、竞争力、影响力的核心要素，是推动城市创新驱动发展、经济转型升级的重要动力。当前，人类正处于文化经济时代，所谓文化经济时代是指把保护和发展民族的、区域的文化上升到十分重要的战略地位，文化产业将成为国民经济的支柱性产业，通过提升文化力来协调经济增长与幸福指数之间的关系。

党的十九大报告提出："没有高度的文化自信，没有文化的繁荣兴盛，就没有中华民族伟大复兴"，将文化自信的重要性提升到一个新的高度。深入挖掘中华优秀传统文化蕴含的思想观念、人文精神、道德规范，加强对文化遗产的传承和保护，推动文化繁荣势在必行。成都，这座具有千年历史文化的古都，其传统文化蕴含着整座城市的神韵，挖掘传统文化之精髓进行再创新，激发传统文化的活力，对于城市的文化传承和发展起着至关重要的作用。

随着成都近几年文化产业的不断发展，经济结构调整逐步深化，文化产业大格局初步形成。在利好政策不断推出和市场机制调节下，文化产业后发优势愈加明显。2017 年，是供给侧结构性改革的深化之年，同时，是成都文化创意产业飞速发展，成为新经济增长点的开局之年。成都凭借自身的文化魅力，入选联合国教科文组织创意城市网络，成为对外展示中国文化和文创产业成就的一张名片。成都市《文化产业发展"十三五"规划》，明确了"十三五"时期文化产业发展的指导思想、基本原则、发展定位、发展目标，将成都建设成为"国家中心城市"定为城市发展的宣传口号并付诸行动。构建现代文创产业体系，全面提升天府文化的影响力和文化产业的竞争力，为西部文创中心和世界文化名城建设提供产业支撑。

一、成都文创产业发展概况

"十二五"时期，成都加快文化产业发展，全力打造中西部最具影响力、全国一流和国际知名的“文化之都”，取得了积极的成就。2017 年，成都文化产业进入“十三五”规划阶段，提出发展成都文化产业以创作、创造、创新为根本手段，以文化内容、创意成果和知识产权为核心价值，以高新技术为重要支撑，为社会公众提供文化产品和服务，引领文化产业发展和文化消费潮流。文化创意产业作为新兴产业，正在成为各国各地区经济发展的新引擎，成都市也将其列为战略发展产业之一，逐渐扩大其在经济发展中的影响。

(一)成都文创产业发展现状

1.经济基础好，产业优势突出

2016 年，成都市进入文化产业“十三五”规划初期，全市文创法人单位约 1.5 万个，从业人员约 46.4 万人，实现营业收入 2614.2 亿元，创造增加值 633.6 亿元，占 GDP 的 5.2%，创意经济已成为成都新的经济增长点。2017 年，全市坚持稳中求进工作总基调，加快建设全面体现新发展理念国家中心城市，转变城市发展方式，重塑产业经济地理，全市经济呈现活力增强、稳中向好、信心倍增的发展态势。2017 城市发展年度论坛在京召开，论坛上发布了《2017 中心城市发展年度报告》，将 50 个中心城市分为 4 级，其中成都排名仅次于北上广深，位列第五，领衔由 7 个城市组成的国家中心城市“第二方阵”。

据成都市统计局有关负责人介绍，经四川省统计局审定，2017 年，全市实现地区生产总值 13889.39 亿元，按可比价格计算，比上年增长 8.1%，高于全国 1.2 个百分点，与全省持平。分产业看，第一产业增加值 500.9 亿元，增长 3.9%；第二产业增加值 5998.2 亿元，增长 7.5%；第三产业增加值 7390.3 亿元，增长 8.9%。三次产业结构为 3.6 ∶ 43.2 ∶ 53.2。① 同年，西部文创中心建设全面启动，加快产业布局、促进融合发展、丰富文化形态、创新要素供给、构建产业生态、策划重大项目、加大招商引资、完善管理体制，年内实现文创产业增加值 750 亿元，占 GDP 比重约 5.5%，居民文化消费支出占消费支出的比重达到 5.0%以上。

---

① 2017 年成都实现 GDP13889.39 亿元[EB/OL]. 四川省人民政府网站. http://www.sc.gov.cn/10462/10464/10465/10595/2018/1/30/10444012.shtml，2018－01－30.

表 13－1　成都市近五年文化产业占 GDP 的比重

	2013 年	2014 年	2015 年	2016 年	2017 年
生产总值(亿元)	9108.9	10056.6	10801.2	12170.2	13889.39
文化产业增加值(亿元)	453.13	473.4	497.5	633.6	750
文化产业增加值占当年 GDP 比重	4.97%	4.71%	4.61%	5.2%	5.5%

2.行业平台逐步建立

2017 年 8 月 24 日,“成都建设西部文创中心专场活动”在中国香港举办,吸引众多世界级文化名流“大咖”参加,集中签约 14 个文创项目,协议总金额达 196.46 亿美元;2017 年 9 月 5 日至 6 日,“第二届海外华文新媒体高峰论坛”在成都举行,“媒体融合与文创产业发展”是重要主题之一;2017 年 9 月 21 日,“成都—波兰文创专场对接会”在华沙皇家瓦津基公园举行,文创是这一站的关键词,“天府文化”正以紧锣密鼓的步伐走向世界舞台;2017 年 10 月 13 日,“了不起的国家中心城市·成都”大数据出炉,在六大国家中心城市中,成都文创关注度超 30 亿人次仅次于北京和上海,位居第三,成都已成为名副其实的“中国文创第三城”。

2017 年,成都切实强化文化遗产保护,加强历史文化遗址和建筑保护,打造东华门、邛窑等 5 个大遗址公园,建设金沙遗址等城市文化核心区,优化提升琴台路业态,提升宽窄巷子、锦里等文化街区品质,推动古蜀文明遗址、“蜀道”申报世界文化遗产。依法加强非物质文化遗产传承保护,积极推进非遗生活化、产业化,弘扬川剧、清音等地方特色文化,加强蜀锦、蜀绣等传统工艺保护利用,成功举办了第六届中国成都国际非遗节。

3.文创产业新格局凸显

成都发力西部文创中心,打造“双核共兴,两带共振”文化产业新格局。2017 腾讯全球合作伙伴大会、小米的投资生态年会、香奈儿 2018 早春发布会,以及中国国际科幻大会,不约而同都选择了成都。同时还有第四届成都创意设计周吸引了全球的创意者前来寻求新机会。数据显示,为期三天的第四届成都创意设计周期间,接待观众超 15.5 万人次,现场成交及意向签约金额 35.6 亿元。这正是成都新经济发展的产业图景。在 2017 年 11 月举行的成都新经济发展大会上,成都提出,到 2020 年基本形成具有全球竞争力和区域带动力的新经济产业体系，建成最适宜新经济发育成长的新型城市，同时，新经济产值达5000亿元以上，到2022年，成都市文化产业格局还将有全新的调整。届时，初步建成西部文创中心，构建“双核（中心城区、天府新区）共兴，两带（龙门山带、龙泉山带）共振”的文创产业区域发展新格局，形成文创产业轴、产业带、产业圈和文化消费群。

成都有条件、有根基、有能力促进新经济的枝繁叶茂，为成都供给侧结构性改革提供升级版“芯片”，进而为实现十九大提出的两个“百年目标”贡献成都智慧、成都实践和成都力量。

4.发展模式不断创新

成都文化产业采用行业集聚、空间集中的发展策略，培育建设了一批文化产业重点项目。充分发挥成都中国西部高科技城市、旅游城市的特色优势，深度挖掘、整合、联动相关产业资源，形成了“文化+科技”“文化+旅游”等产业发展新模式。以高新技术创新文化生产方式的“文化+科技”模式，为文化产业创新升级，实现跨越发展提供了强大的技术保障；以文化创意产业园区（基地）、古镇、特色街区为依托的“文化+旅游”模式，有效延伸和完善了文化产业链。

（二）成都文创产业发展存在的问题

对于成都市来说，文创产业已经不是新兴产业，但是，无论从内在的发展速度、产业总量、品牌影响、产业生态，还是从外在的交流传播、国际形象等方面，较之国际发达城市相比，还有着不小的差距。这种巨大的落差感与成都被冠之的历史文化名城美誉极为不符，同时与成都在国际上的形象、知名度极不相称，产生这些问题的主要原因有以下几个方面。

1.地方特色产业同质化风险

当前，成都文创产业虽然有地方特色，但是，在技术上往往缺乏“高、精、尖”的特点，由于行业准入门槛低，貌似人人都可以做，存在低水平的重复建设和所谓的“创意”，大而全、小而全的同质化现象很容易出现，并且将导致产业集中度低、生产能力过剩、产业发展和资源互相约束等不良现象。

2.文创产业人才紧缺

文创产业是创意和智力内容产业，对专业人才的知识体系和技能要求较高。成都是西南地区的重要城市，受制于经济、社会、科技、文化建设的长期滞后，成都文创产业呈现出发展起步时间晚、文化总量人才偏少、精英缺乏、文化人才结构缺失、分布不均匀等问题，人才“短板”已成为该地区制约文创产业发展的紧迫性、突出性问题。

3.文化市场监管力度不足

现阶段成都文化产业正处于体制改革、质量和效益有待进一步提高的转型时期，部分行业、部分地区的文化市场出现一定程度的混乱和无序，盗版、黄色暴力书籍、影像资料流入市场，赌博和迷信活动兴盛。再之，由于人力和技术限制，市场监管机构缺乏，监管手段落后，监管过程复杂，市场中的违法乱纪活动得不到有效遏制。

4.文化消费结构失衡

一是居民食品消费支出比重高，截至2017年，成都城市居民食品支出比约为35%，农村居民约28%，在全国舍得花钱吃的城市居民中，成都排第一。而医疗保健、居住及新型文化旅游等项目消费支出比重偏低。二是文化消费庸俗化、功利化。人们在进行文化消费时，多选择上网、打游戏、看电视、打麻将、KTV或娱乐书刊，对技能培训、学术深造等发展性项目关注程度低。在消费过程中更注重文化产品和服务的经济、政治地位和权力意义，拜金主义盛行，忽视了审美和人文价值。[①]

二、传统文化在成都文创产业发展中的具体开发模式

(一)成都发展文创产业基础好

1.历史文化积淀深厚

成都是闻名遐迩的历史文化名城之一，具有2300多年的建成史，4000年文明史，素有“天府之国”“蜀中江南”“蜀中苏杭”的美称。

成都依托历史文化积淀，建成了一大批文化基础设施，群众性文化活动丰

① 胡冰.成都文化产业发展现状与问题[J].北方经贸，2017(6).

富多彩。金沙遗址，蕴藏着悠悠数千年的古蜀文化；武侯祠，三国文化的历史见证；东华门遗址，是从汉代到清代，穿越千余年时光的文化遗存；杜甫草堂，一代诗圣的遗迹地……它们构建起成都的悠远文脉，彰显几千年文化的深厚底蕴。再者，锦里古街、宽窄巷子、东郊记忆、西村创意产业园……这些文化创意产业项目再造与历史文化传承，构筑起成都文创产业的基础。

2.传统文化焕发青春

成都有着深厚的文化积淀和文化产业基础，大力发展文创产业，可提升与国家中心城市相匹配的软实力。依靠丰富的历史文化遗存，成都在"东进、南拓、西控、北改、中优"十字方针战略指导下，在全市规划统筹布局建设 66 个主导产业明确、专业分工合理、差异发展鲜明的产业功能区。它们将是产业活力强劲、城市品质高端、服务功能完备的现代化城市新区。

成都按照"集群发展、跨界融合、品牌引领"思路，推动天府文化创新性发展、创造性转化，大力提升文创的行业首位度、产业融合度、品牌美誉度和国际知名度，力争 2022 年文创产业增加值占 GDP 比重达到 12%。

2017 年 1 月，成都宽窄巷子春节民俗文化节，将"过大年，蒸馍馍"搬到活动现场，对蒸馍馍的这一过年传统的习俗进行创新，帮助人们重拾传统年味的记忆。"记忆四川"院落，在春节期间策划了一批传承和弘扬优秀传统文化的主题活动，推广了四川非遗文化、打造了本土艺创产业，给予传统文化第二次"青春"，使传统文化焕发新活力。

(二)政府高度重视传统文化开发

1.尊重文化多重性，做优特色文化

成都的文化气质具有多重性，古朴典雅的遗风，时尚开放的气度，更有海纳百川的胸襟，这是成都融传统于现代的魅力，也是成都文化特色之所在。成都文化的标志是什么？太阳神鸟，三国文化，还是大熊猫？也许，如今成都的代名词并不仅仅是这些。纵使成都经济飞速发展，城市越来越大，不变的是文化让城市更美好。行走在成都街头，处处可以看到具有成都特色的文化现象：茶馆文化、麻将文化、蜀绣文化、川剧文化、酒文化、火锅文化、选秀文化、熊猫文化……

2017 年 7 月，成都召开国家中心城市产业发展大会，会上《关于创新要素供给培育产业生态提升国家中心城市产业能级若干政策措施的意见》发布，提出创新要素供给，培育产业生态，构建具有国际竞争力和区域带动力的现代产业体系，为加快建设全面体现新发展理念的国家中心城市夯实产业支撑，站稳国家中心城市的位置，大力发展文创产业，增强西部文创中心功能，推动天府文化创新性发展、创造性转化，大力提升文创的行业首位度、产业融合度、品牌美誉度和国际知名度。再之，《成都市产业发展白皮书》提到，要将成都建设成为西部领先、全国一流、世界知名的文创中心城市，重点做深做优古蜀文化、三国文化、大熊猫文化等特色文创产业。中心城区还要突出历史文化街区的保护，打造富有蜀文化魅力的城市会客厅。

2.出台具体政策，支持文创产业发展

2018年2月，中共成都市委、成都市人民政府联合发布了关于印发《建设西部文创中心行动计划(2017—2022年)》(以下简称《行动计划》)和《成都市促进西部文创中心建设若干政策》(以下简称《若干政策》)的通知。

《行动计划》明确提出：按照"一年全面启动、三年跨越发展、五年基本建成"的总体要求，重塑文化地理，推动成都传统文化与现代文明交相辉映，历史文脉与文化创造相得益彰，天府文化和城市精神充分彰显，文明程度和市民素质极大提升，文化事业和文创产业发展水平进入全国第一方阵；用地支持方面，在符合法律法规、具备供地条件的情况下，优先保障文创产业用地需求，对文创重大项目按需"随用随供"。综合考虑文创产业政策因素(产业类型、产业形态、产业规模及自持比例等)，可按不低于宗地评估价的70%(含持证准用价款)确定土地出让起始价。

《若干政策》提出，成都将从加大资金投入、强化人才支撑、扶持内容生产、壮大市场主体、拓宽融资渠道、加大税费支持、保障土地供应、优化营商环境等方面，推出23条配套政策大力支持文创产业发展。

(三)成都传统文化在文创产业中的开发典型案例

1.以公共文化服务单位为依托，多元发展地方文化

2017年以来，四川省着手实施"历史名人文化传承创新工程"，成都作为领头城市行动起来，深入挖掘保护历史名人资源，大力传承发展中华优秀传统文化，让老百姓切实感受到文化的魅力、文化的福祉、生生不息的生命力。

①活化传统,擦亮名人符号

“人是文化的创造者,也是文化的宗旨”。正在推进的“历史名人文化传承创新工程”,为传统文化的整理、传承和传播带来了新思路、新方向。

位于成都浣花溪畔的杜甫草堂,是诗圣杜甫流寓成都时的故居,因为杜甫在此完成了240余首脍炙人口的诗句,成为蜚声海内外的文化圣地。诗圣杜甫——杜甫草堂最鲜明的文化符号,也是研究杜甫诗歌、传扬诗歌文化、传承诗教体系最重要的媒介。成都杜甫草堂博物馆馆长刘洪介绍,如今的杜甫草堂兼具文物保护、诗歌文化收藏研究、杜甫诗歌研究、传统诗歌教育、文创产品开发等多项功能。2017年9月,32个国家共38位世界级诗人以及国内50余位著名诗人、诗歌评论家、翻译家云集“2017首届成都国际诗歌周”。全世界的诗人在杜甫草堂吟咏诗句,感受这个“诗歌与光明永现的地方”。《草堂》诗刊创办,罗江诗歌节、乡村诗歌节花开各地,诗歌走进社区、街道、学校……杜甫这个文化符号在成都不断被擦亮被活化,因为文化的激活,城市也成了诗意的栖息之地。

“名人是传统文化的鲜活载体,以名人为抓手传承传习传播传统文化,也是符合传播规律的做法。”四川省委宣传部副部长、实施四川历史名人文化传承创新工程领导小组成员陈华说,坚持以人民为中心,坚持以社会主义核心价值观为引领,坚持创造性转化、创新性发展,坚守中华文化立场、传承中华文化基因,不忘本来、吸收外来、面向未来,把握导向、立足学术、着眼传承,深入挖掘四川历史名人思想文化资源及其当代价值,不断赋予其新的时代内涵和当代表现形式,是“创新工程”的总体要求。

②激活文化资源,涵养民众精神家园

成都的文化印记随处可见,民众的精神世界共同受着文化资源的洗礼。成都草堂小学三年级学生张轩铭的作诗:“锦江玉带蜿蜒长,金牛古道络绎商。武侯名祠千秋对,青羊草堂文道昌。”小学生都可以用诗歌的形式来赞美自己的家乡,在杜甫草堂的仰止堂,许多00后因为“草堂一课”爱上了传统文化。

从2012年开始,杜甫草堂面向青少年推出博物馆社教项目“草堂一课”,这是诗词、礼仪、书法、插花的课堂,也是孩子、老师、家长共同的课堂。截至目前,两大系列、七大板块、30多门的“草堂一课”,参与学生达数万人次,惠及数十万市民群众。

社区美术馆也成了城市课堂。距离熙熙攘攘的宽窄巷子不过百步,是四川省非遗保护中心与宽窄巷子社区合办的“巴蜀工匠——非遗与时尚体验展”。蜀绣、刘氏竹编、银花丝、藏羌挑花刺绣、成都漆艺，5个最具代表性的非遗项目、近千件展品，与成都市民和来往游客面对面交流，年轻人是最热忱的观众。非遗大师讲解示范制作流程，观众亲身动手体验，在这里，非遗不再是一门古老的手艺，而成了活态的文化载体，成为当代人感受文化的方式。

成都博物馆则通过一个个特色展览，聚集起一大批忠实粉丝。从2016年末至2017年4月，全国28个省的精品文物汇聚《丝路之魂——敦煌艺术大展暨天府之国与丝绸之路文物特展》，其间还举办了22场由樊锦诗、齐东方等全国知名专家主讲的讲座。琳琅满目的国宝、水泄不通的观众群，让这一展览成了四川乃至全国关注的文化事件。

“观众是传承优秀传统文化最广大的力量。博物馆人，如同文物与公众、历史与今天的桥梁。活态的传承、生动的故事，就是观众与历史对话的方式。”成都博物馆馆长李明斌说，《丝路之魂》展览参观次数最多的观众是一位成都市民，前后参观了8次，“绝大部分观众是80后、90后，他们是博物馆的明天，也是文化传承的主力”。

毗邻金沙遗址博物馆的金沙小学，将金沙文化纳入教学体系，对金沙文化的自觉传承持续了十几年。金沙遗址博物馆馆长王毅参加了金沙小学的“开学第一课”，他深有感触地说：“做遗址发掘数十年，我一直在寻找让传统文化与今天生活连接的方式。孩子们对金沙文化的兴趣，给了我极大的信心。”

中秋前夕，“天府名人堂·文化传习季”面向公众开张，第一期就是讲述苏东坡的故事。祝勇、阿来、梁平三位作家，在娓娓道来中，与公众一起体验苏东坡、问道苏东坡、结伴苏东坡。这场活动，仅网络直播就吸引了数十万的关注量。

在四川，全社会变成了一座没有围墙的校园。据统计，四川省第一、二批实行错时延时开放的公共文化服务单位，在相关时间段内日均增加服务100人次左右。其中，成都武侯祠博物馆在2017年8月的延时开放中，共接待观众约13500人次，日均达435人次。

游走在成都街头，放眼整个四川，几乎每一个人都能在不同角落与传统文化相遇，与文化名人相遇。你能切实感受到，越来越多的文化名人从历史深处走来，越来越多的老百姓走进他们浩瀚无边的精神世界，文化创新创造活力就从这鲜活的生命个体、沸腾的民众生活中升腾起来。[①]

2.以创新创造为抓手，升格城市文化内涵

城市文化是城市现代化的根基，是城市的气质和灵魂。成都无疑是一座文化氛围极其浓厚的城市，“创新创造、优雅时尚、乐观包容、友善公益”的天府文化源于中华文明，成长于巴山蜀水，在国家现代化和城市发展进步中茁壮成长，是成都市民的精神家园，也是成都最核心的竞争力。当前，成都正大力发展文创产业，发布《建设西部文创中心行动计划(2017—2022年)》，推动天府文化创造性转化、创新性发展，让天府文化彰显成都魅力，着力塑造个性化的城市文化品牌，将文化作为提升城市吸引力、竞争力、影响力和软实力的核心要素，作为推动创新驱动发展、经济转型升级的重要动力。[②]

①创新创造厚植文化基因

成都历来不乏创新之举。都江堰水利工程、文翁办学、世界上第一张纸币“交子”……自古以来，创新创造的基因就推动着成都日新月异。2017年，成都围绕建设全面体现新发展理念的国家中心城市，强力实施“东进”战略，规划建设一个“新成都”。突破两千多年来的地域桎梏，城市格局由龙门山、龙泉山“两山夹一城”变为龙泉山“一山连两翼”，成都城市格局正迎来千年之变。这些，都彰显着成都创新创造的文化魅力。

2018年1月30日，“文创成都”APP支付平台上线运营，这是全国首个文化惠民消费线上支付平台，是成都文化消费模式的一大创新。在成都的三联书店购书，例如，一本书35元，有30个积分，可以抵扣30元，只需要再支付5元钱，结账时只需要打开“文创成都”APP，就可以完成快捷支付。

创新创造正是天府文化的内生动力，对此，“唐昌布鞋”传人艾鹏深有体会。艾鹏说，自己这几年做得最多的就是如何让布鞋更适合现代人消费习惯，并且提升品质，“唐昌布鞋既要继承传统，更要创新创造。只有这样，700多年历史的唐昌布鞋才能保持生命力”。

成都市蜀绣产业商会会长蔡世民对传统文化如何创造性转化、创新性发展，也有自己的感悟。蔡世民抓住郫都区安靖镇获得“成都国家级文化和科技融合示范基地蜀绣创意示范园区”的机遇，成立了蜀绣产业商会，积极探索蜀绣

① 传统文化传承创新，涵养四川人民的精神家园[N].三江都市报，2017-11-03.

② 王亚茹.天府文化 正成为世界打开成都的最佳方式[N].人民日报，2018-03-19.

的发展新路。首先从产品形态着手革新：全新设计图案，由繁至简，使其合乎现代人的审美，开发多种延伸产品，如服装、鞋帽、箱包、车挂、首饰包等。整个蜀绣行业在创新变革中快速成长，2017 年全市蜀绣产值达到了 4.6 亿元，仅蜀绣产业商会就有从业人员 5000 多人。这些年来，蜀绣在传承中华优秀传统文化的同时不断创新创造，助力乡村振兴。

②优雅时尚提升都市特质

风靡上海时尚圈的赫本展来到了成都，成都是赫本展全球巡回展的第五站，赫本展人山人海，从 20 多岁的年轻人到四五十岁的中年女性都在排队观展，大家打扮得精致优雅，体现了对展览的尊重和向经典致敬。2017 年 11 月的香奈儿“古典的现代性”早春度假系列发布会，也吸引了全国各地的时尚人士汇聚成都。成都既有传统文化又有时尚潮流，既有历史沉淀又有现代文明，具有优雅时尚的独特文化魅力，这也正是众多国际品牌青睐成都的原因之一。

2017 年 6 月 20 日，德国 iF 国际论坛设计有限公司与成都高新区签署投资合作协议，将在成都高新区设立 iF（成都）设计中心。这是 iF 在中国的第一家设计中心。iF 设计奖被称为设计界的“奥斯卡”，iF（成都）设计中心的落户不仅将提升成都工业设计水平、加快文创产业创新速度，也将为成都发展新经济、培育新业态、提升新品位和实现新跨越带来历史性机遇，将全面提升“成都创”的国际化水平和影响力。

优雅时尚，是成都别样精彩的文化特质。无论是米兰时装周中国行的落地，Chanel 的品牌系列发布会的举行，奥黛丽·赫本巡回大展的经典再现，还是众多国际一线品牌的入驻，成都人与潮流的同步，都显现出成都一直走在时尚的前沿，接轨着国际时尚风潮。在最新的城市总规中，成都明确提出要建设全国重要的文创中心，打造蜀风雅韵的国家历史文化名城，开放包容的现代文明之城，具有国际影响力的文化创意名城，具有独特魅力的艺术之都。

③兼容并蓄凸显文化气度

中法成都大熊猫生态创意产业园（熊猫星球）、海外华文传媒国际交流中心、川港创意产业园区、华谊兄弟艺术小镇、中意文化创新园区、完美世界文创产业园、言几又天府国际文创中心、天府自然博物馆……2017 年，成都有 20 个标志性项目全面启动，预计总投资约 1600 亿元。2018 年 2 月 23 日，成都重磅发布《建设西部文创中心行动计划》，按照“一年全面启动、三年跨越发展、五年基本建成”的总体要求，计划通过 5 年努力，推动成都文化事业和文创产业发展水平进入全国第一方阵，全面实现全国重要的文创中心功能，扩大世界文化名城影响力。为此，成都共实施437个重点项目，预计总投资约1.1万亿元。

成都已迎来发展文创产业最好的时期。天府文化研究院院长谭平教授认为："此次出台的政策中，吸引人才的力度前所未有。相信在天府文化乐观包容魅力的吸引下，越来越多的高端文创人才会源源不断涌向成都。"

乐观包容，是成都兼容并蓄的文化气度。对此，数联铭品执行总经理尹康认为，公司在短短4年间以30亿元估值实现融资，这离不开成都的"两个容"：从容、包容。成都的生活比较从容，这种从容体现在持有一种乐观，是一种难得的生活智慧。乐观包容的城市气质，成就了历史上"天下诗人皆入蜀"的盛名，而现在推行的"蓉漂"计划，正努力打造开放包容和人性化的人才政策，让广大"蓉漂"能融入成都、扎根成都。

成都人素有秉性善良温和、待人热情、宽厚大气的美名。友善公益，正是成都外化于行的文化表达。今天的成都，是一座名副其实的"志愿者之城"，每10个人中就有1名志愿者。人文之光、人性之美，浸润城市每个角落。厚积千年的文化温度，释放出天府文化的澎湃力量，成为这座城市历久弥新的人文魅力。①

3. 以社会主义核心价值观为指引，传承优秀传统文化

2017年10月18日，习近平同志在十九大报告中指出，要培育和践行社会主义核心价值观。要以培养担当民族复兴大任的时代新人为着眼点，强化教育引导、实践养成、制度保障，发挥社会主义核心价值观对国民教育、精神文明创建、精神文化产品创作生产传播的引领作用，把社会主义核心价值观融入社会发展各方面，转化为人们的情感认同和行为习惯。成都市以实际行动践行着社会主义核心价值观，文化工作者牢记习总书记的讲话，时刻坚定文化自信，推动着成都文化产业的繁荣兴盛。

①小茶馆，迸发正能量

在2017年感动中国的颁奖典礼上，获得2016年度感动中国人物之一的来自成都的骨科医生梁益建讲述了他治病救人、助人为乐的故事。其中，成都的"茶馆"是他提到的一处慈善场所，他在帮患者治病的同时还替患者寻找善款，通过把信息发布到茶馆得到热心人募捐。有人好奇："茶馆能筹到钱吗？"梁益

① 陈轩. 创新创造厚植文化基因，成都用文化为城市"升格"[N]. 人民日报，2018-03-14.

建的答案是肯定的，这正反映了成都市风优良，市民们充满热心和爱心，正在用实际行动践行社会主义核心价值观。近年来，成都市从创新载体和形式入手，在实践中不断探索社会主义核心价值观落细落小落实的方法和途径，开展了形式多样、内容丰富的活动，在全市形成了浓厚的社会宣传氛围，形成推动社会主义核心价值观建设的良好局面。

茶馆作为信息集散地、思想碰撞场、意识共生所，是了解民情、收集民意、倾听民声的重要平台，也是培育和践行社会主义核心价值观的重要载体。2016 年 6 月 7 日，人民日报刊发报道《氤氲茶香中 传递正能量》，聚焦锦江区依托成都特有的茶馆文化大力弘扬社会主义核心价值观，新颖的做法赢得高度评价。成都市在有“川戏窝子”之称的悦来茶园重新编排了《铡侄》《三娘教子》等优秀传统剧目进行演出，将传统茶馆演出剧目中“惩恶扬善”“忠孝节义”的精神升华提炼为核心价值观“民主、平等、公正、诚信”等思想理念；在大慈雅韵茶堂用扬琴、评书、清音等群众喜爱的方式，对核心价值观进行故事化解读、艺术化表达，在“百姓日用而不自知”中实现以文化人。

结合创新创业，打造了 88 号青年空间创客茶馆、蓉创茶馆、菁蓉茶馆等一批“创新创业”主题茶馆，开展“《老成都・芙蓉秋梦》读书分享会”“《国旗的故事》品读会”“百姓故事会”等系列活动，突出核心价值观中“爱国、敬业、诚信、友善”的思想理念，引导青年创业者热爱成都、建设成都；在五福茶馆、黄甲茶园等社区茶馆专门开辟议事茶厅等方式，将邻里纠纷和矛盾化解在茶馆，使茶馆成为“民事民议民定”的居民自治有效载体。成都市将社会主义核心价值观融入茶馆文化的创新实践，推动茶馆成为了解民情的重要平台，传播社会正能量的重要载体，开展服务的重要窗口，充分发挥“小茶馆”传播核心价值观的“大能量”。

为大力培养和践行社会主义核心价值观，88 号青年空间引入本土文化特色，将茶馆文化与“大众创业、万众创新”的主题相结合，完成了从青年空间到创客茶馆的升级，由锦江区双创办、锦江区文明办正式授牌为“创客茶馆”。“创客茶馆”摒弃成都传统茶馆的休闲娱乐项目，秉承心灵交流、思想碰撞和提升素质的理念，切实为广大青年人群和都市白领求学创业、成长成才、社交生活和文化交流提供全方位的高质量服务，是成都市有影响力、有特色的青年人群公共文化空间，每天到“创客茶馆”交流、学习、分享的青年人群和都市白领达 100 余人次。“创客茶馆”创立 3 年多以来，先后以创业为主题开展了大型的创新创业论坛、电子竞技比赛、众筹项目路演、商学培训课堂、人才交流招聘等各类活动近

400 场次，培训青年创业者 1000 余人次，培育小微企业 200 余个，辐射青年人群和都市白领上万人次。如今，“创客茶馆”已经成为锦江区公益宣传、社区文化、青年帮扶的示范性基地，具有人文格调的创业青年聚集地。

悦来茶园位于总府路王府井商场背后，保持着古朴、自然、人文的庭院式风格，建有仿古式舞台。成都市川剧研究院优秀的老、中、青演员以及梅花奖获得者每周定期在此演出，丰富、灵动、多彩的川剧精品折子戏，吸引着慕名而来的海内外游客。悦来茶园以川剧文化“嫁接”社会主义核心价值观进行氛围营造和建设，用“为国三尺剑，尽忠一片心”“穷人有穷人的志气，不要太把人看轻贱”等川剧经典唱词展现爱国、敬业、奉献的核心价值观精神；用川剧“生旦净末丑”等人物角色，体现戏曲文化与核心价值观相融共生的美学特色。同时，设置“川剧名家名剧”“文明茶馆倡议”“文明公约”等宣传栏，增添“图说社会主义核心价值观”“锦江榜样”“锦江茶馆史话”等宣传物料，将核心价值观细致入微地植入茶馆文化。通过购买文化项目进茶馆，悦来茶园遴选了一批川剧名家出演的精品折子戏，定期在悦来茶园演出，传递爱国、守法、文明、和谐等主旋律，让成都市民和外地游客在喝茶、赏艺的过程中，润物无声地接受核心价值观的熏陶。[①]

②全民阅读 书香满成都

一个城市的全民阅读水平反映城市文化内涵，彰显城市软实力，是衡量一个城市社会文明程度的重要标志。2017 年，由成都市全民阅读活动指导委员会主办，中共成都市委宣传部、市文广新局承办的成都市 2017 年“书香成都”全民阅读活动启动仪式，发布了《2015—2016 年度成都市全民阅读指数测量研究报告》。这份报告由市文广新局联合电子科技大学政治与公共管理学院等机构开展，调查范围覆盖全域成都，调查对象年龄段为 8 岁至 80 岁的成都市居民，通过结构式问卷，抽取样本 1.8 万份，综合调查评估后形成了研究报告。调查数据显示，2015—2016 年度，成都市居民综合阅读指数为 118.259，纸质阅读率为 78.66%，数字阅读率为 85.64%；纸质阅读量为 7.109 本，数字阅读量为 7.83 本；45.5%的居民阅读时间达到每天 1～2 小时。55.9%的居民对当前公共阅读保障较为满意；75.07%的成都居民认为全民阅读活动很重要。“这份研究报告显示，成都的全民阅读已经从被动阅读转向主动阅读，全民阅读的状态也能以科学数据进行分析。”市文广新局相关负责人表示。值得一提的是，成都人的

① 杜文婷．践行社会主义核心价值观 成都亮点多[N]．成都日报，2017－04－21．

阅读水平在全国范围内也得到了认可。2017 年 4 月，亚马逊中国在北京发布了《2017 全民阅读报告》。大数据分析显示，每天阅读大于 1 小时的成都受访者占比高达 40%，高于全国 37%的平均水平。此外，成都人爱读书还呈现出“悦读”和时尚两大特点，70%的读者阅读目的主要是业余爱好，电子书阅读率、购买付费电子读物、社交平台分享等数据也均高于全国平均水平，在“阅读电子化程度城市榜”中，成都高居全国第二。①

“爱阅读”已成为成都人身上的一个文化标签。在实体书店不景气的当下，成都却拥有大大小小的书店 700 余家，并且实体书店的数量还在不断增加。如三联韬奋书店、散花书院、钟书阁等书店新增门店也正有条不紊地推进。除书店外，成都的数字化图书馆也记录了成都人爱读书的数据。为了助推全民阅读，成都图书馆和全市 20 家区(市)县公共图书馆联动，启用第二代身份证(免押金)注册借还图书，替代全市之前的 20 余种读者证，实现了真正意义上的“一卡通”。截至 2017 年 10 月，成都图书馆到馆读者达 77.3 万人次，纸本图书借阅达 12.9 万人次。

在成都数字图书馆中，部分电子书和电子期刊还能以真人朗读的形式让读者收听。据统计，成都市各图书馆数字图书馆登录次数 2312198 次，电子图书下载量 2933905 次。此外，成都火车站、汽车站、中心城区各政务中心等公共场所，还分布有 70 余台数字阅读机和 24 小时自助借书机。每台数字阅读机为市民提供 3000 余种图书、上万种期刊，每月更新率达 10%，读者的注册人数、借还量月均保持 30%左右的增长。

自 2012 年以来，成都市开展的文化惠民工程“百姓大书市”，不仅推出了数十万册优质图书的特价展销活动，更以丰富多彩的阅读活动，成为市民每年淘书购书、阅读分享的群众性图书文化盛会。

在成都，只要你愿意阅读，总能找到志同道合的书友，吉狄马加、阿来、李敬泽、周国平、曹文轩、敬一丹、袁庭栋等越来越多文化名人，都将成都作为与读者交流分享的重要一站。除本地的大量文化名人为阅读分享奔走外，成都市的各类组织，以及社区、家庭，也在通过各自的力量，传播书香气息，营造良好的阅读氛围，为书香成都宣传推广工作积极贡献。

面向在蓉高校师生，全国首个虚拟书院——校园阅读品牌“纸鸢书院”，以

① 王敏琳.2017 全民阅读报告:成都人阅读电子化程度全国第二[N].成都日报,2017-04-22.

开展读书分享、思想交流、社会实践、创新创业等系列精品主题活动。面向都市白领上班族，广播阅读品牌“阅动听”通过不同角度来阐述“天府文化”这一主题，着重介绍《成都街巷志》《成都人》《寻城记·成都》等书籍，让听众了解天府文化，关注天府文化发展。面向广大农村，农村阅读品牌“阅行村社”以“天府文化浸润农家”为主题，以传统文化、家风家训等为主线，邀请一批有奉献精神、从乡村走出去的“新乡贤”回乡带动村民阅读。

在互联网和网络新媒体崛起的当下，成都市充分发挥名人引导效应，整合报刊、广播电视、新闻网站、新闻客户端、手机报、微博、微信等新兴媒体，推出“书香成都·蓉城书话”“书香成都·阅动听”等栏目，并邀请本地著名主持人加盟，吸引更多粉丝爱上阅读。由成都电视台著名主持人周东主持的“书香成都”，节目网络点击量已超过百万，网络粉丝也已超过百万，节目的品牌效应和影响力初步显现。

将阅读打造成文化活动，成都阅读的创新能力正不断喷薄。“风·雅·颂——国学经典诵读”这档于2014年发起的活动，已连办四届，以“诵读中华经典，传承民族精神”为宗旨，以诵读国学经典的形式赋予传统文化新生命、新活力，通过成都、昆明、贵阳、重庆西南地区四城市每年轮流举办的方式，构建区域文化创新发展平台，形成区域文化协调联动机制，努力打造具有区域认可度和全国影响力的公共文化活动品牌，为传承弘扬中华优秀传统文化作出积极贡献。①

③文艺精品工程　凝聚新的城市精神

成都文化资源丰厚，这些资源经过挖掘、创新，成为涵养核心价值观的重要载体，融入成都市民生活。全市实施文艺精品创作工程，创作核心价值观主题文艺作品近200个。开展书香成都全民阅读系列活动，扶持《青年作家》《星星诗刊》等文艺刊物出版发行，实施“国家精品剧目成都演出季”品牌活动，举办金沙讲堂、锦城讲堂等品牌讲堂，推动全市村（社区）公益电影放映全覆盖，大力开展“话剧进万家”“筑梦家园·文化同心”等文化惠民演出近万场。积极弘扬孝善文化，打造孝善苑、孝善大道、孝文化广场、当代孝道文化博物馆等孝善文化示范点，组织开展系列活动。大力发扬家风力量，打造《家言箴语》精品广播栏

① 天府文化｜成都市2017年“书香成都”全民阅读活动正式启动[EB/OL].搜狐网.http://www.sohu.com/a/211762412_99934840,2017－12－20.

目和特色系列宣传活动，从中华民族优秀传统文化中汲取营养和智慧，深入挖掘宣传“好家教好家风”、村规民约精华，以微广播剧为主要形式的日播广播栏目走进区（市）县、高校进行以“爱国”“和睦”“诚信”“勤俭”“孝道”为主题的现场宣传活动，弘扬传统美德，树立家国情怀。

成都还积极将核心价值观融入“百姓故事会”品牌活动，以市级百姓故事会主题巡讲、区（市）县现场故事会、村（社区）基层故事会、电视（电台、网络）故事会和百姓故事会 PK 赛为重要抓手，推动老百姓讲身边好故事的活动蔚然成风。成都市还成立了纸鸢书院宣传文化交流平台，通过面向大学生打造以读书分享会为主体品牌，广泛建立学生思想工作站，积极支持各类学生社团活动，旨在高校开展围绕中心工作、爱国主义、中华优秀传统文化等教育，不断探索和拓展高校为主的宣传思想文化阵地，壮大高校主流思想舆论。全市中小学校举行“感恩、珍惜、回报”为主题的班会活动，通过剪纸、绘画、国学吟诵等丰富多彩的特色课堂将核心价值观具体化、生动化，让孩子们能更深层次地理解体会。

同时，积极开展先进典型主题宣传活动，在运用大众媒体和公益广告立体化传播的同时，坚持对象化、互动化和参与性，在村（社区）、学校、医院、街道等群众身边广泛设置“善行义举”榜，开展“成都榜样”事迹展览和巡讲巡演。成都市还下发《在全市范围内选树先进典型工作方案》，在基层党组织、党政机关、市属国有企业、科教文卫系统、公检法司系统、税务系统、群团组织等选树先进典型，弘扬新风正气、树立实践导向，推动形成崇德向善、见贤思齐、德行天下的浓厚氛围。①

三、传统文化在成都文创产业发展中的开发经验及未来趋势

（一）传统文化在成都文创发展中的开发经验

近些年来，成都发展文创产业积累了较为丰富的经验，尤其是在传统文化的创新开发方面，成都实施了一系列举措。对于成都的城市建设和发展是一笔宝贵财富，有助于实现全国重要文创中心功能。

① 杜文婷. 春风化雨润物无声 小载体里有大能量[N]. 成都日报，2017－04－21.

1.加快政策体系建设

政府宏观政策的引导作用在推进文创产业发展中起到了举足轻重的作用。成都市从战略高度上高度重视文化创意产业发展，在认真调研的基础上，确立并提出加快成都文化创意产业发展目标和工作计划，尽快完善支持文化创意产业、品牌、企业发展的政策法规体系。2014 年，成都市政府印发了《成都市文化创意和设计服务与相关产业融合发展行动计划（2014—2020 年）》，促进文化创意和设计服务与相关产业深度融合创新发展，推动城市空间、产业、建设、管理和生态转型升级，打造西部经济核心增长极，建设现代化国际化大都市。成都市文化体制改革和文化产业发展领导小组办公室为切实做好 2015 年文化产业发展专项资金资助项目的征集和申报工作，根据《成都市市级文化专项资金使用管理暂行办法》（成财教〔2007〕100 号）的要求，建立成都市文化产业发展专项资金资助项目库。为全面客观反映成都文化创意产业发展现状，发展成都文化创意产业提供决策依据，成都市政府研究决定，自 2016 年起开展文化创意产业统计工作，并印发了《成都市文化创意产业统计方案》。

2017 年，市委宣传部、市文广新局联合下发了《关于贯彻落实〈成都市文化产业发展“十三五”规划〉的通知》。《成都市文化产业发展“十三五”规划》是统领成都市文化产业发展的纲领性文件，明确了未来五年成都市文化产业发展的主要目标、空间布局、重点任务和保障措施，对于成都市做大做强文化产业，提升与国家中心城市建设相适应的软实力、文化产业实力和文化品牌国际影响力，具有十分重要的作用。

2018 年，成都市委、市政府正式印发了《建设西部文创中心行动计划（2017—2022 年）》和《成都市促进西部文创中心建设若干政策》。《建设西部文创中心行动计划》提出今后 5 年的发展目标。按照“一年全面启动、三年跨越发展、五年基本建成”的总体要求，通过 5 年努力，推动成都文化事业和文创产业发展水平进入全国第一方阵，形成人文魅力享誉世界、文化人才充分汇聚、文创产业实力突出、精品力作不断涌现、创新创造活力强劲的发展新格局，全面实现全国重要的文创中心功能，扩大世界文化名城影响力。

2.构建现代文创产业体系

成都市委第十二届七次会议强调，要传承和繁荣城市文化，增强文化自信，加快建设世界文化名城。成都发展文创产业拥有先天有利条件，同时面临着机遇和挑战。成都未来文化产业发展将以建设国家中心城市目标为指引，全力构建现代文创产业体系，全面提升城市文化影响力和文化产业竞争力，为西部文创中心和世界文化名城建设提供产业支撑。

成都发展文化产业注重加快供给侧结构性改革，以“互联网+”“文化+”为依托，促进文化产业与其他产业融合发展，实现文化产业整体实力大幅提升，文化品牌效应显著增加，对其他相关行业的拉动作用明显加大，文化产品和市场的辐射作用更加有力，巩固和增强文化产业在成都市国民经济中的新兴支柱产业地位，全力以赴加快推进西部文创中心和世界文化名城建设。

构筑特色鲜明、竞争力强的现代文创产业体系，成都有深厚的根基和现实条件。依托传统文化资源，打造了国际非遗节、诗圣文化节等城市文化品牌。中国(成都)国际非物质文化遗产节，迄今已连续成功举办了五届，它的成功举办不仅加快了成都的国际化进程，也推动了中国乃至世界非遗的保护与发展，成都当之无愧地成为“世界非遗之都”。草堂诗圣文化节源远流长，“人日游草堂”是成都人特有的一种民俗活动，从 2010 年开始，将该活动扩展为诗圣文化节，成为成都春节期间海内外游客参与最广泛的节庆民俗文化品牌之一。今后，国际非遗节、诗圣文化节等城市文化品牌将进一步做强做大，进一步激活城市对外文化交流潜力，扩大国际影响力，成为助推我市建设世界文明交融和多元文化交流中心的有效载体。

近年来成都市文化产业保持着高速发展态势，文化产业增加值增速超过全市经济整体增速，文化产业初步进入国民经济新兴支柱产业行列，已基本形成以园区化、楼宇化为载体，以重大产业项目为带动，以骨干企业为支撑，影视传媒、文博旅游、创意设计、演艺娱乐、文学与艺术品原创、动漫游戏和出版发行等行业加快发展的文化产业新格局。大力发展文创产业和音乐产业，以音乐传媒、文博旅游、动漫游戏等为重点，构建特色鲜明、竞争力强的现代文创产业体系，有着独特的优势和广阔的前景。①

3. 完善人才支撑体系

第一，着眼于服务成都文创产业发展的需要。树立人才是第一资源理念，围战略主动谋划人才战略，加强人才工作顶层设计、强化人才供需对接、加快人才结构调整，促进人才规模、结构和质量与经济社会发展相适应、相协调，为全

① 陈蕙茹. 全面构建现代文创体系[N]. 成都日报，2016－09－30.

面建成小康社会提供坚强人才支撑。第二,着眼于增强国际国内竞争力的需要。人才的竞争是一种制度竞争、政策竞争,必须着眼于未来发展构建在全国具有竞争力的人才制度优势。第三,着眼于解决人才发展难题的需要。近年来,成都市委、市政府高度重视人才工作,全市人才开发整体格局基本形成。坚持改革创新,实施更开放的政策、搭建更宽广的平台、采取更有力的措施,实现人才工作重点突破和人才队伍协调发展。第四,充分发挥市级文化产业发展专项资金引领作用,引进文化产业高端人才,培育文化产业领军人才。第五,深化产学研合作,鼓励高等院校、科研机构与文化企业、园区等加强对接、合作,培养文化创意人才。第六,完善、健全引进海内外高层次文化创意人才的配套政策和工作体系,不断优化文化创意人才引进机制。第七,加强各类文化创意专业培训机构建设,鼓励文化创意企业完善内部培训体制,不断深化社会化培训机制。第八,建设"文化创意产业专家信息库"和行业人才信息库,促进文化创意人才的有序流动。

(二)传统文化在成都文创产业发展中的未来趋势

1.围绕"一个目标,九大重点"发展

《成都市文化产业发展"十三五"规划》提出成都"十三五"时期文化产业发展目标为全面提升城市文化影响力和文化产业竞争力,建设西部文创中心,构建现代文创产业体系。"十三五"时期文化产业重点发展九大产业,包括信息产业、传媒产业、会展产业、创意设计产业、音乐产业、艺术品原创及演艺产业、非物质文化遗产生产性保护、广告产业、文化设备用品及服务产业。

成都的传统文化是其发展文创产业的坚实基础,围绕"一个目标,九大重点",对成都传统文化进行挖掘和创新,是传统文化发展好、传承好的必经之路,也是成都文创产业未来发展的正确方向。

在信息产业领域,着力打造信息服务与传统文化融合,重点发展网络游戏、动漫动画、电子竞技三个行业。丰富和完善网络游戏产业链,鼓励研发体现成都文化特色、具有自主知识产权的网络游戏,支持原创民族网络游戏产品出口,引进网络游戏领军企业和人才,使成都成为中国网络游戏资源的集聚地。鼓励创作、制作和开发优秀动漫动画作品及其相关软硬件,并加快成果转化,增强全市动漫产业的核心竞争力。推进动漫动画衍生产品的研发和生产,打造动漫动画节会品牌，完善、拓展动漫动画产业链。整合电子竞技数字文化产业链各级资源，推动以“电竞+”为核心的电竞产业链模式，将成都建设成为具有国际影响力的国际电竞之都和中国电竞第一城。到2020年，完成“一中心、六大核心功能区”建设，电子竞技收入达50亿元，电竞产业产值突破260亿元。

在传媒产业领域，重点推动广播影视、新闻媒体、数字出版行业的改革、创新、发展。全面深化广电文化体制改革，推进电视播出高清化和“三网融合”，加强行业领域内新技术的应用研发，拓展跨区域数字内容产业空间，构建虚拟消费市场格局。鼓励各种所有制主体进入广播影视行业，打造电影“川军”品牌。以成都传媒集团为“龙头”，推进传统媒体全方位改革和创新，推进传统媒体与新兴媒体深度融合，传媒业与高新科技深度融合，传媒业与文化地产、音乐、旅游、体育等关联产业融合发展，构建以传媒为核心的全产业链传播体系。促进传统出版企业向数字出版转型，促进民营数字出版企业做大做强。重点支持研发数字出版原创内容产品，推动建立大型数字出版数据库，建立完整的电子书产业链。建设数字出版发行平台，打造中国西部文化产业园（中国西部文化城项目）数字出版基地。

在会展产业领域，鼓励申办知名国际会展活动，争取更多项目落户成都，重点提升成都在专业会议、展览会与博览会、大型节事赛事活动等领域的服务水平和服务能级，推进成都会展业向国际化、专业化、品牌化、信息化发展。统筹区（市）县内会展资源，努力形成全市布局合理、各区（市）县优势互补、错位发展的格局，培育一批成都品牌会展项目。到2020年，把成都建设成为全国名列前茅的国际会展中心城市之一。

在创意设计产业领域，重点推进工业设计、城市规划及建筑设计行业的发展。综合利用工业设计、品牌策划、营销推广等文化创意手段，加快将传统文化元素融入制造业研发、设计等价值链高端环节，提升制造业的文化附加值，加快高端装备制造业产品的外观、结构和功能设计，实现“成都制造”向“成都创造”转变。鼓励大型企业集团建立工业设计中心，促进专业设计企业发展壮大。重点发展房屋建设工程设计和道路、隧道、桥梁等工程设计，注重绿化、居民小区、现代商业街区、商业中心、市政工程规划设计等重点领域，融特色文化创意、特色文化符号于建筑设计之中，凸显成都独具魅力的城市文化形象，赋予传统文化新活力。

在音乐产业领域，重点发展原创音乐、数字音乐、音乐演出、音乐产品交易等业态，推动音乐与旅游、体育、动漫游戏、影视等产业融合发展，一方面大力引进全球和国内的领军音乐企业、音乐工作室、重点项目等落户成都，另一方面大力培育本土音乐人才、音乐创客，建设音乐产业领军城市和中国音乐之都。全力发展本土音乐创作生产、数字音乐制作传播、音乐演艺、音乐游乐活动、音乐教育等，探索建立渗透全音乐产业链的版权保护、评估、质押、投融资、孵化和交易机制，发展音乐版权交易。着力发展乐器和音乐设施设备专业市场，支持川派古琴生产。支持开发衍生品，促进音乐与旅游、体育、动漫游戏、影视等融合发展。

在艺术品原创及演艺产业领域，充分发挥国有和民营各类市场主体的推动力，重点鼓励和支持原创作品，引导和激励在蓉作家以及外地作家创作具有巴蜀文化特色的文学艺术作品，打造优秀文艺作品的重要原创基地。加大对市级重点院团的扶持力度，鼓励各类国有、民营文艺院团或企业开发有成都特色的舞台艺术原创作品，争取形成一批具有“市场效益、长演不衰”的原创剧目，培养和造就一批具有四川文化特色的表演艺术“领军人物”，振兴川剧。

在非物质文化遗产生产性保护方面，推动对非物质文化遗产的合理利用和产业化发展，打造国际非遗产品贸易集散中心。办好中国（成都）国际非物质文化遗产节，组织、支持和鼓励非遗代表性传承人和企业走出去。实施非遗产品创意创新孵化工程，培育非遗创意产业集聚区，孵化一批非遗产业重点项目、培育非遗龙头骨干企业。培育壮大艺术品拍卖机构和文化产权创新交易平台，开展国际文化交流和国际贸易。

在广告产业领域，加快广告行业的结构调整升级，构筑以强势媒体集团、高水平高效益广告公司为主力的行业中坚，打造一批具有全国影响力的新媒体广告企业。拓展培育基于移动通信、数字视频、互联网的新型广告发布媒介，拓宽广告企业融资渠道。推进国家级广告产业园区和行业信用管理体系建设，将成都建设成为西部地区的广告创意设计中心、广告延伸服务中心、广告科技创新高地和广告企业总部基地。

在文化设备用品及服务产业领域，加强产业结构调整，瞄准产业高端，促进印刷专用设备、广播电视电影专用设备以及其他文化专用设备的制造。大力发展文化领域的生产性服务业，加强知识产权的版权服务、印刷复制服务、文化经纪代理服务、文化贸易代理与拍卖服务、文化出租服务。[①]

---

① 成都文广新宣传处. 成都市文化产业发展“十三五”规划解读，2017－05－17.

2.聚焦传统文化传播模式创新

2017年1月25日,中共中央办公厅、国务院办公厅印发了《关于实施中华优秀传统文化传承发展工程的意见》,意见提出到2025年,中华优秀传统文化传承发展体系基本形成。传统文化在传播形式上要重视与其他文化创意行业的结合,增加传统文化的娱乐性和吸引力。

2017年大热的综艺节目《中华诗词大会》《中国成语大会》等节目,蕴含着中国传统文化精髓,在获得高收视率的同时,也有效地激发了大众对诗词的兴趣,可谓获得了市场口碑与传统文化传播的双赢。近来以传统文化为底蕴的节目、影视剧"走红"的案例还有不少。如纪录片《我在故宫修文物》受到热捧,又掀起一股历史正剧热,彰显传统文化的影视作品蹿红,再次说明传统文化本身并不缺乏群众基础,关键还是在于表现形式上,能否"与时俱进"。传播技术的迭代和流行文化的强势普及,一方面,令传统文化的发展受到一定冲击,但另一方面,也为传统文化的创意表现提供了更多的机遇和载体,在文化产业异常繁荣的时代,更需传统文化的滋养。

成都传统文化资源丰富,但在传播形式上存在困境,创新传统文化的传播形式,将之与流行文化元素和新技术相嫁接,就成为当下发展、弘扬和传播传统文化的一个重要突破口。传统文化在过去主要表现为文字、图片的传播方式,在当下的影像传播时代,若依然只限于过往的传播路径,就难免陷入"好酒还怕巷子深"的尴尬。这方面既需要传统文化人才的坚守,也需要一大批具有创意和眼光的文艺创作者,能够真正潜心从优秀传统文化的宝库中挖掘具有市场影响力的文化资源。

适应新的传播规律和市场规律来助推传统文化的发展,其实也是对传统文化时代内核和边界的扩充。要以开放和包容的态度对待成都的传统文化。比如,四川传统的节日与商业结合,只要把握好平衡,事实上也为节庆文化找到了一种新的表现形式和生命力。当然,传统文化的创意传播,也不必拘泥于常规意义上的艺术创作。在成都各个地铁站设计、嵌入了具有地域特色的传统文化绘画、雕刻等元素,既赋予了现代化地铁以"复古风",也有效展示了传统文化,就是典型代表。

根据成都传统文化改编的电影和动漫作品、具有中国风风格的流行音乐、植入传统中国画元素的时尚衍生品,由综艺节目到电影动漫再到网络游戏等等,这些以传统文化为底蕴的创意产品,其实已经共同形成了对传统文化"创造性转化”和“创新性发展”的传播矩阵，也必将激励更多的创作者到传统文化中开辟新的诠释方式。[①]

3. 以“非遗”保护与传承为主要内容

成都“非遗”形式多样，内容丰富，是天府文化的重要组成。成都绚丽多姿的文化宝藏凝聚并延续着人类丰富多彩的智慧情感和价值观念，既是优秀传统文化的生动载体，也是文化多样性和创造力的生动体现。成都是举办国际“非遗”节的绝佳城市，作为联合国教科文组织创意城市、美食之都，生动展示了非遗对促进社会繁荣和可持续发展的重要作用。

国际非物质文化遗产节落地四川、定点成都，对促进非遗保护，增进国际人文交流合作，展示巴蜀文化魅力，发挥了重要作用。截至2017年，成都国际非物质文化遗产节已举办六届，成都还将继续以高水平举办好国际非遗大展、非遗传播推广等活动，使非遗保护成为传承发展的生动实践，使非遗节成为推动四川走向世界的重要桥梁。

2017年6月10日，第六届中国成都国际非物质文化遗产节在成都非遗博览园拉开帷幕，中国首个“文化和自然遗产日”主场活动同步启动。本届非遗节以“传承发展的生动实践”为主题，以“世界风、中国节、中国戏、中国艺”为主线，举办国际非遗系列大展、国际会议和国际论坛、非遗竞技、中国传统表演艺术进社区等一系列活动。

2017年，成都文化传承动作频频，基本形成优秀传统文化传承体系，四川历史名人的研究取得丰硕成果，优秀传统文化实现创造性转化和创新性发展，四川历史名人文化传承创新工程启动，古蜀文明早期遗址调查——穿越龙门山脉考古行动在茂县启动，全国三国文化遗存保护利用座谈会在成都举行等等……目前，纳入《关于传承发展中华优秀传统文化的实施意见》的17个主要项目中，绝大部分已启动。其中，振兴川剧通过“川剧进校园”等方式，逐渐培养出一批热爱传统戏曲的年轻人；通过在成都举办国际非遗节、羌族文化生态保护区建设，增进了公众对非遗的了解，抢救性保护了古老的羌族文化；古籍普查工作加快推进，已完成近50家古籍收藏单位的普查工作。[②]

---

① 任然. 传统文化需要创新传播模式[N]. 光明日报，2017－03－21.

② 吴晓玲.“十三五”期间基本形成优秀传统文化传承体系 我省文化传承与创新脉络清晰[N]. 四川日报，2017－10－10.

四、结语

我国的文化产业正在进入民族化进程，应当承载起中国的文化自信和文化定力，展现“中国风格、中国气派、中国精神”，这是我国文化产业今后发展的决定因素。成都未来发展文化产业，应当注重以传统文化资源为基础，从自身的历史文化传统中寻找资源，以重大文创项目、文创产业园区为抓手，促进产业融合。突显中国文化产业的民族基因、树立中国文化的精神标识、努力实现中国文化产业的民族化，扩大中国文化的国际影响力。

成都作为国家首批文化消费试点城市，文化产业飞速发展，居民文化消费需求日益旺盛，尤其在音乐产业、网络游戏与电竞产业等方向上的发展，已经走在全国前列。在未来五年，成都以打造文创“航空母舰”为口号，重点发展传媒影视业、创意设计业、现代时尚业、音乐艺术业、文体旅游业、信息服务业、会展广告业、教育咨询业八大产业。着力打造全国传媒重镇、互联网影视产业重镇和中国网络视听内容生产交易中心；绿色环保设计之城、国际创意设计高地；国际时尚之都；国际音乐之都、世界非遗之都、中国艺术品交易中心；世界旅游名城、赛事名城、国际美食之都、中国博物馆之都、中国书香第一城；中国动漫名城、中国软件名城、世界软件产业重要制造基地；国际会展之都；中国书香第一城、西部文创人才高地。

成都要努力学习国际上文化遗产保护传承的先进经验，强化非遗保护工作，大力推动优秀传统文化的传承发展，让优秀历史文化成为建设美丽繁荣和谐成都的丰厚滋养，共同打造国际化、高品质的文化交流合作平台，共同促进国际文化深度融合发展。城市发展的最终目的是为人服务，城市建设离不开人才资源。成都拥有丰富的人才资源，要通过人的力量带动城市文创产业发展，不停地积累城市发展动力，最终实现将成都建设成为西部文创中心的目标，把成都建设成充满创造力和富有创新意识的城市。

（孙天垚，北京市科学技术情报研究所，助理研究员）

第十四章
贵阳:传统文化与新兴科技的融合创新发展

一、2017 年贵阳市文化产业发展概况及分析
二、2017 年贵阳市传统文化与创意城市发展的融合创新
三、传统文化在贵阳市文化产业发展中的具体体现
四、传统文化在贵阳市文化产业发展中的经验分析及未来展望

2017年是实施“十三五”规划的重要一年，是供给侧结构性改革的深化之年。贵州省2017年全省地区生产总值为13540.83亿元，比上年增长10.2%，增速高于全国水平3.3个百分点。自2011年以来，贵州省地区生产总值增速已连续7年，位居全国前三位[①]，达到了“稳中有进，转型加快，质量提升，民生改善”的可喜成就。据贵阳市统计局数据显示，2017年贵阳市实现地区生产总值3537.96亿元，同比增长11.3%，位居全省第一位[②]。在地区生产总值取得重大成绩的同时，传统文化行业与大数据产业的融合发展给贵阳市带来了巨大的发展机遇，成为引领贵阳市经济社会发展的强大引擎和推动贵阳市文化产业发展的一张靓丽名片。

一、2017年贵阳市文化产业发展概况及分析

2016年，贵阳市实现文化产业增加值114.27亿元，同比增长13.27%，占全市GDP的3.62%，占全省文化产业增加值的1/3[③]。2017年，贵州省紧紧围绕省委省政府建设多彩贵州民族特色文化强省的战略要求，深度挖掘贵州各地特色文化资源，重点推进文化工程建设与实施，着力打造贵州民族特色文化品牌，深化文化产业供给侧结构性改革，全省文化及相关产业保持平稳较快发展。据相关数据显示，贵州规模以上文化及相关产业实现营业收入390.86亿元，比上年增长15.7%(名义增长，未扣除价格因素)，增幅巨大，增效明显；其中贵阳

① 孙远桃．2017年贵州省GDP增长10.2%，增速连续7年保持全国前三[EB/OL]．人民网．http://gz.people.com.cn/n2/2018/0120/c194827－31164211.html，2018－01－20.

② 贵阳市2017年经济运行情况分析[EB/OL]．贵阳市统计局官网．http://tjj.gygov.gov.cn/c8025/20180211/i1469385.html，2018－02－11.

③ 刘辉，汤欣健．贵阳：奋力创建国家公共文化服务体系示范区[N]．贵阳日报，2017－10－07.

市实现文化及相关产业营业收入 180.34 亿元，增长 8.8%[①]；按照 2016 年的文化产业增长速度，预计 2017 年贵阳市文化产业增加值将达到 130 亿元。

（一）旅游业持续发展，影视票房创新高

在贵阳市各部门的通力协调和合理规划建设下，贵阳市各文化行业取得蓬勃发展，文化市场持续健康稳步发展。尤其是旅游收入和票房收入，都创新高。

2017 年，在贵州省旅游发展委员会的大力指导下，贵阳市紧紧围绕“将贵阳建设成为主题形象鲜明、旅游产品特色突出、旅游基础设施完善、旅游服务质量优良的世界旅游名城、全国山地旅游目的地、西南地区和全省旅游集散中心”的总体目标，依托独特的气候条件、生态优势及西南地区陆路交通枢纽区位，坚守生态和发展两条底线，大力实施全域旅游发展战略，深入推进旅游业供给侧结构性改革，旅游业实现持续井喷增长。2017 年，全年接待国内外旅游者 14877.54 万人次、同比增长 34.13%，实现旅游总收入 1871.95 亿元、同比增长 34.72%，接待外省游客 7290.14 万人次、同比增长 27.03%，接待入境游客 40.95 万人次、同比增长 30.49%。贵阳已连续三年荣获全国“最佳避暑旅游城市”殊荣，上榜全球避暑名城榜单第十位，荣获“最佳生态旅游目的地”等称号，“爽爽的贵阳”城市品牌得到广泛认可[②]。

2017 年，在全国电影票房取得巨大进步的同时，贵阳票房成绩也甚喜人。据统计，2017 年中国内地电影票房达到 559 亿元，刷新了 2016 年 457 亿元的记录，再创历史新高，同比增长 22.32%；另根据猫眼专业数据分析，2017 年贵阳市全年总票房为 3.18543 亿元，同比增长 11.84%。其中票房排名第一的影片为《战狼 2》，达到了 3614.8 万元。相比 2016 年贵阳市场全年 2.84815 亿元的电影总票房，2017 年贵阳影迷的观影热情呈现一个持续增长的状态，全年观众达到了 904.4 万人次。其中在本地票房排名前五的影片分别为：《战狼 2》（3614.8 万元）、《速度与激情 8》（1795.7 万元）、《羞羞的铁拳》（1324.4 万元）、《变形金刚 5：最后的骑士》（933.4 万元）、《西游伏妖篇》（910.3 万元）。与全国

① 赵兴智. 贵州省文化产业发展：2017 营业收入增长 15.7%[EB/OL]. 多彩贵州网. http://www.gog.cn/zonghe/system/2018/02/20/016423025.shtml，2018－02－20.

② 唐增德. 贵阳市 2017 年旅游工作总结及 2018 年工作安排[EB/OL]. 贵阳市旅游产业发展委员会官方网站. http://www.gytour.cn/news/article? cid=60&id=3915，2018－02－08.

数据不同的是，在全国票房排列第四的《功夫瑜伽》并没有挤进贵阳观众最喜爱的前五部影片名单中，而是以 843.3 万元的票房，排名第 7，排名第 6 的是《摔跤吧！爸爸》(846.4 万元)①。

(二)推进文化保护工程，落实文化遗产保护

文化是实现文化产业发展的基础，加强文化资源保护是文化产业发展的根本保障。贵阳市 2017 年做出了一系列文化保护工程，为传统文化的保护传承和文化产业的创新发展提供了有力保障。

1. 做好文物安保及修缮工作

2017 年贵阳市各相关部门认真落实文物安全责任制，积极开展文物安全大排查、文物安全监督管理、文物犯罪打击以及文物消防演练等专项活动，查出、制止法人文物违法行为 3 起，2017 年全年未发生文物安全事故；积极开展了甲秀楼、阳明祠安防工程，开展甲秀楼一期修缮工程；完成了马头寨传统村落文物本体修缮工程；启动阳明祠整体维护及环境整治工作，编制完成阳明祠修缮方案；完成《新华日报》分销处修缮工程；完成阳明祠防雷工程；完成阳明祠消防工程；持续推进刘氏支祠修缮工程；完成《新华日报》贵阳分销处修缮工程；编制完成《新华日报》贵阳分销处复原陈列形式设计方案；达德学校旧址考古发掘工作基本完成；编制完成李端棻墓地修缮设计方案。

2. 做好非物质文化遗产(以下简称“非遗”)保护传承工作

2017 年，贵阳市加强对非遗展示场所和文化传习设施建设，积极指导和协助全市民众举办各项民俗活动，为文化传承人展示展演特色文化提供了广阔的舞台。一是支持花溪区建设高坡乡非遗传习基地，支持乌当区实施“石头寨苗族文化礼堂暨石头寨苗族文化展示中心”整体提升改造工程，支持清镇市扩建“四印苗盛装制作”传习所，支持开阳县对地戏活动场所进行保护修缮。二是大力培养非遗保护人才队伍。围绕非遗基础工作和近年非遗重点工作，以各区县非遗工作者为主体，举办了非遗保护管理培训班；以市级非遗传承人为主体，以提高非遗传承人的传承能力和水平为重点，举办了非遗传承人保护培训班。三

① 张娴，刘小钰. 动作片喜剧片，贵阳人最喜爱[EB/OL]. 贵州都市报数字报. http://dsb.gzdsw.com/html/2018-01/21/content_260804.htm，2018-01-21.

是启动“非遗进校园”活动，按照“试点先行，分布推进”的原则，在全市范围内选取北京师范大学贵阳附属小学、枫丹白露小学、下坝中学等8所学校为试点，一方面在学校开设专门课程，邀请传承人进行授课，教授学生蜡染、剪纸、泥塑、猴鼓舞、瓜灯等技艺，和学生进行互动实践，促进教学模式的创新和发展。

3. 做好文化遗产普查、宣传及文物保护扶持工作

针对全市民办博物馆发展普遍存在的问题，借鉴外地的优秀成熟做法，特出台了《贵阳市促进民办博物馆发展实施办法(暂行)》及《贵阳市民办博物馆扶持资金管理办法(试行)》，制定了资金扶持、税收优惠、用地用房保障、登记注册、人才引进、社会宣传等一系列扶持措施。贵阳市在2017年集中开展了苗族跳场(乌当区)、苗绣等非遗项目深度调查工作，收集整理了一批音、视、图、文资料，登记了一批新发现的非遗资源；组织乌当区花棍舞传承人(20人)、开阳县傩戏传承人(20人)参加2017多彩贵州文化艺术节非遗优秀节目汇演，反响良好；指导息烽县代表全市参加全省2017多彩贵州文化艺术节非遗周末聚展示，得到社会一致好评；在市委宣传部领导下开展非遗进社区活动，5—10月将各地优秀非遗项目引进了大山洞社区、金华园社区等8个社区。贵阳市继续支持省级非遗生产性保护示范基地开展生产性保护工作，2个非遗生产性保护示范基地收益稳定。

截至2017年，全市有文物保护单位307处，其中国家级5处、省级33处、市级124处、县级145处。有各类国有专题纪念馆、陈列馆5座，各级文物爱国主义教育基地11处。青岩古镇被国务院公布为中国历史文化名镇、开阳马头寨获中国历史文化名村称号，清镇市卫城镇列为省级历史文化名镇，花溪区石板镇镇山村、花溪区马铃乡凯伦村、乌当区新堡乡王岗村列为省级历史文化名村。全市有国家级非遗名录项目2个，代表性传承人1名；省级名录项目45个，代表性传承人14名。[①]

(三)深化文化体制改革，激发文化市场活力

深化文化体制改革对于加强区域文化管理、优化文化环境、规范文化主体、

① 贵阳市“十三五”文化事业发展规划[EB/OL]. 贵阳市文化新闻出版广电局官网. http://whj.gygov.gov.cn/html/2017-03/2222.html，2017-03-20.

维护文化秩序、繁荣文化市场具有重要的推动作用。2017 年,贵阳市立足于文化建设,积极推动文化体制建设与改革,大大提升了贵阳市文化市场活力。

2017 年,贵阳市共新增权力事项 35 大项、106 个小项,新增行政强制 1 项,修改权利事项 33 个大项、81 个小项,取消权利事项 6 个大项、23 个小项[①];完成政府规章和规范性文件的清理,对《贵阳市互联网上网服务营业场所管理办法》《贵阳市文化市场行政处罚委托暂行规定》《贵阳市红色文化遗址保护管理办法》和规范性文件的全面清理,并提出了保留、修改和废止的建议;坚持以推进文化供给侧结构性改革为主线,用微改革的方式推进文化体制机制创新,拟定并实施《贵阳市文化新闻出版广电局 2017 年深化文化体制改革工作实施方案》,设计改革项目 32 个;围绕打造公平共享的创新型中心城市,制定了《推动文化创新发展,助推公平共享创新型中心城市建设行动计划》(2017—2019 年),实施公平共享文化环境建设行动、公共文化服务体系建设共建共享行动等"六大行动",着力打造公平共享文化,实现"文化产业化、产业文化化"目标。

随着国家"大众创业、万众创新"释放的政策红利,以及工商注册制度改革的不断深化,贵阳市市场活力全面激发,全市新增民营文化产业单位和从业人员大幅增加。全市有产业活动单位(法人单位)5670 家,"四上"企业数量 142 家。其中,法人单位 3264 家,个体经营户 2406 家。全市文化产业活动单位共有从业人员 57240 人。其中,法人单位从业人员 46793 人,个体经营户从业人员 10447 人。有省级文化产业示范基地 22 家,占全省基地总数(53 家)的 41.5%。

(四)完善公共文化服务体系,提升文化服务水平

文化是一座城市的灵魂。贵州积极构筑"精神高地",培育和践行社会主义核心价值观,积极倡导"天人合一、知行合一"的贵州人文精神,大力实施多彩贵州民族特色文化强省建设工程,精心打造"山地公园省·多彩贵州风"文化旅游品牌。贵阳市积极响应"多彩贵州民族特色文化强省工程"的战略需求,着力打造阳明文化、生态文化、民族文化、公共文化、时尚文化这五张"文化名片",认真开展丰富多彩的公共文化惠民服务,使贵阳人民共享文化建设成果,不断丰富

① 贵阳市"十三五"文化事业发展规划[EB/OL].贵阳市文化新闻出版广电局官网.http://whj.gygov.gov.cn/html/2017-03/2222.html,2017-03-20.

城市人文内涵，促进城市精神文明建设的繁荣发展。贵阳按照中央的总体部署，落实贵州省委精神，不断提升城市文化软实力、弘扬社会主义核心价值观、推进文化创新发展、全面提高公民道德素质、丰富人民精神文化生活。2017 年蝉联“全国文明城市”和“国家卫生城市”荣誉称号，成功创建国家公共文化服务体系示范区，贵阳孔学堂、阳明洞、阳明祠“三足鼎筑”精神大厦现雏形。贵阳正逐渐成长为一座有文化厚度、有人文温度的城市。

2017 年，贵阳市创新推进国家公共文化服务体系示范区后续建设，编制完成《贵阳市国家公共文化服务体系示范区后续建设规划(2017—2020 年)》，代拟完成《贵阳市新建改建居住区公共文化配套设施建设管理规定(暂行)》，编制完成《贵阳市推进基层综合性文化服务中心建设实施方案》，确定 9 个乡镇、2 个社区和 38 个村(居)作为市县两级试点。

贵阳积极推进县级文化馆图书馆总分馆制建设实施工作，制定《贵阳市县级文化馆图书馆总分馆制试点建设实施方案》，确定乌当区、白云区图书馆、文化馆为贵阳市总分管制试点单位，县区建成上下联通、服务优质、有效覆盖的县级文化馆、图书馆总分馆服务体系。

贵阳加强施惠民工程建设，提升全市公共文化服务水平。开展城市社区文化中心(活动室)建设，建设完成 18 个社区文化中心、28 个社区文化活动室设备配置项目，全市社区文化活动室设备备置进一步完善；截至 2017 年，全市共建成开放图书馆 11 个，文化馆 11 个，乡镇文化站 75 个，社区文化服务中心 94 个，村文化室 912 个，图书馆小站 51 个，全市公共文化机构全部实现免费开放。“爽爽贵阳”品牌建设成效显著，近年来贵阳市获得“全球十大避暑名城”“中国十大休闲之城”等国际级、国家级荣誉称号 20 余项。

(五)文化精品不断涌现，文化工程稳步推进

2017 年，贵阳市加强传统文化创意创造工作，创造出了一系列文化精品和文化项目，对于优秀传统文化的传承和发展具有十分重大的影响。贵阳着力打造系列文艺精品，大大提升了城市人文温度，创作完成小品《城市微光》《生命时刻》、歌曲《山水好人》《心中写着中国》《爱上你我不后悔》、音乐快板《家乡的桥》《有个故事叫小南》、相声《百医图》等 20 部本土文艺作品，努力打造“戏聚星期五”升级版，全年“戏聚星期五”演出 50 场，为京剧艺术增添了生机和活力。以

贵阳市花溪高坡省级非遗《射背牌》为创作题材，打造了大型民族歌舞剧《射背牌》。贵州京剧院代表剧目《铁弓缘》《女杀四门》获国家文化部推荐录制“像音像”工程。贵州京剧院与中天城投集团达成密切合作，倾力打造“方舟戏台”文化新地标，为推动开发具有地域特色和民族风情的旅游演艺精品，打造“一城一品”区域文化品牌做出了巨大贡献。

(六)积极发挥大数据优势，助推文化遗产保护

2017年，贵阳市充分发挥资源库聚集、辐射、带动功能，进一步推动了贵阳市大数据产业发展，加快培育了数字内容新业态，促进了贵阳市民族文化内容和传播方式的创新，推进了文化产业的活态发展。

2017年贵阳市完成文物保护单位管理服务系统和文化设施安全管理系统两大数据平台建设，目前已上线试运行。该项目有效提高了文化管理单位的巡检与监管的力度，通过电子信息化的管理方式代替传统管理模式，信息化建设与服务水平得以提升。贵阳全力推进“数据铁笼”工程建设，积极配合项目承建单位进行系统开发，基本完成“数据铁笼”三大应用十六个子系统的开发；并依托贵阳发展大数据产业优势，贵阳市先后建设了公共文化服务云、公共文化联合会资源管理、文化志愿者信息、公共文化综合数据库等系统，建成数字博物馆，并与全城D-GuiYang免费WiFi有机结合，全面提升了公共文化信息化水平，目前已是贵阳市民生活中科技与文化相融的新亮点①。贵阳积极推进中国民族文化资源库贵阳市非遗项目及传承人数字化保护工作，初步完成23个非遗项目和2个传承人的数字化采集任务，搜集了丰富的音、视、图、文资料；并争取国家文化部资金92万元，用于重点非遗项目保护传承工作；争取省文化厅资金97万元，用于非遗数字化建设、普查和生产性保护工作。

(七)积极开展文化惠农工作，依托文化助推脱贫攻坚

产业带动、就业推动是贫困地区群众脱贫致富的不二法门。贵阳市加强文化产业发展，在很大程度上推进了脱贫攻坚的步伐，实现了人民生活水平的改

① 刘辉.打造公共文化服务建设的“贵阳路径”——贵阳市开展公共文化服务惠民行动走笔[N].贵阳日报，2017-09-05：A08.

善。依据《贵阳市文化新闻出版广电局2017年扶贫攻坚“大比武”行动方案》要求，为更好贯彻习近平总书记扶贫开发战略思想，省第十二次党代会、市第十次党代会和全市大扶贫战略行动推进工作会议精神。贵阳影业集团积极把“文化惠农”工作真正融入“大文化助推大扶贫”战略中，共同开展“电影文化扶贫”活动；贵阳市农村广播电视积极推动“村村通”“户户通”两大项目建设，受益农户286769户，广播电视的入户率进一步提高达到了98%以上；并全力推进多彩贵州“广电云”户户用工程建设取得阶段性成果，累计完成新增用户84414户，完成率为105.26%；光缆累计完成12375.99公里，提前超额完成目标任务，全面做好20个特别困难村多彩贵州“广电云”户户用工作，有力地解决了农村偏远地区广播电视信息化设施薄弱问题，缩小城乡广播电视综合信息服务的差距。

二、2017年贵阳市传统文化与创意城市发展的融合创新

文化是民族的血脉，是人民的精神家园。文化自信是更基本、更深层、更持久的力量。在5000多年文明发展中孕育的中华优秀传统文化，积淀着中华民族最深沉的精神追求，代表着中华民族独特的精神标识，是中华民族生生不息、发展壮大的丰厚滋养，是中国特色社会主义植根的文化沃土，是当代中国发展的突出优势，对延续和发展中华文明、促进人类文明进步，发挥着重要作用。[①] 2017年1月，中共中央办公厅、国务院办公厅印发了《关于实施中华优秀传统文化传承发展工程的意见》，针对实施中华优秀传统文化传承发展工程做了重要部署[②]。2017年3月，由文化部、工业和信息化部、财政部制定的《中国传统工艺振兴计划》，经由国务院同意并向全国发布。《中国传统工艺振兴计划》指出，“振兴传统工艺，有助于传承与发展中华优秀传统文化，涵养文化生态，丰富文化资源，增强文化自信”[③]。

我国国家层面对优秀传统文化的高度重视，使得传统文化在开发与利用中不断以自身优势推动其与当地城市的融合创新，在一定程度上彰显了城市的文化底蕴，提升了城市的文化魅力。同样，传统文化的产业化开发与创意城市的

① 中共中央办公厅，国务院办公厅．关于实施中华优秀传统文化传承发展工程的意见．

② 国务院办公厅．国务院办公厅关于转发文化部等部门《中国传统工艺振兴计划》的通知（国办发〔2017〕25号），2017－03－24．

③ 文化部，工业和信息化部，财政部．中国传统工艺振兴计划．

建设，亦离不开政府的强有力支撑，离不开多样化的宣传平台，离不开现代科技的支持。2017 年，贵阳市在推动传统文化与创意城市发展的融合创新方面，通过产业化的运作方式和多渠道的宣传手段，使得独具特色的传统文化在贵阳市创意城市的建设中发挥了举足轻重的作用，同时也助推了贵州省多彩贵州民族特色文化强省工程，有利于贵州省优秀传统文化走向全国各地、走出国门。尤其是以贵州“五张名片”为代表的“酒、烟、茶、药、食品”，贵阳市政府加大了对相关茶文化、酒文化等的开发力度，使相关传统工艺得到了传承和创新，并助推了相关产业的蓬勃发展。

(一)紧抓文博会机遇推动传统文化走出去

传统文化的传承与保护，得益于文化资源的挖掘与整理以及产业化的运作，将其内涵赋予到文化产品的生产中，方能在真正意义上实现传统文化的现代价值。同时创意城市的建设也离不开一个地区或城市积淀的文化底蕴，离不开精神文化的支撑。2017 年 4 月，贵阳市紧抓文博会机遇，组团参加了中国(宁波)特色文化产业博览会，贵阳市的“贵阳专题馆”位于宁波文博会 2 号馆，共设立了贵州戴啦吧文化网络科技股份有限公司、贵州今彩民族文化研发有限公司、贵阳经济开发区名门闺秀梳业制品厂、多彩贵州茶楼等 6 个特色文化产品展位。各展位所展示的文化产品各不相同：贵州今彩民族文化研发有限公司突出贵州民族民间银饰文创产品的地域特色，而多彩贵州茶楼的“多彩贵州茶”，则以精致的贵州手工茶和创意包装设计为重点。据报道，在为期 4 天的展览活动中，“贵阳专题馆”共接待中外观众 5 万余人次，现场销售总额 10 余万元，签订订单 50 余万元，意向性合作投资总额 300 余万元①，此举不仅向世人展现了贵阳颇为深厚的文化底蕴，同时也推动了富有地方特色、民族特色的文化产品走出贵州，走向世界。借助文博会机遇，贵阳市宣传了自身独具特色的少数民族传统文化，提升了民族文化产品的文化品牌知名度，也在很大程度上推动了贵阳市传统文化传承与创意城市的融合发展建设。

① 2017 中国(宁波)特色文化产业博览会“贵阳专题馆”大放异彩[EB/OL]. 贵阳市文化广播电影电视局官方网站. http://whj.gygov.gov.cn/html/2017－04/2434.html，2017－04－18.

(二)茶文化产业助力创新型城市发展

贵州省茶文化历史悠久,关于茶的传统制作技艺属于贵州优秀传统文化的组成部分,借助丰富的茶文化资源,贵州的茶文化产业也在近年来以突飞猛进的速度发展,不仅表现在茶叶种植面积的扩大,其他方面也亦有体现,如茶楼、茶馆的建设,茶休闲食品、手工艺品的生产等。为了打造创新型中心城市,贵阳市加大茶馆茶楼的建设,以大众品茗为抓手,全面加快茶文化产业建设和发展,并加大茶文化基础设施建设,进行新一批茶馆项目的建设和改造。2015 年至 2017 年上半年,全市新建茶馆项目已达 62 个,改造提升项目 89 个,全部为社会资本投资,累计达 4.5 亿元。① 在贵阳喀斯特公园文化商业街也建立了“贵阳市茶文化研究发展基地”和“多彩贵州茶楼”,其总面积为 2100 余平方米,而开阳县也建设了 3 个“茶旅一体化”基地项目,其总投资达到 1300 余万元。此外,贵阳市将品茗业的品牌定位为“黔茶飘香”,要求全市茶馆茶楼统一悬挂“黔茶飘香”LOGO 标识名牌。目前为止,全市近 130 家大中型茶馆已悬挂了“黔茶飘香”的名牌标识。由此可看出,贵阳市已然将茶文化产业作为推动创新型城市发展的重要产业之一,不仅是因为茶文化产业所带来的经济效益,更为重要的是茶文化自身的文化内涵,能在一定程度上展现贵阳市的文化形象,推动创意城市的建设。

(三)多样化手段促进非遗传承

非遗作为传统文化中的重要组成部分,近年来得到国家的高度重视。非遗的保护与传承,也成为建设和发展创意城市的重要工作。截至 2017 年底,贵阳市共有国家级非遗名录项目 2 个(花溪苗绣和香纸沟皮纸制作技艺),国家级代表性传承人 1 人;有省级非遗名录项目 45 个,代表性传承人 12 人;有市级非遗名录项目 89 个,代表性传承人 56 人;有省级非遗生产性保护示范基地 1 个(乌当区香纸沟土法造纸传习所)。

近年来,贵阳市在非遗工作的保护方面也不断加强。贵阳市政府通过各种措施在不同程度上促进了非遗的传承保护与创新发展,在传统文化的保护与创

① 以打造创新型中心城市为引领,为推进黔茶出山作贡献[EB/OL].贵阳市文化广播电影电视局官方网站.http://whj.gygov.gov.cn/html/2017-06/2686.html,2017-06-08.

意城市的建设工作方面，使非遗的传承与保护成为其工作中的重要部分之一，两者相辅相成，相互促进。一是积极参与落实贵州省举办的各类会议和培训，努力提升自身非遗保护的管理经验和理论知识水平。如由贵州省文化厅、黔东南州人民政府、苏州工艺美术职业技术学院联合发起的“传承·对话·东西部协作贵州传统工艺振兴工作交流会”对话交流会，其目的是为了贯彻落实党的十九大精神和《中国传统工艺振兴计划》，促进我省传统工艺创造性转化和创新性发展。二是为了有效统计和管理非遗名录，利用大数据和网络信息技术，与贵州师范学院合作共同构建贵阳市非遗数据库，并启动了中国民族文化资源库贵阳市非遗项目及传承人数字化保护服务项目。三是开展以非遗为主题的文化艺术活动，在为贵阳市人民提供喜闻乐见的精神食粮的同时，间接推动了非遗的保护与传承。如由贵阳市云岩区主要承办的以非遗文化为主题，结合贵州少数民族特色，展示、传承非遗文化的“黔·视界 2017 非遗文化艺术周”，为公众呈现了一场丰厚的文化盛筵；之后贵阳市云岩区又召开“黔·视界 2017 非遗文化艺术周总结与发展大会”，对“黔·视界 2017 非遗文化艺术周”活动进行总结回顾，对“黔·视界非遗文化艺术周”品牌再升级，并启动部署 2018 年“黔·视界非遗文化艺术周”活动，发布文化产业发展报告，出台相关政策文件，进一步提升了“黔·视界非遗文化艺术周”品牌知名度。

(四)传统文化传承方式不断创新

近年来，随着科技的进步、时代的发展，使得传统文化的传承与保护方式由原来的口头、书本等传统传承方式转变为歌剧、电影、电视等新兴传承方式，以上传承方式的转变，不仅丰富了传统文化的内容，还使得部分面临消失的文化在新兴载体的推动下逐渐走入大众的视野，而贵阳市也紧跟时代潮流，将部分传统文化通过舞台剧、电影等方式呈现给观众，推动传统文化的创新发展。早在 2016 年，大型民族舞剧《射背牌》前期工作就在贵阳市文广局的推动下正式启动。《射背牌》是以贵阳市花溪区高坡乡省级非遗“高坡苗族射背牌”为创作题材，以歌舞的形式立于舞台，其内容囊括了苗族的迁徙、生活习俗等，2017 年 3 至 6 月导演团队到花溪高坡进行采风，并逐步完成音乐制作、舞美、服装、道具的设计、创作、制作以及演员招募等工作,[①]且在第六届贵州省少数民族文艺会演中荣获最高奖项“剧目奖金奖”,并获得“最佳音乐奖”“最佳舞美奖”两个单项奖。此次获奖,加强了贵阳、高坡的宣传力度,在一定程度上弘扬了优秀的民族传统文化。

(五)传统文化进校园活动稳步推进

为落实党的十八大报告“建设优秀传统文化传承体系,弘扬中华优秀传统文化”的重大任务,并贯彻执行《中共中央国务院关于进一步加强和改进未成年人思想道德建设的若干意见》的相关要求,如“要把弘扬和培育民族精神作为思想道德建设极为重要的任务,纳入中小学教育的全过程”的目标。早于2014年,贵阳市教育局就将“传统文化进校园”作为教育改革试点项目,确立了“德立人生,善美贵阳,放飞中国梦”的学生德育主线,把传承中华传统文化精髓与加强未成年人思想道德建设紧密结合,培养学生健全的人格和创新的精神。据悉,首批试点项目由清镇一中牵头,共有贵阳市四十一中、达德学校等20所学校参与。在传统文化进校园活动实施中,贵阳市教育局进行了“传统文化进校园”教师培训;“知行国学社”在全省44所高校开展以“弘扬中华优秀传统文化,培养社会主义核心价值观”为主题的优秀传统文化进校园相声专场巡演活动;贵州省委宣传部、教育厅、文化厅、新闻出版广电局、团省委、文联6部门又于2017年联合开展了“戏曲进校园”活动,旨在提高学生戏曲素养,推动戏曲传承发展[②]。

三、传统文化在贵阳市文化产业发展中的具体体现

传统文化作为博大精深的中国文化中的重要组成部分,在文化产业的发展中有着举足轻重的作用,尤其是随着党的十九大的召开,国家将培养文化自觉和文化自信上升到一定的高度,传统文化也日益受到国家和各级政府的高度重

① 张晨.贵州省第六届少数民族文艺会演落幕,《射背牌》揽三项大奖[N].贵阳日报,2017-12-09.

② 周婷.贵阳启动“戏曲进校园”活动,弘扬传统文化从娃娃抓起[EB/OL].环球网.http://china.huanqiu.com/hot/2017-07/10951277.html,2017-07-07.

视，并通过有效的政策和强有力的手段将优秀的传统文化融入城市文明的建设中，逐步推进传统文化与城市紧密结合，从而促进文化产业的发展。近年来，为了响应国家的号召，贵阳市在对待传统文化的态度上由原来的传承保护已经转换为融合创新，在传承的基础上不断将传统文化进行产业化运作，并挖掘其内在价值和文化内涵，逐渐推动贵阳市文化产业的创新发展。贵阳孔学堂作为一个传播孔学、弘扬国学、传承传统文化的教育基地，是贵阳市传统文化与创意城市融合发展的产物，并逐步成为贵阳市的文化地标。

(一)传统文化与创意城市融合发展下的贵阳孔学堂

贵州省作为文化资源大省，无论是民族文化资源，还是红色文化资源，都对其文化产业的发展提供了丰富的文化素材和文化符号，而传统文化，如夜郎文化、阳明文化等也为贵阳市建设创意城市做出了重要贡献。贵阳孔学堂是依托孔子文化，集学习、研究、教化、传播中华优秀传统文化等功能为一体的文化教育公益性项目，建于2012年9月28日，总投资近4个亿，占地面积为130余亩、总建筑面积约2万平方米，其不仅仅是一座仿古建筑，更是贵阳市的文化地标、文化符号和精神象征。

孔学堂地理位置优越，交通相较于贵州其他地区也极为便利，其位于贵阳花溪国家城市湿地公园中段，背靠大将山，毗邻花溪河，总布局分为两大部分，一是“公众教化区”，其占地130亩，建筑面积2万余平方米，主要包括礼仪广场、大成殿、明伦堂、六艺学宫、乡贤祠、阳明祠、奎文阁、杏坛及高9.28米的孔子行教像等；二是处于建设中的“中华文化研修园”，贵阳孔学堂与国际儒学联合会(ICA)等于2013年10月联手建设“中华文化研修园”(贵阳孔学堂二期)，致力打造保护、传承以及传播中华优秀传统文化的国际复合高端型人才的培养基地，中华优秀传统文化学术研究基地，研究和弘扬中华优秀传统文化的国际学术讨论交流平台。其总体规划为用地面积327亩，总建筑面积10万平方米，包括文化街、研修园、研修社区、草堂、文化园林和相应配套设施。在不断的发展中，贵阳孔学堂已汇聚海内外儒学名家，交流学术成果，诵读传统经典，演习文明礼仪，开辟国学讲堂，兼具典藏与陈列等功能。①

① 汤馥铭．贵阳孔学堂简介[EB/OL]．多彩贵州网．http://www.gykxt.com/system/2014/04/221 013423179.shtm,2014－04－22.

(二)贵阳孔学堂发展的案例分析

1.传承传统文化,开展教育活动

以孔子文化为发展基础的贵阳孔学堂,在传统文化的传承与传播方面可谓不遗余力,借助优秀的传统文化,孔学堂开展了各类教育活动,深受广大市民喜爱,举办地多为"公众教化区",其活动主要分为以下五类:一是举办优秀传统文化讲座,邀请国内外知名学者进行传统文化知识的相关讲授,采取网络、电话报名,以听众自愿、免费参加的方式进行;二是开展传统文化师资培训,孔学堂采用国学课观摩和互动交流等方式,有助于提高教师的国学素养和道德修养,提升自身的教学水平和能力,目前为止贵阳市已有2000多名任课教师参加了相关的教学培训;三是向中小学生普及传统文化知识,让传统文化进入中小学课堂,且每周一到周五下午,六艺学宫会开展相关学生活动,如诵读经典、介绍民族英雄、练习书法、演习礼乐等,现今已有上万学生接受培训;四是"道德讲堂"活动的开展,"道德讲堂总堂"设立于至善厅内,由各区(市、县)轮流承办"道德讲堂"活动,其内容主要是关于忠孝、仁义、诚信、友善等,为规范市民的言行举止起到了重要的示范作用;五是开展礼仪和民俗活动,如春节文化庙会,清明、端午等文化周活动,其内容各具特色。

2.积极寻求合作,促进创新发展

贵阳孔学堂为实现自身的创新性发展,不仅在传统文化的传承和保护上使尽"浑身解数",在与国内外较为知名的孔学文化学府与文化基地间的合作更是从未间断,通过不断的合作交流,汲取了其中优秀的管理经验与丰富的文化养分,为孔学堂今后的发展奠定了较为坚实的基础,促进了其在各方面的创新发展。2015年9月,在孔学堂六艺学宫举行了湖南大学岳麓书院入驻贵阳孔学堂签约仪式。岳麓书院是我国历史悠久的儒学传播重地,积累了深厚的文化、学术资源和广泛的文化影响力,而作为在文化新形势下孕育而生的贵阳孔学堂,具有较大的创造性和发展潜力,在与岳麓书院的合作下,能借助岳麓书院丰富的学术资源和文化影响力来弥补自身的不足之处,双方优势互补,共同推动中华传统文化的"创造性转化和创新性发展"①。

---

① 吴思晶.打开文化传承新篇章,贵阳孔学堂正式携手千年学府岳麓书院[EB/OL].多彩贵州网.http://www.gykxt.com/system/2015/09/24/014556066.shtml,2015-09-24.

3.加强学术研究,传播传统文化

作为传统文化与创意城市融合发展下的产物,贵阳孔学堂旨在弘扬优秀传统文化,为了挖掘传统文化中的深层内涵和文化价值,其在传统文化的学术研究和学术研讨方面不断投入人力、物力、财力,使得更多、更优秀的学术成果能被广大市民所熟知,激发了他们对传统文化的保护和传播,同时一些学术成果中的建议和意见,也在一定程度上推动了贵阳孔学堂的发展。贵阳孔学堂于2016年4月10日正式挂牌成立了“阳明心学与当代社会心态研究院”,致力于从中华优秀传统文化尤其是阳明心学中汲取文化精髓的研究,深入挖掘阳明心学的当代价值和现实价值,寻找当代人心态问题的解决方法,并在广泛征集选题的基础上,设立“贵阳孔学堂阳明心学与当代社会心态研究院课题”,①给予相应的研究经费补贴。此举不仅吸引了广大学者参与其中,使得阳明文化得以传播,还提高了孔学堂的知名度和影响力。

4.充分利用大数据,打造国学图书馆

随着大数据时代的到来,贵州已经开启大数据时代的云上生活大幕,这为贵州省创意城市的发展提供了契机,部分新兴产业的出现主要得益于大数据产业。依托大数据技术,传统文化的传承与保护也有更多路径和方法,在其分类和管理方面也更为便利,有助于传统文化的创新发展。贵阳孔学堂紧抓发展机遇,充分利用大数据和云端技术,旨在打造具有地方鲜明特色的数字国学图书馆。孔学堂在“互联网+数字阅读”的云端平台基础上,实现了实体图书馆的诸多梦想,如读者可通过“云+端”模式,实现“24小时无障碍无边界立体式阅读”。在数字资源建设方面,该馆以大数据技术为依托,并与教育专用网络、国家骨干信息网络等世界一流图书馆合作,聚集了丰富的国学资源,且检索方式也变得多样化,使得著者、类型、主题、年代、题名等多维度查询检索得以实现,具备分面聚类浏览功能;同时以云平台为技术支撑,形成了较为完备的国学数字资源专题资源库,是集检索、咨询服务、知识挖掘与分析、受众分析等多功能为一体的国学智慧云系统②。

---

① 余小雨.2017年贵阳孔学堂阳明心学与当代社会心态研究院课题申报公告[EB/OL].孔学堂官网.http://www.kxtwz.com/system/2017/11/01/016190315.shtml,2017-11-01.

② 孔本馆概况[EB/OL].孔学堂官网.http://www.kxtlib.com/web/information/48,2016-05-07.

5. 集中展现自身优势，引进高端型人才

无论在何种领域，人才都是其核心力量，而高端复合型人才更是各行各业的必争资源。如何在竞争激烈的市场条件下吸纳高层次人才，主要在于公司或集团自身所具备的优势和发展前景，而贵阳孔学堂建设时间虽较短，但作为传统文化与创意城市融合发展下的产物，其具有极大的发展前景和发展潜力。为了引进高层次人才，2017 年 5 月贵阳孔学堂文化传播中心成立高层次人才引进工作领导小组，全权负责本次人才引进工作。[①] 此次人才引进为其拟组建的孔学堂高等研究院提供了丰富的人才资源和专业的研究团队，进一步拓展了孔学堂的学术研究平台，推动中华优秀传统文化的创造性转化和创新性发展，同时也使贵阳传统文化与创意城市建设之间的联系日益紧密。

6. 融入传统元素，提供优质服务

贵阳孔学堂在餐饮及住宿方面，将现代理念与传统文化相结合，为广大市民及外来游客提供了优质的服务，得到一致好评。在餐饮业方面，其以汉文化为主题，在餐厅的设计中融入了古典元素，将典雅的建筑风格与诗书礼乐的儒雅融为一体，并根据儒学文化元素打造具有文化特色的孔府菜肴，根据顾客消费需求的不同，制定不同的消费套餐，为顾客提供全方位的服务，君士阁（儒宴）作为贵阳首家典型儒家文化主题餐厅，将儒学的文化主题与独特的建筑风格相结合，为消费者创造了一个庄重而温馨的文化餐厅；在住宿方面，大成精舍是孔学主题特色酒店的代表，其与贵阳孔学堂、研修园、文化商业步行街合而为一，孔学文化氛围浓厚，在酒店的服务与管理方面，大成精舍力争做到完善管理体系，为广大顾客提供优质的服务，其作为我国最具代表性的孔学主体特色酒店，逐步发展成为贵州特色精品酒店的一张名片。

① 孔学堂高等研究院 2017 年高层次人才引进简章[EB/OL]. 孔学堂官网. http://www.yingjiesheng.com/job-002-599-343.html，2017-05-11.

四、传统文化在贵阳市文化产业发展中的经验分析及未来展望

(一)传统文化在贵阳市文化产业发展中的经验分析

1.政府及相关部门高度重视,进行产业发展规划部署

传统文化的发展离不开当地政府及相关部门的助推,更离不开当地政府科学规划的顶层设计。贵阳市文化产业的发展亦是如此,政府及相关部门在其发展过程中发挥着不可代替的作用。为促进贵阳市文化产业的发展,构建贵阳的优秀传统文化传承体系,贵阳市政府及相关部门作出了重要努力。2017年,贵州省文化厅组织相关部门进行培训,掀起了学习《公共文化服务保障法》高潮,进一步加大学习宣传力度,使得《公共文化服务保障法》得以贯彻落实。贵州省出台了《贵州省十三五文化事业和文化产业发展规划》(以下简称《规划》),《规划》要求深入挖掘贵州省丰富多彩的民族特色文化资源,以"大文化助推大扶贫"为主线,重点实施文化建设"十大工程",打造多彩贵州民族特色文化"十大品牌",培育社会主义核心价值观,弘扬"天人合一、知行合一"的贵州人文精神,推动文化育民、文化励民、文化惠民、文化富民。2017年4月,贵州省文化厅组织学习贯彻落实《中国传统工艺振兴计划》,并结合贵州实际发展情况,提出了今后的工作思路和打算。根据习近平总书记对文物工作的重要指示批示和《国务院关于进一步加强文物工作的指导意见》要求,在省政府的领导下,省文化厅会同省政府办公厅在认真学习解读国家文件、深入各地调研、充分借鉴其他省份经验做法、反复征求各方面意见建议并修改完善基础上,出台了《关于全面加强文物工作的实施意见》。贵阳市全程参与贵州省组织开展的相关学习及培训活动,并结合贵阳市传统文化实际进行了文化产业发展规划部署。贵阳市政府对传统文化的重视,促使贵阳市传统文化资源得到有效合理利用,促使贵阳市文化品牌打造取得明显成效,并带动了文化产业的发展。

2.培育传统文化发展基地,力促传统文化多元发展

贵阳市传统文化资源得到充分利用主要体现在贵阳市培育和建设的与传

统文化相关的各类产业基地，孔学堂、阳明文化产业园、阳明祠3个核心平台是贵阳市政府以阳明文化为核心而建设的产业基地，以“文化设施建设三年大会战”为引领建设孔学堂传统文化传承教化基地、中国阳明文化园、阳明历史文化街区，实现“三足鼎筑”弘扬阳明文化新格局。为紧跟时代脚步，促使传统文化实现多元发展，贵阳市三大产业基地开展了各种各样的活动。如贵阳市孔学堂作为阳明文化的产业基地之一，以传统节日为脉络，开展春节、清明、端午、中秋、重阳等文化民俗活动，主要包括猜灯谜、庙会、文化讲座、峰会以及论坛等多种形式的教育体验活动；除此之外，2017年又开展了第二届国学图书博览会，以“‘一带一路’倡议下中华优秀传统文化走出去”为主题展开国际化、专业化主题研讨，以搭建国学图书国际出版交流合作平台，助推“一带一路”沿线国家文化交流，推动中华优秀传统文化在世界范围内认同认知，扩大了阳明文化的宣传力度[①]。贵阳市不遗余力培育传统文化发展基地，不仅充分展示了多元化的传统文化，更创新了传统文化的发展方式，实现了传统文化的传承与贵阳市文化产业发展的“双赢”。

3.明确产业发展布局，打造传统文化产业链

民族的即是世界的。贵阳是一个文化资源丰富的城市，其文化产业的发展离不开对文化资源的充分挖掘。如民族文化是贵阳市传统文化的一大亮点，近年来贵阳市紧紧抓住产业的发展契机，结合其自身实际情况，制定了《贵阳市“十三五”文化产业发展专项规划》，明确了产业发展的整体布局，并着力于民族文化的内容题材，打造文化精品，目前已经拥有了较为完善的传统民族文化产业链。贵阳市以孔学堂、多彩贵州文化创意园等具有良好基础的园区作为发展文化旅游产业的先锋，以市场需求为导向，以创意设计为手段，将传统文化与现代文化元素相结合，将文化资源优势转变为产业发展优势和文化资本优势，研发设计出具有巨大市场潜力的民族工艺精品，同时在不断开发贵阳市的传统文化资源，逐步完善传统文化产业链。

4.传统文化与大数据产业等相融合，助推文化产业发展

大数据产业和会展业都是贵阳市大力发展的新兴产业，将传统文化与大数据产业、会展业融合创新发展，是促进贵阳市文化产业发展的重要途径。近年

① 2017“书香贵州·阅读盛典”活动成功举办[EB/OL].贵阳市文化新闻出版广电局网站.http://whj.gygov.gov.cn/html/2017-09/3160.html,2017-09-22.

来，贵阳市紧紧抓住发展机遇，大力支持贵阳市会展经济发展，制定了《贵阳市会展业“十三五”发展规划》，围绕打造“中国夏季会展名城”“全国生态会展名城”的战略定位，带动“中国（贵州）国际酒类博览会”“中国大数据产业峰会暨中国电子商务创新发展峰会”等一批具有自主品牌、在国内外享有一定声誉的展会项目稳步成长。如 2016 年中国国际文化传播中心、贵阳市人民政府联合主办的“2016 传统艺术品大数据时代发展研讨会”，大力弘扬了中国传统文化，提升了人民群众的文化素养，并打造了具有全国性、国际竞争力和影响力的艺术品线上线下交易平台，促进“传统艺术品+大数据产业+会展业”融合创新发展。另据不完全统计，仅 2017 年 5 月举办的大数据博览会，参展公司与贵州签署了价值 24 亿美元的合同。[①] 从数据显示来看，目前贵阳市的会展经济已经取得了卓越成就。

5.打造贵阳文化品牌，引领贵州茶文化产业发展

近年来，贵阳市文化新闻出版广电局为促进文化产业的发展，积极把茶文化作为贵阳市的一张名片，出台了相关扶持政策，不断释放政策红利，在注重茶文化基础设施建设的同时，也在积极宣传茶文化并不断形成自己的品牌。2015 年至今，贵阳市就新建茶馆 62 个，改造提升 89 个，累计完成投资 4.5 亿元。目前已进行第一批和第二批星级茶馆评定工作，共有 24 家茶馆获得三星、四星、五星级茶馆荣誉。贵阳市已培育出“方舟戏台茶馆”“熙苑茶馆”两家五星级茶馆，并享受到政府 30 万元至 50 万元的扶持性奖励。[②] 根据数据显示，贵阳市政府对茶文化的发展非常重视，茶文化研究发展也出现良好势头，茶文化品牌的建设推动贵阳市以及全省茶产业与文化产业深度融合发展，在促进经济结构转型、打造贵阳市公平共享创新型中心城市行动中，发挥着积极的重要的助推作用。

6.致力于大文化助推大扶贫行动，促进传统文化发展

文化扶贫是脱贫攻坚的重要组成部分，打赢脱贫攻坚是全面实现小康社会的重要保障。贵州省文化厅出台了《贵州省文化厅文化扶贫行动计划（2017—

① 大数据之根深入贵州沃土，苹果数据中心初长成[EB/OL]. 中国智能制造网. http://www.gkzhan.com/news/detail/102071.html，2017－07－13.

② 以打造创新型中心城市为引领，为推进黔茶出山作贡献[EB/OL]. 贵阳市文化广播电影电视局官方网站. http://whj.gygov.gov.cn/html/2017－06/2686.html，2017－06－08.

2019)》,该《行动计划》从文化育民、文化励民、文化惠民、文化富民等方面量化了目标并落实了相关责任单位。在经过一段时间的努力后,贵阳市在大文化助推大扶贫方面取得了显著成效:一是响应多彩贵州民族特色文化强省建设号召,挖掘、开发、运用贵阳市各类特色文化资源并形成产业;二是努力促进大文化与大扶贫、大数据、大生态战略融合,初步探索了以文化育民、励民、惠民、富民为主要内容的行动框架和实践样本,[①]促进了传统文化的发展。

(二)传统文化在贵阳市文化产业发展中的未来展望

1.继续推动传统文化进校园,助推传统文化真正"活起来"

传统文化是人们随着时间的推移和历史的演变而积淀的物质文化和精神文化的总和,反映出生活的方方面面。贵阳市的主要传统文化包含阳明文化,其体现的是王阳明先生的"天人合一"的思想,是一种具有影响力的人文精神。贵阳市传统文化资源丰富,文化影响力突出,但传统文化资源丰富并不意味着传统文化产业就能得到很好的发展。就目前而言,贵阳市文化产业的发展在全国范围内还处于较为落后的阶段,如何将传统文化的资源优势转变为传统文化产业的资本优势,是未来一段时间内贵阳市应当集中解决的重大课题。传统文化来源于生活、反映生活,最终也将回归于生活。传统文化与国民教育相融合的行动是一个较为可行的举措。因此,贵阳市相关部门应严格学习、实施中共中央办公厅、国务院办公厅印发的《关于实施中华优秀传统文化传承发展工程的意见》,将注重家庭教育、学校教育与社会教育三方相结合,使传统文化走进学生课堂、走进人们生活,加强传统文化基础文化设施的建设(如博物馆、文化馆、图书馆等),全面贯彻落实传统文化贯穿国民教育的做法,使得传统文化真正地"活起来",为未来贵阳市文化产业的发展培育传统文化产品与服务的忠实消费者。

2.整合资源,创建新型传统文化产业形式

整合有效合理的文化资源,为传统文化的发展提供强大动力。贵阳市有着阳明文化、夜郎文化、屯堡文化和土司文化等优秀传统文化,其内容较丰富,只

---

① 乐俊礼,陈雯茜,袁毕家,崔文玉,等.全面统筹推进我省大文化助推大扶贫行动[EB/OL].金沙官网.http://www.gzsoc.com/about/201801/1131.html,2018-01-11.

有充分合理有效地整合贵阳市传统文化资源，并在其基础上将资源优势转化为经济优势，迎合贵阳市产业发展的机遇和市场需求，为市场提供消费者需要的文化产品和服务，才能最终实现贵阳市文化产业的转型升级。如传统文化作为贵阳市的一张名片，相关部门应紧抓市场发展契机，充分了解消费者对贵阳市传统文化的个性需求，为消费者量身定做相关文化精品，尝试构建关于传统文化消费品的“产、供、销”一体化的新型产业链。传统文化形成一条新型的完善的产业链，才能创造出更多更优质的文化产品。同时，贵阳市的传统文化可以借力旅游产业、大数据产业的发展，实现“传统文化+旅游”“传统文化+大数据”“传统文化+会展”“传统文化+茶文化产业”的战略发展模式，不断丰富旅游景区的文化内涵，逐渐加大贵阳市传统文化的传播力和影响力，推动贵阳市相关传统文化与文化产业的融合升级发展。

3.努力促进政产学研一体化发展，培育引进文化创意人才

随着社会各界文化的交融，政产学研成为文化产业发展过程中的一种必然趋势。传统文化的发展是人们共同努力的结果，实现政产学研一体化发展，有利于促进产业的发展并为其提供更多的发展机遇。首先，要获得政府相关部门的支持，出台有关的政策优惠制度，为政产学研一体化发展提供有力保障；其次，要充分发挥龙头企业的带动作用，引领传统文化产业迅速稳步发展；最后，要充分发挥高校的作用，培训大量的文化创意人才。贵阳市文化产业创意人才目前还十分缺乏，而发展文化产业的前提是继承优秀的传统文化，因此应加大地方政府与高校的合作力度，构建多元化的文化产业人才培养体系，鼓励和呼吁更多的人继承优秀传统文化，促进传统文化的交流发展，为贵阳市文化产业的发展培育和输送更多创意人才、管理人才和市场营销人才。

4.充分发挥政府的主导作用，加大对文化产业的支持力度

政府是文化产业发展的主导者、实施者、监督者，其在产业的发展中占据着主导地位。为促进贵阳市文化产业的发展，使传统文化得以更好发展，应充分发挥政府的主导作用，其主导作用主要可从以下几个方面入手：首先，政府要加大投入，为文化产业企业搭建发展平台，即政府在税收和人才吸引等方面加快出台相关政策激励措施，积极推进市场发展，为企业发展创造良好的发展条件；其次，政府要把培育文化创意市场、营造宽松和谐的文化创意发展环境为重点，鼓励非公资本和民营企业进入文化产业的大家庭，活跃市场主体；最后，高度重

视文化创意知识产权的保护，文化产业是以创造力为核心的新兴产业，原创力度大，因此，政府必须高度重视和加大知识产权的保护力度，为文化产业的快速健康发展提供强有力的法制保障。

5. 打造专属贵阳的特色文化品牌，提高国内知名度

传统文化需借助文化产业来实现在现代社会的创新发展，而文化产业则需要以传统文化为基础资源来创造差异性明显的文化创意产品，二者是互相联系又互相补充。传统文化要实现其自身价值，必须经过专业的创意人才挖掘开发，创造出为广大人民所认可、接受并喜爱的优秀创意产品进入市场运作，与市场接轨，形成具有社会效益与经济效益的传统文化品牌。比如贵阳市传统文化资源非常丰富，拥有着内涵丰富的阳明文化，还有神秘的夜郎文化以及土司文化，这些传统文化可以作为手工艺品、旅游纪念品、影视业等现代文化产业发展的文化内容资源，以实现传统文化产业化并逐渐形成贵阳市传统文化品牌，促使贵阳市的传统文化得以更好发展和宣扬，才能提高贵阳市传统文化品牌的国内知名度。

（基金项目：贵州民族大学 2015 年度科研院（所）、基地（中心）重点项目（项目编号：15KYGS005））

（王伟杰，贵州民族大学南方少数民族非物质文化遗产研究基地，副教授；黄仕金、王娜、王明芳，贵州民族大学人文科技学院管理学部）

第十五章

西双版纳：传统资源与文化体制改革助力文化旅游产业升级发展

一、西双版纳州文化产业发展现状
二、西双版纳州文化产业发展中存在的问题与建议西双版纳傣族自治州位于云南的南端，北纬 21°08′～22°36′，东经 99°56′～101°50′，属北回归线以南的热带湿润区。土地面积近 19124.5 平方公里，东北、西北与普洱市接壤，东南与老挝相连，西南与缅甸接壤，国境线长 966.3 公里。“西双版纳”系傣语，“西双”即十二，“版纳”意为一个提供封建赋税的行政单位（直译为“十二千块稻田）”，实际上是指十二个行政区域。西双版纳即为十二个版纳：版纳景洪、版纳勐养、版纳勐龙、版纳勐旺、版纳勐海、版纳勐混、版纳勐阿、版纳勐遮、版纳西定、版纳勐腊、版纳勐捧、版纳易武。西双版纳州辖一市二县（景洪市、勐海县、勐腊县），首府设在景洪市、三区（西双版纳旅游度假区、磨憨经济开发区、景洪工业园区），31 个乡镇和 1 个街道办事处，12 个农场，24 个社区，222 个村委会，2217 个自然村，驻有 6 个中央、省属科研单位。西双版纳的澜沧江纵贯南北，出境后称湄公河，流经缅、老、泰、柬、越 5 国后汇入太平洋，誉称为“东方多瑙河”。因此，西双版纳既是面向东南亚、南亚的重要通道和基地，也是云南对外开放的窗口。

从世界地图上一眼看去，会发现在西双版纳同一纬度上的其他地区几乎都是茫茫一片荒无人烟的沙漠或戈壁，唯有这里的 2 万平方公里的土地像块镶嵌在皇冠上的绿宝石，格外耀眼。在这片富饶的土地上，有占全国种类 1/4 的动物和 1/6 的植物。300 多万亩自然保护区内有 70 万亩是保护完好的大原始森林，森林占全州总面积近 60%，到处青山绿水，郁郁葱葱，以其美丽和富饶闻名遐迩。西双版纳盛产橡胶，是全国第二大胶区、单产量居全国之首，还盛产大米、多种热带水果和砂仁等珍贵药材，是名副其实的“植物王国”“动物王国”“绿色王国”“南药王国”。

数百年前，小乘佛教传入西双版纳，成为傣族全民信仰的宗教。这里佛寺建筑随处可见，几乎每个村寨都有佛寺，有的佛寺旁还建有佛塔。佛寺、佛塔成了傣族群众生活的中心场地，成为他们心目中的圣殿，佛教建筑艺术也成了傣族人民宝贵的文化艺术财富。傣族的历史悠久，在长期的生活中创造了灿烂的文化，尤以傣历、傣文和绚丽多彩的民族民间文学艺术著称于世。早在1000多年前，傣族的先民就在贝叶、绵纸上写下了许多优美动人的神话传说、寓言故事、小说、诗歌等，仅用傣文写的长诗就有550余部。《召树屯与楠木诺娜》《葫芦信》等是其代表作，被改编成电影、戏剧等，深受群众的喜爱。神秘诱人的热带雨林、辉煌灿烂的佛教文化、古老的茶马古道、享誉中外的"泼水节"、风情万种的民族歌舞，这一串串独特鲜明的元素，赋予了西双版纳丰富的文化内涵。如今，西双版纳正依托文化旅游产业走向世界。

近年来，西双版纳州认真学习贯彻党的十八大和十八届三中、四中、五中、六中全会精神和习近平总书记系列重要讲话精神，坚持社会主义先进文化前进方向，深入开展社会主义核心价值体系建设，全面推进文化体制改革，全州公共文化服务事业繁荣昌盛，文化产业快速发展，人民精神文化生活丰富多彩，全民健身和竞技体育取得新成绩，文化建设迈上了新台阶。同时，西双版纳稳步推进文化产业发展，着力探索"文化+旅游+商业"模式的发展路子，将区位优势和富集的自然资源、丰富的民族文化资源转换为产业价值，推进产业集约化、规模化和专业化发展取得显著成效。

2017年文化产业增加值18.3亿元，占全州GDP的比重为5%。文化产业骨干企业逐年增加。到2016年，西双版纳州文化产业联网直报企业（规模以上企业）已发展至30家（文化制造业5家、文化批零业3家、文化服务业22家），其中，景洪市22家，勐海县4家，勐腊县4家。2016年产业增加值18.3亿元中，景洪市15.54亿元，占该市GDB比重8.09%；勐海县1.66亿元占该县GDB比重1.8%；勐腊县1.1亿元占该县GDB比重1.35%[①]。经过梳理，西双版纳2017—2020年建设的旅游文化产业项目共有78项，项目总投资1735.51亿元，2017年度投资计划78.85亿元，占总投资的4.54%。其中招商引资项目6个，总投资8.45亿元，2017年度投资计划0.4亿元；前期项目18个，总投资464.1497亿元，2017年度投资计划11.57亿元；新开工项目14个，总投资441.695亿元，2017年度投资计划28.88亿元；续建项目40个，总投资821.215亿元，2017年度投资计划38亿元。

① 数据来源于西双版纳文产办，全文数据资料如不特别注明都来源于西双版纳文产办。

一、西双版纳州文化产业发展现状

(一)西双版纳州文化旅游业发展现状

西双版纳风景名胜区包括景洪县风景片区、勐海县风景片区、勐腊县风景片区三大块。每一块内又有若干景区,共有19个风景区,800多个景点,总面积1202.13平方公里。该区有着种类繁多的动植物资源,被称之为动植物王国。其中许多珍稀、古老、奇特、濒危的动植物又是西双版纳独有的,引起了国内外游客和科研工作者的极大兴趣。景观以丰富迷人的热带、亚热带雨林、季雨林、沟谷雨林风光、珍稀动物和绚丽多彩的民族文化、民族风情为主体,国务院1982年批准为第一批国家重点风景名胜区。西双版纳有中国唯一的热带雨林自然保护区,气候温暖湿润,树木葱茏,蔓藤盘根错节,珍禽异兽比比皆是,奇木异葩随处可见。西双版纳多绿、多雾、多傣家民风,温馨和谐、原生态,与东南亚诸国有着质的区别,特有韵味。离泰国、缅甸很近的西双版纳充满了佛风,小乘佛教在这里深入人心,处处可见充满东南亚风情的佛寺、佛塔,傣族人基本上都是虔诚的佛教徒。佛塔寺庙与傣家竹楼、翠竹古木交相掩映,一派神圣景象。

傣族是一个历史悠久的民族,在漫长的历史长河中,创造了丰富多彩的历史文化,代代传承。傣族节庆文化是傣族历史传统文化的缩影,它展示傣族的生态文化、图腾文化、宗教文化、民俗文化、饮食文化、服饰文化、工艺文化、水文化和诗歌、绘画、文学、艺术、体育等等,它是中华民族绚丽多姿的节庆文化花丛中的一朵奇葩。傣族重大传统节庆有"桑堪比迈"(泼水节)、豪瓦萨(守夏或入雨安居,俗称关门节)、奥瓦萨(出守夏或出雨安居,俗称开门节)等。

近年来,西双版纳州全力推进文化旅游业供给侧结构性改革,适应和引领文化旅游市场需求新变化,着力提高供给体系质量和效率,下力气解决"文化旅游产品供给跟不上消费升级需求"的矛盾,以发展全域旅游为强力引擎,推动复合型文化旅游产品转型升级,"西双版纳"文化旅游品牌形象更加深入人心。依托优美的热带雨林风光、浓郁的民族文化风情、温暖湿润的气候、博大精深的南传佛教文化、名重天下的普洱茶资源,创意开发文化旅游商品,打造文化旅游精品,不断丰富文化内涵,推动文化旅游融合发展。2017年1—10月,全州累计接待国内外旅游者2630.69万人次，同比增加32.85%；实现旅游业总收入（预测）364.97亿元，同比增加26.30%[①]。2017年1—10月，全州旅游重大项目建设投资完成48.94亿元，嘎洒、橄榄坝、勐仑3个旅游度假区以及15个旅游名镇和澜沧江国际生态度假区、雅德秘依、勐远绿道等一批旅游重大项目建设加快推进。

西双版纳州着力打造"东方狂欢节——西双版纳泼水节"国际品牌，一是在每年傣历新年节组织泼水狂欢、龙舟表演、孔明灯祈愿、赶摆、民族文化大展演、非遗项目展等传统活动和边境贸易旅游交易会。2013年和2014年分别成功申报万人傣族手势舞和万人傣族伞舞吉尼斯世界纪录。二是在澜沧江·湄公河流域国家文化艺术节期间，举办文艺交流演出、展会论坛等活动，逐渐成为大湄公河次区域最具影响力的文化艺术节，成为西双版纳"文化桥头堡"建设的固定文化阵地。积极开展澜沧江·湄公河流域国家文化艺术节的前期策划、筹备和组织工作，加强与国外的艺术团体和艺术家联系，根据艺术节的筹办情况和艺术团体、艺术家的需求，甄选符合艺术节主题的优秀节目和作品，寻找西双版纳文化与各国文化的结合点和共通点，融合成为澜沧江·湄公河流域国家文化艺术节的亮点；向国家文化部申报澜沧江·湄公河流域国家文化艺术节为"文化部首批文化睦邻示范项目"。积极组织全州从事非遗文化产品研发、民族文化产品生产、电子信息开发等文化创意企业，参加创意云南2018文化产业博览会，推动西双版纳民族文化传承、传播和文化产业项目推介、招商。积极组织全州民族服饰文化企业参加中国（云南）国际民族赛装文化节，整体包装、推介和展示西双版纳州民族服饰文化产业发展成果，增强西双版纳州民族服饰文化产业行业整体实力，集中打造"西双版纳文化品牌"。

现在西双版纳州一批新兴的文化旅游品牌已经形成。有以野象谷、森林公园、望天树、热带植物园等旅游景区为主，相关文化消费为辅，体现人与自然和谐相处，旅游与生态文化相结合的"雨林文化品牌"；以告庄西双景、傣族园、勐景来、基诺山寨、南糯山哈尼文化园等旅游景点为主，蕴含历史文化、民族风情的"民族文化品牌"；以总佛寺、勐泐大佛寺等国际性南传佛教文化胜地为主的"佛教文化品牌"；以澜沧江·湄公河流域国家艺术节、泼水节、傣泐文化节和民

① 西双版纳发布.西双版纳州以供给侧结构性改革加快旅游产品转型升级[EB/OL].搜狐网.https://www.sohu.com/a/209739937_169634,2017-12-11.

族节庆为主的“澜·湄国际文化艺术品牌”四大文化品牌的形成，提升了西双版纳文化旅游产业的核心竞争力，让相关企业赢得更多的效益。

在原有的基础上推出特色鲜明的文化旅游线路。彰显西双版纳热、傣、水、边特色，大力推进特色旅游小镇建设，打造独一无二的旅游小镇文化内涵和小镇特色，嘎洒、勐罕、大渡岗、打洛、勐仑、易武等6个文化旅游小镇围绕各自功能定位，加快招商引资和项目推进，嘎洒文化旅游小镇度假旅游项目集群、明宇·版纳四季国际度假区、勐仑旅游小镇等项目已现雏形。发挥乡村文化旅游固有资源，加快推进文化旅游特色村建设，以曼掌、曼春满、曼龙勒、勐景来等为代表的一批文化旅游特色村受到旅游者的青睐，形成了集观农家景、赏农家俗、吃农家饭、体验田园生活的乡村文化旅游新风尚。着力打造北线野象探秘之旅、民族文化风情之旅，东线热带雨林景观之旅、中老文化边境之旅和西线普洱茶寻根之旅、中缅边境之旅等路线，形成具有西双版纳特色的优势线路。

同时，政府还加强对文化产业园区建设和基地布局的统筹规划，坚持标准、突出特色、提高水平，促进各种资源合理配置和产业分工。成功创建“西双版纳告庄西双景民族文化体验园”“万达西双版纳国际度假区”两个省级文化创意产业园区和“西双版纳傣族园”“勐海大益庄园”两个省级文化创意与相关产业融合发展示范基地，支持和加快发展具有地域、民族特色的文化产业群。西双版纳影视基地、水灯节、泼水节、东南亚风情节、影视基地等一批文化活动品牌落户园区。在接下来的几年里，还将依托旅游文化企业规划建设普洱茶文化园区、热带雨林文化园区、民族文化园区等。

深层次挖掘南传佛教文化，充分发挥“中国最大的南传寺”——勐泐大佛寺、西双版纳佛学院“品牌”效应，积极推进巴利语高级佛学院项目建设，成功举办首届南传佛教高峰论坛，精心打造礼佛、禅修等南传佛教文化旅游精品；加强对普洱茶文化的整理、保护和开发利用，建设大益庄园等一批古茶庄园，打造普洱茶文化旅游精品；高标准建设好热带雨林国家公园，打造热带雨林文化旅游精品；大力提升民族民间工艺品、民族服饰文化、民族饮食文化和民族节庆文化，打造民族文化旅游精品。

为推进文化与旅游相结合，将文化资源优势转变为经济发展优势，积极打造傣族手工造纸、傣族织锦、布朗族民间竹编、傣族酸鱼等文化产业合作社和文化品牌，如景洪市的勐罕镇傣族园、勐养曼掌文化农庄、嘎洒镇曼峦典村和勐海县的打洛勐景来、勐混镇曼召村等，全州共实施文化惠民示范村（社区）建设项目21个。全州旅游文化品牌数量和质量并驾发展,"文化乐民、文化育民、文化富民"成效日益凸显。《勐巴拉娜西》《澜沧江·湄公河之夜》《傣秀》文化娱乐演艺企业实现产值上亿元。景洪市在2016年的云南省文化体制改革和发展领导小组表彰的30个文化产业发展先进县(市、区)中位列5个一等奖之列。

现在,西双版纳被联合国世界旅游组织授予旅游可持续发展观测点,这是中国第7个观测点,云南省首个。同时,作为国内重要的旅游目的地,还先后荣获了"中国最具国际影响力旅游目的地""全球12个最热的旅游目的地之一"、2014年携程年度最佳旅游目的地评选"最佳国内旅游景区"榜单等荣誉称号,2015年"90后最爱旅游目的地"称号,植物园、野象谷景区荣获游客最喜爱的"云南十佳景区"称号,森林公园被评为"全国最具影响力森林公园""亚洲金旅奖·中国十大文化特色旅游名区"殊荣。到2018年,将全州所有5A级景区建设成为智慧旅游景区;到2020年,力争所有4A级以上景区实现免费WIFI、智能导游、电子讲解、在线预订、信息推送等功能全覆盖。

(二)西双版纳州非物质文化遗产发展现状

西双版纳傣族自治州各世居民族的非物质文化遗产,品类繁多,底蕴深厚,它包括了民族语言、民间文学及口述文学、民间美术、民间音乐、民间舞蹈、曲艺(傣族章哈)、民间手工技艺、傣族医药、人生礼俗、岁节时令、民间知识以及传统体育与竞技等等,包括有大量的原创性、唯一性、不可替代性的文化要素。她们既是西双版纳州的宝贵财富,更是中华民族的宝贵精神财富。丰富的非物质文化遗产,为建设云南文化大省和西双版纳进一步发展文化旅游,提供了丰富的可持续发展资源。

云南有长达四千余年的制陶史,西双版纳傣族自治州的景洪曼斗寨、勐罕曼峦站寨、勐海曼扎寨及勐龙寨等地均保留着较为完整的傣族传统制陶技艺。傣族制陶技艺最突出的特色为慢轮手工制作,器物表面均用有纹的木拍拍打出印纹,这与南方新石器遗址出土的印纹陶器相一致。傣族制陶主要工具有转轮、木拍、竹刮、石球等,主要技艺流程包括舂土、筛土、拌沙、渗水、安装转盘、制坯、打坯、干燥、准备烧陶、烧陶等环节,所生产的陶器按其用途可分为生活用具、建材、赕佛用具等种类。与其他民族不同的是,傣族制陶是由妇女世代相承的。20世纪50年代末期以来,国内外著名的考古学家多次对傣族制陶进行专门调查，认为傣族传统制陶是中国原始陶艺的代表，是解开中国新石器时代烧陶之谜的钥匙。2006 年 5 月 20 日，傣族慢轮制陶技艺经国务院批准列入第一批国家级非物质文化遗产名录。

傣族手工织锦是一种古老的传统手工纺织技艺。图案设计是通过熟练的纺织技巧创造出来的，多是单色面，用纬线起花，对花纹的组织非常严谨。手工织锦不仅是傣族人民的生产生活方式之一，也是重要的文化象征符号。傣族人早有棉布和丝绸织锦，现在，我们看到的通常是棉布织锦。傣族手工艺人用这一布上的“美丽云霞”，它们也成为许多游客必买的版纳纪念品之一。由于工业化的冲击，这一布上的“美丽云霞”越来越少，由于它的稀少而弥足珍贵。傣族织锦的主要用途可以归结为四大类：日用品、贡品、人生礼仪用品和宗教用品。现在傣锦更多是作为一种旅游商品和纪念品出现在市场上。云南的傣族地区也还保留着用傣锦进献寺院等传统用途。2008 年 6 月 7 日，傣族织锦技艺经国务院批准列入第二批国家级非物质文化遗产名录。

云南民族手工造纸的历史悠久，如彝族、白族、纳西族、傣族、汉族的手工造纸都有据可查，手工纸在本民族的历史文化传承和传播中有着不可估量的贡献。在元代的古书中记载傣族地区还在刻木记事，但明代中叶傣族地区已有造纸业，傣族称纸为“缅纸”。缅纸用纤维较好、较细的构树皮制成，纸质薄而柔软、韧性好，主要用于制作高升、孔明灯和书写佛经。缅纸还用于制作油纸伞，即以纸为伞面，上涂芝麻油，是老人丧葬的必备品，意为老人死后可以借助伞飞向天堂。油纸伞除用来遮风避雨，还具有观赏价值。现在曼召村已不制作油伞，但在勐遮镇能购买到。缅纸是寺庙和尚和活佛抄写经书和学习傣文的必用纸，也是以前抄写医药的必用纸，现在佛寺中和尚学习佛经仍用缅纸。工纸由于机制的应用、原料资源减少、造纸成本高以及耗薪材大等几大原因，规模已有所萎缩，主要用于祭祀、卫生用纸、丧葬等。但手工纸是少数民族文化的一道风景线，在旅游发展的今天，如何将手工纸与市场结合，是一个有待探索的问题。傣族油纸伞的制作工艺也有几千年的历史，一直以来是傣家人引以为豪的传统手工艺之一，被列入第一批国家级非物质文化遗产保护名录。20 世纪 60 年代以前，油纸伞是西双版纳傣族群众普遍使用的遮阳避雨工具。随着时代发展，油纸伞早已淡出了人们的生活。现在只是傣族老人在赕佛时偶尔使用。因为需求量小、制作过程繁琐、不赚钱等原因，傣族油纸伞面临失传的境地。

“贝叶经”，其本意是指在棕榈科贝多罗树的干叶片上刻写的佛教经书，后来人们也常常在广义上用它来泛指傣文文献。在傣文文献中也称在贝叶上刻写文字的时代为“绿叶信时代”。傣文贝叶文献包括两个大类:一类是佛教经典,即本来意义上的“贝叶经”。佛经总称为经、律、论“三藏”,不过其相当数量并非佛经,而是属于另一类傣文文献,即一般的傣文书籍。傣语称贝叶佛经为“坦”,称一般贝叶书籍为“簿”,概念上虽然有了明确区别,但在民间赕佛的活动中,人们对这二者的性质和功能往往并不做区分,因而将全部傣文贝叶文献统称为广义的“贝叶经”。傣族地区的佛寺收存贝叶文献早已成为传统,其来源一是由佛爷自己刻写。二类是接受世俗众生“赕坦”献经或“赕簿”献书。由于民间“赕佛”献经献书活动的蔚然成风,“贝叶经”中既有来自印度教的故事,又包含有与佛教唱对台戏的、涉及傣族民间原始信仰的传说,故此,贝叶经成了傣族社会各种文化知识和思想观念的荟萃之苑,这也影响到了贝叶文学的内容构成。除了佛寺集中收存贝叶经而外,傣族世俗民间也流藏有各类贝叶文献,所以贝叶文化从佛寺到民间,成为傣族文化的代表和象征。傣族“贝叶文化”事实上已涉及社会意识形态和人们认识活动的方方面面,已分化出若干相对独立的学科:天文历法、数学、农业生产技术、医药学、生理学、语言学、史学、政治法律、军事战法、美学等。此外,更大量的傣文文献是各种类别的文学作品。毫无疑问,贝叶文化的兴起和繁荣,对傣族文学的发展起到了决定性的促进作用。

从 1997 年起至 2001 年,西双版纳州就按省文化厅部署开展了民族民间美术、歌、舞、乐艺人的调查和申报命名。2003 年,在云南省文化厅的统一部署下,在全州范围内全面开展“民族民间传统文化保护区、民族民间传统文化艺术之乡、民族民间传统文化传承人、民族民间传统文化濒危保护项目”普查。基本调查完了西双版纳州民族民间传统文化的资源情况,基本掌握了民族民间传统文化的家底。

在中国加入联合国教科文非物质文化遗产保护公约组织后,于 2005 年开始进行非物质文化遗产保护名录的申报。从 2006 年开始到现在为止,有“傣族泼水节、傣族慢轮制陶技艺、傣族章哈、基诺族大鼓舞、傣族象脚鼓舞、布朗族弹唱、傣族织锦技艺、贝叶经制作技艺、召树屯与南木诺娜、普洱茶(大益)制作技艺、傣族医药”11 个项目被国务院公布为第一二三批国家级保护名录。涉及民族民间音乐、民族民间舞蹈、民族民间美术、民族民间传统工艺、民族民间曲艺、民族民间传统习俗、民族民间传统文化保护区、民族民间艺术之乡等保护项目 58 个,民族民间传统文化州级传承人 144 人。47 人被命名为云南省非物质文化遗产传承人，5 人被命名为国家级代表性传承人。省级保护名录“基诺族特懋克节、傣族壁画、哈尼族服饰制作技艺、傣族高升制作技艺、勐罕镇曼听村委会傣族传统文化保护区、曼暖典傣族织锦之乡、勐海县章朗传统文化保护区、勐腊县曼旦村傣族传统文化保护区、傣族关门节·开门节、傣族手工造纸技艺、傣族象脚鼓制作技艺、普洱茶（七子饼）制作技艺、普洱茶老字号（车顺号）传统制作技艺、傣族传统武术、傣族大鼓制作技艺、景洪市勐罕镇曼列村非物质文化遗产保护传承基地”等 17 个项目被列为省级保护名录，州级保护名录 62 人。组织傣族慢轮制陶传承人玉南恩到北京参加“宝马公司非物质文化遗产西线行成果展示”。贝叶经制作技艺国家级传承人波空论在瑞士日内瓦万国宫，参加由国务院新闻办公室、云南省人民政府、中国驻日内瓦代表团、联合国驻日内瓦办事处共同主办的“感知中国·美丽云南”系列活动“云南记忆”非物质文化遗产展。参加第三届中国·呼和浩特少数民族文化艺术节暨全国少数民族地区民族服饰展演，并荣获“最佳组织奖”。现在景洪市曼掌村是傣族油纸伞、贝叶经、曼轮制陶等国家级非物质文化遗产集中展示区。

在传统文化保护工作方面也取得了成效，其中分为两部分：一是在非物质文化遗产保护方面，全州共建有 11 个国家级、18 个省级（含 5 个传统文化保护区）、62 个州级非遗保护名录。其中，景洪市勐罕镇曼列村傣族传统武术传习所在 2016 年公布为云南省非物质文化遗产保护传承基地，景洪市勐养镇曼掌傣族传统文化生态保护区、勐海镇勐往乡纳碧傣族酿酒技艺项目在 2016 年公布为西双版纳州第五批非物质文化遗产名录。全州共建立非物质文化遗产保护传习所（基地）21 个，有 5 名国家级、47 名省级、144 名州级非物质文化遗产传承人，已实施傣历新年节、傣族章哈、象脚鼓舞国家级非遗保护项目，已实施西双版纳州非物质文化遗产展示中心建设、布朗弹唱保护项目建设，已启动“易武镇落水洞普洱茶七子饼制作技艺传习馆”项目建设。到 2017 年为止，西双版纳州非遗保护项目位居全省前列。二是在物质文化遗产保护方面，西双版纳州现在共有 5 个全国重点、6 个省级、5 个州级、32 个县市级文物保护单位，有 2 家国有博物馆共馆藏文物 3720 件，其中，有国家一级文物 4 件，二级文物 5 件，三级文物 78 件。完成全国文物数据平台登录可移动文物藏品 2330 件。

（三）西双版纳州公共文化服务发展现状

2017 年，西双版纳州坚持文化育民、文化富民、文化乐民、文化成果惠及于民的原则，扎实开展文化服务活动，文化惠民工作取得了显著成效。全州共有公共图书馆4个，其中有3个达到国家三级馆标准；共有公共文化馆4个，其中有1个达到国家二级馆标准；共有乡镇(街道、农场)文化站44个，其中有16个达到国家级标准，公共文化设施建设得到进一步完善。通过增添设施、设备，整合村社区文化活动室、健身广场、党员活动室等功能，全州223个行政村、75个农场连队实现了文化活动场所全覆盖；全州公共图书馆、乡镇文化站(点)文献资源实现共享，拥有藏书46.64万册，电子阅览室640台。推进实施“边疆万里数字文化长廊”“数字图书馆推广工程”建设，建成文化信息资源共享工程州级支中心1个、县级支中心3个、乡镇图书分馆平台13个。圆满完成省文化厅“文化大篷车·千乡万里行”西双版纳站32场巡回演出，全州4家国有文艺院团全年开展送戏下乡演出达290场。配备完成了云南省贫困地区百县万村综合文化服务中心示范工程26个示范村的文化器材；着力推进农村村级文化体育综合服务中心建设，完成项目15个，为43支直过民族演出队配备音响设备，为44个乡镇(农场)文化站配备图书。州图书馆举办傣语、国学等教育培训以及世界读书日阅读活动、“普洱茶文化图书馆”创新服务等各类培训和活动达28场次，接待各类读者达38026人次；州博物馆与省内外文博单位合作引进专题展览3个，举办博物馆进基层活动17次，接待国内外观众51163人次(外宾3813人次)。

为丰富人民群众的精神文化生活，一是在每年元旦、春节等节庆期间，组织全州文艺院团进社区、乡镇、学校、企业、军营，开展主题是为“中国梦·版纳情——文化进万家”的“文化大篷车·千乡万里行”的惠民演出，文化送戏下乡共计演出1740场。二是每年举办西双版纳州群众文化广场舞大赛，开展各类群文辅导、美术书法摄影书画展、手工艺作品展、全民读书月和举办文艺演出等各类文化服务活动。三是全州图书馆、文化馆(站)实现全年工作日免费开放，西双版纳民族博物馆接待国内外观众近20万人次，州图书馆接待读者160万余人次，州文化馆累计辅导人数达30万余人次。四是共有农村电影放映队达18支，每年为220个行政村放映农村数字电影2640场，平均每村每月放映1场。

曲艺节目《布朗情歌》荣获云南省2014年群众文化“彩云奖”及云南省“中国梦”主题曲艺作品一等奖。傣族健身舞《哨多哩》、基诺族健身舞《基诺鼓韵》分别荣获2014年云南省全民健身活动民族健身操(舞)比赛一、二等奖，其中《基诺鼓韵》还荣获“舞动生命”全国中老年广场舞大赛表演金奖、金牌教练奖、优秀编导奖。声乐《啥高》和《吉象武鼓》分别荣获2015年云南省第九届民族民间歌舞乐展演彩云奖银奖和铜奖、传承奖,《啥高》在2016年还荣获“全国鼓舞邀请赛”魅力鼓之星奖。舞蹈《赛妆》在2014年和2015年分别荣获省级金奖和国家级金奖;基诺族古歌“奇科阿咪”荣获第七届全国村歌大赛十大金曲、中国十大最美乡愁村庄金奖、中国村歌之星十佳好声音金奖、个人作词金奖、个人作曲金奖5个大奖。在2016年,傣族章哈剧《西双版纳的黎明》和美术作品《吊瓜花》荣获云南省大家乐群众文化“彩云奖”,民族合唱歌曲《排角姑娘》荣获云南省群众文化“彩云奖”音乐类金奖,非遗傣族传统舞蹈《傣乡鼓韵》荣获全国鼓王大赛“魅力之星”奖,象脚鼓舞《吉象武鼓》荣获中国“司马迁杯”第三届锣鼓大赛暨“伟力远大杯”鼓王争霸赛入围奖和组织奖,布朗族四弦弹唱进入国家艺术资金年度资助项目,布朗族双人舞《串花》进入云南省第十一届青年演员决赛。

(四)西双版纳州广电数字传媒发展现状

一是西双版纳州广播电视发射台和勐腊县广播电视发射台高山台站基础设施建设已投入使用。景洪市240口岸广播电视发射台、勐腊县关累口岸广播电视发射台基础设施建设项目、勐腊县广播电视台和勐海县广播电视台播出机构制播能力建设工程项目正在实施。二是全州完成直播卫星广播电视户户通工程覆盖15020套、户户通工程后续建设行政置换9284套,直过民族脱贫攻坚户户通覆盖建设任务299套正在实施。组织实施的直播卫星广播电视新服务,覆盖区域内的群众通过购买户户通接收设施,可免费收看中央电视台第1至第16套节目、本省1套卫视节目、中国教育电视台第1套和7套少数民族电视节目,以及13套中央人民广播电台节目、3套中国国际广播电台节目和本省1套广播节目。三是西双版纳州广播电视发射台实现12套中央电视节目的无线数字化覆盖,已启动3套中央广播节目的无线数字化覆盖试点。全州6座台(站)已全部完成中央广播电视节目无线数字化覆盖工程一期建设,每个台(站)新增2个地面数字电视频道,现已进入试播阶段,覆盖区域内的群众通过带无线数字接收功能的电视机,可免费收看12套高质量的中央电视节目。二期补点新建台站1座,项目建设正在实施。截止目前,西双版纳州可收听收看中央、省、州共12套地面数字电视、1套数字广播、10套模拟广播电视节目。全州广播电视综合人口覆盖率达99.14%。全州累计在网有线数字电视用户24.9万户,被誉为"全国数字第一州"。全州完成 IP 广播应急系统"村村响"71 个。四是全州共有 360 件广播电视作品荣获省级以上奖励(中国新闻、中国广播影视大奖、中国民族语言民族题材电视节目"金鹏展翅"奖、云南新闻奖、云南广播电视奖等),其中,一等奖 53 件、二等奖 132 件、三等奖 175 件。西双版纳广播电视台在 2016 年开创性组织承办的《西双版纳好声音》《少儿才艺电视大赛》《农村文艺调演"三王"大赛》全州性的大型文艺活动,创西双版纳比赛历时最长、规模最大、选手最多、现场录制场次最多、播出时间最长、收视率最高、社会影响力最广和网络视频、微信微博贴吧刷屏最多的记录。五是西双版纳广播电视台的本州广播电视自办栏目能在网站上点击查看,开办有《西双版纳 TV 手机报》、西双版纳广播电视台官方微博、"西双版纳手机台"微信公众号、手机客户端 app"爱上西双版纳",其中,"西双版纳手机台"实现多个新媒体平台的联动发布。

二、西双版纳州文化产业发展中存在的问题与建议

(一)西双版纳州文化产业发展中存在的问题

云南旅游经过 20 多年的发展,已树立起旅游大省的鲜明形象,而西双版纳着力促进旅游产业从单一观光型旅游向文化体验,观光会展、休闲度假、健身康体型转变,一批具有文化特色的旅游特色精品建设项目开工赋予了西双版纳国际文化旅游品牌更加丰富而厚重的内涵。然而,西双版纳州文化旅游还是存在着以下问题。

一是文化与旅游资源整合、集约协调发展不够,文化旅游资源优势转化为产业优势有待提升。如:森林公园、花卉园、傣族园等依然是在传统项目之中徘徊,知名的特色文化旅游新项目与新产品太少,除野象谷景区外,都缺乏有影响力的地方特色拳头产品。旅游景区点仍处在以门票收入为主的简单经营模式,与之相关的民族文化装饰、服饰、纪念品、饮食、影音、书画、会演、娱乐等产品服务链的生产、经营活动与文化内涵的发掘、利用远没有得到体现,到西双版纳旅游形成了单一的"可看不可带""可食不可捎"的局面,缺乏民族文化特色商品与旅游消费相互带动的有效商业模式。

二是文化产业园区主导产业特色不明显。2016 年,西双版纳州有四个省级

“文创园区和基地”,包括西双版纳告庄西双景民族文化体验园、万达西双版纳国际度假区、西双版纳傣族园、勐海大益庄园。然而,园区产业结构和业态不丰富,没有完善文创园区的功能,很多特色文化企业难以融入园区中共同发展。例如告庄西双景最早为房地产项目,在实际运作中,虽然每年都会有很多活动举行,但仅仅是企业的集聚地、产品的集散地,缺乏产业链形态的经营,产品单一,收入来源少,文化产业产值在企业收入中所占的比例不大。万达西双版纳国际度假区以万达总体设计为主,考虑的是以自身的商业需求为主的文化产业园区,园区空间聚集程度不高,缺乏错位发展和差异化竞争,缺乏区域性优势集群的支撑,虽然文化产业产值占有一定的比例,但是忽视了园区对西双版纳州特色文化企业带动和孵化作用。傣族园和大益庄园也存在着同样的问题。

三是非物质文化保护和传承困难重重。西双版纳的非物质文化遗产品类繁多、底蕴深厚,包括语言、口述文学、美术、音乐、舞蹈、曲艺(傣族章哈)、手工技艺、傣族医药等,含有大量原创性、唯一性、不可替代性的文化要素。随着现代化进程的深入,除了少量用于建筑物屋脊的装饰品和佛教礼器外,在其他场合已不大容易看得到传统的傣族陶器。另外陶器制作的经济效益不理想,所以学习和从事制陶技艺的人越来越少。在西双版纳,只有少数村寨的几户人家还会制作陶器,原始制陶术已处于即将消亡的状态,亟待拯救和保护。在未来非物质文化的产品将与大众生活密切相关,强调以人为核心的传承。保护非遗、保护文化的多样性是新时期文化发展的需要。

四是土地资源要素制约明显。西双版纳州的文化消费市场主要在景洪市,2016 年景洪市文化产业增加值占全州文化产业增加值的 84%。由于景洪城市用地资源的局限性,受土地要素的制约,还没有建成一个集约化、规范化、产业链完整的文化产业园区,来推动有潜力的文化制造业、工艺美术品等生产企业发展。如:原红木一条街,已形成一定规模,但因没有固定的土地,大多红木企业的土地都是租用,建的工厂和体验馆基本是临时建筑,现在由于道路的扩建和提升人居环境城市改造,企业厂房面临拆搬,直接影响了生产经营。

五是专业人才匮乏不适应发展要求。西双版纳州文化发展创新型专业人才匮乏成为制约西双版纳文化产业发展的主要瓶颈之一。首先是缺乏企业管理、运营的策划“操盘手”,其次是缺乏产品研发创意人才。文化产业是以产品创意为核心,建立在现代企业制度和互联网市场环境中的产业,成熟的企业需要通晓文化产业核心技术、擅长经营管理、具有大数据营销思维的人才团队协作共建。西双版纳州的人才总量、结构、素质还不能够适应产业发展的需求，人才队伍总量与质量亟待增加和提升。

(二)西双版纳州推进文化产业发展的建议

一是整合提升传统产业。西双版纳州的特色文化企业，大部分属于低端的加工，属于文化产业的外围层，而不是核心层，赚的都是辛苦钱。研发设计靠创意，市场营销靠品牌。要深挖民族文化，激发大众创意，展示国际时尚，在传统保护中推动民族文化与创意设计、现代时尚、数字技术等多产业融合发展来提升，如：红木、珠宝、傣陶、傣织、造纸等传统文化产业，大部分处于产业链下游，还是单一资源、单一业务的运行模式，企业创新意识不强，没有形成规模化、集团化，抗市场风险能力较差，融资困难。要加快整合、改造提升传统文化产业，鼓励企业加大技术改造力度，抓好产业核心技术等主要环节的升级突破，鼓励企业引进先进设备、新工艺、创意人才，开发适合市场需求的企业产品。建议加强企业的培训，请企业家、金融部门、财务机构等有针对性地对传统文化企业进行培训，重点培训企业管理、财务管理、市场营销、融资方面的知识，让企业增强商业意识，规范企业管理，寻找融资渠道，重视产品创意和市场营销。建议政府加快木文化产业园、珠宝商品街的规划建设，形成相对集中的特色文化商品生产、交易市场，引导红木企业、珠宝玉石销售点聚集，以文化商品贸易行业发展带动文化商品生产行业发展，提升全州文化企业的整体实力。

二是着力推进文化产业重大项目策划和实施。各县市要紧紧把握文化产业发展的新势头、新趋势，立足当地资源，发挥当地优势，突出当地特色，体现时代特征，推动转型升级，以文化企业为主体，充分调动社会资本投资文化产业的积极性，在国家许可范围内，引导社会资本参与重大文化创意产业项目实施建设。着力重点培育发展五个方面的产业和项目：(1)通过科技创新驱动，能够促进文化产业结构调整的重点产业和项目；(2)立足全州发展重大战略，能够带动西双版纳州文化产业发展布局优化的重点产业和项目；(3)立足文化体系建设，能够带动西双版纳州文化产业市场活力的重点产业和项目；(4)通过扩大有效供给，能够进一步激活西双版纳州文化消费的重点产业和项目；(5)着眼于振兴传统文化、能够增强文化自信的重点产业和项目。要真正按照符合金融机构的项目投资要求，做好项目的策划、包装、立项等工作。同时，要切实加大文化产业项目招商引资力度，做好重大项目的策划、包装和推介工作，多渠道多方式强化项目推介和招商引资，招大商，招好商，提高招商引资水平，加强跟踪对接，提高项目落地率。

三是树立好地方特色品牌。以品牌带动产业发展已经成为国内外文化产业发展的一个规律，通过建立、维护和发展知名文化品牌，可以对文化产业的发展产生资本聚集、消费导向、产业示范、利润增长等多重增值效应。建议政府加大文化产业扶持资金，帮助特色文化企业加大技术改造、加强经营管理，创设知名品牌，在知识产权保护、文博会推介和形象宣传等方面给予扶持和帮助，积极引导其在发展品牌、品牌衍生行业上下功夫。树立一批在全州甚至全省都叫得响的文化品牌和行业明星，加强品牌带动效应，推动文化产业的长足发展。

四是规划建设文化产业创意园区。建议参考其他发达地区发展经验，科学规划文化产业创意园区。文化消费较集中的景洪市可以将云南沧江机械修造厂原址保护起来，把老厂房改造成为景洪市文化产业创意园区。在旧有厂房改造并保护历史文化的同时，实现资源的最大化利用，推动文化、旅游、商业结合，建立品牌集聚区来定位，打造文化创意产业集聚区。在学习其他的成功文化园区成功经验的基础上，结合景洪市实际，高起点、高标准地编制西双版纳州文化产业创意园区发展规划。

五是强化政策引导扶持。文化产业不是一般的经济门类，需要具备区域经济实力、文化市场规模、人才储备和产业发展的配套资源等，做好规划非常重要。西双版纳州文化企业多为中小微企业，自身资金相对有限，而创意产品风险高，建议政府尽快出台扶持政策，强化对文化产业的引导扶持，尤其是财政、税收、融资等方面的政策要有所突破。切实按照“文化名州”相关文件要求，确保公共财政对文化产业发展的投入，建立财政投入稳定增长机制。按照《云南省“十三五”时期文化发展改革行动计划(2017—2020)》进行对标对表，开展基金的运营投资工作。基金由国有文化企业参与发起和监管，引入专业化的社会管理机构，用于支持国有文化企业和广大民营文化企业发展，扩大产业规模，打造产业集群，整体做大做强。

六是加强文化产业队伍建设。完善人才培养机制，培养一批精、深、优、博的文化继承人和传承人，塑造一支懂经营、会管理、善谋划、能创新的人才队伍，是发展文化产业的关键环节。建议政府制定文化经营人才资源开发规划政策，开辟引进经营人才的绿色通道，采取特邀、合作、接纳优秀毕业生等灵活多样的形式吸引各类文化专业人才，加强地方艺术创作和艺术人才培养工作，为景洪市文化产业营造一个良好的环境。拓宽文化产业人才培养渠道，采用多形式、多途径的立体化人才培养体系。

七是大力推进旅游公共服务设施、旅游景区提升改造及旅游小镇、康体休闲独家基地、文化旅游特色村、旅游交通、高星级度假酒店等8类旅游重大项目建设，为丰富文化旅游产品结构搭好“龙骨”。建成旅游星级饭店29家，旅游特色餐饮不断丰富，旅游接待基础设施不断完善。万达主题公园、告庄西双景等成为游客必游之地，一批有特色的酒吧街、餐饮街、旅游购物街和温泉养生、低海拔体育训练康体配套设施也陆续投入使用。着力改善通向国内外的交通要道和州内各旅游景区道路通达性条件，在昆曼国际大通道建成通车、西双版纳国际机场改扩建完成和澜沧江航运能力进一步提升的基础上，重点拓展航空旅游线路。将进一步推进文化旅游公共基础设施项目建设。到2020年，力争形成“居民休闲、游客分享”的公共文化休闲设施体系，公共文化休闲设施的规模数量和管理服务达到全国先进水平。运用新时代“互联网＋”的理念，满足游客对个性化旅游产品的强烈需求。将互联网作为文化旅游创新发展的重要动力，推动文化旅游生产方式和发展模式变革。积极支持和参与“一部手机有云南”建设，全面提升西双版纳州文化旅游数字化服务能力和水平，开发系列旅游类APP、小程序、AR、VR等服务产品，提升游客的体验质量，实现“一部手机游西双版纳”。

八是积极开展澜沧江·湄公河流域国家文化艺术节的前期策划、筹备和组织工作，加强与国外的艺术团体和艺术家联系，根据艺术节的筹办情况和艺术团体、艺术家的需求，甄选符合艺术节主题的优秀节目和作品，寻找西双版纳文化与各国文化的结合点和共通点，融合成为澜沧江·湄公河流域国家文化艺术节的亮点；向国家文化部申报澜沧江·湄公河流域国家文化艺术节为“文化部首批文化睦邻示范项目”。积极组织全州从事非遗文化产品研发、民族文化产品生产、电子信息开发等文化创意企业，参加创意云南2018文化产业博览会，推动西双版纳民族文化传承、传播和文化产业项目推介、招商。积极组织全州民族服饰文化企业参加中国（云南）国际民族赛装文化节，整体包装、推介和展示西双版纳州民族服饰文化产业发展成果，增强西双版纳州民族服饰文化产业行业整体实力，集中打造“西双版纳文化品牌”。

九是推出一批养老养生文化旅游项目，积极发挥“天然氧吧”“避寒胜地”“有机食品原产地”等生态、气候和生物保健等特有优势，大力发展“银发经济”。

依托传统文化中的傣医药推拿、按摩等保健服务，为养生养老游客提供蕴含傣医药“四塔五蕴”瑰宝的特色理疗服务。大力发展避寒养老服务，推出“天然氧吧”“温泉水疗”等养生项目，开发雅居乐等面向老年人的居住、生活、娱乐、保健养老场所和服务设施，推进2个养老养生文化旅游项目建设。到2020年，力争建成5个不同类型养生养老文化旅游示范项目，把西双版纳建成具有国际影响力的养生养老文化旅游胜地；力争建成高端医疗项目1个，建成1个傣医药健康旅游示范区，初步形成傣医药健康文化旅游项目体系，把西双版纳建成中国傣医药健康医疗文化旅游地。

（王庆馨，云南大学文化发展研究院，助理研究员）

（项目名称：云南文化产业供给侧结构性改革研究，项目编号：CXTD 2017004，项目分类：云南省社会科学（社科联），项目子类：创新团队科研项目）

（特别感谢西双版纳傣族自治州文产办提供大量资料）

第十六章

西安:传统文化开发独具特色,创意城市魅力强力显现

一、2017 年西安市文化产业发展现状

二、传统文化在西安创意城市中的发展状况

三、传统文化在西安创意城市开发中的不足

四、传统文化与创意城市发展的相关案例——以关中民俗艺术博物院为例

五、传统文化在西安创意城市开发中的趋势及发展措施

21 世纪以来，随着文化创意产业的蓬勃发展，各类型城市所具有的特色文化资源保护与传承、文化创意品牌的打造以及城市文化品牌的运营和提升已经成为各级政府制定经济发展战略的目标之一。文化创意产业所具有的强大动力引擎功能不仅能够使传统文化产业获得可持续性开发，更能指向未来，提升城市文化品位，提高公众的文化素养，是丰富国民精神生活的重要源泉。城市特色文化资源、文化空间的保护，特别是非物质文化遗产的传承和可持续的发展，以及由此体现出的城市文化软实力，是各类型城市在创新与转型发展中胜出的法宝。与硬件建设相比，文化软实力的提升更为艰难。故推动“文创产业化、产业文创化”融合发展，是文化创意成为城市内涵式发展的重要抓手，能够塑造更具活力、更有魅力的城市生态。

当前全球创意城市更新与复兴、城市文化品牌传播与扩散的行动中，创意城市的文化特色和产业定位的实践和探索，给西安提供诸多新的启示。西安丰厚的历史文化底蕴和旅游、文化教育等资源，充满文化韵味的各式建筑，有助于开辟新的发展空间；立足自身优长，采取差异化战略，突出自身文化特色，能够培育出自身的创新活力，获得全球性的创新要素和资源支持，跻身世界创意城市行列。

一、2017 年西安市文化产业发展现状

2017 年，是大西安追赶超越进程中极为重要的一年，也是“十三五”时期西安文化产业大发展大繁荣的重要一年。在市委、市政府的领导下，西安积极贯彻习近平新时代中国特色社会主义思想，对标“追赶超越”定位和“五个扎实”要求，紧扣“五新”战略任务和“聚焦‘三六九’，振兴大西安”奋斗目标，以建设国家中心城市为目标，健全现代文化产业体系，培育新型文化业态，不断深化文化体制改革，着力解放和发展文化生产力，较好完成文化发展的各项目标任务，取得

前所未有的好成绩，大西安建设实现精彩开局。

(一)经济发展步伐加快，文化产业再添新彩

2017 年，西安市 GDP 为 7469.85 亿元，同比增长 7.7%，增速高于全国 0.8 个百分点。三次产业结构为 3.8∶34.7∶61.5。西安 GDP 的全国位次也从 2016 年的全国第 26 上升到了第 21。[①] 随着文化产业倍增计划的深入推进，补短板、促发展步伐的不断加快，对西安文化产业发展特别是文化企业上规模、提效益起到积极的促进作用。西安规模以上文化企业的数量、质量和效益逐年增加，成为文化产业发展的主要推动力。2017 年，全市规模以上文化及相关产业企业数量达到 340 家，营业收入达到 535.93 亿元，与上一年同比增长 20.3%；营业成本 425.23 亿元，与上一年同比增长 17.3%；利润总额 44.22 亿元，与上一年同比增长 49.2%。在 340 家规上企业中，营业收入过亿元的文化企业有 78 家，营业收入合计 465.58 亿元，与上一年同比增长 22.9%，占全部规上企业的 86.9%；营业成本合计 374.36 亿元，与上一年同比增长 19.8%，占全部规上企业的 88%；利润总额 41.41 亿元，与上一年同比增长 53.9%，占全部规上企业的 93.6%。[②]

文化服务业占主体地位，文化创意设计服务、广播电视领域增长较快。从文化产业三个组成部分来看，340 家规上文化企业中，文化制造业、文化批零业、文化服务业单位数分别占 11.5%、12.1%和 76.5%，营业收入分别占 30.9%、29.4%和 39.7%，利润总额分别占 12.9%、18.8%和 68.3%，文化服务业的主体地位明显。从文化及相关产业十大分类看，文化创意和设计服务规上企业 83 个，全年利润总额 9.99 亿元。文化用品的生产营业收入最多，22 个规上企业年营业收入 119.82 亿元。广播电视电影服务的营业收入增长最快，同比增速达到 49.9%。

企业类型主要以中小型企业为主，区县及开发区产业聚集效应明显。规上

① 赵岩. 西安市经济总量迈上 7000 亿元新台阶 2017 年 GDP 同比增长 7.7%[EB/OL]. 人民网. http://sn.people.com.cn/n2/2018/0128/c378288-31190685.html，2018-01-28.

② 规模以上文化企业数达到 340 家 区县开发区产业聚集效应明显 西安规上文化产业 上行趋势显现[EB/OL]. 西安市人民政府网站. http://www.xian.gov.cn/ptl/def/def/index_1121_6774_ci_trid_2760070.html，2018-03-06.

文化企业以中小型企业为主，中型企业 67 家，占企业总数的 19.7%，小型企业 222 家，占企业总数的 65.3%。中小型文化企业营业收入合计 351.17 亿元，占规上文化企业营业收入总额的 65.5%。大型文化企业虽然只有 25 家，但其营业收入共计 176.55 亿元，占规上文化企业营业收入的 32.9%。碑林区、莲湖区、新城区和雁塔区规上文化企业数量共计 119 家企业，占全市规上文化企业数量的 35.0%，营业收入 212.46 亿元，占全市的规上文化企业营业收入 39.6%。高新区、经开区和曲江新区规上文化企业数量超过 20 家，营业收入超过 70 亿元。

(二)文化示范园区引领，特色街区、小镇成为重要承载

文化产业示范园区是西安市文化产业发展的重要承载地，而特色街区、特色小镇的发展更为西安文化发展增添了独具特色的魅力。近年来，西安国家级文化与科技融合示范基地、国家级数字出版基地、国家级印刷包装产业基地规上文化企业数量不断增加，主营收入稳步提升，为文化发展做出了巨大贡献。随着西安市代管西咸新区的落实，2018 年西咸新区规上文化企业统计数据将全面并入大西安，西安规上文化企业发展又会注入新的活力和动力。

曲江新区以产业联动、金融支持、集团化引领为手段，为文化产业持续健康发展提供源源不竭的动力。以曲江新区的国家级文化产业示范园区为引领、"曲江新区+楼观道文化展示区+白鹿原+临潼景区"等区域为依托的文化产业大走廊加快发展。2017 年曲江新区新增规模以上文化企业 11 家，累计达到 72 家，新入区文化企业 4000 余家，累计突破 1 万家。曲江创客大街正式开街，汇集浙江文创、长风科技、环球车亨、24 小时书城等 20 多个重点项目和企业落户入驻，是西部首个以创意设计为核心业态的众创综合体。西安高新区以建设国家自主创新示范区为契机，打造"一带一路"创新之都和建设创新驱动发展引领区、坚持自己的特色，走文化创意产业差异化发展道路。从 2006 年起，按照"文化+创意+科技"的文化产业发展思路，高新区借助高新技术与陕西文化资源融合发展文化创意产业，以建设"国家数字出版基地"和"国家文化与科技融合创新示范基地"为突破口，重点发展数字出版、动漫游戏等产业，形成"高新智造"品牌，实现了文化创意产业集群式、跨越式发展。

除了国家级文化产业园区基地和省市文化产业园区基地外，西安还有很多特色街区，成为当前文化创意城市的主要标志物。碑林历史文化街区、小雁塔

历史文化街区、渼陂湖水系修复工程等项目加快推进。大华1935、老钢厂设计创意产业园、纺织城艺术区等为文创项目，也在不断地涌现出一批有“创意”的文化创意项目，如浐灞区的丝路创意梦工厂、西咸新区的沣滨水镇等。大华1935通过对工业文化遗产的创意改造，建成了集合现代社会城市综合功能，涵盖文化艺术中心、工业遗产博物馆、小剧场集群、购物街区等城市生活多种功能、多样文化、多元消费相融合的大型综合文化中心。老钢厂作为创意设计类的产业园无论是结构空间的改造，还是建筑的设计、业态的规划更包含了文化和创意的元素。除此以外，蓝田汤峪温泉小镇，灞柳基金小镇、经开光伏小镇、长安梦想小镇、渼庄非遗小镇等一批市级特色小镇正在加快建设之中。未来5年，西安要打造30～50个“产、城、人、文”四位一体有机结合的特色小镇，依托各自的基础优势找准各自的发力点，让各具功能的“特色小镇”成为城市的发展战略支点。

(三)新兴产业蓬勃发展，“文化+”发展新模式有力实施

“文化+”发展新模式已备受关注，新兴文化产业不断延伸以内容生产为核心的文化产业链，文化与旅游、科技、金融、农业等产业的深度融合使得文化产业的内涵和外延得以扩张，满足了人民群众对精神文化更高层次的需求。

西安动漫游戏产业已经形成了一定的规模，90%以上的动漫游戏企业集中在西安碑林区、高新区、曲江新区三大动漫产业聚集区。陕西动漫产业平台已经连续举办了五届“新光奖”中国西安国际原创动漫大赛。《唐妞》《西西安安》《巧说本草》等动漫产品，已成为网络火热的动漫IP形象。首个动漫产业基地已落户西咸新区沣西新城，是西北地区首家专注于动漫领域的产业基地，已搭建起功能先进、服务周全的动漫产业孵化平台，预计年孵化动漫企业20家左右，年产值可达亿元人民币以上。电竞产业也是新经济发展的重要领域，其带动“文化+”与科技、金融、娱乐等领域深度融合，成为西安又一个新的文化品牌。2017年酷玩娱乐嘉年华产业高峰论坛等活动的举办，电竞项目签约、产业城项目的启动，将树立起西安电竞新势力形象。

文化旅游业突出西安独特的历史人文魅力和自然山水特色，通过大力发展古城文化游、休闲度假游、乡村古镇游，大西安正在积极构筑全域旅游大格局，打造旅游智慧城市。第16届西安国际音乐节、广受好评的“西安年·最中国”

等重大活动的成功举办，打响了西安文化品牌，使得“文化+旅游”深度融合。西安金融机构不断优化金融服务效率，加快产品创新步伐，以网络娱乐、数字出版、文化创业等产业为重点，先后推出了“创意贷”文化金融产品，实现金融资源在文化产业的优化配置；同时，积极探索落实收费权质押、版权质押、收入账户监管等担保措施，开启文化产业与金融业合作的新模式。目前，长安银行、西安银行、上海浦发银行已分别在西安设立文创支行，助力文化产业中小企业稳步健康发展。

（四）新机遇推动文化转型升级，着力打造丝路文化新高地

2018 年 1 月，国家发改委正式公布《关中城市群发展规划》，提出西安要以建设国家中心城市为目标，增强作为中国西部地区重要的经济中心、科技中心、文创中心、对外交往中心和综合交通枢纽功能，标志着西安从区域性中心城市正式迈入国家中心城市。市第十三次党代会提出着力构建“三中心二高地一枢纽”的六维支撑体系，其中一维就是“建设丝路文化高地”。西安建设丝路文化高地，既承接着国家对关中平原城市群的总体规划和定位，同时也是规划区域内城市发展的内生动力的需求。市第十三届三次全会也明确西安需要补齐的“十大短板”中就包括补齐文化产业短板。为深化文化体制改革，补齐文化产业短板，西安市先后制定出台了《补短板加快西安文化产业发展的若干政策》《关于补短板加快文化产业发展实施方案》《补短板加快西安文化产业发展的若干政策实施细则》等，从战略高度进一步明确了未来一段时间文化产业的发展目标和发展方向。

二、传统文化在西安创意城市中的发展状况

作为西北地区的中心城市，西安有着优越的地理位置和得天独厚的文化遗产、非物质文化遗产资源，自然历史赋存的资源数量和质量都是一般城市无法相比的。除了丰富的遗存、遗址遗迹等显性历史文化资源外，历史典故、民俗文化艺术等更为丰富多彩，也更能成为城市文明的汇集点和爆发点。

(一)物质文化遗产保护与开发利用

1. 文物古迹的保护与开发

西安享有"天然历史博物馆"之誉,其文物古迹种类之多、数量之大、价值之高,在全国首屈一指,许多文物古迹是国内仅有、世界罕见的稀世珍宝,标志性建筑有大雁塔、钟楼、鼓楼、明城墙、大明宫、大唐芙蓉园、小雁塔等。根据第三次全国文物普查的资料显示,西安目前登记在册的不可移动文物点有 3246 处,其中有级别文化保护单位 392 处,世界遗产 2 处 6 个点,另外还有 3 座国家级的考古遗址公园。[①] 厚重的历史积淀,让西安这座千年古城成为无与伦比的文化宝库。文物保护与民生改善相辅相成,西安也在用新思路来解决文物保护与城市发展建设之间的矛盾,坚持文物保护与开发利用并重。

从 2002 年开始,西安陆续出台了《西安历史文化名城保护条例》《西安市周丰镐、秦阿房宫、汉长安城和唐大明宫遗址保护管理条例》《西安城墙保护条例》等专项保护法规陆续出台;《汉长安城遗址保护总体规划》《姜寨遗址保护总体规划》《杜陵保护总体规划》《秦阿房宫遗址保护总体规划》等遗址保护发展规划也已完成,对于大遗址的保护和遗址区域建设起到了积极的指导、协调、规范和约束作用。结合各个遗址的不同特性,西安对大遗址的保护与利用进行积极探索,唐城墙遗址公园、曲江池遗址公园、乐游原青龙寺遗址公园、唐大明宫遗址公园等项目先后完成,大遗址保护和利用工作得到长足发展。

曲江新区作为国家级文化产业示范区在遗址保护与开发建设的探索中提供了很好的发展思路。大明宫遗址的改造工程成功地改变了大明宫区域的整体环境、保护了我国千百年灿烂的文化遗产,从根本上改变了该区域的整体环境风貌,提升了西安的文化形象。经过多年的保护与开发,大唐芙蓉园、大明宫国家遗址公园、曲江池遗址、大华 1935、寒窑遗址、秦二世陵、唐城墙遗址、大雁塔景区、楼观台景区,这些文物历史遗迹无一例外都成为西安炙手可热声名远播的景点,曲江则走出了一条文物保护与城市开发双赢的道路,充分利用文物的优势发挥其积极作用,形成对城市建设发展的有力促进。随着文物保护的规范化实施,2017 年 10 月西安市出台《西安市不可移动文物保护条例》,明确指出

---

① 西安市人民政府关于公布西安市第三次全国文物普查不可移动文物名录的通知[EB/OL].西安市人民政府网站.http://www.xa.gov.cn/websac/cat/362/362286.html,2012-09-20.

文物保护的主体责任、保护职责、登录制度，规定不可移动文物利用的原则，确保文物安全，发挥文物的公共文化服务和社会教育功能，防止不当利用、过度开发。该条例对于全面提高西安文物保护水平、传承历史文脉，凸显文化特色具有十分重要的意义。

2.传统村落与特色古镇的保护与开发

西安周边的村镇，以其独特的类型反映了西安地域、民族、经济社会发展和演变的历史过程，真实记录了西安周边传统建筑风貌、优秀建筑艺术、传统民俗民风等信息，具有很高的研究和利用价值。就陕西范围来讲，截至目前，在前四批公布的中国历史文化名镇、名村名单中，全省仅有铜川市印台区陈炉镇、韩城市西庄镇党家村、米脂县杨家沟镇杨家沟村3家上榜。西安没有村落上榜。

尽管西安在历史文化名城和周边大遗址的保护与利用方面做了大量工作，但是西安的历史文化名镇名村保护工作却相对滞后。从西安周边村镇文物古迹的分布情况来看，村镇在各级文物保护单位数量上占有半数以上席位，包括在历史上产生过重大影响的村镇（如户县祖庵、蓝田葛牌、户县秦渡、周至佛坪厅古城等），但由于缺少集中成片的历史建筑，已经成为制约西安历史文化名镇、名村申报工作的主要原因。[①] 随着国家对历史文化名镇、名村保护力度的不断加大，通过历史文化名镇、名村的评选，建立并完善西安历史文化名城、名镇、名村的保护体系成为大势所趋。

3.博物馆文化产业的开发

2010年5月，西安市出台《关于大力发展博物馆事业的实施意见》，掀起了古都西安的博物馆事业建设大潮。西安现有免费开放国有博物馆包括：陕西历史博物馆、西安事变纪念馆、八路军西安办事处、西安博物院、长安区博物馆、长安杜甫纪念馆、临潼区博物馆、临潼区扁鹊纪念馆、蔡文姬纪念馆、鄂豫陕葛牌苏维埃纪念馆。此外，西安民营博物馆众多，大唐西市博物馆、关中民俗艺术博物院、西安秦砖汉瓦博物馆、西安美都艺术博物馆、亮宝楼艺术博物馆、西安曲江艺术博物馆等一批民办博物馆群体的出现使得西安博物馆在国内外产生了较大的影响。西安以国有博物馆为主体，行业博物馆为骨干，民办博物馆为补充，各种所有制并举、门类新颖齐全、布局科学合理、内容丰富多彩的“博物馆

① 黄伟.西安历史文化名镇名村保护的思考[EB/OL].西安人民政府网站.http://www.xa.gov.cn/websac/cat/490731.html,2012－08－06.

城”构架已基本搭建完成，博物馆事业正在以前所未有的发展速度活跃在西安国际化大都市建设的舞台上。

运用互联网思维，西安积极落实“互联网+中华文明”行动计划，不断推动博物馆的网络化、数字化、智能化。陕西省秦始皇帝陵博物院牵头的国家科技惠民计划中唯一一个文化遗产保护领域的项目——“博物馆公共安全管理与服务物联网技术集成应用示范”项目实现博物馆库房、展厅、人、物之间的智能化管理。① 为共享文物数字资源，活化文物资源价值，陕西历史博物馆等 10 家单位被确定为国家和陕西省博物馆文化创意产品开发试点单位。陕西历史博物馆也已与陕文投集团华夏文创公司签订战略合作协议共同开发文化创意产品。西安在文物保护科学和技术创新领域多次获得全国大奖，彰显了西安文物科技保护的实力。

(二)非物质文化遗产保护

西安市非物质文化遗产保护范围包括民间音乐、民间文学、民间舞蹈、传统手工技艺、传统戏剧、传统体育、游艺与杂技、传统美术等。西安传统工艺美术历史悠久，贴近群众生活，具有很强影响力。截至 2017 年底，西安公布的五批次市级非物质文化遗产代表性项目包括：民间文学 8 项，传统音乐 11 项，传统舞蹈 13 项，传统戏剧 8 项，曲艺 6 项，传统手工技艺 74 项，传统医药 12 项，传统美术 16 项，民俗 29 项，传统体育、游艺与杂技 13 项。截至 2017 年底，西安共普查到传统音乐、传统美术、传统舞蹈等十大类 1200 多条非遗线索，整理非遗代表性传承人档案 175 件，收集非遗代表性实物万余件。目前，西安市拥有 10 项国家级非遗项目，81 项省级非遗项目，192 项市级非遗项目。此外，拥有市级非遗代表性传承人 170 人、省级非遗代表性传承人 53 人、国家级非遗代表性传承人 5 人。其中西安鼓乐成为“世界级”项目，在 2009 年列入联合国教科文组织“人类非物质文化遗产”名录。②

2006 年开始，西安开展了非遗普查，发现非遗资源 1270 多个条目。随后形

---

① 陕西博物馆的 2016 年：270 座博物馆“百花齐放”[EB/OL]. 央广网. http://news.cnr.cn/native/city/20170104/t20170104_523436685.shtml，2017－01－04.

② 让千年遗产活在当下生生不息 西安非物质文化遗产保护传承艰辛路[N]. 西安晚报，2017－06－08.

成了《西安市非物质文化遗产普查表汇编》，并从中筛选符合百年传承等条件的非遗项目，开展非物质文化遗产项目和代表性传承人的认定、命名工作。2007年，西安发布《西安市人民政府关于加强西安市文化遗产保护和利用工作的通知》，认定和保护非遗项目代表性传承人，切实做好非物质文化遗产的保护、管理和合理利用工作，传承和弘扬中华民族优秀传统文化。为了普及非物质文化遗产保护教育，2008年起，西安市非遗保护中心特聘了一大批民间艺术家走进课堂常年授课。结绳香囊艺人汪卫东、剪纸艺人雷俊、民间竹扎艺人经金山、秦腔脸谱艺人陈耀武已成为西安市自宏中学的特聘教师，专程给学生教授传统手工艺课程。樊晓梅的剪纸、张宝兰的棉絮画制作技艺、蔡青柱的蔡氏核雕技艺也受到了西安市聋哑学校师生的欢迎。蓝田葛牌镇九年制学校、灞桥儿童村关爱特殊群体的中小学等也都建立了传统文化基地。除此以外，非遗传承活动也开始逐渐走进大学校园。从2010年起，"非遗保护进校园"活动先后走进了西安外国语大学、西安理工大学、西安交通大学、西安财经学院、陕西科技大学、西安建筑科技大学、西安石油大学等。樊晓梅的剪纸艺术课程除了在西北大学、陕西师范大学备受关注之外，甚至还开设到中国香港、中国台湾、马来西亚等地，受到当地年轻人的喜爱。①

三、传统文化在西安创意城市开发中的不足

近年来，西安文化发展活力和动力不断增强，文化产业发展成效逐步显现，形成了一大批优秀文化企业和拳头文化产品，初步构建起统一开放、竞争有序的现代文化市场体系。但西安传统文化整体实力和竞争力还不够强，与国内一些先进省市相比，传统文化在创意城市开发中还存在一定差距。在经济发展新常态下，不断增强西安文化产业发展的速度、质量和效益，推动文化产业成为国民经济支柱性产业，既是亟待努力破解的课题，也是时代赋予的使命。

(一)思想观念尚未完全打开，缺乏市场化的视野和格局

基于国际一流旅游目的地城市的建设目标，西安文化发展依然缺乏市场化

① 让千年遗产活在当下生生不息 西安非物质文化遗产保护传承艰辛路[N]. 西安晚报，2017－06－08.

的视野和格局，对物质文化遗产和非物质文化遗产的世界属性和价值内涵开发认识深度不够，导致物质文化遗产在新农村建设和旧城改造中受到极大破坏，非物质文化传承也困难重重。同时，西安借助大事件营销的机遇意识不强，不能用市场化手段和方式宣传推广自身产品，更不能通过产业化运作获得稳定的收益。这种现象反映的是我们对传统文化产业化发展的认识还比较浮浅，开拓意识、创新能力不足，从本质上讲仍然是体制、观念和方法问题。

(二)传统文化产品结构单一，产业化发展路径受阻

西安传统文化产品中存在静态参观类产品多，文化体验、互动娱乐类产品少的缺陷，未能充分反映现代文化产业、旅游业重体验、重休闲、重参与的需求趋势。从已有的为数不多的博物馆文创产品开发看，文创产品还仅仅停留在传统的经营模式上，产品风格仍然是最简单的复仿制品、旅游纪念品销售，其生产方式分散，完全不能适合现代产业和人群的生产、生活方式。虽然非遗工作者帮助民间艺人和非遗传承人做了大量的产业化服务工作，但西安非物质文化遗产项目一直没有进行过关于文化产品的研发、经营、宣传推广的体系化运营，更没有传统文化产品目录、图录便于销售和推广。由于政府和民间机构的职能发挥的不到位，使得传统文化产品综合服务功能发挥不够完善，难以满足市场需求，导致许多有望进行产业化的文化产业项目一直难以走向市场，走上自给自足的产业化发展之路。

(三)缺乏市场发展环境，现代市场体系尚未完全构建

现代文化市场体系的构建是衡量文化治理体系和治理能力现代化的重要内容和指标。从人文自然环境和公共文化服务环境两个方面来看，西安距离沿海发达省市仍然有很大差距。西安文化体系建设还不完善，主要表现在：一是文化领域的法制化建设相对落后，因此与之相应的文化市场化程度也相对落后；二是按部门、行政层级分配文化资源的传统体制也在阻碍企业自主经营、公平竞争，消费者自由选择、自主消费，商品要素自由流通等；三是文化市场各要素发展不够协调，产业链衔接不够。西安文化产品的生产能力不足，市场监管体系还不完善，同一产业链条在不同部门间游离发展，各种文化资源的产品链接和营销整合仍存在障碍，难以完全转化成产业资源优势。

(四)民营文化企业比重大、规模小、层次低,发展活力不足

体制灵活、经营理念和管理方式先进的民营企业进入文化产业领域,会从根本上激活国有文化企业的发展活力。尽管有西安关中民俗艺术博物院、西安大唐西市文化产业投资有限公司等已经产生较大影响的民营文化企业,但西安大部分民营文化企业仍然面临企业规模小、层次低、固定资产少、经营领域单一且发展活力不足的局面。以文化制造业为例,2013 年全省文化制造业企业仅有 1571 家,其中规模以上企业仅有 78 家,大部分集中在西安。这些企业规模普遍较小,实力不强,没有叫得响的龙头企业。这些问题突出反映了西安文化产业链不够完整,产品附加值还不高,产业聚集度依然较低,规模效益均难以实现的现实。同比浙江,2013 年民营文化制造业 26161 家,文化批零业 13007 家,文化服务业 36372 家。同比湖南,2012 年底湖南共有文化产业法人单位数 25733 个,其中经营性企业 21605 个,全省经营收入过亿元文化企业有 110 个,上市文化企业 4 家。

四、传统文化与创意城市发展的相关案例
——以关中民俗艺术博物院为例

关中民俗艺术博物院成立于 2002 年 7 月,注册资本 503 万元,坐落在秦岭终南山世界地质公园中心地带和隋唐佛教圣地南五台山脚下,东接翠华山,南拥五台山,西邻草堂寺,北瞰长安城,占地 493.88 亩,规划建筑面积 10.8 万平方米,计划总投资人民币 5.7 亿元。该院由全国人大代表、享受国务院特殊津贴专家王勇超先生历经 20 余年创办,是以民俗文化遗产抢救、保护、收藏、研究和展示为主的文化事业与文化产业为一体的战略带动项目,是陕西省、西安市“十一五”和“十二五”重大建设项目,陕西省爱国教育基地,国家 AAAA 级旅游景区,国家文化产业示范基地。① 关中民俗艺术博物院的丰富收藏都是来源于关中地区和黄土高原。依托丰富多样的收藏,关中民俗艺术博物院以民间信仰的祭祀活动、民间文艺的展演、农耕文化的节庆活动、对民间技艺的传承等形式进行开发利用,为弘扬民族精神搭建广阔的平台。关中民俗艺术博物院的建

---

① 关中民俗艺术博物院官网[EB/OL]. http://www.gzmsbwy.cn/,2018-03-10.

设，既抢救和保护了中华民族本源性的文化遗存，对当地的文化产业也起到促进作用。

（一）抢救并异地保护民间文化遗存

关中民俗艺术博物院突出明清园林建筑风格，将散落在关中各地的、具有保护价值的100多所典型民居整体收购，移建到此，实施异地保护并开发利用。博物馆主要建筑有40院迁复建明清古民居、民俗展览馆、展厅、展廊、文物库房、戏楼、店铺、工艺作坊、研究中心、人工湖、祭坛广场和园林景观等，按功能划分为民俗文物展馆区、游览区、名人活动区、休闲度假区等功能区。关中民俗艺术博物院不仅用实物藏品营造历史氛围，用明清民居增强真实效果，还用大量的民间风情、民间艺术活动来渲染生活气象，不仅陈列数以万计的民俗民间艺术的历史遗物，还在复活民间民俗艺术，如陕西地方戏曲、历代婚礼习俗、庙会社火、地方小吃等，成为品位高、参与性强的"关中民风民情民俗大观园"。

（二）藏品丰富、研究价值高

关中民俗艺术博物院已征集收藏的各类展品达万余件，其中石碑、栓马石8000余件；名人字画3000余幅；木雕及其他藏品2000余件，还有砖雕、玉雕、木雕及铁铸类、纺织品类、陶瓷类等丰富藏品。馆藏已有12000多件石雕，近万件木雕和砖雕，2000多幅不同时期的名人字画及4000多件周、秦、汉、唐以至明、清时期陕西关中民间的日常生活用品和生产、交通工具等。特别是雕刻精美、形态万变的拴马桩，为博物院增添了别样特色。这些石雕珍品不但为我国今后的艺术创作提供了重要的借鉴和影响，而且对艺术、民间文化和历史文化等研究机构提供了宝贵的资料。

（三）注重民间文化的研究

关中民俗艺术博物院的建设，不仅填补了民间文化文物馆藏的空白，而且开创了民间文化研究的新领域。关中民俗艺术博物院除了收藏一大批民俗实物，同时还收集了陕西地方戏剧曲艺20余种，如几被忘却的碗碗腔、道情戏、线腔戏、秧歌剧，还有急需保护发展的民间锣鼓、安塞腰鼓、社火、独角戏、何家营古乐、曲子、梆子、皮影戏。2016年,由王勇超院长主编的《关中民俗文化艺术丛书》荣膺“全国优秀社会科学普及作品”。丛书由《关中风俗考》《关中礼仪》《关中节庆》《关中农业生产民俗》等分卷著作组成,反映了关中地区人民的艺术、审美、劳动、居住、习俗风情等,是读者获取民俗文化知识、了解省情地情、接受乡土教育的生动教材。

(四)社会效益突出

关中民俗艺术博物院一期工程项目已全面建成,累计完成投资3.8亿元。博物院已接待中外游客135万余人次,产生良好的社会效益,影响力和知名度逐步扩大,成为展示关中民俗文化的靓丽名片。博物院还承担着国家文化产业示范基地、爱国主义教育基地等社会职能,在服务社会、以文化人、传承文化等方面成为提高观赏者道德情操、远见卓识、才能技艺、知识学问、审美能力的“大学校”。关中民俗艺术博物院是陕西对外文化交流的一个窗口,也是陕西民俗文化和中华民族传统美德的收藏、教育、研究基地和传播中心。

五、传统文化在西安创意城市开发中的趋势及发展措施

党的十九大报告提出推动中华优秀传统文化创造性转化、创新性发展。文化产业也要深入挖掘传统文化资源,从而让传统文化真正“活”起来。丰富的历史文化遗产是西安的一张名片,传承保护好这份宝贵的历史文化遗产是西安人民的职责和义务。西安应该处理好城市改造开发和历史文化遗产保护利用的关系,处理好传统文化可持续发展与创意城市的关系,切实做到在保护中传承、在发展中保护。文化创意产业具有高附加值、增长快速等鲜明特征,是以创造力为核心的新兴产业。结合西安市文化创意产业发展的实际情况,可以从多方面探寻解决西安文化产业发展中出现的难题的有效途径。

(一)做好文化发展规划,为创意城市培育肥沃土壤

创新是创意型城市必须具备的功能。西安是中国三大教育、科研中心之一,科技实力雄厚,综合科技实力居全国城市前列。随着户籍政策的逐步放开,西安已成为全国最为热门的城市之一。良好的教育、科研、学术氛围为西安文

化创意产业的发展奠定了坚实的基础。在创意城市的创建过程中，我们应重视城市文化精神培养，塑造多样与宽容的都市风格。依托现有山水脉络等独特风光，让城市融入大自然，融入现代元素，保护和弘扬传统优秀文化，延续城市历史文脉。

西安可以对标先进城市的先进理念、优良做法，做好创意城市发展规划，让一切新技术、新模式、新业态，可以落地生根、茁壮成长。同时，西安要建成世界有影响的国家中心城市，必须发挥自身优势，奋力建设丝路高地，做好历史文化大都市这篇文章。通过发展一批具有世界影响力的国际汉唐学院等高端智库，促进文化国际化融通在更高层次、更宽领域的融通。深入挖掘周、秦、汉、唐优秀传统文化价值，开展“古镇、古村落”地名文化遗产认定、建档，恢复好、保护好、展示好西安的古遗址、老街区、老宅院、名建筑，让市民“记得住乡愁”。除此以外，西安还需加快推进大学城、读书城、艺术城、创意设计城、博物馆城“五城”建设。以“文化+市场”的力量、“文化+科技”的力量、“文化+金融”的力量，最大程度地挖掘发展西安传统文化资源潜力，努力把文化资源优势转化为产业优势、发展优势，从而为创意城市的发展培育肥沃土壤。

(二)提高文化自信，为城市建设和产品设计融入文化元素

提高文化自信，加强西安对外文化交流，主动融入世界文化，打造历史特色鲜明、多元文化融合发展的文化之都，以文化优势助推西安站立在世界历史文化名城之林。在城市空间布局和城市文化产品设计等方面，既要突出中华民族最强盛时期周秦汉唐大气恢弘、展世界城市雄姿的文化气魄，又要突出新兴时期国际化大都市现代、时尚、活力这个主旋律，让人文西安、创新西安、品质西安成为世界城市的地理标识。

西安应支持丝绸之路起点中华民俗文化资源的有效整合，加强对沿线国家民俗文化的深入研究。举办国际性的民俗文化论坛或民俗文化节庆活动，推出一批具有创新性、创造性的高品位的丝路民俗文化成果，持续增强中华文化的软实力和影响力。同时，必须植根于本土文化——华夏文明，提取传统文化元素，重新建构并体现于文化创意产品的设计的每一个细节之中，使得文化创意产品既有传统文化特色，又能为国际化消费主体理解与认同的优良的文化创意产品，才能形成文化创意产业持续发展态势。

(三)加大宣传营销,扩大文化创意城市影响力

城市品牌营销是通过现代化的营销手段将城市整体形象向外部展现的过程,包括城市的人文环境、居住环境、投资环境和消费环境等内容。目前,大西安发展格局初步形成,城市集聚力、辐射力、竞争力和影响力都在不断增强,城市文化品牌需要转换升级。通过举办丰富多彩的文化活动(包括具有国际影响的重大活动、传统民间艺术展演以及专门的会展活动等),从城市角度造势宣传推介,吸引游客参观体验,提升城市形象,让国内外人群感知认同西安的独特文化氛围和创意。当今世界政治、经济、社会瞬息万变的局面,只有紧跟时代潮流,敏锐审视发展趋势,善于及时调整城市发展战略,才能在复杂局势中抢占先机。西安运用有力局面加快创意城市的建设,抓好城市品牌塑造与维护、文化类项目招商与推进、产业发展平台建设、重点企业培育等工作,放大文化产业的聚集和带动效应,切实构建"体系完备、主次清晰、后劲充沛"的良好发展局面,切实加快国家中心城市建设。

(四)加快人才培养,为文化创意产业获得持续动力

劳动者是生产力三个基本要素之一,是生产力诸要素中最为活跃和最富有创造性的元素。建设创意城市,创意人才是关键。未来五年,大西安将建设国家高端人才培养中心,通过不断引进和培养高级人才,构筑城市创新人才高地。加快实施"人才强市"战略,突出"高精尖缺"导向,吸引更多国内外领军人才和创新团队,以高层次高技能人才引领高水平发展,以人才优势增创发展优势。继续加强高等教育,进一步扩大高层次人才的培养规模,加大高级人才的增量。实施引进高层次人才"5531"计划,用5年时间引进和培养国内外顶尖人才50名左右,国家级领军人才300名左右,地方级领军人才1000名左右。建立重点工程技术实验室和博士后工作站100个,引进优秀创业团队和创新团队1000个,人才竞争力和人才贡献率居于全国副省级城市前列。实施"城市合伙人"计划,吸引更多海内外高端人才和年轻人。发挥西安教育资源优势,把西安打造成"一带一路"人力资源培养与交流中心、海外人才离岸创业基地。利用政策优势吸引世界各地的优秀创意人才,特别是既有深厚传统文化底蕴又具备宽阔国际视野的海外留学人才。

文化产业是现代城市综合实力的重要标志，是城市经济发展新的增长点。传统文化与文化产业之间又有着相互促进共同发展的必然联系。未来一段时期，西安会提高认识、加快发展，把文化产业打造成新时期、新时代大西安繁荣发展的支柱性产业，为实现追赶超越发展贡献更多力量。

（颜鹏，陕西省社会科学院文化研究所）

第十七章
西宁：发展文化创意产业，提升城市幸福指数

一、2017年西宁市文化产业发展状况

二、西宁市文化产业发展亟须打破的瓶颈

三、进一步加快西宁市文化产业发展的思考

以文化促进城市振兴是我国城市发展的重要方向。2017年以来，西宁市文化产业推动了经济发展，提升了城市的核心竞争力，塑造了城市的整体形象，使得西宁市在全国幸福城市中脱颖而出。2017年《中国经济生活大调查(2017—2018)》美好生活数据发布，这是中国媒体首次以科学、系统、全面的民生指标体系，来量化人民对美好生活的感受，上榜的10大幸福城市，大部分在"消费升级""休闲经济""城市软环境建设""创意创新业态"方面表现突出，西宁市入选2017年中国十大最具幸福感城市，并且排列第二，GDP不再是城市竞争力的决定性指标，而"美好生活"目标成为城市发展的全新引擎。同年，西宁市也被评选为2017年全国文明城市的5个省会城市之一，进入全国文明城市的行列。因此，推动文化产业发展已经成为构建城市符号、传播城市品牌的重要路径之一。

随着文化产业规模的扩大和发展质量的提升，在推动建立区域协调发展新机制的过程中，文化产业成为重要的抓手。西宁市是兰西城市群建设的重点城市，处于丝绸之路经济带向西开放的重要节点，多民族多元文化优势明显，这些成为西宁市发展文化产业的重大机遇。西宁文化产业的发展亟须充分挖掘特色优势文化资源，使文化成为促进区域人文交流和经济融合发展的重要载体。

一、2017年西宁市文化产业发展状况

党的十八大以来，我国文化产业进入蓬勃发展时期，各地纷纷建设"文化名省"或"文化强省"，青海省也在打造文化名省中大步前进。党的十九大报告提出，要"健全现代文化产业体系和市场体系，创新生产经营机制，完善文化经济政策，培育新型文化业态"。西宁作为青海省省会城市，在文化领域供给侧结构性改革成效显现，文化产业规模不断壮大，产业结构不断优化，对国民经济增长的贡献也在逐年加大，随着文化体制改革有序推进和文化政策的日趋完善，文

化产业显示出朝气蓬勃的发展态势。

(一)政策环境不断优化

近年来,文化部《关于支持小微文化企业发展的意见》(文产发〔2014〕27号)《关于深入推进文化金融合作的意见》(文产发〔2014〕14号)《关于推进特色文化产业发展的指导意见》(文产发〔2014〕28号)等一系列文化发展政策的密集出台,为深化文化体制改革,促进文化事业和文化产业快速发展提供了有力的政策保障。2017年,西宁市继续坚持一手抓文化事业繁荣,一手抓文化产业发展,把文化产业摆在了全市文化工作突出位置,在政策引领、资金投入等方面提供了有力保障。首先,成立了西宁市文化产业发展协调领导小组,先后出台了《西宁文化旅游产业融合发展实施意见》《西宁市贯彻建设文化名省战略加快文化改革发展的实施意见》等政策性文件,市财政每年安排2000万元文化产业发展资金,以贴息、奖补等方式积极引导和扶持文化产业重点项目建设。第二,在2017年"中国西部省市文化产业发展指数(2017)"榜单中,青海省文化产业综合指数、文化产业影响力指数、文化产业驱动力指数均排在西部省市前十位,其中文化产业驱动力指数跃居西部省份第二位,产业驱动力反映的是文化产业发展的外部环境,体现了政府推动文化产业发展的态度和力度。第三,随着各地对文化产业的重视和支持力度不断加大、文化产业发展环境持续优化,西宁市研究制定了文化"十二五""十三五"发展规划,坚持文化旅游融合发展,重点实施社会主义核心价值体系建设、公共文化服务体系建设、文化品牌打造、文化遗产传承保护、特色文化体育旅游产业发展、文化人才队伍建设六大战略,完成了国有文艺院团转企、文化市场综合执法改革、广播电视内部机制改革三项改革,出台了《西宁市中小微企业贷款风险资金管理办法(试行)》(宁政办〔2013〕102号)、《关于西宁市文化体育旅游发展专项资金管理办法的通知》(宁政办〔2013〕48号)、《关于印发西宁市改革财政投入方式促进产业转型升级实施方案的通知》(宁政〔2014〕172号)、《西宁市小微文化企业扶持办法》(宁文广〔2015〕204号)、《关于加快发展文化产业的实施意见》(宁文广〔2016〕213号)等一系列政策意见及具体措施,为文化产业发展营造了良好的政策环境。

(二)规模实力不断壮大

近年来,在青海省实施“文化名省”战略的背景下,西宁市坚持把文化创新作为文化发展的重要引擎,深入实施文化旅游融合战略。为了增强文化企业核心竞争力,一批以文化旅游、文化创意、图书音像、工艺美术、演艺娱乐、节庆会展等为主导文化品牌迅速集成,一批核心企业和产业基地形成带动引领作用,文化产业整体规模和实力快速提升,西宁市文化产业法人单位数由 2014 年的 1263 家增长到 2016 年的 2900 余家;2014 年文化产业实现 18.62 亿元增加值,仅占 GDP 比重的 2.19%,到 2017 年末,实现 42.4 亿元增加值,占 GDP 比重约为 3.4%。现有国家文化产业基地 5 家,省级文化产业基地(单位)38 家、省级文化产业示范园区 2 家,市级文化产业示范基地 32 家、市级文化产业示范户 18 家。西宁市文化产业已逐步成为推动文化大发展、大繁荣的重要力量和经济发展新的增长点。

(三)特色文化产业格局初步形成

西宁市大力扶持特色文化企业,优先培育一批主业突出、实力雄厚的大型文化企业,重点培育一批成长性好、竞争力强的文化龙头企业,鼓励有实力的文化企业跨地区、跨行业、跨所有制兼并重组,培育文化产业领域战略投资者。引导鼓励社会资本进入文化产业领域,大力发展“专、精、特、新”中小企业,初步形成公有制为主体、多种所有制共同发展的特色文化产业格局。西宁市先后完成了“八瓣莲花”非物质文化传承体验中心、陈家滩特色文化旅游产业园区建设、塔尔寺门户区改造项目、湟源县丹噶尔古城基础设施、西宁市城西区文化艺术中心、热贡唐卡生产研究基地建设、中华枸杞养生苑等一批重点文化产业项目,为经济社会发展和改善民生福祉提供了强有力的支撑,使文化产业正逐渐成为西宁市经济增长的新亮点、转型发展的新增长极。利用青洽会、环湖赛、青年电影展等节会活动,打造了节会文化品牌;利用多民族多宗教等多元文化资源,着力打造了民族宗教文化品牌;利用丹噶尔古城群、卡约文化遗址、大通明长城、南凉虎台遗址等历史文化资源,着力打造了历史文化品牌;通过对湟中“八瓣莲花”、湟源排灯、大通老爷山花儿会等传统文化的挖掘和非物质文化遗产的保护,着力打造了河湟文化品牌。各县区结合文化产业发展实际,实行差异化发展之路，构建了文化产业发展新格局。

(四)文化产业及其他产业融合发展

西宁市结合城乡统筹发展、美丽乡村建设、精准扶贫等工作，依托原有山水资源、民俗文化，实施了“城市休憩后花园”“乡村旅游+文化、体育、康养等多元主题”项目等，在全市范围内创建10条“乡村旅游示范带”，提升了全市乡村文化旅游建设水平，“三位一体”推动乡村文化旅游业发展，党的十九大提出乡村振兴战略，其中，产业兴旺是重点。产业兴才能乡村兴，经济强才能人气旺，西宁市在此战略的引导下，积极培育并推进文化产业与农业生产性服务业融合发展。建设了可可西里文化旅游产业园、湟源县日月山景区基础设施建设、青海香巴林卡景区旅游基础设施建设、湟中县上山庄花海、湟中县乡趣卡阳高山休闲牧场户外旅游区基础设施建设、大通县汇丰景区休闲观光园区建设等一批重大文旅项目，并相继投入运营，这对西宁市乡村旅游业的发展取到了重要的支撑和龙头作用。不断加快文化内容创意或技术创新，以工艺美术品行业为重点，追求传统工艺内容创新，在传承的基础上创新，提升了文化产品深层次内涵。推进了动漫、网络电视、数字出版等新兴业态的快速发展，成立了西宁电视台产业中心，积极拓展新媒体业务，掌上西宁手机客户端、西宁微信报等新媒体全面上线。优化文化产业结构，促进文化产业与高新技术产业融合发展，提升自主创新能力，加快对传统文化产业改造和升级，增强文化产品和服务的科技含量，向内容产业靠拢。推动了文化产业与旅游、体育、信息、物流、建筑等产业融合发展，增加相关产业文化含量，延伸文化产业链，提高附加值。引导文化企业开发特色文化消费，不断扩大服务消费范围，提供个性化、多样化、分众化的文化产品和服务，不断培育新的文化消费增长点。

二、西宁市文化产业发展亟须打破的瓶颈

西宁市依托文化资源优势，积极推动文化产业发展，文化产业呈现出良好的发展态势，但由于受社会发展水平、经济实力和政策保障等多种因素的制约，文化产业总量小、产业化程度低、龙头骨干企业少、创新创意能力弱，以及与相关产业融合不够、政策体系不完善、文化企业融资难等问题较为突出，这种状况

与中央对发展文化产业的部署要求不相适应，与西宁市丰富的文化资源不相适应。

（一）产业集约程度有待提高

在梳理西宁市文化产业发展状况的基础上，不难看出，西宁市文化产业存在整体实力不强、集约化程度不高等问题。由于文化产业起步较晚，文化企业发育缓慢，除了在近几年政策的引导下，文化产业初现雏形外，西宁市文化产业发展总体上仍然存在基础薄弱、发展规模小、市场化程度不高、知名品牌少等特征，文化市场主体弱、小、散，文化产业园区集约化程度低、运营质量不高，示范引领作用发挥不够等问题尚未得到妥善解决，严重地阻碍了西宁市文化产业向纵深发展，长久看来，并不利于西宁市创意城市建设。

（二）文化创新能力亟须加强

西宁市文化产业发展中，一些龙头性的新型的具有带动性的文化企业不多，这些瓶颈问题难以突破，这其中最重要的原因是文化产业的自主创新能力不强，科技支撑不够。西宁市文化产业发展基本上是依托一些重大文化产业项目的实施及特色产业文化品牌的打造，这些重大项目和特色文化品牌全部都依靠政府的引导，投入了大量的资金，但有些文化项目由于对于文化资源的挖掘不够，因此制造的文化内容不够丰富，产生的经济效益微弱，并不能发挥辐射带动作用。另外，中小型文化企业自身文化资源的挖掘及文化产品服务等的产业化仍然不够，文化自主创新能力弱，一些文化产业的层次低，文化资源转化为文化产品和服务的效率低下，形式单一，文化衍生产品和服务较少，严重阻碍了西宁市文化产业的规模化、专业化发展。

（三）文化消费力急需提升

根据2017年中国西部文化消费综合指数来看，青海文化消费环境、文化消费意愿、文化消费能力、文化消费水平、文化消费满意度五大方面都在西部地区中排名靠后，西宁市作为青海省的省会城市，虽然文化消费环境方面有一定基础，但仅此一项仍然无法带动整个市的文化消费。另外，外来游客对于西宁市的文化消费仅限于湟中、湟源等地文化旅游门票的支出及文化餐饮上，尤其是西宁市市区文化产业集聚区尚未建立，基本靠大型商圈带动文化消费。因此，文化消费整体上呈现较弱态势，这样的现状成为西宁市文化产业发展的重要制约因素，未来如果只靠政策驱动，而不能带动文化消费，西宁市文化产业整体发展仍然滞后。

(四)文化企业整体实力有待提升

随着中央、省级到市级的文化产业政策等配套措施的实施，使得西宁市文化产业不断兴起，文化企业如“雨后春笋”般出现，尤其是在全国商事制度改革的大背景下，西宁市文化企业的注册呈现“井喷”态势，但一些重大文化产业项目总体上不能够有效地把文化资源转化为经济社会发展的资源，无法形成文化产业的核心竞争力，一些中小型文化企业注册后，仍然存在打着文化产业的旗号做传统第三产业的现象，对一些原创性文化产品和服务的产权保护意识不强，导致文化侵权现象频发，文化企业整体意识有待加强，综合实力有待提升。

(五)文化产业人才有待引进培养

文化创新能力不强归根结底，是由于文化创意创新人才匮乏，懂经济又深度挖掘西宁市文化的人才较少，专业研究文化的人才对经济学知识又较为缺少，现有从事文化企业的人员很大一部分是出于追逐利润，真正要把文化植入企业骨髓的企业家较少。西宁市文化产业发展急缺人才，呈现出文化人才总量规模小、结构不合理，特别是高层次文化专业技术人才和经营管理人才紧缺，基层公益性文化单位普遍缺编、缺人等现状，另外，由于人才引进机制不活，人才培养的系统性、针对性、有效性不强，制约了西宁市文化产业大繁荣大发展。

三、进一步加快西宁市文化产业发展的思考

未来，西宁市落实国家支持西部文化产业和小微企业政策，重点支持小微文化企业“专精特新”发展，注重调结构、稳增长、惠民生，优化文化产业发展环境。引导具有竞争实力和发展潜力的文化企业，加快创新发展，推进以生态观光旅游、特色餐饮服务、文化旅游演出、民俗展览展示、文化产品生产销售等内

容的文化旅游融合重点发展路径，力争2018年新增文化产业法人单位12家，并实现文化产业销售收入增长18%。

(一)优化产业布局，完善产业结构构成

未来，在文化产业的区域化发展以及区域间和区域内部联动的推动下，文化产业将打破传统格局，逐步实现“带状发展”，发掘区域间文化产业的协同效应，实现供给侧结构性改革和提质升级。西宁市将围绕建设“西部文化强市”目标，着力调整区域产业布局，重点实施“四区、两带、一中心”的文化产业发展战略构想，实现文化产业成为国民经济支柱性产业的发展目标。即以国家“一带一路”“藏羌彝文化产业走廊”建设为产业发展机遇，积极创建湟中—文化旅游示范区、大通—生态文化旅游示范区、城西—文化创意服务示范区、城北—农耕文化示范区；规划以城东区穆斯林文化为纽带，发展西至新疆、乌兹别克斯坦、哈萨克斯坦、土耳其，东至甘肃、宁夏、陕西等国家和地区的伊斯兰文化产业带；以湟中藏传佛教文化为纽带，发展南至西藏、四川、云南直至尼泊尔、印度、马来西亚等地区和国家的藏文化产业带；立足于省会城市西宁独特的经济、政治、文化中心地位，全力打造集旅游观光、演艺娱乐、特色餐饮、节庆会展为内容的高原文化生活休闲聚集中心。区域协调发展有利于文化产业从根本上实现高层次的集约化经营、科学化管理和专业化发展，推动文化产业和其他产业融合发展、跨界发展，从而进一步完善产业结构构成，推动文化产业快速发展。

(二)大力扶植优势文化企业，强力整合特色文化资源

文化产业以创意为源头，是一种科技含量高、资源能耗低、环境污染小、知识密集的绿色产业，大力发展文化产业对于青海省推动经济小省向生态大省转变产生显著效果。同时，文化创意产业作为现代服务业，研发文创产品和非遗衍生品，让非遗走进现代生活，见人见物见生活，可以增加就业、拉动内需，促进从农牧民单一的种植、养殖、生态看护向生态生产生活良性循环的转变。紧紧围绕将西宁建设成为“绿色发展样板城市”的目标，着力调整区域产业布局，按照提升品位、扩大规模、培育龙头、做大做强的要求，重点支持骨干文化企业发展和引导具有竞争实力和发展潜力的文化企业，加快创新发展。

加快培育小微文化企业，重点支持小微文化企业“专精特新”发展。注重创

意设计与规划，注重存量填补，注重特色品质建设。大力实施重点文化创意品牌打造工程，着力打造以“青年电影展”“夏游西宁”等为代表的节会文化品牌，以塔尔寺、东关清真大寺等为代表的民族宗教文化品牌，以丹噶尔古城群、卡约文化遗址等为代表的历史文化品牌，以“八瓣莲花”、排灯、花儿会等为代表的河湟文化品牌，全方位、立体地把城市的文脉、文气、文化通过各类创意品牌彰显出来，推介出去。

（三）引进重大文化产业项目，推进文化产业集聚区建设

贯彻落实国家“一带一路”建设和国务院关于推进文化创意和设计服务与相关产业融合发展的战略部署，加快落实《国务院关于推进文化创意和设计服务与相关产业融合发展的若干意见》（国发〔2014〕10号）、《文化部财政部关于推动特色文化产业发展的指导意见》（文产发〔2014〕28号），合理开发利用西宁地区优秀的民族特色文化资源，支持建设一批有影响力和示范效应的文化产业重点项目，带动产业繁荣发展。

一直坚持重大文化产业项目带动经济发展全局战略，加快文化产业集聚区建设，文化产业发展取得了长足进步，动漫游戏、影视剧创作生产、传媒产业、文化旅游、文化创意等产业已成为文化产业发展的新亮点。坚持高起点谋划、高标准建设，大力实施西宁多元文化品牌打造工程。一方面以工艺美术品行业为重点，追求传统工艺内容创新，提升产品文化内涵。另一方面加快发展动漫、网络电视、数字出版等新兴业态，不断优化产业结构，推动新型产业发展。力争用5年时间，形成一批文化产业发展新的增长点和增长极，全面提升文化产业发展的质量和效益。

（四）创新人才发展机制，培育文化市场主体

注重人才培养。大力培养一批兼备文艺专业素质和市场经济素质的复合型经营管理人才，特别是培养或引进一批既具有开放的文化创新思维，又具备现代科技素质与经营才能的人才，通过加强培训和学习，提高现有文化生产经营管理人员的素质，造就和凝聚一批懂经营、善管理和德才兼备的文化产业经营管理人才，为西宁文化产业可持续发展积蓄人才资本。

放开文化市场准入限制。鼓励和引导民间资本、社会资本投资兴办文化企

业，支持“个转企”，引导和扶持创意人才、中小投资者、大学生创办文化企业；加快培育小微文化企业；做大做强骨干文化企业；优化文化市场环境；贯彻落实《文化部财政部等关于深入推进文化金融合作的意见》（文产发〔2014〕14 号），建立由政府、企业、银行、担保机构共同参与的投融资合作机制。

（五）扩大文化消费，推动文化产业持续发展

着力创新和丰富文化消费业态，培育文化消费理念，引导文化消费行为，优化文化消费环境，营造激励文化消费浓厚氛围。研究建立由政府、企业、银行、担保机构共同参与的投融资合作机制，搭建文化产业投融资服务平台。一是创新商业模式，拓展大众文化消费市场，开发特色文化消费，扩大文化服务消费，提供个性化、分众化的文化产品和服务，培育新的文化消费增长点。二是引导文化企业投资兴建更多适合群众需求的文化消费场所，鼓励出版适应群众购买能力的图书报刊，鼓励在商业演出和电影放映中安排一定数量的低价场次或门票，鼓励网络文化运营商开发更多低收费业务，有条件的地方要为困难群众和农民工文化消费提供适当补贴，提高基层文化消费水平，增加文化消费总量。

（六）加速文化产业融合发展，铸就经济发展新格局

2018 年中央“一号文件”提出乡村振兴战略，提出发展乡村共享经济、创意农业、特色文化产业的要求。西宁市应当通过文化资源、生活传统、风景及娱乐等因素，全力提升城市的文化旅游吸引力。高度重视文化和旅游产业融合发展，注重把文化融入旅游商品开发、项目推介、宣传促销当中，打造以文化旅游演出、民俗展览展示、文化产品生产销售等为主体的文化产业体系。同时积极促进非物质文化遗产保护传承与旅游相结合，发挥旅游对文化消费的促进作用。

以科技创新推动传统优势行业优化升级，借助“互联网+”等现代高新技术手段与创意设计理念，加快文化产业创新发展，特别是要依托博物馆馆藏资源、文物保护单位、非物质文化遗产等要素，借助外力积极研发文化创意产品，促进优秀文化资源的传承传播与开发利用。推进以生态观光旅游、特色餐饮服务、文化旅游演出、民俗展览展示、文化产品生产销售等内容的文化旅游融合重点发展路径，支持各类文化产业基地充分发挥促进创意孵化、加强人才培养、推进

产业融合、建设服务平台、培育文化品牌等功能，促进其转型升级。大力实施重点文化创意品牌打造工程，着力打造节会文化、民族宗教文化、历史文化、河湟文化等各具特色的文化品牌。

（甘晓莹，青海省社会科学院）

第十八章

评析:传统文化开发为创意产业发展和创意城市建设注入新动力

一、2017 年主要城市创意产业保持平稳发展

二、创意城市建设成为推动创意产业发展的重要抓手

三、传统文化开发为创意产业发展注入新动力

四、主要城市创意产业政策环境持续优化

五、创意城市与传统文化融合发展的思考

一、2017年主要城市创意产业保持平稳发展

2017年10月，党的十九大指出在过去五年中我国“文化自信得到彰显，国家文化软实力和中华文化影响力大幅提升”，如今，“中国特色社会主义进入新时代，我国社会主要矛盾已经转化为人民日益增长的美好生活需要和不平衡不充分的发展之间的矛盾”，对文化发展提出了新的要求，要“担负起新的文化使命，在实践创造中进行文化创造，在历史进步中实现文化进步”。

自2011年以来，北京地区生产总值结束了两位数以上的增长速度，地区经济进入“新常态”；与此同时，地区经济高端化发展、经济结构优化升级及人均GDP、收入和消费的提高等因素，为首都文化创意产业的提质增效创造了良好的环境。2017年，北京文化创意产业增加值3908.8亿元，占GDP比重14.0%，与上年持平。自2006年以来，文化创意产业增加值占地区生产总值的比重稳步提升。2017年，文化创意产业增加值增速有所下降，现价增速为9.2%，是2006年以来的现价增速最低值。2017年，规模以上文化创意产业实现收入16196.3亿元，比上年增长10.8%；从业人员平均人数达到125.1万人，比上年增长0.3%。规模以上单位仍然是文化创意产业创收的核心力量。科技部火炬中心发布的2017中国独角兽企业榜单显示，13家文化娱乐行业独角兽企业中9家来自北京，占比达到69%。

天津市文化产业整体实力持续增强，2016年天津市文化产业增加值超过800亿元。文化大发展大繁荣攻坚战实施期间，累计推出了8批共486个项目，总投资1813亿元。全市文化单位22640家，其中规模以上文化企业1086家，市属国有文化企业集团5家，龙头带动作用显现。天津市形成了广播影视、出版发行、演艺娱乐、文化创意和设计、文化旅游、动漫游戏、文化会展、艺术品交易等八大门类为主体的文化创意产业体系和一批文化产业品牌，基本形成山、

海、城、乡“四带多点”的文化创意产业空间布局。天津市拥有文化产业园区35个，其中国家级文化产业园区8个，市级文化产业示范园区19个，示范基地47个。

2017年，石家庄市综合经济实力稳步提升，生产总值完成6460.9亿元，同比增长7.3%。截至目前，石家庄市规模以上文化企业达298家，新三板上市企业6家，石家庄市在建重点文化产业项目(园区)46个，总投资达148.1亿元。石家庄市共有经文化部认定的动漫企业11家(河北省12家)，动漫关联企业2000余家，初步形成了“创、产、学、研、销”一条龙的动漫产业体系，动漫业全年总产值1.2亿元，生产动画作品达1万分钟。估算整个动漫产业年产值达10亿元以上，带动1万余人就业。2017年石家庄第十二届国际动漫博览会上，签约交易额达1.5亿元，到场观众达22万人次，比上年增长了约20%。文化产业园区建设稳步推进，正定古城修复工程顺利完工，滹沱河沿岸规划建设融入历史文化元素的12个主题公园，长青文化旅游度假区成为省会西部文化休闲品牌工程，河北传媒学院文化创意产业园已入驻企业、工作室20余家，荣获河北省十大文化产业园区。探索实施中俄“两国双园”合作模式，石洽会、动博会、国际通用航空博览会知名度和影响力持续提升。成功举办首届旅发大会，与3省、8市88家景区实现旅游互联互通，打响“红色西柏坡、幸福石家庄”旅游品牌，全域旅游格局初步形成，旅游业总收入达到962.6亿元，居河北省首位。2017年，石家庄市成功创建全国文明城市，并在完善公共服务功能、加强文化设施建设、实施文化惠民工程、丰富群众性文化活动等方面都取得一系列进展。石家庄大剧院、丝弦剧院等一批标志性文化设施相继投入使用。大剧院全年共安排演出125场，接待观众约11.8万人，票房总计收入达400余万元；市丝弦剧院举办了丝弦演出季暨五路丝弦经典剧目展演活动，全年共举办精彩演出90余场，观众约5.4万人，进一步促进了丝弦这一地方传统剧种的传承与发展。中山古城遗址公园获批立项，成为石家庄市第一个立项的国家考古遗址公园项目。行唐故郡考古遗址入选2017年中国考古六大新发现。

2017年，西安市经济发展势头良好，GDP为7469.85亿元，同比增长7.7%；文化产业稳步发展，规模以上文化及相关产业企业数量达到340家，营业收入达到535.93亿元，与上一年同比增长20.3%；营业成本425.23亿元，与上一年同比增长17.3%；利润总额44.22亿元，与上一年同比增长49.2%。在340家规上企业中，营业收入过亿元的文化企业有78家，营业收入合计465.58亿元，与上一年同比增长22.9%，占全部规上企业的86.9%；营业成本合计374.36亿元，与上一年同比增长19.8%，占全部规上企业的88%；利润总额41.41亿元，与上一年同比增长53.9%，占全部规上企业的93.6%。从文化产业三个组成部分来看，340家规上文化企业中，文化制造业、文化批零业、文化服务业单位数分别占11.5%、12.1%和76.5%，营业收入分别占30.9%、29.4%和39.7%，利润总额分别占12.9%、18.8%和68.3%，文化服务业的主体地位明显。从文化及相关产业十大分类看，文化创意和设计服务规上企业83个，全年利润总额9.99亿元。文化用品的生产营业收入最多，22个规上企业年营业收入119.82亿元。广播电视电影服务的营业收入增长最快，同比增速达到49.9%。规上文化企业以中小型企业为主，中型企业67家，占企业总数的19.7%，小型企业222家，占企业总数的65.3%。中小型文化企业营业收入合计351.17亿元，占规上文化企业营业收入总额的65.5%。大型文化企业虽然只有25家，但其营业收入共计176.55亿元，占规上文化企业营业收入的32.9%。西安动漫游戏产业已经形成了一定的规模，90%以上的动漫游戏企业集中在西安碑林区、高新区、曲江新区三大动漫产业聚集区。陕西动漫产业平台已经连续举办了五届“新光奖”中国西安国际原创动漫大赛。2017年西安市成为电竞新势力，举办了酷玩娱乐嘉年华产业高峰论坛等活动，并启动了相关的产业城项目。

作为历史悠久、传统文化底蕴深厚的湖北省省会、新晋国家中心城市，武汉市积极适应经济发展新常态，继续以文化体制机制创新改革为动力，不断优化文化发展环境，产业规模持续增长。2016年，武汉文化产业实现增加值477.28亿元，比2015年增长16.6%，高于同期全市GDP增幅，增速比2015年提高3.0个百分点，武汉市文化及相关产业增加值占全市国内生产总值(GDP)比重首次突破4%关口，文化创意产业增加值占GDP比重达到7.2%。武汉文化产业发展站在了跨越发展的新起点上。截至2016年底，武汉市“规上”文化企业共计505家，与2015年相比增加46家，实现营业收入1027.18亿元，较上年增长12.2%，营业收入增速超过全省平均增速1.9个百分点，超过全国4.7个百分点。实现营业利润69.05亿元，较上年增长38.3%。从业人员12.83万人，较上年增长3.7%。文化产业十个行业大类中，营业收入占比前三的是：文化创意和设计服务，营收354.67亿元，占比34.5%；新闻出版发行服务，营收211.57亿元，占比20.6%；文化用品的生产，营收110.57亿元，占比10.8%。从增加值增速看，七个行业保持增长，文化专用设备的生产、文化艺术服务、文化创意和设计服务业增幅位居前三。

2017年杭州市文创产业实现增加值3041.05亿元，同比增长19%，占GDP比重达24.2%，产业总实力同比再创新高。以数字化、网络化为代表的新兴文创产业——数字内容产业快速发展，成为杭州文创产业特色亮点。全市数字内容产业实现增加值1870亿元，同比增长28.5%，占GDP比重14.9%。到2017年，累计共有5家文创企业成功上市，24家文创企业成功挂牌新三板。截至目前，24家市级文创园区规划建筑面积达949.75万平方米，增长25%；已使用面积达744.55万平方米，增长25.64%；集聚企业5770家，增长6.9%；实现收入674.96亿元，增长21.06%；集聚从业人员9.34万，增长31.97%。2017年，规上文创企业实现利税1543.12亿元，同比增长30%。2017年，以信息服务、设计服务、教育培训、现代传媒等行业为主的文创产业核心层实现增加值2555.57亿元，增长20.3%，增幅高于文创产业整体1.3个百分点。核心层增加值占全部文创产业的84.04%，同比提高1.14个百分点。

深圳的文化产业已经与其他最具潜力的战略性新兴产业齐头并肩，成为城市发展的经济支柱。“十三五”以来，深圳文化创意产业一直以高于同期GDP的增速发展。2016年，深圳文化创意产业增加值1949.70亿元，增长11.0%。2017年，深圳文化创意产业实现增加值2243.95亿元，增长14.5%，占全市GDP比重超过10%。深圳文化创意企业近5万家，从业人员超过90万，其中规模以上企业3155家。深圳文化产业中，传统优势行业“工艺美术品的生产”“文化专用设备的生产”“文化用品的生产”类别在产业结构中仍占有一定的比重，文化产业新兴业态领域强劲发力，“文化信息传输服务”“文化创意和设计服务”类别获得较快增长。2016年“工艺美术品的生产”营业收入最高，达到1510亿元；“文化信息传输服务”资产总计最高，达到4955.35亿元。

2016年，成都市进入文化产业“十三五”规划初期，全市文创法人单位约1.5万个，从业人员约46.4万人，实现营业收入2614.2亿元，创造增加值633.6亿元，占GDP的5.2%，创意经济已成为成都新的经济增长点。2017年，全市坚持稳中求进工作总基调，加快建设全面体现新发展理念国家中心城市，转变城市发展方式，重塑产业经济地理，全市经济呈现活力增强、稳中向好、信心倍增的发展态势。2017年，西安市实现地区生产总值13889.39亿元，按可比价格计算，比上年增长8.1%，高于全国1.2个百分点，与全省持平。同年，西部文创中心建设全面启动，加快产业布局、促进融合发展、丰富文化形态、创新要素供给、构建产业生态、策划重大项目、加大招商引资、完善管理体制，年内实现文创产业增加值 750 亿元，占 GDP 比重约 5.5%，居民文化消费支出占消费支出的比重达到 5.0%以上。

哈尔滨市的文化产业总量规模、活动单位规模及就业规模均在逐步扩大。2016 年，哈尔滨市文化及相关产业实现增加值 393.7 亿元，比 2015 年增加值 360.3 亿元增加 33.4 亿元；占哈尔滨市 GDP 的比重为 6.5%，比上年提高 0.2 个百分点；同比增长 9.3%，文化产业增加值增速高于同期哈尔滨市 GDP7.3% 的增长速度；拉动 GDP 增长 0.6 个百分点，对哈尔滨市经济增长贡献率为 9.5%，比上年提高 0.1 个百分点。文化产业在哈尔滨全市 GDP 中的比重也在不断上升。2016 年文化产业统计数据显示，哈尔滨市文化产业增加值在 15 个副省级城市中位列第 11 位。从文化及相关产业单位规模来看，全市共有文化及相关产业单位 7.12 万个，与 2015 年7.15万个基本持平。全市文化及相关产业从业人员 46.72 万人，其中，个体户从业人员 241.71 万人，占全市从业人员的 52.9%；法人单位从业人员 20.36 万人，占 43.6%；产业活动单位从业人员1.65 万人，占 3.5%。从文化产业结构看，传统行业规模较大，新兴行业增速较快。在文化产业的十大行业中，从总量规模上看，行业增加值居前三位的分别是文化用品的生产、文化休闲娱乐服务、文化创意和设计服务；从增长速度上看，增速最快的三个行业分别是文化创意和设计服务业、广电影视服务和文化艺术服务，同比分别增长 65.8%、39.6%、15.9%，分别高于全市文化产业增加值平均增速 56.5、30.3 和 6.6 个百分点。从统计数据看，文化创意和设计服务得到爆发式发展，充分说明哈尔滨市文化创意和设计服务发展环境得到改善，市场活跃度明显上升。

青岛市近年来文化产业增加值平均增速达 18.5%，高于同期市 GDP 增速 9.3 个百分点。在 2015 年青岛市文化产业就已经占到全市生产总值 5.99%的基础上，2016 年、2017 年保持着年均 14%以上增速；2017 年上半年更是优化结构、提速换挡，同比实现 15.2%的快速增长，领先于全国平均增速 3.5 个百分点。2017 年上半年，青岛市规模以上文化企业共实现营业收入 1293.4 亿元，占山东省全省营业收入的 1/4。产业发展提速换挡，同比实现了 15.2%的快速增长，较上年同期显著提升 8.8 个百分点，且增速领先于全国（11.7%）、山东省（11.7%）平均增速 3.5 个百分点。其中，文化制造业实现营业收入 915.6 亿元，同比增长 10.4%；文化服务业实现营业收入 71.6 亿元，同比增长 17.2%；文化批发零售业实现营业收入 306.3 亿元，同比增长 31.8%。从规模以上文化企业数量看，制造业、服务业、批发零售业企业占比，由上年同期的 64.9∶26.3∶8.8调整为 57.3∶33.1∶9.6。2017 年上半年，规模以上文化企业中 2014 年以来成立的有 117 家，这部分企业极具发展潜力，上半年营业收入同比增长34.6%，领先于规模以上文化企业平均增速 19.4 个百分点，对产业发展的贡献率达到 10.4%。

二、创意城市建设成为推动创意产业发展的重要抓手

党的十九大报告提出，要坚定文化自信，推动社会主义文化繁荣兴盛。全球创意城市网络，是继世界文化与遗产保护、非物质文化遗产保护这两项工作后，联合国教科文组织在推进全球文化多样性发展方面推出的又一项重要举措，我国已有 12 座城市入选联合国教科文组织创意城市网络，成为对外展示中国文化魅力和文创产业成就的桥头堡。全球创意城市网络成立于 2004 年 10 月，网络中的城市，共分文学之都、电影之都、工艺与民间艺术之都、音乐之都、设计之都、传媒艺术之都和美食之都七种主题。经过批准加入网络的城市，被称为“创意城市”。

杭州，成为中国第一个以“工艺与民间艺术之都”加入“全球创意城市网络”的城市。作为中国最重要的手工艺和民间艺术中心之一，杭州拥有西泠印社、中国美院等一批艺术类名社、名校及王星记、张小泉、都锦生等民间艺术的百年老字号品牌，目前建有杭州工艺美术博物馆、中国茶叶博物馆、南宋官窑博物馆等各类民间艺术展示场馆近 40 家，举办过世界手工艺大会、中国工艺美术大师精品博览会等一系列重大会展活动。杭州孕育出了西泠印社金石篆刻、南宋官窑瓷器烧制技艺、丝绸织造技艺、西湖龙井绿茶制作技艺、刀剪伞扇制作工艺等一系列代表中国各历史时期最高水平并具有世界影响力的手工艺流派与精品。自 2012 年，杭州创全国之先，由市委、市政府出台政策启动了为期 5 年的“工艺与民间艺术薪火传承计划”，扶持传统工艺美术薪火相传，为杭州 5 种工艺门类的 5 位国家级工艺美术大师在全国范围内公开招徒。活动以 5 名在杭国家级工艺美术大师每人带 4～5 名徒弟形式，通过 5 年时间培养出一批杭州工艺美术行业的中高端人才。从 2012 年至 2017 年，市文化创意产业专项资金共拨付扶持资金 680.33 万元，主要用于项目期内的各类宣传、活动、展览、图录出版和师徒补贴等相关工作。5 年来，24 名徒弟中产生了 2 名市级工艺美术大师、5 名工艺美术师、10 名助理工艺美术师、5 名区级非遗传承人和 3 名艺术硕士，获得了总计 132 个各类各级工艺美术奖

项。杭州的设计师们发起了一项名为“融—Handmade In Hangzhou 当代设计展”的传统工艺高端设计再改造项目。团队旨在通过5年时间，对5种杭州传统材质(竹、丝、土、铜、纸)，以传统手工艺方式进行解构并融入当代设计。5年来，项目每年围绕一种传统材质为主题，通过手工艺解构和再设计，传承了传统工艺的同时，创造性地探索新的设计的可能，最终呈现以创新性转化而成的设计成果。杭州市专门培育搭建了“新杭线”杭州青年设计品牌推广平台，通过对外参展推广交流活动，推广本土青年设计师品牌。目前，“新杭线”展览中的不少品牌已与国内外文创机构开展了贸易合作，成功进行了成果转化。

2008年深圳作为中国第一个、全球第六个“设计之都”进入全球创意城市网络。以“深圳品牌”“深圳设计”为代表的“中国创造”已成为国际文化市场上的一支新生劲旅。深圳充分利用创意城市网络的平台，对内凝聚力量，将全市设计资源统一到“设计之都”的旗帜下，形成了强大合力。深圳计划用5～8年时间将“深圳设计周”培育为一个具有广泛国际影响力的城市文化品牌，同时将颁发“深圳环球设计大奖”，并希望将此奖项打造成设计界的奥斯卡。2017年4月，首届深圳设计周圆满举办，标志着贯彻落实《深圳文化创新发展2020(实施方案)》的工作取得又一个重大进展。活动举办期间，来自全球15个国家和地区的200多位顶尖设计师以及超过2000件创意作品云集深圳，吸引了近10万人次参观、参与。设计周期间，深圳启动了总奖金高达百万美元的首届环球设计大奖，受到广泛关注。2018第二届深圳设计周组织了60余场设计论坛、工作坊、展览等活动，共有25个国家地区的超过1000名设计师参展或参会，为观众带来代表性设计作品超过2500件。

2017年11月，青岛成功折桂中国首个、世界第九个创意城市网络“电影之都”，担负起中国电影走上世界舞台中心的使命。青岛自然资源组合度良好，被称为天然的“东方影棚”。国内早期的《风云儿女》《劫后桃花》等很多电影，都曾在青岛取景。如今，每年超过200个剧组来青岛拍摄。十多年前青岛便开始布局开发建设影视文化产业，并引进了北京电影学院青岛创意媒体学院。灵山湾影视文化产业区占地376公顷，有40个摄影棚，包括世界上最大1000平方米的摄影棚和固定的水下摄影棚。万达青岛东方影都是全球投资规模最大的影视产业基地，总投资500亿元的青岛万达国际文化旅游城项目于2013年7月落户西海岸中央商务区，它将在青岛建设45个摄影棚以及影视后期制作中心、IMAX全球研发中心、电影主题乐园，计划引进50家影视制作公司，是世界唯一具有影视拍摄、影视制作、影视会展、影视旅游综合功能的特大型影视产业园区。未来三年,将有 11 部好莱坞电影实现“青岛创造”,青岛正在成为全国影视行业新崛起的“磁极”,并将以“青岛出品”,改变国际电影市场的格局。

2017 年,武汉市凭其文化创意设计产业方面的硬实力成功申报全球创意城市网络“设计之都”。同年,武汉市在全国首创的国际规划设计联盟平台正式成立。武汉国际规划设计联盟已引入 50 家国际智库和顶级规划设计机构,助力武汉世界级“亮点城市”建设,并将率先开展“长江主轴”运作项目。设计为城市生活创造新品质,创意设计演绎老城新生传奇。武汉在桥梁、高铁等工程设计领域,居于世界领先地位,现有工程设计企业数量为 497 家,从业人数 7.28 万人,营业收入 131.94 亿美元。根据规划,入选“设计之都”后,武汉将在长江沿岸打造融城市生态、历史文化与创意服务为一体的创意城市示范区;继续提升武汉设计双年展,促进文化艺术与设计行业的深度融合,树立城市文化新品牌;举办市民创意设计大赛;建设 100 个示范性创意社区,用创意设计提升社区居民的生活品质;支持一大批文化创意和设计领域的青年人才参与国内外高水平交流;发掘和提供吸纳青年人和女性参与的创意设计就业岗位,孵化更多创意设计的小微企业。

哈尔滨市具有百年的音乐传承历史,音乐是哈尔滨市的固化品牌。浓厚的音乐氛围培养了哈尔滨人的音乐细胞,从哈尔滨走出了一大批全国知名的音乐家,形成了哈尔滨丰厚的音乐文化。哈尔滨市已建有“一团、一厅、两院、一馆”,即哈尔滨交响乐团、哈尔滨音乐厅、哈尔滨大剧院、哈尔滨音乐学院、哈尔滨音乐博物馆。2011 年,哈尔滨音乐厅与哈尔滨交响乐团厅团合一,按照国际化的运营管理模式,打造职业化乐团,成立了哈尔滨首支专业的室内乐团。2014 年正式运营的哈尔滨音乐厅是黑龙江省规模最大、设施最先进的以音乐演出活动为主的公共文化设施,达到国内先进水平。哈尔滨音乐厅以哈尔滨交响乐团为支撑,每年完成冬、夏两个音乐季演出,完成历届中国·哈尔滨之夏音乐会演出。中国·哈尔滨之夏音乐会与上海之春国际音乐节、广州羊城音乐花会并称为中国三大音乐节。哈尔滨之夏音乐会始办于 1961 年 8 月,截止到目前,已成功举办了 33 届。2013 年中国·哈尔滨之夏音乐会晋升为亚洲艺术节联盟执委会成员。全国声乐比赛、勋菲尔德弦乐比赛、国际手风琴艺术周三项赛事成为哈夏音乐会三大重要支撑项目,提升了哈夏音乐会的国内外知名度和影响力。

三、传统文化开发为创意产业发展注入新动力

作为全国文化中心，北京拥有3000多年的建城史和近900年的建都史，积淀了深厚且独具魅力的传统文化。北京文化包罗万象，包括民俗文化、戏曲文化、建筑文化、饮食文化、宗教文化、手工艺，以及运河文化、长城文化、西山永定河文化等。北京的传统文化资源经过创意的催化，形成了独具北京特色的文化旅游、影视作品、文艺表演、年节活动、现代手工艺等文化创意精品项目和产品。自20世纪90年代中期起，融合了胡同、四合院的独特文化魅力开发的"胡同游"已经成为北京特色旅游的一张名片，已接待海外游客70余万人。京剧等传统艺术形式至今仍然深受群众喜爱，相关部门统计，北京的演艺场馆、团体每天都接待着近万名曲艺观众。传统工艺美术保护基地——"京城百工坊"不仅为传统手工艺的传承提供了技术支持、商业运作支持、人才培养等支撑，还成为中外游客的热门目的地，自成立以来，接待游客数十万，成为国宾、政要、旅游团队参观、购物的定点场所。

石家庄文化资源丰富，区位优势明显；近年来，在深度挖掘历史文化资源、传承和弘扬中华优秀传统文化上喜讯频传，古中山国文化、正定古城文化、井陉乡土文化、丝弦等文化品牌逐渐形成。2017年12月，中山古城考古遗址公园获获批立项。平山县将迎来重量级的遗址公园建设项目，成为石家庄首个成功立项的国家考古遗址公园项目，将极大地促进平山、灵寿两县和整个石家庄市的社会、文化、科学发展，还通过挖掘战国中山文化，打造文化产品，实现"战国中山文化+文化产品+中山旅游+文化经济"的融合发展，努力把战国中山文化旅游带入京津冀旅游圈。2017年新年戏曲晚会上石家庄丝弦亮相国家大剧院。2017年6月至8月，丝弦剧院举办了"丝弦经典剧目演出季"暨丝弦剧种"东西南北中"五路流派交流展演活动，30余场经典剧目轮番亮相石家庄丝弦剧院，成为石家庄丝弦剧团成立以来最大规模丝弦交流展演活动。

西安享有"天然历史博物馆"之誉，其文物古迹种类之多、数量之大、价值之高，在全国首屈一指，许多文物古迹是国内仅有、世界罕见的稀世珍宝，标志性建筑有大雁塔、钟楼、鼓楼、明城墙、大明宫、大唐芙蓉园、小雁塔等。根据第三次全国文物普查的资料显示，西安目前登记在册的不可移动文物点有3246处，其中有级别文化保护单位392处，世界遗产2处6个点，另外还有3座国家级的考古遗址

公园。西安坚持用文物保护与开发利用并重、文物保护与民生改善相辅的新思路来解决文物保护与城市发展建设之间的矛盾。通过出台遗址保护发展规划，对大遗址的保护和遗址区域建设进行积极的指导、协调、规范和约束。结合各个遗址的不同特性，西安对大遗址的保护与利用进行积极探索，唐城墙遗址公园、曲江池遗址公园、乐游原青龙寺遗址公园、唐大明宫遗址公园等项目先后完成，大遗址保护和利用工作得到长足发展。截至2017年底，西安共普查到传统音乐、传统美术、传统舞蹈等十大类1200多条非遗线索，整理非遗代表性传承人档案175件，收集非遗代表性实物万余件。目前，西安市拥有10项国家级非遗项目，国家级非遗代表性传承人5人。其中西安鼓乐在2009年列入联合国教科文组织“人类非物质文化遗产”名录。

武汉拥有400年历史的汉剧文化和历经150多年的楚剧文化。2016年，武汉市人民政府发布《关于支持我市戏曲传承发展振兴武汉戏码头的通知》(以下简称《通知》)，将进一步弘扬中华优秀传统文化，推动文化强市建设，促进武汉地区戏曲繁荣发展。2017年，湖北省也正式印发《关于振兴武汉戏曲“大码头”的意见》，明确了振兴武汉戏曲“大码头”的总体目标是：巩固湖北省京剧在全国的领先地位，提升湖北省地方戏曲影响力，至2020年，争取把武汉建成全国戏曲演出交流中心、青年京剧人才培养基地、戏曲传承发展研究中心和戏曲“像音像”工程基地，形成区域性戏曲文化中心，为全国戏曲繁荣发展发挥示范作用。武汉是知音文化的发源地，借助“知音文化”，武汉市政府投资兴建位于武汉市汉阳区知音大道、紧邻古琴台的琴台文化艺术中心，成功举办了六届琴台音乐节。2016年，武汉市在全国率先颁布非遗保护地方性法规《武汉市非物质文化遗产保护条例》。同年，武汉旅游发展投资集团启动全球首支给中国非物质文化遗产“输血”的开放式基金——中国非遗基金，为解决非遗保护瓶颈提供一种新的探索和尝试，借鉴成熟资本市场“产业投资基金”运作模式、采取专业项目投资运作方式，为非遗的保护、传承、推广、全球化提供资金支持。

具有2300多年的建成史的成都是闻名遐迩的历史文化名城，素有“天府之国”“蜀中江南”“蜀中苏杭”的美称。2017年以来，四川省着手实施“历史名人文化传承创新工程”，成都作为领头城市行动起来，深入挖掘保护历史名人资源，大力传承发展中华优秀传统文化。位于成都浣花溪畔的杜甫草堂，是诗圣杜甫流寓成都时的故居，已成为蜚声海内外的文化圣地。如今的杜甫草堂兼具文物保护、诗歌文化收藏研究、杜甫诗歌研究、传统诗歌教育、文创产品开发等多项功能。2017

年9月举办的“2017首届成都国际诗歌周”期间，32个国家共38位世界级诗人以及国内50余位著名诗人、诗歌评论家、翻译家云集杜甫草堂。成都市蜀绣产业商会积极探索蜀绣的发展新路，从产品形态着手革新开发多种延伸产品，促进整个蜀绣行业在创新变革中快速成长。2017年全市蜀绣产值达到了4.6亿元，仅蜀绣产业商会就有从业人员5000多人。

扬州工艺美术行业是扬州的特色产业，深厚的历史文化底蕴，蕴藏着巨大的发展潜力。特别是以扬州玉器厂、漆器厂为龙头的扬州玉器、漆器产业的生产规模，技艺品种、人才保护、品牌声誉等在全国有较高的知名度。2016年有23家规模以上工艺美术品制造企业，10家限上工艺美术品销售企业。扬州早在唐代就已经成为古筝的重要产地，古筝业内素有“七成古筝扬州造”的说法。目前，扬州古筝古琴制作厂家近300家，年生产销售琴筝达45万台，年产值超过10亿元，占全国市场份额的80%、全球市场份额的70%。2017年，扬州市委、市政府作出建设扬州琴筝文化产业园的规划，选址在邗江区甘泉街道长塘村，总面积约1242.6亩，将其作为传承和弘扬扬州历史文化、推进传统特色产业发展的重要举措。

四、主要城市创意产业政策环境持续优化

2017年9月发布的《北京城市总体规划(2016—2035)》(以下简称《总规》)是新中国成立以来北京的第七个版本的城市总体规划，以习近平总书记两次视察北京重要讲话精神为根本遵循，围绕“建设一个什么样的首都、怎样建设首都”这一重大问题，明确了北京未来发展的基本框架和目标任务。《总规》围绕“四个中心”城市战略定位展开，将“四个中心”功能建设作为中心任务，文化中心是四个中心任务之一。北京市制定了《北京市“十三五”时期加强全国文化中心建设规划》(以下简称《规划》)，聚焦全国文化中心建设，积极推动首都文化改革发展，为北京建设国际一流的和谐之都提供强有力的文化支撑。《规划》将“激发文化创意产业创新创造活力”作为重点任务之一，这是北京首次将加强全国文化中心建设规划列为市级重点专项规划。北京市还出台了《北京市“十三五”时期文化创意产业发展规划》以及部分细分行业的发展规划或发展实施意见，为文化创意产业及主要细分行业领域的发展提供了政策引导。其中，《北京市“十三五”时期文化创意产业发展规划》提出“到2020年，文化创意产业增加值占全市GDP比重力争达到15%左右”的目标，对产业发展布局和建设“高精尖”文化创意产业体系提出具体要求，

布置了重点任务。

天津市文化创意产业的政策环境在不断优化。2017 年 12 月，天津市人民政府办公厅下发《关于印发天津市加快推进智能科技产业发展总体行动计划和十大专项行动计划的通知》(津政办发〔2017〕112 号)。其中，在《天津市智能文化创意产业专项行动计划》中总结了一些成效：文化领域行政审批事项由 42 项减少至 15 项。出台支持文化产业发展，文化与科技、金融、旅游融合，文化贸易，传统媒体与新兴媒体融合，促进电影产业发展等系列政策；设立市级文化产业发展专项资金，累计发放 4.4 亿元，共扶持了 218 个文化产业项目，撬动社会资金 130 亿元。同时在《天津市智能文化创意产业专项行动计划》中，提出了从 2018 年至 2025 年天津市智能文化创意产业发展的重点任务，涉及智能科技应用、智能文化创意产业市场主体发展、智能文化创意产业项目带动战略实施、智能文化创意产业园区和平台建设、媒体融合发展、"互联网+"工程实施、"文化+"工程实施、智能文化创意产品和服务供给、文化消费的引导与扩大以及京津冀智能文化创意产业的协同发展等十个方面。

近年来，石家庄市为促进文化创意产业发展一是加强了政策引导，二是加大了资金扶持力度，三是实施人才引进政策。出台了《石家庄市文化事业发展"十三五"规划》《关于扶持我市动漫产业发展的意见》《石家庄市文化消费试点工作方案》《关于鼓励和支持民营经济加快发展的若干政策措施》《石家庄市推进文化创意和设计服务与相关产业融合发展行动计划(2014—2020)》《石家庄市现代服务业三年行动计划(2015—2017)》《关于开展省会城市建设管理攻坚提质行动的实施意见》《关于 2017 年石家庄科学技术奖励的决定》等一系列政策措施。还成立了市文化体制改革和文化产业发展领导小组，建立部门联动工作机制，领导本地区文化产业发展。设立了每年 500 万元的繁荣舞台艺术扶持资金，每年 500 万元的农村文化资金，每年 600 万元的下乡补贴，每年 3000 万元的文化产业发展引导资金。此外，市财政还对夜经济建设重点单位和重点项目提供专项补贴。2017 年，石家庄市将文艺精品专项资金 200 万元并入文化产业发展引导资金，资金总额增至 3200 万元，支持项目多达 49 个。西部长青水上乐园、音乐剧创作及人才孵化基地、图书《幸福石家庄》、电影《群工站长》、河北梆子《红歌记》等项目均在扶持之列。扩大创新人才支撑，加大国家"千人计划""长江学者"和省"百人计划"等高端人才的引进力度，鼓励各类人才来石创新创业；制定出台了《石家庄市人才绿卡(A 卡)管理办法(试行)》《石家庄市人才绿卡(B 卡)管理办法(试行)》和《关于构建县(市、区)人才服务体系的指导意见(试行)》,明确人才到石家庄工作或创业的,可在户籍办理、住房保障、子女入学等方面享受优惠政策。

西安市通过推行一系列政策举措建设丝路文化新高地。2018年1月,国家发改委正式公布《关中城市群发展规划》,提出西安要以建设国家中心城市为目标,增强作为中国西部地区重要的经济中心、科技中心、文创中心、对外交往中心和综合交通枢纽功能,标志着西安从区域性中心城市正式迈入国家中心城市。西安市提出的"三中心二高地一枢纽"的六维支撑体系中一维就是"建设丝路文化高地"。西安建设丝路文化高地,既承接着国家对关中平原城市群的总体规划和定位,同时也是规划区域内城市发展的内生动力的需求。为深化文化体制改革,补齐文化产业短板,西安市先后制定出台了《补短板加快西安文化产业发展的若干政策》《关于补短板加快文化产业发展实施方案》《补短板加快西安文化产业发展的若干政策实施细则》等,从战略高度进一步明确了未来一段时间文化产业的发展目标和发展方向。

近两年来,武汉市出台了一系列的文化政策,为推动武汉文化产业提档升级、加快成为支柱产业提供了有力支撑。2016年《武汉市文化产业发展"十三五"规划》出台,确定了"价值引领、文化强市、深化改革、释放活力、内涵发展、创新驱动、跨界融合、转型升级"的发展基本原则。同年,武汉市出台了《关于实施"十大计划"加快建设具有强大带动力的创新型城市的意见》,全力建设具有强大带动力的创新型城市和具有全球影响力的产业创新中心。截至2017年,武汉市内共有中国光谷创意产业基地、汉阳造文化创意产业园、武汉大学科技园三家文化创意产业单位先后被授予"全国版权示范园区(基地)"。武汉市还出台了《市人民政府关于加快文化产业创新发展若干政策的通知》,制定了有关市场主体培育、特色产业扶持、文化创新、文化投融资、土地供给、文化开放等政策。产业政策体系逐步完善,使文化创意产业发展更加规范有序,也为武汉文化产业提档升级提供了坚实基础。

2017年杭州市在推进文创产业发展方面继续强化政策引导,制定出台《杭州市文创产业发展"十三五"规划》《打造东方文化国际交流重要城市2017年度行动计划》《杭州市创建国家文化消费试点城市实施意见》和《关于推进杭州市动漫游戏产业做优做强的实施意见》等文件。研究制定《关于加快建设国际文化创意中心的实施意见》及《杭州市文化创意产业风险池扶持资金管理细则》。联合北京大学、浙江工商大学完成《杭州数字创意产业发展报告》等课题研究。编辑出版

《2016杭州文化创意产业发展报告》《杭州文化创意产业名企》。按照省委、省政府统一部署，推进之江文化产业带建设，编制完成《关于建设之江文化产业带的初步设想》并报送至省委宣传部，启动了产业带规划编制。

深圳是文化产业发展的沃土，在国内率先实施了"文化立市"战略，先后出台了一系列政策法规，为文化产业发展营造了良好的政策环境。深圳先后出台《深圳市文化产业发展规划纲要(2007—2020)》《深圳市文化产业发展促进条例》《关于加快文化产业发展的若干规定》《关于扶持动漫游戏产业发展的若干意见》《关于促进创意设计业发展的若干意见》《关于支持和促进深圳文化产权交易所发展的若干意见》等政策法规，着力解决文化创意产业发展中存在的资金投入不足、原创内容薄弱、关键技术研发能力不足、市场主体竞争力较弱和投融资瓶颈约束等关键问题。2016年出台的《深圳文化创新发展2020(实施方案)》，提出以构建城市精神体系、文化品牌体系、现代文化传播体系、公共文化服务体系、现代文化产业体系为主要内容的"五大体系"建设目标，希望通过一系列的创新举措，逐步补齐短板，实现城市文化质量的全面提升，努力将深圳打造成国际文化创意先锋城市。

成都市发布了《成都市文化产业发展"十三五"规划》，明确了未来5年成都市文化产业发展的主要目标、空间布局、重点任务和保障措施，将成都建设成为"国家中心城市"定为城市发展的宣传口号并付诸行动。2018年，成都市委、市政府正式印发了《建设西部文创中心行动计划(2017—2022年)》和《成都市促进西部文创中心建设若干政策》。《建设西部文创中心行动计划》提出今后5年的发展目标。按照"一年全面启动、三年跨越发展、五年基本建成"的总体要求，通过5年努力，推动成都文化事业和文创产业发展水平进入全国第一方阵，形成人文魅力享誉世界、文化人才充分汇聚、文创产业实力突出、精品力作不断涌现、创新创造活力强劲的发展新格局，全面实现全国重要的文创中心功能，扩大世界文化名城影响力。

哈尔滨政府进行了一系列文化产业规划，整体布局促进文化产业发展。2016年，《哈尔滨市文化产业发展规划(2016—2020年)》(以下简称《规划》)正式发布，哈尔滨将着眼于构筑"冰雪胜地、音乐名城、时尚之都"的城市文化发展定位，打造特色国际文化旅游聚集区、东北亚文化时尚之都。《规划》的出台不仅为文化产业发展指出了发展目标、重点任务、空间布局，而且明确了一系列保障措施，极大地促进哈尔滨市文化产业的发展。哈尔滨市还于2013年设立了由政府主导的文化产业引导资金。截至目前，已为获得文化产业引导资金贷款扶持，并已按期还款付息的5家文化企业进行了贴息补贴，贴息总额为101万元，贴息比例为利息总额的80%左右，切实减轻了企业的融资负担。2016年，国家文化部、财政部在全国范围内开展引导城乡居民扩大文化消费试点工作，哈尔滨市是第一批国家文化消费试点城市。哈尔滨市在国家文化部、财政部《引导城乡居民扩大文化消费试点工作实施方案》的指导下，积极开展国家文化消费试点城市建设，通过制定《哈尔滨市引导城乡居民扩大文化消费试点工作方案》，实施“居民文化消费激励政策”。

贵阳市积极推动文化体制建设与改革，文化市场活力得到提升。2017年，贵阳市拟定并实施《贵阳市文化新闻出版广电局2017年深化文化体制改革工作实施方案》，设计改革项目32个；围绕打造公平共享的创新型中心城市，制定了《推动文化创新发展，助推公平共享创新型中心城市建设行动计划》(2017—2019年)，实施公平共享文化环境建设行动、公共文化服务体系建设共建共享行动等“六大行动”，着力打造公平共享文化，实现“文化产业化、产业文化化”目标。

五、创意城市与传统文化融合发展的思考

随着时代的发展，城市综合竞争实力的主导要素也在不断变化，文化和创造力已成为核心竞争力重要组成部分。当前，主要城市创意产业虽已得到较好发展，但仍存在着发展不平衡、市场化程度不高、文化创新产品不足、高端文化创意和复合型人才短缺等问题，与国民经济支柱性产业的要求还存在差距。党的十九大报告指出，深入挖掘中华优秀传统文化蕴含的思想观念、人文精神、道德规范，结合时代要求继承创新，让中华文化展现出永久魅力和时代风采。传统文化是长期历史发展过程中形成的独特标识，传统文化资源是文化产业发展的重要基础和力量源泉，在文化创意产业发展及创意城市建设中的重大作用越来越受到关注。

(一)坚定文化自信，传承文化精髓

党的十九大报告指出，文化是一个国家和民族的灵魂，中国的文化繁荣兴盛和中华民族的伟大复兴要求高度的文化自信，报告还提出要推动中华优秀传统文化创造性转化、创新性发展。创意城市建设的初衷就是要通过开发具有城市特色的文化创意产业，增强文化软实力。创意文化城市建设强调城市发展的整体观念，使城市发展通过系统的战略架构和可操作模式，把城市传统特色文化资源进

行最大的整合，并形成一种以城市主题文化为形态和载体的系统工程发展模式。传统文化的积淀是创意产业发展的内容源泉，要处理好传统文化可持续发展与创意城市的关系，在保护中传承、在发展中保护转化。传统文化通过文化创意产业的创新改造，重新建构并体现于文化创意产品的设计中，以具象性的形式呈现，使得文化创意产品既有传统文化特色，又能为市场理解与认同，真正发挥其作用。文化创意产业具有高附加值、增长快速等鲜明特征，是以创造力为核心的新兴产业，产业的市场拓展和所获收益是反哺文化保护和传承的最佳方式，两者相得益彰。针对仍存在一些文化资源尚未开发、一些文化资源开发力度不够等现象，应充分保护、传承和活化优秀传统文化，围绕本土优秀传统文化进行开发与创造，建设具有当地文化特色的文化产业，凸显文化特色，保护城市文化根脉，真正提升城市文化软实力和城市形象。

(二)优化资源配置，激发市场活力

文化资源具有共享性、重复消费性、资本增殖性等特性，应充分利用这些源自古今中外、取之不竭的源泉，积极对接全球创意创新资源，进一步发挥创意创造对城市发展和竞争力提升的关键驱动作用，推动文化产业对城市品格进行新建构。通过实施“文化+”战略促进资源优化配置，加速将文化资源转化为现实生产力，通过有效的载体和方式将其转化为文化遗产、文化资本、文化产品及服务、文化产业和文化品牌，激发市场活力，推动城市更新。文化产业初步进入国民经济新兴支柱产业行列，已基本形成以园区化为载体，以重大产业项目为带动，以骨干企业为支撑，影视传媒、文博旅游、创意设计、演艺娱乐、文学与艺术品原创、动漫游戏和出版发行等行业加快发展的文化产业新格局。未来，一方面文化产业将打破传统格局，逐步实现“带状发展”，发掘区域间文化产业的协同效应，实现供给侧结构性改革和提质升级；另一方面加快发展动漫、网络电视、数字出版等新型业态，不断优化产业结构，推动新型产业发展。紧抓市场发展契机，充分了解细分市场的个性需求，构建关于文化创意消费品的新型产业链，创造出更多更优质的文化创意产品。同时，注重加快供给侧结构性改革，以“互联网+”“文化+”为依托，促进文化创意产业与其他产业融合发展，实现文化创意产业整体实力大幅提升，加大文化创意产品和市场的辐射作用，巩固和增强文化产业在国民经济中的新兴支柱产业地位，全力推进创意城市建设。

(三)文化科技融合,培育新型业态

党的十九大报告指出“健全现代文化产业体系和市场体系,创新生产经营机制,完善文化经济政策,培育新型文化业态”。科技发展日新月异,文化与科技融合日益彰显出推动社会进步的力量。互联网思维以“开放、平等、互动、合作”精神审视、改造和提升传统行业,并以其互动性、融通性、个性化、多样化、社会化和平台化的特点,在推动文化与科技的融合发展中,改变了社会生活,也改变了传统商业的发展模式,“文化+互联网+科技”的融合发展格局日益形成,文化资源数字化得到推广,数字内容传承能力增强,数字艺术展示空间不断拓展,文化资源的转化和开发力度得到大力提升。创新文化创意产业与其他产业的跨界融合,有利于转变传统文化产业的发展模式,实现文化创意产业链的延伸,提高产品的附加值和效益,推动经济结构的优化。促进高新技术成果向文化领域的转化应用,加强传统文化产业技术改造,强化文化对信息产业的内容支撑和创意提升。未来,文化产业发展以推进供给侧改革为主线,培育新型业态,大力培育基于大数据、云计算、物联网、人工智能等新技术的新型文化业态;促进转型升级,促进高新科技在演艺、娱乐、文化旅游、工艺美术等传统文化行业中的应用,推进传统文化行业在内容创作、传播方式和表现手段等方面创新,推动产业由要素增长、投资驱动向创新引导转型,适应经济发展新常态,日益成为经济发展的新增长点。

(四)加强人才培养,保持发展动力

劳动者是生产力诸要素中最为活跃和最富有创造性的元素。建设创意城市,创意人才是关键。从服务文创产业发展的需要出发,树立人才第一的理念,主动谋划人才战略,加强人才工作顶层设计,促进人才规模、结构和质量与经济社会发展相适应、相协调。建立文化创意产业人才培养和培训体系,人才流动、使用和管理制度,建设国家高端人才培养中心,进一步扩大高层次人才的培养规模,加大高级人才的增量,特别是兼备文艺专业素质和市场经济素质的创新型、外向型、复合型人才。着眼于增强国际国内竞争力的需要,着眼于未来发展构建在全国具有竞争力的人才制度优势,完善、健全引进海内外高层次文化创意人才的配套政策和工作体系,不断优化文化创意人才引进机制,利用政策优势吸引世界各地的优秀创意人才,特别是既有深厚传统文化底蕴又具备宽阔国际视野的海外留学人才,

构筑城市创新人才高地，以高层次高技能人才引领高水平发展，以人才优势增创发展优势。坚持改革创新，强化人才供需对接，加快人才结构调整，实施更开放的政策、搭建更宽广的平台、采取更有力的措施，深化产学研合作，鼓励高等院校、科研机构与文化企业、园区等加强对接、合作，实现人才工作重点突破和人才队伍协调发展，为文化产业可持续发展积蓄人才资本，为人才提供相互交流、碰撞的平台，激发创造原创文化产品的激情和动力。

（许玥姮，北京科技战略决策咨询中心暨“北科智库”）

附录一　文化及相关产业分类(2018)

一、分类目的和作用

(一)为深化文化体制改革和持续推进社会主义文化强国建设提供统计保障,建立科学可行的文化及相关产业统计制度,制定本分类。

(二)本分类为反映我国文化及相关产业生产活动提供标准分类依据,为文化及相关产业统计提供统一的定义和范围,为发展文化产业、推进社会主义文化繁荣兴盛提供统计服务。

二、分类定义和范围

(一)定义

本分类规定的文化及相关产业是指为社会公众提供文化产品和文化相关产品的生产活动的集合。

(二)范围

1. 以文化为核心内容,为直接满足人们的精神需要而进行的创作、制造、传播、展示等文化产品(包括货物和服务)的生产活动。具体包括新闻信息服务、内容创作生产、创意设计服务、文化传播渠道、文化投资运营和文化娱乐休闲服务等活动。

2. 为实现文化产品的生产活动所需的文化辅助生产和中介服务、文化装备生产和文化消费终端生产(包括制造和销售)等活动。

三、编制原则

(一)以《国民经济行业分类》为基础

本分类以《国民经济行业分类》(GB/T 4754—2017)为基础,根据文化生产活动的特点,将行业分类中相关的类别重新组合,是《国民经济行业分类》的派生分类。

(二)兼顾文化管理需要和可操作性

根据我国文化体制改革和发展的实际,本分类在考虑文化生产活动特点的同时,兼顾文化主管部门管理的需要;同时立足于现行统计制度和方法,充分考虑分类的可操作性。

(三)与国际分类标准相衔接

本分类借鉴了联合国教科文组织的《文化统计框架—2009》的分类方法,在定义和覆盖范围上与其衔接。

四、结构和编码

本分类采用线分类法和分层次编码方法,将文化及相关产业划分为三层,分别用阿拉伯数字编码表示。第一层为大类,用 01—09 数字表示,共有 9 个大类;第二层为中类,用 3 位数字表示,共有 43 个中类;第三层为小类,用 4 位数字表示,共有 146 个小类。

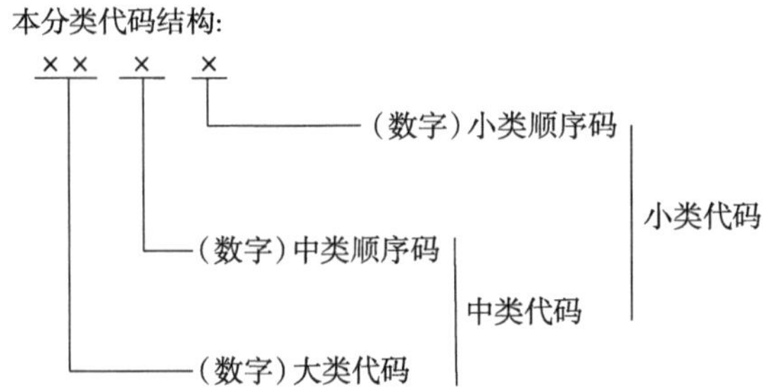

五、有关说明

(一)本分类建立了与《国民经济行业分类》(GB/T 4754—2017)的对应关系。在本分类中,如国民经济某行业小类仅部分活动属于文化及相关产业,则在行业代码后加“*”做标识,并对属于文化生产活动的内容进行说明;如国民经济某行业小类全部纳入文化及相关产业,则小类类别名称与行业类别名称完全一致。

(二)本分类全部小类对应或包含在《国民经济行业分类》(GB/T 4754—2017)相应的行业小类中,具体范围和说明可参见《2017 国民经济行业分类注释》。

(三)本分类 01—06 大类为文化核心领域,07—09 大类为文化相关领域。

六、文化及相关产业分类表

表 1　文化及相关产业分类表

代码			类别名称	说明	行业分类代码
大类	中类	小类			
			文化核心领域	本领域包括 01—06 大类。	
01			新闻信息服务		
	011		新闻服务		
		0110	新闻业	包括新闻采访、编辑、发布和其他新闻服务。	8610

续表

代码			类别名称	说明	行业分类代码
大类	中类	小类			
	012		报纸信息服务		
		0120	报纸出版	包括党报出版、综合新闻类报纸出版和其他报纸出版服务。	8622
	013		广播电视信息服务		
		0131	广播	指广播节目的现场制作、播放及其他相关活动,还包括互联网广播。	8710
		0132	电视	指有线和无线电视节目的现场制作、播放及其他相关活动,还包括互联网电视。	8720
		0133	广播电视集成播控	指IP电视、手机电视、互联网电视等专网及定向传播视听节目服务的集成播控,还包括普通广播电视节目集成播控。	8740
	014		互联网信息服务		
		0141	互联网搜索服务	指互联网中的特殊站点,专门用来帮助人们查找存储在其他站点上的信息。	6421
		0142	互联网其他信息服务	包括网上新闻、网上软件下载、网上音乐、网上视频、网上图片、网上动漫、网上文学、网上电子邮件、网上新媒体、网上信息发布、网站导航和其他互联网信息服务。	6429
02			内容创作生产		
	021		出版服务		
		0211	图书出版	包括书籍出版、课本类书籍出版和其他图书出版服务。	8621
		0212	期刊出版	包括综合类杂志出版,经济、哲学、社会科学类杂志出版,自然科学、技术类杂志出版,文化、教育类杂志出版,少儿读物类杂志出版和其他杂志出版服务。	8623

续表

代码			类别名称	说明	行业分类代码
大类	中类	小类			
		0213	音像制品出版	包括录音制品出版和录像制品出版服务。	8624
		0214	电子出版物出版	包括马列毛泽东思想、哲学等分类别电子出版物，综合类电子出版物和其他电子出版物出版服务。	8625
		0215	数字出版	指利用数字技术进行内容编辑加工，并通过网络传播数字内容产品的出版服务。	8626
		0216	其他出版业	指其他出版服务。	8629
	022		广播影视节目制作		
		0221	影视节目制作	指电影、电视和录像(含以磁带、光盘为载体)节目的制作活动，该节目可以作为电视、电影播出、放映，也可以作为出版、销售的原版录像带(或光盘)，还可以在其他场合宣传播放，还包括影视节目的后期制作，但不包括电视台制作节目的活动。	8730
		0222	录音制作	指从事录音节目、音乐作品的制作活动，其节目或作品可以在广播电台播放，也可以制作成出版、销售的原版录音带(磁带或光盘)，还可以在其他宣传场合播放，但不包括广播电台制作节目的活动。	8770
	023		创作表演服务		
		0231	文艺创作与表演	指文学、美术创造和表演艺术(如戏曲、歌舞、话剧、音乐、杂技、马戏、木偶等表演艺术)等活动。	8810
		0232	群众文体活动	指对各种主要由城乡群众参与的文艺类演出、比赛、展览等公益性文化活动的管理活动。	8870

续表

代码			类别名称	说明	行业分类代码
大类	中类	小类			
		0233	其他文化艺术业	包括网络(手机)文化服务,史料、史志编辑服务,艺(美)术品、收藏品鉴定和评估服务,街头报刊橱窗管理服务和其他未列明文化艺术服务。	8890
	024		数字内容服务		
		0241	动漫、游戏数字内容服务	指将动漫和游戏中的图片、文字、视频、音频等信息内容运用数字化技术进行加工、处理、制作并整合应用的服务,使其通过互联网传播,在计算机、手机、电视等终端播放,在存储介质上保存。	6572
		0242	互联网游戏服务	指以互联网为传输媒介,以游戏运营商服务器和用户计算机为处理终端,以游戏客户端软件为信息交互窗口,旨在实现娱乐、休闲、交流和取得虚拟成就的具有可持续性的个体性多人在线游戏。包括互联网电子竞技服务。	6422
		0243	多媒体、游戏动漫和数字出版软件开发	仅指通用应用软件中的多媒体软件、游戏动漫软件、数字出版软件开发。该小类包含在应用软件开发行业小类中。	6513 *
		0244	增值电信文化服务	仅指固定网增值电信、移动网增值电信、其他增值电信中的文化服务。该小类包含在其他电信服务行业小类中。	6319 *
		0245	其他文化数字内容服务	仅指文化宣传领域数字内容服务。该小类包含在其他数字内容服务行业小类中。	6579 *
	025		内容保存服务		
		0251	图书馆	包括公共图书馆、高等院校图书馆、专业图书馆和其他图书馆管理服务。	8831
		0252	档案馆	包括综合档案馆、专门档案馆、部门档案馆、企业档案馆、事业单位档案馆和其他档案馆管理服务。	8832

续表

代码			类别名称	说明	行业分类代码
大类	中类	小类			
		0253	文物及非物质文化遗产保护	指对具有历史、文化、艺术、科学价值，并经有关部门鉴定，列入文物保护范围的不可移动文物的保护和管理活动；对我国口头传统和表现形式，传统表演艺术，社会实践、意识、节庆活动，有关的自然界和宇宙的知识和实践，传统手工艺等非物质文化遗产的保护和管理活动。	8840
		0254	博物馆	指收藏、研究、展示文物和标本的博物馆的活动，以及展示人类文化、艺术、科技、文明的美术馆、艺术馆、展览馆、科技馆、天文馆等管理活动。	8850
		0255	烈士陵园、纪念馆	包括烈士陵园和烈士纪念馆管理服务。	8860
	026		工艺美术品制造		
		0261	雕塑工艺品制造	指以玉石、宝石、象牙、角、骨、贝壳等硬质材料，木、竹、椰壳、树根、软木等天然植物，以及石膏、泥、面、塑料等为原料，经雕刻、琢、磨、捏或塑等艺术加工而制成的各种供欣赏和实用的工艺品的制作活动。	2431
		0262	金属工艺品制造	指以金、银、铜、铁、锡等各种金属为原料，经过制胎、浇铸、锻打、錾刻、搓丝、焊接、纺织、镶嵌、点兰、烧制、打磨、电镀等各种工艺加工制成的造型美观、花纹图案精致的工艺美术品的制作活动。	2432
		0263	漆器工艺品制造	指将半生漆、腰果漆加工调配成各种鲜艳的漆料，以木、纸、塑料、铜、布等作胎，采用推光、雕填、彩画、镶嵌、刻灰等传统工艺和现代漆器工艺进行的工艺制品的制作活动。	2433

续表

代码			类别名称	说明	行业分类代码
大类	中类	小类			
		0264	花画工艺品制造	指以绢、丝、绒、纸、涤纶、塑料、羽毛、通草以及鲜花草等为原料，经造型设计、模压、剪贴、干燥等工艺精制而成的花、果、叶等人造花类工艺品，以画面出现、可以挂或摆的具有欣赏性、装饰性的画类工艺品的制作活动。	2434
		0265	天然植物纤维编织工艺品制造	指以竹、藤、棕、草、柳、葵、麻等天然植物纤维为材料，经编织或镶嵌而成具有造型艺术或图案花纹，以欣赏为主的工艺陈列品以及工艺实用品的制作活动。	2435
		0266	抽纱刺绣工艺品制造	指以棉、麻、丝、毛及人造纤维纺织品等为主要原料，经设计、刺绣、抽、拉、钩等工艺加工各种生活装饰用品，以及以纺织品为主要原料，经特殊手工工艺或民间工艺方法加工成各种具有较强装饰效果的生活用纺织品的制作活动。	2436
		0267	地毯、挂毯制造	指以羊毛、丝、棉、麻及人造纤维等为原料，经手工编织、机织、栽绒等方式加工而成的各种具有装饰性的地面覆盖物或可用于悬挂、垫坐等用途的生活装饰用品的制作活动。	2437
		0268	珠宝首饰及有关物品制造	指以金、银、铂等贵金属及其合金以及钻石、宝石、玉石、翡翠、珍珠等为原料，经金属加工和连结组合、镶嵌等工艺加工制作各种图案的装饰品的制作活动。	2438
		0269	其他工艺美术及礼仪用品制造	指其他工艺美术品的制造活动。	2439
	027		艺术陶瓷制造		

续表

代码			类别名称	说明	行业分类代码
大类	中类	小类			
		0271	陈设艺术陶瓷制造	指以黏土、瓷土、瓷石、长石、石英等为原料，经制胎、施釉、装饰、烧制等工艺制成，主要供欣赏、装饰的陶瓷工艺美术品制造。	3075
		0272	园艺陶瓷制造	指专门为园林、公园、室外景观的摆设或具有一定功能的大型陶瓷制造。	3076
03			创意设计服务		
	031		广告服务		
		0311	互联网广告服务	指提供互联网广告设计、制作、发布及其他互联网广告服务。包括网络电视、网络手机等各种互联网终端的广告的服务。	7251
		0312	其他广告服务	指除互联网广告以外的广告服务。	7259
	032		设计服务		
		0321	建筑设计服务	仅包括房屋建筑工程，体育、休闲娱乐工程，室内装饰和风景园林工程专项设计服务。该小类包含在工程设计活动行业小类中。	7484 *
		0322	工业设计服务	指独立于生产企业的工业产品和生产工艺设计，不包括工业产品生产环境设计、产品传播设计、产品设计管理等活动。	7491
		0323	专业设计服务	包括时装、包装装潢、多媒体、动漫及衍生产品、饰物装饰、美术图案、展台、模型和其他专业设计服务。	7492
04			文化传播渠道		
	041		出版物发行		
		0411	图书批发	包括书籍、课本和其他图书的批发和进出口。	5143
		0412	报刊批发	包括报纸、杂志的批发和进出口。	5144

续表

代码			类别名称	说明	行业分类代码
大类	中类	小类			
		0413	音像制品、电子和数字出版物批发	包括音像制品及电子出版物的批发和进出口。	5145
		0414	图书、报刊零售	包括图书零售服务，报纸、杂志专门零售服务，图书、报刊固定摊点零售服务。	5243
		0415	音像制品、电子和数字出版物零售	包括音像制品专门零售店、电子出版物专门零售、音像制品及电子出版物固定摊点零售服务。	5244
		0416	图书出租	指各种图书出租服务，不包括图书馆的租书业务。	7124
		0417	音像制品出租	指各种音像制品出租服务，不包括以销售音像制品为主的出租音像活动。	7125
	042		广播电视节目传输		
		0421	有线广播电视传输服务	指有线广播电视网和信号的传输服务。	6321
		0422	无线广播电视传输服务	指无线广播电视信号的传输服务。	6322
		0423	广播电视卫星传输服务	包括卫星广播电视信号的传输、覆盖与接收服务，卫星广播电视传输、覆盖、接收系统的设计、安装、调试、测试、监测等服务。	6331
	043		广播影视发行放映		
		0431	电影和广播电视节目发行	包括电影发行和进出口交易、非电视台制作的电视节目发行和进出口服务。	8750
		0432	电影放映	指专业电影院以及设在娱乐场所独立（或相对独立）的电影放映等活动。	8760
	044		艺术表演		
		0440	艺术表演场馆	指有观众席、舞台、灯光设备，专供文艺团体演出的场所管理活动。	8820
	045		互联网文化娱乐平台		

续表

代码			类别名称	说明	行业分类代码
大类	中类	小类			
		0450	互联网文化娱乐平台	仅包括互联网演出购票平台、娱乐应用服务平台、音视频服务平台、读书平台、艺术品鉴定拍卖平台和文化艺术平台。该小类包含在互联网生活服务平台行业小类中。	6432 *
	046		艺术品拍卖及代理		
		0461	艺术品、收藏品拍卖	指艺术品、收藏品拍卖活动。包括艺(美)术品拍卖服务、文物拍卖服务、古董和字画拍卖服务。	5183
		0462	艺术品代理	指艺术品代理活动。包括字画代理、古玩收藏品代理、画廊艺术经纪代理和其他艺术品代理。	5184
	047		工艺美术品销售		
		0471	首饰、工艺品及收藏品批发	指首饰、工艺品及收藏品的批发活动。	5146
		0472	珠宝首饰零售	指珠宝首饰的零售活动。	5245
		0473	工艺美术品及收藏品零售	指专门经营具有收藏价值和艺术价值的工艺品、艺术品、古玩、字画、邮品等的店铺零售活动。	5246
05			文化投资运营		
	051		投资与资产管理		
		0510	文化投资与资产管理	仅指政府主管部门转变职能后,成立的国有文化资产管理机构和文化行业管理机构的活动;文化投资活动,不包括资本市场的投资。该小类包含在投资与资产管理行业小类中。	7212 *
	052		运营管理		
		0521	文化企业总部管理	仅指文化企业总部的活动,其对外经营业务由下属的独立核算单位或单独核算单位承担,还包括派出机构的活动(如办事处等)。该小类包含在企业总部管理行业小类中。	7211 *

续表

代码			类别名称	说明	行业分类代码
大类	中类	小类			
		0522	文化产业园区管理	仅指非政府部门的文化产业园区管理服务。该小类包含在园区管理服务行业小类中。	7221 *
06			文化娱乐休闲服务		
	061		娱乐服务		
		0611	歌舞厅娱乐活动	指各种歌舞厅娱乐活动。	9011
		0612	电子游艺厅娱乐活动	指各种电子游艺厅娱乐服务。	9012
		0613	网吧活动	指通过计算机等装置向公众提供互联网上网服务的网吧、电脑休闲室等营业性场所的服务。	9013
		0614	其他室内娱乐活动	包括儿童室内游戏娱乐服务、室内手工制作娱乐服务和其他室内娱乐服务。	9019
		0615	游乐园	指配有大型娱乐设施的室外娱乐活动及以娱乐为主的活动。	9020
		0616	其他娱乐业	指公园、海滩和旅游景点内小型设施的娱乐活动及其他娱乐活动。	9090
	062		景区游览服务		
		0621	城市公园管理	指主要为人们提供休闲、观赏、游览以及开展科普活动的城市各类公园管理活动。	7850
		0622	名胜风景区管理	指对具有一定规模的自然景观、人文景观的管理和保护活动，以及对环境优美，具有观赏、文化和科学价值风景名胜区的保护与管理活动。	7861
		0623	森林公园管理	指国家自然保护区、名胜景区以外的，以大面积人工林或天然林为主体而建设的公园管理活动。	7862
		0624	其他游览景区管理	指其他未列明的游览景区的管理活动。	7869
		0625	自然遗迹保护管理	包括地质遗迹保护管理、古生物遗迹保护管理等。	7712

续表

代码			类别名称	说明	行业分类代码
大类	中类	小类			
		0626	动物园、水族馆管理服务	指以保护、繁殖、科学研究、科普、供游客观赏为目的，饲养野生动物场所的管理服务。	7715
		0627	植物园管理服务	指以调查、采集、鉴定、引种、驯化、保存、推广、科普为目的，并供游客游憩、观赏的园地管理服务。	7716
	063		休闲观光游览服务		
		0631	休闲观光活动	指以农林牧渔业、制造业等生产和服务领域为对象的休闲观光旅游活动。	9030
		0632	观光游览航空服务	指直升机、热气球等游览飞行服务。	5622
			文化相关领域	本领域包括07—09大类。	
07			文化辅助生产和中介服务		
	071		文化辅助用品制造		
		0711	文化用机制纸及纸板制造	仅指未涂布印刷书写用纸、涂布类印刷用纸、感应纸及纸板制造。该小类包含在机制纸及纸板制造行业小类中。	2221*
		0712	手工纸制造	指采用手工操作成型，制成纸的生产活动。包括手工纸（宣纸、国画纸、其他手工纸）及手工纸板。	2222
		0713	油墨及类似产品制造	指由颜料、联接料（植物油、矿物油、树脂、溶剂）和填充料经过混合、研磨调制而成，用于印刷的有色胶浆状物质，以及用于计算机打印、复印机用墨等的生产活动。	2642
		0714	工艺美术颜料制造	指油画、水粉画、广告等艺术用颜料的制造。	2644
		0715	文化用信息化学品制造	指电影、照相、医用、幻灯及投影用感光材料、冲洗套药，磁、光记录材料，光纤维通讯用辅助材料，及其专用化学制剂的制造。	2664
	072		印刷复制服务		

续表

代码			类别名称	说明	行业分类代码
大类	中类	小类			
		0721	书、报刊印刷	指书、报刊的印刷活动。	2311
		0722	本册印制	指由各种纸及纸板制作的，用于书写和其他用途的本册生产活动。	2312
		0723	包装装潢及其他印刷	指根据一定的商品属性、形态，采用一定的包装材料，经过对商品包装的造型结构艺术和图案文字的设计与安排来装饰美化商品的印刷，以及其他印刷活动。	2319
		0724	装订及印刷相关服务	指专门企业从事的装订、压印媒介制造等与印刷有关的服务。	2320
		0725	记录媒介复制	指将母带、母盘上的信息进行批量翻录的生产活动。	2330
		0726	摄影扩印服务	包括摄影服务、照片扩印及处理服务。	8060
	073		版权服务		
		0730	版权和文化软件服务	仅指版权服务、文化软件服务。该小类包含在知识产权服务行业小类中。	7520 *
	074		会议展览服务		
		0740	会议、展览及相关服务	指以会议为主，也可附带展览及其他相关的活动形式，包括项目策划组织、场馆租赁保障、相关服务。	7281—7284 7289
	075		文化经纪代理服务		
		0751	文化活动服务	指策划、组织、实施各类文化、晚会、娱乐、演出、庆典、节日等活动的服务。	9051
		0752	文化娱乐经纪人	指各种文化娱乐经纪人活动。包括演员挑选、推荐服务，艺术家、作家经纪人服务，演员经纪人服务，模特经纪人服务，其他演员、艺术家经纪人服务。	9053
		0753	其他文化艺术经纪代理	指其他文化艺术经纪代理活动。	9059

续表

代码			类别名称	说明	行业分类代码
大类	中类	小类			
		0754	婚庆典礼服务	仅指婚庆礼仪服务。该小类包含在婚姻服务行业小类中。	8070 *
		0755	文化贸易代理服务	仅指文化贸易代理服务。该小类包含在贸易代理行业小类中。	5181 *
		0756	票务代理服务	指除旅客交通票务代理外的各种票务代理服务。	7298
	076		文化设备(用品)出租服务		
		0761	休闲娱乐用品设备出租	指各种休闲娱乐用品设备出租活动。	7121
		0762	文化用品设备出租	指各种文化用品设备出租活动。	7123
	077		文化科研培训服务		
		0771	社会人文科学研究	指各种社会人文科学研究活动。	7350
		0772	学术理论社会(文化)团体	仅指学术理论社会团体、文化团体的服务。该小类包含在专业性团体行业小类中。	9521 *
		0773	文化艺术培训	指国家学校教育制度以外,由正规学校或社会各界办的文化艺术培训活动,不包括少年儿童的课外艺术辅导班。	8393
		0774	文化艺术辅导	仅包括美术、舞蹈、音乐、书法和武术等辅导服务。该小类包含在其他未列明教育行业小类中。	8399 *
08			文化装备生产		
	081		印刷设备制造		
		0811	印刷专用设备制造	指使用印刷或其他方式将图文信息转移到承印物上的专用生产设备的制造。	3542
		0812	复印和胶印设备制造	指各种用途的复印设备和集复印、打印、扫描、传真为一体的多功能一体机的制造;以及主要用于办公室的胶印设备、文字处理设备及零件的制造。	3474

续表

代码			类别名称	说明	行业分类代码
大类	中类	小类			
	082		广播电视电影设备制造及销售		
		0821	广播电视节目制作及发射设备制造	指广播电视节目制作、发射设备及器材的制造。	3931
		0822	广播电视接收设备制造	指专业广播电视接收设备的制造，但不包括家用广播电视接收设备的制造。	3932
		0823	广播电视专用配件制造	指专业用录像重放及其他配套的广播电视设备的制造，但不包括家用广播电视装置的制造。	3933
		0824	专业音响设备制造	指广播电视、影剧院、录音棚、会议、各种场地等专业用录音、音响设备及其他配套设备的制造。	3934
		0825	应用电视设备及其他广播电视设备制造	指应用电视设备、其他广播电视设备和器材的制造。	3939
		0826	广播影视设备批发	指广播影视设备的批发和进出口活动。	5178
		0827	电影机械制造	指各种类型或用途的电影摄影机、电影录音摄影机、影像放映机及电影辅助器材和配件的制造。	3471
	083		摄录设备制造及销售		
		0831	影视录放设备制造	指非专业用录像机、摄像机、激光视盘机等影视设备整机及零部件的制造，包括教学用影视设备的制造，但不包括广播电视等专业影视设备的制造。	3953
		0832	娱乐用智能无人飞行器制造	指按照国家有关安全规定标准，经允许生产并主要用于娱乐的智能无人飞行器的制造。该小类包含在智能无人飞行器制造行业小类中。	3963 *
		0833	幻灯及投影设备制造	指通过媒体将在电子成像器件上的文字图像、胶片上的文字图像、纸张上的文字图像及实物投射到银幕上的各种设备、器材及零配件的制造。	3472

续表

代码			类别名称	说明	行业分类代码
大类	中类	小类			
		0834	照相机及器材制造	指各种类型或用途的照相机的制造。包括用以制备印刷板，用于水下或空中照相的照相机制造，以及照相机用闪光装置、摄影暗室装置和零件的制造。	3473
		0835	照相器材零售	指照相器材专门零售。	5248
	084		演艺设备制造及销售		
		0841	舞台及场地用灯制造	指演出舞台、演出场地、运动场地、大型活动场地用灯制造。	3873
		0842	舞台照明设备批发	仅指各类舞台照明设备的批发。该小类包含在电气设备批发行业小类中。	5175 *
	085		游乐游艺设备制造		
		0851	露天游乐场所游乐设备制造	指主要安装在公园、游乐园、水上乐园、儿童乐园等露天游乐场所的电动及非电动游乐设备和游艺器材的制造。	2461
		0852	游艺用品及室内游艺器材制造	指主要供室内、桌上等游艺及娱乐场所使用的游乐设备、游艺器材和游艺娱乐用品，以及主要安装在室内游乐场所的电子游乐设备的制造。	2462
		0853	其他娱乐用品制造	指其他未列明的娱乐用品制造。	2469
	086		乐器制造及销售		
		0861	中乐器制造	指各种中乐器的制造活动。	2421
		0862	西乐器制造	指各种西乐器的制造活动。	2422
		0863	电子乐器制造	指各种电子乐器的制造活动。	2423
		0864	其他乐器及零件制造	指其他未列明的乐器、乐器零件及配套产品的制造。	2429
		0865	乐器批发	指各种乐器的批发活动。	5147
		0866	乐器零售	指各种乐器的零售活动。	5247
09			文化消费终端生产		
	091		文具制造及销售		

续表

代码			类别名称	说明	行业分类代码
大类	中类	小类			
		0911	文具制造	指办公、学习等使用的各种文具的制造。	2411
		0912	文具用品批发	指文具用品的批发活动。	5141
		0913	文具用品零售	指文具用品的零售活动。	5241
	092		笔墨制造		
		0921	笔的制造	指用于学习、办公或绘画等用途的各种笔制品的制造。	2412
		0922	墨水、墨汁制造	指各种墨水、墨汁及墨汁类似品的制造活动。	2414
	093		玩具制造		
		0930	玩具制造	指以儿童为主要使用者，用于玩耍、智力开发等娱乐器具的制造。	2451—2456 2459
	094		节庆用品制造		
		0940	焰火、鞭炮产品制造	指节日、庆典用焰火及民用烟花、鞭炮等产品的制造。	2672
	095		信息服务终端制造及销售		
		0951	电视机制造	指非专业用电视机制造。包括彩色、黑白电视机以及其他视频设备（移动电视机和其他未列明视频设备）的制造。	3951
		0952	音响设备制造	指非专业用音箱、耳机、组合音响、功放、无线电收音机、收录音机等音响设备的制造。	3952
		0953	可穿戴智能文化设备制造	指由用户穿戴和控制，并且自然、持续地运行和交互的个人移动计算文化设备产品的制造。该小类包含在可穿戴智能设备制造行业小类中。	3961 *

续表

代码			类别名称	说明	行业分类代码
大类	中类	小类			
		0954	其他智能文化消费设备制造	指虚拟现实设备制造活动。该小类包含在其他智能消费设备制造行业小类中。	3969 *
		0955	家用视听设备批发	指家用视听设备批发活动。	5137
		0956	家用视听设备零售	指专门经营电视、音响设备、摄录像设备等的店铺零售活动。	5271
		0957	其他文化用品批发	包括玩具批发服务以及玩具、游艺及娱乐用品、照相器材和其他文化娱乐用品批发和进出口。	5149
		0958	其他文化用品零售	指专门经营游艺用品及其他未列明文化用品的店铺零售活动。	5249

注:行业分类代码后标有“ * ”的表示该行业类别仅有部分内容属于文化及相关产业。

表 2　带“ * ”行业分类文化生产活动内容的说明

序号	国民经济行业分类及代码	文化及相关产业类别名称及小类代码	文化生产活动的内容
1	应用软件开发（6513 * ）	多媒体、游戏动漫和数字出版软件开发（0243）	包括应用软件开发中的多媒体软件、游戏动漫软件、数字出版软件开发活动。
2	其他电信服务（6319 * ）	增值电信文化服务（0244）	仅指固定网增值电信、移动网增值电信、其他增值电信中的文化服务,包括手机报、个性化铃音等业务服务。
3	其他数字内容服务（6579 * ）	其他文化数字内容服务（0245）	仅指文化宣传领域数字内容服务。
4	工程设计活动（7484 * ）	建筑设计服务（0321）	仅包括房屋建筑工程,体育、休闲娱乐工程,室内装饰和风景园林工程专项设计服务。
5	互联网生活服务平台（6432 * ）	互联网文化娱乐平台（0450）	仅包括互联网演出购票平台、娱乐应用服务平台、音视频服务平台、读书平台、艺术品鉴定拍卖平台和文化艺术平台。

续表

序号	国民经济行业分类及代码	文化及相关产业类别名称及小类代码	文化生产活动的内容
6	投资与资产管理（7212＊）	文化投资与资产管理（0510）	指政府主管部门转变职能后，成立的国有文化资产管理机构和文化行业管理机构的活动；文化投资活动，不包括资本市场的投资。
7	企业总部管理（7211＊）	文化企业总部管理（0521）	指不具体从事对外经营业务，只负责文化企业的重大决策、资产管理，协调管理下属各机构和内部日常工作的文化企业总部的活动，其对外经营业务由下属的独立核算单位或单独核算单位承担，还包括派出机构的活动（如办事处等）。
8	园区管理服务（7221＊）	文化产业园区管理（0522）	仅指非政府部门的文化产业园区管理服务。
9	机制纸及纸板制造（2221＊）	文化用机制纸及纸板制造（0711）	包括未涂布印刷书写用纸制造、涂布类印刷用纸制造、感应纸及纸板制造。
10	知识产权服务（7520＊）	版权和文化软件服务（0730）	版权服务包括版权代理服务，版权鉴定服务，版权咨询服务，著作权登记服务，著作权使用报酬收转服务，版权交易、版权贸易服务和其他版权服务。文化软件服务指与文化有关的软件服务，包括软件代理、软件著作权登记、软件鉴定等服务。
11	婚姻服务（8070＊）	婚庆典礼服务（0754）	指婚庆礼仪服务。包括婚礼策划、组织服务，婚礼租车服务，婚礼用品出租服务，婚礼摄像服务和其他婚姻服务。
12	贸易代理（5181＊）	文化贸易代理服务（0755）	包括文化用品、图书、音像、文化用家用电器和广播电视器材等国际国内贸易代理服务。
13	专业性团体（9521＊）	学术理论社会（文化）团体（0772）	学术理论社会团体包括党的理论研究、史学研究、思想工作研究、社会人文科学研究等团体的服务。文化团体包括新闻、图书、报刊、音像、版权、广播、电视、电影、演员、作家、文学艺术、美术家、摄影家、文物、博物馆、图书馆、文化馆、游乐园、公园、文艺理论研究、民族文化等团体的服务。
14	其他未列明教育（8399＊）	文化艺术辅导（0774）	包括美术、舞蹈、音乐、书法和武术等辅导服务。

续表

序号	国民经济行业分类及代码	文化及相关产业类别名称及小类代码	文化生产活动的内容
15	智能无人飞行器制造（3963*）	娱乐用智能无人飞行器制造（0832）	指按照国家有关安全规定标准，经允许生产并主要用于娱乐的智能无人飞行器的制造。
16	电气设备批发（5175*）	舞台照明设备批发（0842）	包括各类舞台照明设备的批发。
17	可穿戴智能设备制造（3961*）	可穿戴智能文化设备制造（0953）	指由用户穿戴和控制，并且自然、持续地运行和交互的个人移动计算文化设备产品的制造。
18	其他智能消费设备制造（3969*）	其他智能文化消费设备制造（0954）	仅指虚拟现实设备制造活动。

附录二　中国创意产业研究中心《创意书系》出版书目

2006 年

《中国创意产业发展报告(2006)》,中国经济出版社

2007 年

《中国创意产业发展报告(2007)》,中国经济出版社

《创意为王——中国创意产业案例典藏》,科学出版社

“奥运·创意”丛书之《科技奥运》,科学出版社

2008 年

“奥运·创意”丛书之《绿色奥运》,科学出版社

“奥运·创意”丛书之《人文奥运》,科学出版社

“奥运·创意”丛书之《和谐奥运》,科学出版社

“奥运·创意”丛书之《安全奥运》,科学出版社

“奥运·创意”丛书之《财富奥运》,科学出版社

“奥运·创意”丛书之《创意奥运》,科学出版社

《北京——创新之都》,科学出版社

《中国创意产业发展报告(2008)》,中国经济出版社

2009 年

《中国创意产业发展报告(2009)》,中国经济出版社

《思想力》,人民大学出版社

2010 年

《中国创意产业发展报告(2010)》,中国经济出版社

《首都文化创意产业标准化》,科学出版社

《创意起步——中小型创意企业创业指导》,中国经济出版社

《注意力——创意产业案例之影视戏剧篇》,中国城市出版社

2011 年

《中国创意产业发展报告(2011)》(上、下),中国经济出版社

《文化创意产业集群发展理论与实践》,科学出版社

"创意城市蓝皮书"之《北京文化创意产业发展报告 2011》,社科文献出版社

"创意城市蓝皮书"之《青岛文化创意产业发展报告 2011》,社科文献出版社

2012 年

《中国创意产业发展报告(2012)》,中国经济出版社

"创意城市蓝皮书"之《北京文化创意产业发展报告 2012》,社科文献出版社

"创意城市蓝皮书"之《青岛文化创意产业发展报告 2012》,社科文献出版社

2013 年

《中国创意产业发展报告(2013)》,中国经济出版社

《工业遗产的保护与利用——创意经济时代的视角》,北京大学出版社

《中外文化创意产业政策研究》,科学出版社

《中国创意产业发展战略》,中国计划出版社

"创意城市蓝皮书"之《北京文化创意产业发展报告 2013》,社科文献出版社

"创意城市蓝皮书"之《无锡文化创意产业发展报告 2013》,社科文献出版社

"创意城市蓝皮书"之《武汉文化创意产业发展报告 2013》,社科文献出版社

2014 年

《中国创意产业发展报告(2014)》,中国经济出版社

《北京文化创意产业功能区发展研究》,中国经济出版社

"创意城市蓝皮书"之《北京文化创意产业发展报告 2014》,社科文献出版社

"创意城市蓝皮书"之《武汉文化创意产业发展报告 2014》,社科文献出版社

"创意城市蓝皮书"之《无锡文化创意产业发展报告 2014》,社科文献出版社

"创意城市蓝皮书"之《台北文化创意产业发展报告 2014》,社科文献出版社

"创意城市蓝皮书"之《青岛文化创意产业发展报告 2013—2014》,社科文献出版社

“创意城市蓝皮书”之《重庆创意产业发展报告 2014》，社科文献出版社

2015 年

《中国创意产业发展报告(2015)》，中国经济出版社

“创意城市蓝皮书”之《北京文化创意产业发展报告 2015》，社科文献出版社

“创意城市蓝皮书”之《武汉文化创意产业发展报告 2015》，社科文献出版社

《北京文化创意产业功能区发展报告 2014》，中国经济出版社

《中国创意城市指数评价体系研究》，中国城市出版社

《文化产业(文化企业)案例分析》，经济日报出版社

2016 年

《中国创意产业发展报告(2016)》，中国经济出版社

“创意城市蓝皮书”之《北京文化创意产业发展报告 2016》，社科文献出版社

“创意城市蓝皮书”之《天津文化创意产业发展报告 2016》，社科文献出版社

“创意城市蓝皮书”之《武汉文化创意产业发展报告 2016》，社科文献出版社

2017 年

《中国创意产业发展报告(2017)》，中国经济出版社

“创意城市蓝皮书”之《北京文化创意产业发展报告 2017》，社科文献出版社

“创意城市蓝皮书”之《武汉文化创意产业发展报告 2017》，社科文献出版社

2018 年

《中国创意产业发展报告(2018)》，中国经济出版社

“创意城市蓝皮书”之《北京文化创意产业发展报告 2018》，社科文献出版社

“创意城市蓝皮书”之《武汉文化创意产业发展报告 2018》，社科文献出版社

“创意城市蓝皮书”之《成都文化创意产业发展报告 2018》，社科文献出版社

“创意城市蓝皮书”之《天津文化创意产业发展报告 2017—2018》，社科文献出版社

参考文献

[1]108 家博物馆花开武汉三镇 博物馆之城讲述“武汉故事”[EB/OL]. 中国文明网. http://www.wenming.cn/syjj/dfcz/hb_1679/201612/t20161221_3958621.shtml,2016－12－21.

[2]2017 年成都实现 GDP13889.39 亿元[EB/OL]. 四川省人民政府网站. http://www.sc.gov.cn/10462/10464/10465/10595/2018/1/30/10444012.shtml,2018－01－30.

[3]《2017 年中国网络视听发展研究报告》发布[EB/OL]. 央广网. http://news.cnr.cn/native/city/20171129/t20171129_524043837.shtml, 2017－11－29.

[4]2017“书香贵州·阅读盛典”活动成功举办[EB/OL]. 贵阳市文化新闻出版广电局网站. http://whj.gygov.gov.cn/html/2017－09/3160.html,2017－09－22.

[5]2017 中国(宁波)特色文化产业博览会“贵阳专题馆”大放异彩[EB/OL]. 贵阳市文化广播电影电视局官方网站. http://whj.gygov.gov.cn/html/2017－04/2434.html,2017－04－18.

[6]保护好北京历史文化遗产金名片[N]. 法制晚报(北京),2017－10－16.

[7]北京传统文化演艺团体加速向宣武聚拢[N]. 北京日报,2009－07－17.

[8]北京工美行业协会,北京工业促进会. 北京的传统手工艺技术亟待集中抢救[J]. 北京观察,2005(11).

[9]北京市文物局. 长城文化带文化遗产[EB/OL]. 北京市人民政府网站. http://renwen.beijing.gov.cn/zt/bowuguan/ccxs/ccxswhyc/t1482716.htm, 2017－06－01.

[10]陈蕙茹. 全面构建现代文创体系[N]. 成都日报,2016－09－30.

[11]陈轩. 创新创造厚植文化基因,成都用文化为城市“升格”[N]. 人民日报,2018－03－14.

[12]成都文广新宣传处. 成都市文化产业发展“十三五”规划解读. 2017－05－17.

[13]传统文化传承创新，涵养四川人民的精神家园[N]. 三江都市报，2017 -11 - 03.

[14]创意，让城市更有“品格”[EB/OL]. 中国旅游新闻网. http://www.ctnews.com.cn/art/2017/11/30/art_125_12356.html，2017 - 11 - 30.

[15]大数据之根深入贵州沃土，苹果数据中心初长成[EB/OL]. 中国智能制造网. http://www.gkzhan.com/news/detail/102071.html，2017 - 07 - 13.

[16]当当 2017 上半年国民阅读品质报告 五大维度解析阅读倾向[N]. 中国文化报，2017 - 08 - 19.

[17]地情概貌[EB/OL]. 金坛年鉴. http://www.jsjt.gov.cn/zgjt/jtnj/2016/jtgm/1.html.

[18]《电影产业促进法》实施一周年 为电影产业发展助力效果初现[N]. 中国电影报，2018 - 02 - 28.

[19]斗鱼嘉年华首日“燃爆”十里江滩[EB/OL]. 武汉市人民政府网站. http://www.wh.gov.cn/whszfwz/xwxx/whyw/201705/t20170529_127512.html，2017 - 05 - 29.

[20]东方盐湖城的景区文化特色[EB/OL]. 百度知道. https://zhidao.baidu.com/question/747785964157652572.html，2016 - 05 - 27.

[21]杜文婷. 春风化雨润物无声 小载体里有大能量[N]. 成都日报，2017 -04 - 21.

[22]杜文婷. 践行社会主义核心价值观 成都亮点多[N]. 成都日报，2017 -04 - 21.

[23]关于印发天津市加快推进智能科技产业发展总体行动计划和十大专项行动计划的通知[N]. 天津日报，2018 - 01 - 18.

[24]关中民俗艺术博物院官网[EB/OL]. http://www.gzmsbwy.cn/，2018 - 03 - 10.

[25]规模以上文化企业数达到 340 家 区县开发区产业聚集效应明显 西安规上文化产业 上行趋势显现[EB/OL]. 西安市人民政府网站. http://www.xian.gov.cn/ptl/def/def/index_1121_6774_ci_trid_2760070.html，2018 - 03 -06.

[26]贵阳市 2017 年经济运行情况分析[EB/OL]. 贵阳市统计局官网. http://tjj.gygov.gov.cn/c8025/20180211/i1469385.html，2018 - 02 - 11.

[27]贵阳市“十三五”文化事业发展规划[EB/OL]. 贵阳市文化新闻出版广电局官网. http://whj.gygov.gov.cn/html/2017-03/2222.html,2017-03-20.

[28]国家版权局. 中国网络版权产业发展报告(2018).

[29]国务院办公厅. 关于转发文化部等部门《中国传统工艺振兴计划》的通知. 国办发〔2017〕25号,2017-03-24.

[30]胡冰. 成都文化产业发展现状与问题[J]. 北方经贸,2017(6).

[31]湖南长沙深入挖掘中华优秀传统文化 实现“双创”发展[EB/OL]. 中国文明网. www.wenming.cn/ziliao/jianbao/gddt/201712/t20171225_4535638.shtml,2018-05-21.

[32]黄伟. 西安历史文化名镇名村保护的思考[EB/OL]. 西安人民政府网站. http://www.xa.gov.cn/websac/cat/490731.html,2012-08-06.

[33]姜凯. 北京郊区农村民俗文化资源开发和用研究[J]. 农村经济与科技,2009,20(5).

[34]姜子谦.2017文化产业十大关键词[N].北京娱乐信报,2017-12-27.

[35]金坛茅山[EB/OL]. 百度百科. https://baike.baidu.com/item/金坛茅山/6435145? fr=aladdin.

[36]孔本馆概况[EB/OL]. 孔学堂官网. http://www.kxtlib.com/web/information/48,2016-05-07.

[37]孔学堂高等研究院2017年高层次人才引进简章[EB/OL]. 孔学堂官网. http://www.yingjiesheng.com/job-002-599-343.html,2017-05-11.

[38]李国,孙雅纯.网络直播呈现爆发式增长 或成产业和资本的盛宴[N].工人日报,2018-01-17.

[39]历史文化[EB/OL]. 金坛年鉴. http://www.jsjt.gov.cn/zgjt/jtnj/2016/jtgm/2.html.

[40]李真瑜. 元以来北京戏剧所体现的北京文化特征[J]. 殷都学刊,2002(4).

[41]两大盛事推高互联网武汉热度[EB/OL]. 武汉市人民政府网站. http://www.wh.gov.cn/whszfwz/xwxx/whyw/201705/t20170531_127588.html,2017-05-31.

[42]刘辉. 打造公共文化服务建设的“贵阳路径”——贵阳市开展公共文化服务惠民行动走笔[N].贵阳日报,2017-09-05: A08.

[43]刘辉，汤欣健. 贵阳：奋力创建国家公共文化服务体系示范区[N]. 贵阳日报，2017－10－07.

[44]刘阳.《2018 中国电视剧产业报告》发布：多屏时代，好剧仍缺[N]. 人民日报，2018－04－02.

[45]马敏，谢志岿. 移民社会与深圳城市文化特质[J]. 特区实践与理论，2017(03)：89－94.

[46]让千年遗产活在当下生生不息 西安非物质文化遗产保护传承艰辛路[N]. 西安晚报，2017－06－08.

[47]任珺. 深圳文化产业发展现状及对策建议[J]. 开放导报，2018(01)：109－112.

[48]任然. 传统文化需要创新传播模式[N]. 光明日报，2017－03－21.

[49]陕西博物馆的 2016 年：270 座博物馆"百花齐放"[EB/OL]. 央广网. http://news.cnr.cn/native/city/20170104/t20170104_523436685.shtml，2017－01－04.

[50]石家庄市文化消费试点工作方案[EB/OL]. 石家庄市人民政府网站. http://new.sjz.gov.cn/col/1490952386143/2017/05/26/1495780008146.html，2017－03－10.

[51]孙冬虎，王均. 近现代北京城区教育、书肆、戏曲的文化地理特征[J]. 北京联合大学学报(自然科学版)，2002，16(1).

[52]孙远桃. 2017 年贵州省 GDP 增长 10.2%，增速连续 7 年保持全国前三[EB/OL]. 人民网. http://gz.people.com.cn/n2/2018/0120/c194827－31164211.html，2018－01－20.

[53]汤馥铭. 贵阳孔学堂简介[EB/OL]. 多彩贵州网. http://www.gykxt.com/system/2014/04/221 013423179.shtm，2014－04－22.

[54]唐增德. 贵阳市 2017 年旅游工作总结及 2018 年工作安排[EB/OL]. 贵阳市旅游产业发展委员会官方网站. http://www.gytour.cn/news/article?cid=60&id=3915，2018－02－08.

[55]天府文化 | 成都市 2017 年"书香成都"全民阅读活动正式启动[EB/OL]. 搜狐网. http://www.sohu.com/a/211762412_99934840，2017－12－20.

[56]田欢. 当代移民社会的文化流动——以深圳为主线的考察[J]. 学术研究，2017(11)：74－78.

[57]网络直播用户达到 4.22 亿，内容监管力度持续提升[EB/OL]. 中国网信

网. http://www.cac.gov.cn/2018－01/31/c_1122340539.htm,2018－01－31.

[58]王林生. 文化多样性:创意城市的价值理念、测度与启示[J]. 福建论坛(人文社会科学版),2016(12).

[59]王敏琳. 2017全民阅读报告:成都人阅读电子化程度全国第二[N]. 成都日报,2017－04－22.

[60]王思北. 文化产业蓬勃发展 讲好新时代中国故事[N]. 光明日报,2018－04－25.

[61]王亚茹. 天府文化 正成为世界打开成都的最佳方式[N]. 人民日报,2018－03－19.

[62]文化部,工业和信息化部,财政部. 中国传统工艺振兴计划.

[63]吴思晶. 打开文化传承新篇章,贵阳孔学堂正式携手千年学府岳麓书院[EB/OL]. 多彩贵州网. http://www.gykxt.com/system/2015/09/24/014556066.shtml,2015－09－24.

[64]吴晓玲."十三五"期间基本形成优秀传统文化传承体系 我省文化传承与创新脉络清晰[N]. 四川日报,2017－10－10.

[65]武汉广播电视局.[武汉头条]这个事办成了,武汉更有味![EB/OL]. 搜狐网. http://www.sohu.com/a/162026374_506525,2017－08－03.

[66]武汉盘龙城获批国家考古遗址公园将尽快向公众全面开放[EB/OL]. 湖北日报. http://news.cnhubei.com/xw/wh/201712/t4036949.shtml,2017－12－02.

[67]武汉市2018年政府工作报告[EB/OL]. 武汉市人民政府网站. http://www.wuhan.gov.cn/whszfwz/xwxx/whyw/201801/t20180115_174487.html,2018－01－15.

[68]武汉市统计局. 武汉市2016年国民经济和社会发展统计公报[EB/OL]. 武汉统计网. http://www.whtj.gov.cn/details.aspx?id=3439,2017－03－31.

[69]武汉市统计局. 新业态加快成长 增加值占比提高——2016年武汉文化产业增加值占比首超4%[EB/OL]. 武汉统计信息网. http://www.whtj.gov.cn/details.aspx?id=3698,2017－10－23.

[70]武汉市文化发展"十三五"规划(2016—2020年)[EB/OL]. 武汉文化局网站. http://www.whswxgj.gov.cn/ghjh/6667.jhtml,2017－08－25.

[71]西安市人民政府关于公布西安市第三次全国文物普查不可移动文物名录的通知[EB/OL]. 西安市人民政府网站. http://www.xa.gov.cn/web-

sac/cat/362/362286.html,2012－09－20.

[72]西双版纳发布.西双版纳州以供给侧结构性改革加快旅游产品转型升级[EB/OL]. 搜狐网. https://www.sohu.com/a/209739937_169634,2017－12－11.

[73]以打造创新型中心城市为引领,为推进黔茶出山作贡献[EB/OL]. 贵阳市文化广播电影电视局官方网站. http://whj.gygov.gov.cn/html/2017－06/2686.html,2017－06－08.

[74]以高质量发展引领转型升级赢得优势——邓沛然在市第十四届人民代表大会第三次会议上作政府工作报告(摘登)[EB/OL].石家庄市人大网. http://www.sjzrd.gov.cn/news/zhongyaofabu/1/2128.html,2018－02－07.

[75]余小雨. 2017年贵阳孔学堂阳明心学与当代社会心态研究院课题申报公告[EB/OL]. 孔学堂官网. http://www.kxtwz.com/system/2017/11/01/016190315.shtml,2017－11－01.

[76]乐俊礼,陈雯茜,袁毕家,崔文玉,等. 全面统筹推进我省大文化助推大扶贫行动[EB/OL]. 金沙官网. http://www.gzsoc.com/about/201801/1131.html,2018－01－11.

[77]张晨. 贵州省第六届少数民族文艺会演落幕,《射背牌》揽三项大奖[N]. 贵阳日报,2017－12－09.

[78]张键,李长青. 北京宗教文化旅游资源评价研究[J]. 首都师范大学学报(自然科学版),2005,26(3).

[79]张娴,刘小钰. 动作片喜剧片,贵阳人最喜爱[EB/OL]. 贵州都市报数字报. http://dsb.gzdsw.com/html/2018－01/21/content_260804.htm,2018－01－21.

[80]赵兴智. 贵州省文化产业发展:2017营业收入增长15.7%[EB/OL]. 多彩贵州网. http://www.gog.cn/zonghe/system/2018/02/20/016423025.shtml,2018－02－20.

[81]赵岩. 西安市经济总量迈上7000亿元新台阶 2017年GDP同比增长7.7%[EB/OL]. 人民网. http://sn.people.com.cn/n2/2018/0128/c378288－31190685.html,2018－01－28.

[82]中共青岛市委关于繁荣发展社会主义文艺的意见[EB/OL]. 青岛群众文化网站. www.qdqzysg.com/newsdetail.aspx? nid=1679,2016－08－02.

[83]中共中央办公厅,国务院办公厅. 关于实施中华优秀传统文化传承发

展工程的意见.

[84]中国河北石家庄历史概况[EB/OL]. 石家庄在线. http://www.sjz.ccoo.cn/bendi/info－73713.html.

[85]中国网民规模达 7.72 亿 网络直播用户超 4 亿[N]. 新京报，2018－01－31.

[86]周婷. 贵阳启动“戏曲进校园”活动，弘扬传统文化从娃娃抓起[EB/OL]. 环球网. http://china.huanqiu.com/hot/2017－07/10951277.html，2017－07－07.

[87]宗月. 当当发布 2017 上半年阅读“品质”报告：图书销售总量达 4 亿册[N]. 中国新闻出版广电报，2017－08－04.